间谍图文史

彩印增订典藏版

THE HISTORY OF ESPIONAGE

THE SECRET WORLD OF SPYCRAFT, SABOTAGE AND POST-TRUTH PROPAGANDA

Ernest Volkman

世界情报战5000年

[美] 欧内斯特·弗克曼 著
李智 孟林 译

金城出版社 GOLD WALL PRESS
西苑出版社 XIYUAN PUBLISHING HOUSE

THE HISTORY OF ESPIONAGE: THE SECRET WORLD OF SPYCRAFT, SABOTAGE AND POST-TRUTH PROPAGANDA by Ernest Volkman
Copyright © 2007, 2019 Ernest Volkman
This edition published by Carlton Books Limited 2019
Simplified Chinese edition copyright©2025 Gold Wall Press Co., Ltd.
All rights reserved.
本书一切权利归 **金城出版社有限公司** 所有，未经合法授权，严禁任何方式使用。

图书在版编目（CIP）数据

间谍图文史：世界情报战5000年：彩印增订典藏版/（美）欧内斯特·弗克曼（Ernest Volkman）著；李智，孟林译. -- 北京：金城出版社有限公司，2025.4
（世界军事史系列/朱策英主编）
书名原文：The History of Espionage: The Secret World of Spycraft, Sabotage and Post-truth Propaganda
ISBN 978–7–5155–2061–2

Ⅰ.①间… Ⅱ.①欧… ②李… ③孟… Ⅲ.①间谍－情报活动－历史－世界 Ⅳ.①D526

中国版本图书馆CIP数据核字（2020）第195353号

间谍图文史
JIANDIE TUWENSHI

作　　者	[美]欧内斯特·弗克曼
译　　者	李　智　孟　林
责任编辑	李凯丽
责任校对	李晓凌
责任印制	李仕杰
开　　本	710毫米×1000毫米　1/16
印　　张	37.25
字　　数	548千字
版　　次	2025年4月第1版
印　　次	2025年4月第1次印刷
印　　刷	小森印刷（北京）有限公司
书　　号	ISBN 978–7–5155–2061–2
定　　价	148.00元

出版发行	金城出版社有限公司　北京市朝阳区利泽东二路3号　邮编：100102
发 行 部	(010) 84254364
编 辑 部	(010) 64210080
总 编 室	(010) 88636419
电子邮箱	jinchengchuban@163.com
法律顾问	北京植德律师事务所　（电话）18911105819

目录
CONTENTS

001　前言：山的背后

**015　第一章
　　　马萨达堡**

020　远古的教训
025　知己知彼
036　强大的恺撒
039　**间谍特训课**
　　　风中细语：密码与通信

**045　第二章
　　　窥探迦南**

050　情报决定一切
059　古埃及一角
062　背叛耶稣
069　**间谍特训课**
　　　潘多拉魔盒：毒药

**075　第三章
　　　东来大火**

077　先进武器
082　新式战术
084　新秩序
090　先进技术
096　**间谍特训课**
　　　间谍马可·波罗

103　第四章
酷吏能臣

110　正当职业
116　较量的结局
121　新的威胁
124　英雄迟暮
128　**间谍特训课**
　　　马洛："小客栈开出的巨额账单"

133　第五章
神之密探

136　生死之战
139　与时俱进
144　新一代情报网
151　分裂的国家
155　肮脏手法
161　**间谍特训课**
　　　路易十五：无所不知的国王

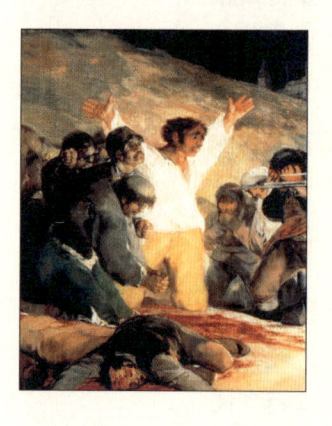

167　第六章
皇帝雄狮

176　扩张阶段
179　掌控一切力量
181　关键人物
187　要死的，不要活的
198　**间谍特训课**
　　　黑室：密写

203　第七章
开国谍影

205　卧底行动
210　改变世界
217　以逸待劳
223　回到起点
229　情报发展
233　**间谍特训课**
　　　粉刷工约翰的故事：
　　　"燃烧吧，背信弃义的英国！"

239　第八章
真理前行

241　内战事务
246　鼎鼎大名
251　虚假情报
253　技术的运用
257　伟大的将领
262　宣传与影响
268　内部消息
273　**间谍特训课**
　　　失窃的信件：墨西哥与法国之争

279　第九章
铿锵玫瑰

- 281　世界大事
- 284　实力人物
- 288　情报乱局
- 294　战争的代价
- 297　艰难抉择
- 304　业余间谍
- 310　劳而无功
- 316　破译密码
- 322　**间谍特训课**
　　　黎明之眼：玛塔·哈里

327　第十章
红色乐团

- 329　红色黎明
- 334　第二幕
- 343　严密的组织
- 347　解决方案
- 353　东方与西方
- 359　后起之秀
- 369　代价
- 375　**间谍特训课**
　　　棒球捕手：业余间谍

目 录 v

383 第十一章
东风，有雨

385 "火星行动"

388 双面间谍

392 真相大白

400 情报失误

421 "双十"特工网

433 **间谍特训课**
　　扭转乾坤：破译超级密码

441 第十二章
"鼹鼠"之战

447 以色列崛起

453 "鼹鼠"

465 侦察技术的发展

487 **间谍特训课**
　　追寻钋：原子情报

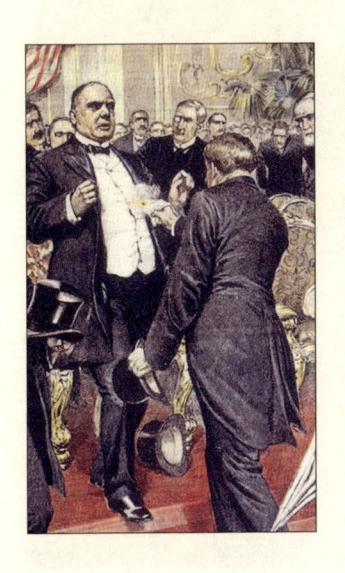

493 第十三章
反恐战争

501 恐怖主义

508 吸取教训

517 孤注一掷

521 全球性事件

528 关键根源

534 激进主义威胁

542 未来的难题

545 **间谍特训课**
　　监控时代

551	**第十四章** **网络间谍**
555	间谍术新革命
561	各国竞逐
570	情报世界的未来
575	**间谍特训课** 毒蝎之舌
579	**间谍术语表**

前言：山的背后

INTRODUCTION

上图：克格勃制造的空心硬币，多用以藏匿微型胶卷，属现代常用谍报工具。

曾有人问威灵顿公爵（Duke of Wellington），每当大战在即，战前那漫长而又孤单的一夜，他在做什么。公爵说，他无法入睡，因为心里总在想一个问题。他在反复问自己："山背后的情况如何？"

公爵此言是对情报工作再好不过的概括。我们通常讲的谍报或者情报刺探（或"情报搜集"[intelligence collection]这一更为时髦、委婉的说法），其正式名称就是情报工作。无论名称如何，从早期智人（Homo）开始注意邻近部落的强弱、意图之时起，情报工作就一直是人类生存的一部分，从未间断。在人类历史的另一个关键组成部分——武装斗争出现的同时，谍报就产生了。

只要人类还在互相攻战，谍报活动就不可或缺，因为它关乎多个最为紧要的问题。敌人或者潜在的敌人在谋划什么？他们的实力如何？存在什么危险？是否迫在眉睫？而回答这些问题的手段正是谍报活动，它通常被认为是第二古老的职业。

依照法学定义，谍报是指通过刺探、偷窃、监听、监视或其他手段，获取一个国家军事、政治、经济等方面的机密。各国都将其视为重罪，几乎都可处以死刑。《日内瓦公约》作为约束战争行为的权威法律文件，专门将间谍从"合法的战斗人员"中排除在外。任何"在伪装下行动"的战斗人员，都不享有战俘的权利。传统的理解是，抓获间谍时可以就地枪决。另一方面，战斗人员身着制服搜集情报，则视为军事侦察，是合法的军事活动，被俘时应按战俘对待。

谍报就是搜集情报的过程，应当把情报与信息区别开来。基本上，情报可宽泛地定义为经过整理加工的信息。这一过程与发生在报社编辑部里的事情差不多。每天，大量真真假假的信息涌入编辑部，经过核查、消化、分析，处理成编辑们认为足以全面反映当日要闻和趣闻的报道组合。在情报机构那里，相同的过程被称为"理性思考"（intellection），也就是将搜集得来的信息即"原始情报"，加工成结论，亦即"结论情报"（finished intelligence）。再将结论送交决策者，情报行话中又叫"用户"（user）或"客户"（customer），由他们据以做出重大决定。

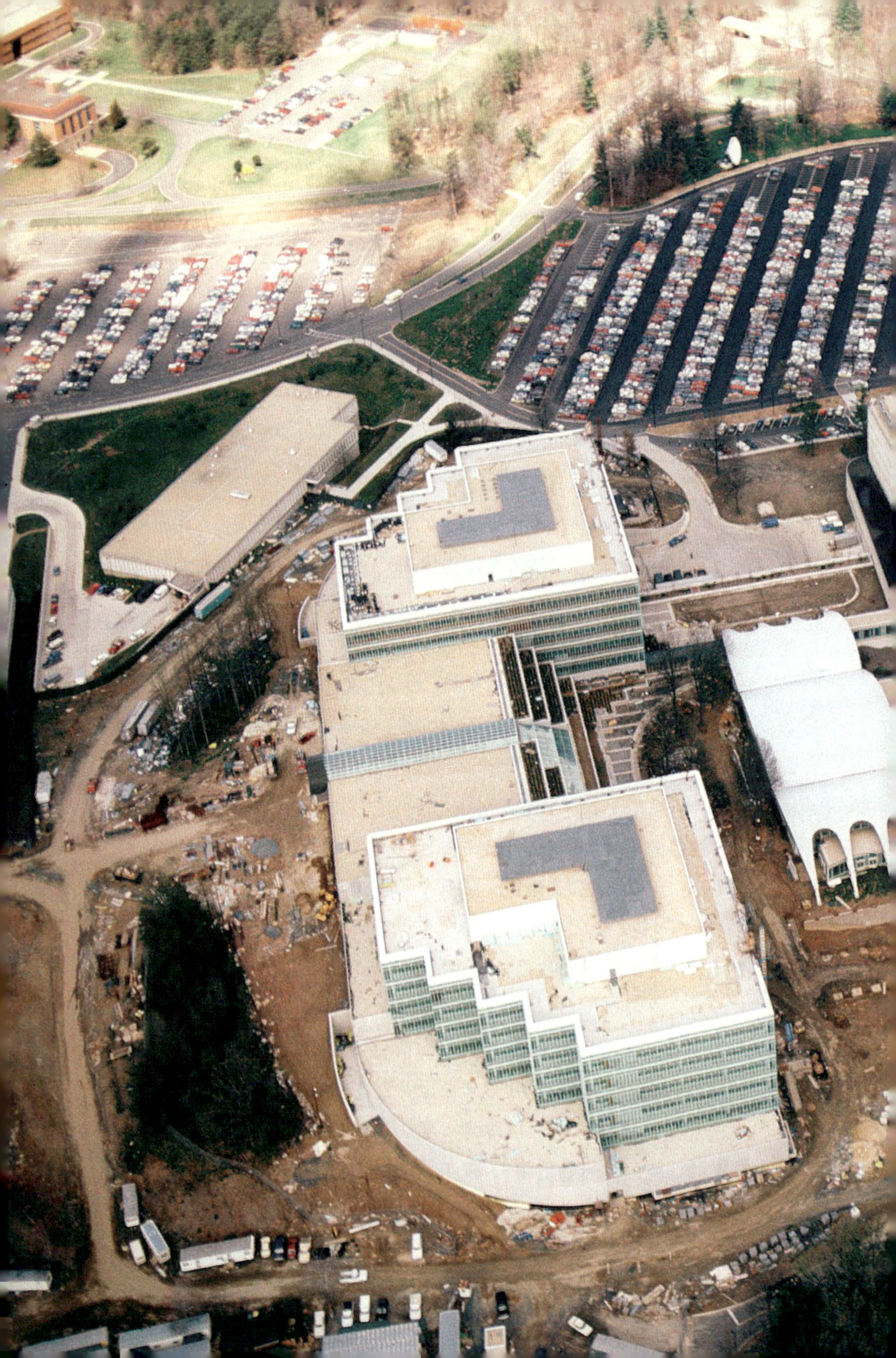

美国弗吉尼亚州兰利市的中央情报局（CIA）总部。多年来，在通往此处的公路口挂了一块写有"路政处"的标志牌，目的是要掩藏这一大片建筑群，真可谓欲盖弥彰。

传统上说，情报工作有三个层面的作用：

战略层面：他国的实力和意图。例如，某一国家是否在秘密研发核武器，以及研发成功后，打算用核武器来达到什么目的。

战术层面：作战情报。比如他国拥有的坦克数量或武装人员的人数等。

反情报层面：反制他国的间谍活动，保护本国机密。

同人类的其他活动一样，情报工作也受制于人性中那些怪诞无常的东西。客户对情报判断做何反应，在很大程度上取决于他们对提供判断的间谍是否信赖，也常常取决于情报本身的质量和可靠程度，后一种情况更为理所当然。这是一个劳心的过程，因为其中涉及信赖与可靠与否这样的大问题，所以很是微妙。做出判断的人的偏见、客户的偏好，都会自始至终影响这一过程。除此之外，由于信息不全面，根本无法做出可靠推测的情形也时有发生。出现这样的情形时，情报判断通常会变得模棱两可。例如，美国军事情报机构在1965年的一份报告中，就写出了这样一段慎之又慎的结语："几乎可以肯定，在可以预见的将来，上述这些不确定性的基本特征在军事作战中仍具意义。"

就连看起来完全可靠的情报也极少真正靠得住。二战期间，英国代号为"超级"（ULTRA）的密码破译行动，使得盟军几乎能够解读德国最高统帅部所有的无线电加密通信。由于为预判和击败德军计划提供了极为宝贵的先机，到1944年年底，超级已然被视为情报工作的典范，能就德军的每一动向提供准确的情报。换言之，超级是完美的间谍。

然而，已经习惯于依赖超级的盟军指挥官忘了，它只能解读那些通过恩尼格玛密码机（Enigma code machine）加密、用无线电信号发送的决策和指令信息。它探查不到口头指令，对使用安全的地面电话线发送的信息也无能为力。因此，1944年冬，阿道夫·希特勒决定在西线发起全面攻击时，由于他只用地面电话线下达指令，超级未能向盟军发出预警。其结果就是突出部战役（Battle of the Bulge）对盟军来说简直是一场灾难。

历史上，与突出部战役类似的情报工作失误不胜枚举。这印证了一个

正在侦察的印第安人。军事侦察是情报工作中一项最为基本的职能。

事实：只要谍报活动是由人来从事，它就一定会受制于人性的种种弱点，如先入为主、感情用事、官僚政治，等等；不少时候甚至是干脆视而不见。1950年冬天，美国情报机构推测，要是麦克阿瑟将军的部队在朝鲜境内往鸭绿江移动，中国就一定会军事介入。得出这个结论并不难，因为中国当时已用尽了一切外交途径，对美国发出了将会介入的预警。然而，麦克阿瑟坚信，中国出于对美军强大实力的恐惧，不会出兵朝鲜。他拒绝相信情报部门，还信心十足地对杜鲁门总统说："中国出兵，就会是一场最大的杀戮。"他自己的间谍也没有发现任何迹象，能表明朝鲜北部有中国军队。他们见不到补给站，没有发现指挥部队调动的无线电信号，或是发现部队集结；天寒地冻，也不见士兵生火取暖。

但是，麦克阿瑟不知道，中国人明白他的间谍们正在寻找哪些蛛丝马迹，早就把隐蔽工作做得滴水不漏。中国军队的行军纪律极为严格，严令部队夜间行军，白天在室内隐蔽，避开美方的侦察机。他们团级以下单位不用无线电台，所以通过无线电信号定位部队这一通用的间谍技术根本不起任何作用。部队严禁生火，从而躲避了空中侦察。只给军队发放两周的给养，不设补给站。结果就是，20多万中国士兵在神不知鬼不觉进入朝鲜攻击阵地，出其不意地痛击麦克阿瑟的部队后，才广为人知。

依照流行观念，如此的目光短浅乃是极权社会的一大特征。在这样的社会中推行严厉信条，其结果要么是上级强加的狭隘思想，要么就是全无思想。这种极权心态的经典案例，就是斯大林在1941年所表现出来的令人难以置信的盲目。当时，他那些绝对是世界一流的间谍，给他提交了关于纳粹德国即将入侵苏联的详细、明确的情报。斯大林却根本不信。在一份写有德军入侵的准确日期和时间的报告上，他轻蔑地随手乱写了"这是英国的挑拨"几个字。他坚信德军不会进犯，多少情报也改变不了他的想法。斯大林的情报头目们自然也个个识相，告诉他们的最高领袖，他的判断毫无疑问是正确的，他们一定会好好惩处那些"挑拨"的间谍。另一个相似的案例是，一战时德国总参谋部的一位低级军官，不知天高地厚地越级给当时德军的最高指挥官赫尔穆特·冯·毛奇（Helmuth von Moltke）发备忘录，建议设立一个经济情报组，理由是战争将旷日持久，而经济会在其中起到关键作用，经济实力最强的国家会最终胜出。毛奇根本没读，只批了一句"别拿经济来烦我，我正忙于指挥战争"，就把报告原封不动退回。结果不出三年，德国的战时经济体制就崩溃了。

1951年，在朝鲜的中国军队。这支未被麦克阿瑟将军情报人员发现的部队，达20余万人。

民主国家有制衡体系，思想开放，乍看之下似乎会较少出现上述由上级强加的狭隘思想。但民主国家的领袖也是人，也会犯是人就有可能犯的错。要是他们对某事视而不见，那一般都与政治利益有关。1960年，美国参议员约翰·肯尼迪作为民主党的总统候选人，借"导弹差距"（missile gap）问题，向共和党发起了猛烈攻击。1957年，苏联用洲际火箭发射了卫星，苏联领导人尼基塔·赫鲁晓夫夸口说，苏联有很多这样的火箭，精准到"能打中太空中的苍蝇"。由此造成的震惊，催生了"导弹差距"一说。大众普遍认为，美国在洲际弹道导弹方面已远远落后于苏联。尽管时任总统艾森豪威尔一再断言，美国在军备竞赛中实际上明显占优势，但肯尼迪还是用"导弹差距"大做文章，以谋取政治利益。

总统艾森豪威尔担心，谈论"导弹差距"会打击公众对美军实力优于苏联的信心，于是他让中央情报局给总统候选人肯尼迪送去一份绝密简报。简报向肯尼迪显示了美国的最高情报机密：在苏联上空飞行的美国U-2侦察机，已经拍摄到苏联所有重要的军事设施。通过这项侦察行动，已经证明苏联只部署了为数不多的导弹，远远少于美国的武器储备。肯尼迪对这一成功的谍报工作表示钦佩，却在两天后的演说中，继续严词指责艾森豪威尔当局坐视"导弹差距"，置美国国家安全于险境。肯尼迪私下承认，"导弹差距"只是个传言，但在一场势均力敌的竞选中，这个绝妙的竞选题材，不容放过。

随着信息时代的来临，无数的专家都预言，先进的科技，特别是由微芯片衍生出的科技，会彻底改变情报工作。他们相信，日益尖端化的机器会接管绝大部分情报搜集工作，因而传统意义上的谍报活动会过时。他们的想法是，间谍活动会变得非常科学，从而免受人为错误的影响。有了从2.5万英里（约4万公里）的高空能看清汽车牌照的卫星，能在眨眼间接收数百万次电子通信的"雪貂"技术（指电子侦察卫星），还有能每秒完成数亿次运算的超级计算机，科技将能够提供绝对客观、毋庸置疑的情报。由此得到的大量的基础资料，经过由受过高级训练的人才组成的庞大机构加工之后，得出

肖恩·康纳利饰演的詹姆斯·邦德（James Bond）。这是大众心目中的经典间谍形象。

1941年，纳粹德国的一名军人隔着英吉利海峡观察英国。英国是德国的死敌，更是德国情报机构无法破解的谜。

朝鲜非军事化区,一名美国士兵在搜索"山的背后是什么"。

的一定是详细、准确、实时的情报。

然而,事情并非如此。理论家们忘了,人有偏见,爱自欺欺人,不愿相信令人不安的事实,这是多少科技也无法消除的。此外,人类大脑的处理能力也有其极限。与其他任何一种事业一样,情报工作已经被淹没在信息的海洋中,海量的信息超出了人类吸收和诠释的能力。现在每天流进一个政府机构的数据量,比印刷术出现后的头一个世纪里,全世界印制的所有文件还要多。许多情报专家将这种现象称为"艾斯特综合征"(Astor Syndrome)。这得名于艾斯特夫人，据说她在"泰坦尼克号"船沉没前讽刺道："我只是要了一杯冰水，可这实在是太荒唐了！"（指船沉没之后，冰水有得喝了。）

尽管有了昂贵的科技，但现代间谍活动中，重大失误仍然层出不穷；这些失误通常是由于人为过错。正是因为人为过错，美国情报部门尽管掌握了各种炫目的高科技，拥有巨额经费，却还是错误地认定伊拉克拥有很多大规模杀伤性武器，而事实上则是一件都没有。同样是因为人为过错，苏联的克格勃（KGB）作为全世界最大的情报机构，居然没有料到，入侵阿富汗会引发穆斯林的反抗。

所有这一切都意味着，只要人类存在一天，谍报活动无论有多少缺点，它都将是人类生活的一部分。威灵顿公爵在帐篷里辗转反侧，已经是200多年前的旧事；但山背后到底如何，人们至今仍在孜孜以求。

第一章 马萨达堡
CHAPTER 1

上图：已知最早的书面情报。这块公元前 3200 年的苏美尔泥板上，记载了苏美尔及周边地区的兵力部署和军事发展情况。

马萨达堡的瞭望塔上，哨兵正凝神远眺。四周的荒野上，视野开阔，天朗气清，十数里之远，可直视无碍。公元73年的一个春日。拂晓刚过，哨兵就发现远处沙尘飞扬，滚滚而来，这表明大队人马正在迫近。他们高喊，发出警报："罗马人来了！"

马萨达堡濒临死海。几周前，近千名以色列人从耶路撒冷逃来，藏身于此。他们知道，罗马人随时可能尾随而至。这些人属于一个叫奋锐党（Zealot）的派别。7年前，犹太人中的革命者对占领他们古老家园的罗马人发起武装反抗，奋锐党是其中最狂热的一派。罗马人将这些革命团体逐一剿灭，如今，这场革命运动中只剩下这最后一群奋锐党人了。他们一直依托堡垒，经常突袭罗马占领军，所以他们明白，罗马人定会穷追不舍。奋锐党人知道一旦罗马攻下马萨达堡，他们的下场不是死亡，就是被奴役。

不过，奋锐党人的头目坚信，他们最终可以打败罗马人，主要就是由于马萨达堡的存在。这个堡垒是希律王在数十年前兴建的，体现了中东地区最好的防御工事技术水平。它雄踞山顶，周围的陡峭悬崖高达1700英尺（约510米）；四面有高20英尺（约6米）、厚数英尺的围墙。围墙内有极深的蓄水池，几乎能够无限量供水；还有多个大型粮仓，以及生产刀剑、弓箭和长矛的兵器作坊。因此，奋锐党人坚信，马萨达堡不会陷落。

这种想法正好注定了他们在劫难逃，因为罗马人根本不打算按照奋锐党人设想的那样打仗。罗马人不会让士兵去冲锋，命令他们用云梯爬上悬崖再爬向围墙，好让长矛、弓箭、投石器结果他们的性命。投石器是奋锐党手里最令人畏惧的武器，《圣经》里大卫杀死歌利亚的故事，更令这一武器名声大振。奋锐党人的悲剧，就在于他们除了设想之外，没有再做别的事情。他们想都没想过，应当派间谍去摸清敌人的虚实：兵力多寡、武器情况，以及尤为重要的围攻计划。奋锐党人坚信，马萨达堡牢不可破，伟大的神耶和华会保佑他们战无不胜，根本没有必要派什么间谍。

而另外一方，他们的对手可没犯同样的错误，此人就是罗马第十军团指挥官弗拉维乌斯·席尔瓦将军（General Flavius Silva）。几个月来，他的大批间谍向他提交了关于奋锐党人各方面的情报，尤其是在马萨达堡藏身的准确人数及其武器装备。他们还就马萨达堡本身提供了详尽的情报，席尔瓦由此对马萨达堡的防御机制了如指掌，对克敌制胜胸有成竹。

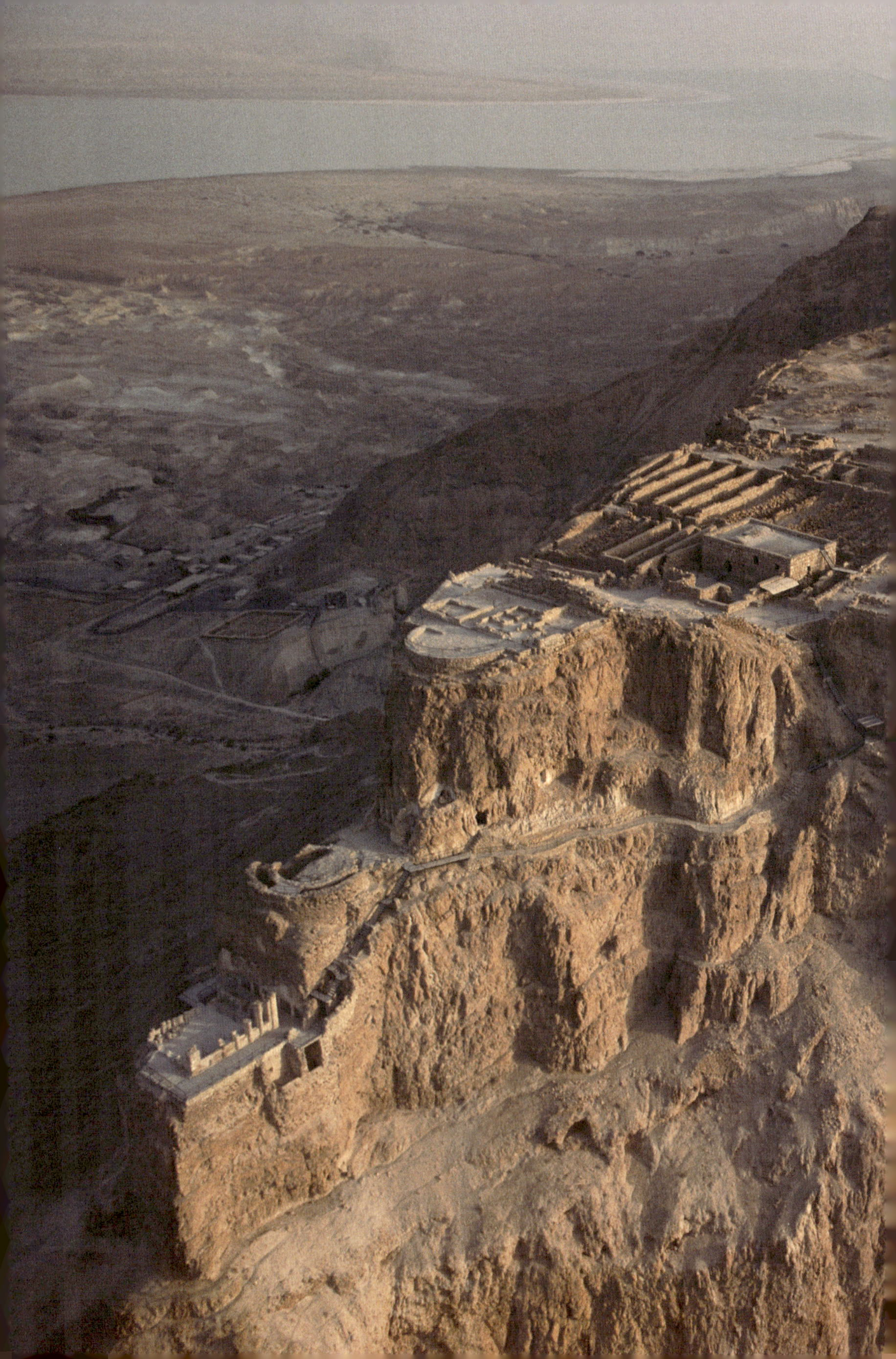

马萨达堡遗址。守卫的奋锐党人坚信堡垒牢不可破，但在公元72年，罗马人倚仗情报优势，围攻并摧毁了马萨达堡。

此后的发展悉如席尔瓦所料。第十军团的 5000 名士兵在马萨达下方的谷底安营扎寨，连续数月不做任何进攻的举动，防守一方看到的只是有人常常绕着悬崖走动，仔细地测量着什么。奋锐党人大多是只会种地的农民，他们如何猜得到，那些人其实是席尔瓦手下的希腊数学家，他们在帮席尔瓦测定，哪里最适合建造通往高地周围悬崖的斜坡。接着，席尔瓦把他在摧毁耶路撒冷时俘虏的几千名犹太奴隶派来，用鞭子和棍棒胁迫，为他修建这座 265 英尺（约 80 米）长的土坡。与此同时，罗马工兵装好了一架两层楼高、带有几英尺厚的破城锤的攻城机。他们还开始安装了多架弩炮；弩炮以扭力为动力，能发射铁栓和大石，奋锐党人从未见过这种奇怪的武器。

罗马人的进攻终于开始了。他们修好了一段又一段斜坡，攻城机也随之被推向马萨达堡。罗马人一进入射程范围，奋锐党人就开始放箭，然而后者发现，罗马人在攻城机表面蒙了一层铁皮，箭头全部被弹开。攻城机顶上放置了好几架弩炮，发石如雨，像扫落叶一般把守城士兵打下城墙。攻城机最终到达城墙脚下，破城锤连番击打，城墙开始破碎。罗马突击队冲过裂缝，只用几分钟，就打得奋锐党人完全绝望了。他们发出最后一声哀号，集体自杀了。相互杀戮的次序是通过抽签决定的，死在最后的是最高指挥官。面对步步逼近的罗马人，他先杀死了其他尚未战死的人，最后将利剑刺进了自己的胸膛。

远古的教训

马萨达堡的悲剧动人心魄，它告诫世人：在一个危机四伏的世界，谍报活动绝对是生死攸关的。为了此类教训，各个古代文明都付出了惨痛的代价。在这个世界里，人类历史前 3000 年的主要特征，就是各个部落都在觊觎彼此的土地、财产和粮食，相互冲突不断。在那个冲突无可避免的时代，强敌环伺，一个部落如果搜集不到相关的情报，它迟早会败在消息灵通的竞争者手里，就注定会灭亡。早在罗马人走出茅屋，展开其征服世界的伟大事业之前，这个真理就存在了。

早期的伟大文明，如埃及、赫梯、亚述、巴比伦还有波斯，都继承了部落文明贪婪和好战的传统。上述文明古国全都执迷于成为世界帝国，都想掌管已知的世界。这种企图意味着，必须重视处于竞争地位的其他世界帝国的情报。谍报活动由此应运而生。

没有人确知，我们所知的谍报活动究竟始于何时。考古资料显示，人类文明伊始，就有早期谍报活动的迹象。现存的一些4000多年前刻制的泥板，就提及了谍报行动。例如，一块苏美尔泥板记载了一次谍报行动，是在巴比伦城内部活动的间谍，以火作为信号来传递该城防御情况的情报。还有一块美索不达米亚出土的泥板，使用了世上已知最早的密码，来传递古代苏美尔人的陶器配方。这一配方使苏美尔人的制陶业拥有巨大优势，这是他们最大的秘密。泥板还警告说，其他地方的间谍正想方设法寻找该配方，所以一定要不惜代价保护好它。

现存最早详细记述古代谍报活动的实物来自亚述，那是最早的强大文明之一。亚述人致力于一项雄图伟略：征服并控制整个近东，甚而更广的地区。为了这个目标，他们建立起了世界上第一个军事独裁政权，第一个只为征战而存在的法西斯式国家。它的优势就是拥有强大的军事力量，其中包括一支多达5万人的常备军。在古代，这是一个异乎寻常的大数目。

亚述的战争机器上还有一个至关重要的齿轮，那就是世界上第一个政府情报组织。这是一个间谍兵团，其任务是就未来的进攻目标提交深度情报，内容从对方的军队情况到准确的粮食储量（这是城市在被长期围困时能坚持多久的指标）。这个名为"国王之眼"（The King's Eye）的亚述情报组织，还组建了世界上第一个秘密警察队伍，以控制业已征服的地区。分配到这个警察机构的特工称为"国王的信使"。表面上，他们只是在道路上来回穿梭，负责传送国王的往来信件，但其实他们还有一项任务：已征服地区的人民对

公元前1500年的苏美尔泥板，这是历史上已知最早的通信加密方式，用最古老的密码详细记载了制作陶器的配方，该配方当时是苏美尔人的垄断技术。

于亚述国王哪怕有一丝一毫的不满，他们都要向上级汇报。这些秘密警察的监视工作到底有多么彻底，有存世的楔形文字泥板为证。有一块泥板上的文字写道，在已经征服的亚美尼亚地区的一个部落里，还存在顽固的抵抗势力，建议尽早将其扼杀在摇篮中以绝后患。另一块泥板记载了一道命令，要求秘密警察严厉处理一个批评国王的人："在乡下或城里，找一条水沟，让这个人消失。"

另一个伟大的古代文明国家埃及，其情报部门也很发达，虽然比起亚述来说要分散得多。埃及领土辽阔，其体制依赖于由各地总督向法老汇报各自辖区内的形势，尤其是叛乱的苗头。在国外情报方面，那些经常往来于巴比伦、亚述和巴勒斯坦的友善商队构成了法老的情报网络。

然而，埃赫那顿（Ikhnaton）在公元前1379年成为埃及帝国的新法老后，埃及谍报活动的发展急转直下。埃赫那顿一门心思扑在宗教改革上（他是第一个笃信一神教的法老），对维持帝国现状等根本不感兴趣，更不消说扩大疆界了。他命令总督们不要再向他汇报情况，商人们也无须沿路搜集消息。结果，埃及变得"盲目"，其竞争对手开始趁机蚕食其疆土，从此国势长期不振。

埃及的"盲目"究竟到了何种程度，从一次战争中可见一斑。这是在人类历史上第一场有详尽记录的战争。公元前1285年，埃及人和他们最大的对手赫梯人在卡迭石（Kadesh，今叙利亚北部）两军对垒。埃及法老拉美西斯二世（Pharaoh Ramses II）御驾亲征，打算先发制人，攻打正在围攻卡迭石的赫梯军队，以挫败赫梯人的野心。拉美西斯二世领军北上，他的队伍可谓兵强马壮，但几乎两眼一抹黑。他全然不知道赫梯人所处的位置，也不知道赫梯国王的计划或赫梯军队的军事实力。拉美西斯二世极端自大，坚信无论出现何种意外的威胁，自己的军事才能都能应付自如。

埃及军队到达卡迭石附近的时候，有两个贝都因人自称是赫梯军队的逃兵，求见拉美西斯二世。他们告诉他，包围卡迭石城的只有一支赫梯军队，另外三队人马还远远落在后面。拉美西斯二世当即决定，以自身优势

位于卡纳克拉美西斯二世神庙的局部雕刻。描绘了他在卡迭石之战取得的"大捷",其中包括俘获的间谍请求饶命的场景。

兵力进攻卡迭石。然而,就在攻城即将开始的时候,几名士兵匆忙赶来,报告了不好的消息。原来,他们抓到了几名赫梯间谍,在严刑拷问后,这些人供述那两个贝都因人是间谍,赫梯国王派他们来,就是为了误导埃及人。实际上,赫梯人的大部队就在卡迭石后面埋伏,准备在埃及军队进攻时将其诱入伏击圈。得到这一关键情报后,拉美西斯二世重新部署军队,与赫梯军队在卡迭石外围展开激战。由此引发了一场大混战,参战的埃及战车达5000辆,赫梯战车达3500辆,外加双方成千上万的步兵。战斗最终以平局收场,但这并不影响拉美西斯二世日后将此役描述为一场"大捷"。在他为歌颂其统治而下令兴建的神庙里,在墙壁上的雕刻中,拉美西斯二世"谦虚地"将这一"大捷"归功于自己的英明领导。

盛极一时的埃及走向衰落,后来另外两个帝国随之崛起。他们对于小亚细亚（黑海与地中海之间亚洲西部的一个半岛，总体上与土耳其范围相当。——编者）的野心互不相容，注定了两者间必有一战。其一是波斯帝国。波斯的许多机构是参照亚述建立的，当中包括号称"国王之眼"的情报机构。但是，和亚述有所不同，波斯国王极少将自己的间谍用于针对国外的情报活动。波斯间谍把几乎全部时间，都用于监控和镇压帝国内部的异己分子。结果是波斯人对其日后的主要对手希腊所知甚少。正是这一缺失，此后令波斯为其图谋付出了高昂的代价。

希腊其实是一个松散的、爱内斗的城邦组合，以雅典和斯巴达两城最为强大。希腊人对谍报活动的价值深信不疑，他们将谍报活动的功能严格划分为两种：侦察员和间谍。侦察员通常由士兵充当，专门派往敌方领域搜集战术情报，如兵力分布、地形、路况、港口水深等。得到足够的情报后，就返回本国，报告其所见所闻。间谍则是平民，以掩护身份（通常是外贸商人）在敌方领土长期居住，其任务是搜集战略情报和政治情报。此类情报由专门的间谍负责传递，传递方法五花八门，出人意料：如将情报蚀刻在薄铁片上，再把铁片缝进鞋里；将情报藏在女人的大耳环里；还有就是伪装成流浪的乞丐，把情报写在树叶上，再用树叶来包扎身上的溃疡。

知己知彼

公元前490年，随着希腊和波斯的关系日益紧张，希腊人决定设立情报站，以便监控波斯王薛西斯（Xerxes）的举动。薛西斯为人狂妄自大，企图为自己的帝国吞并所有希腊城邦，并且毫不掩饰这一目标。希腊人与强大的波斯帝国不可同日而语，所以，早期预警对他们来说十分必要。他们为情报站选址萨狄斯城（Sardis），也就是今天的土耳其境内。在古代世界，该城四方辐辏，是一个关键的贸易中心，正好处于波斯和希腊两方势力范围的分界线上。萨狄斯是一个大都会，世界各地的商人云集于此，就像是一大锅炖汤，不断冒出各种有价值的情报小道消息。

希腊方面招募了三名学识渊博的雅典人为间谍，伪装成商人前往萨狄斯，前去搜集、分析这些情报小道消息。他们知道，波斯的秘密警察机构"国王之眼"有许多特务在萨狄斯，其目的就是防范希腊间谍。所以他们非常谨慎，一连好几个月都耐心地伪装成商人，其间不曾尝试任何情报活动。直到"国王之眼"最终相信他们只是普通商人后，三人才开始了真正的工作。

公元前490年，三名间谍取得了一条重磅情报。他们得知，薛西斯想通过两栖登陆的方式，从东海岸入侵希腊。他们还获悉，薛西斯打算让骑兵一同登陆。这一情报十分重要，希腊人据此推断登陆地点是马拉松，因为在希腊海岸线上，只有此处是平地，适合大量骑兵登陆。他们将兵力调往马拉松，在波斯军队登陆之际，也就是在其最脆弱的时刻，对后者展开攻击。近7000名波斯士兵战死，入侵被击退了。

然而，薛西斯并未善罢甘休。公元前480年，潜伏在萨狄斯的三名希腊间谍，又发现了波斯一个野心更大的入侵计划。波斯人打算连船成桥，让近30万大军跨过达达尼尔海峡（位于小亚细亚半岛与巴尔干半岛之间，连接马尔马拉海与爱琴海。——译者），直抵希腊，然后速战速决，一举摧毁希腊各城邦。间谍们研究地图后推断，这样一支庞大的军队要越过崎岖的希腊海滨，必须经过一个叫作德摩比勒的大关口，也就是塞莫皮莱（Thermopylae）。于是希腊派了一支7000人的军队封锁塞莫皮莱，其中包括300名斯巴达人。薛西斯亲率波斯大军，却根本不屑派间谍去探清希腊的实力以及其他情况。他自恃兵强马壮，认为敌人一定是望风披靡，根本用不着什么情报，却浑不知骄兵必败这句话很快就要应验。

尽管薛西斯的军力是希腊的40倍，但在向关口进攻的时候，每次能投入作战的波斯兵力非常有限，因此希腊人能够一次又一次打退其进攻。第二天，已有差不多3万名波斯士兵陈尸塞莫皮莱，薛西斯却未能前进一步。

他督促部队继续进攻，到第四天才终于压倒守军。代价却是这支波斯军队伤亡惨重，元气尽失，1 年后即被彻底击败。此后，波斯再没有对希腊构成过威胁。

可以毫不夸张地说，是希腊间谍的效率再加上希腊战士的英勇，才使希腊免于毁灭。古代帝国中最伟大的罗马帝国学习了其中的经验教训，不过学得不算到家。

在很大程度上，罗马帝国是以现炒现卖的方式对待谍报工作的。他们从来没有设置过类似亚述或波斯的"国王之眼"那样统一的情报机构。不过，罗马帝国的每个总督都有责任，搜集任何他认为对罗马有用的情报。情报搜集工作主要由官员负责，他们大多都是有过战斗经验的士兵，成为文职官员后，专门让总督了解任何威胁的苗头。而所谓威胁，指的几乎全是军事方面的威胁。贿赂是罗马惯用的情报搜集手段，经常会为了情报而向与罗马结盟的部落首领送大礼。

然而，由于罗马内部你死我活的宫廷角力和政治斗争（75% 的罗马皇帝死于篡位者的暗害或谋杀），统治者关心的主要是对内谍报活动。罗马帝国的统治精英对于一切和他们的政敌有关的情报都非常感兴趣，凡是他们感觉到对其统治构成威胁的事或人，例如基督徒，他们都会想方设法去打探。罗马皇帝还组建了一批斥候骑兵队，他们名义上是传递皇帝密令的信使，实际上很快就变成了秘密警察，负责监视政治上潜在的反对派。他们还有一项更为隐秘的任务，为皇帝监视他不信任的官员，经常还包括皇帝的家族成员。

同样涉足对内谍报的还有警备队，他们本来是消防人员，职责是在城中巡逻，消灭火患。由于他们对城市和居民的情况知道得极多，罗马统治者自然要把这些人用于消防以外的目的。警备队于是就变成了秘密警察，搜集街头巷尾的各类情报，连邻里之间的闲话也不漏过。这支队伍最终发展到了 3000 人之众，他们将城市分成多个区，每个区各驻一队人马，负责搜集辖区内的一切情报。

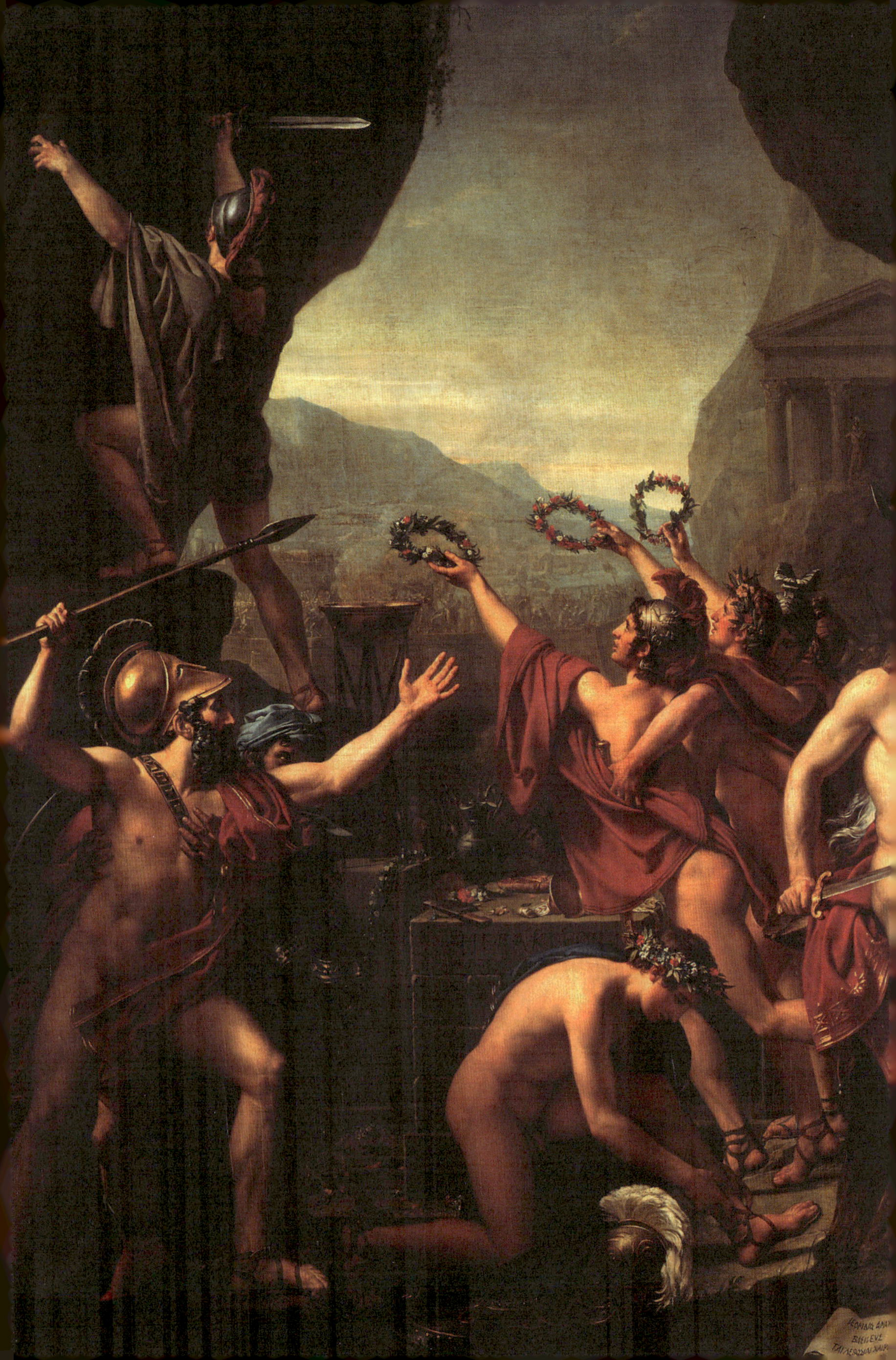

公元前 480 年，塞莫皮莱大战中的斯巴达国王列奥尼达和他的 300 壮士。希腊间谍断定波斯军队将会在塞莫皮莱出现。

与此同时，罗马军队作为罗马政治生态中一个重要的权力中心，也有自己的秘密警察。这些人被称作军需官（frumentarii），负责监督士兵忠诚与否，甚至还监视皇帝的家人。后者尤其关键，因为权力在皇室内部的转移，可能对军队产生重大影响。意识到军需官的存在后，罗马皇帝又组建了一个由事务官（agent in rebus）组成的密探机构与之制衡。这些事务官就像是罗马的苏联政治委员，在罗马帝国所有类似在苏联各局工作的人，尤其是那些在类似苏军总参谋部里工作的人，都由事务官负责监视其忠诚与否。

罗马在谍报工作上的这种重内轻外的做法，导致了后来的一系列军事灾难，这些灾难都与谍报工作的失利有关。公元前90年，高卢人从法兰西涌入意大利，决心攻取罗马并将它烧成瓦砾。最终只是因为城墙外的一群鹅狂叫不止，才使罗马城惊觉入侵大军已经兵临城下。

然而，罗马完全没有从这一事件中吸取教训。公元前53年，罗马三巨头之一的克拉苏（Marcus Licinius Crassus）认为，他必须立下辉煌军功，才能胜过恺撒和庞培（Pompey）这两位同僚和竞争劲敌。克拉苏曾在公元前73年残酷镇压了斯巴达领导的奴隶起义，但把打败装备极差的奴隶视为大捷，罗马人对此颇不以为然。克拉苏于是决定出征帕提亚（Parthian）。帕提亚是一个尚武的部落，远在罗马帝国的遥远边疆，即现在的伊朗。罗马人一直不放心帕提亚人，觉得他们有成为威胁的苗头，只是因为罗马阔绰的贿赂才比较安分。

权欲熏心之下，克拉苏认定，大名鼎鼎的罗马军团是全世界最伟大的军队，一定能够轻而易举地击败帕提亚。他没有派间谍前往帕提亚人的地盘，去查明对方的实力和战略战术，而是想当然地认为，由他率领5万士兵，对阵部落战士，这足以威慑对方，不战而屈人之兵。就这样，克拉苏踏上了前往帕提亚的征途，一路风物尽收眼底，实际上却有如盲人骑瞎马，对敌方情况一无所知。

克拉苏何曾想到，帕提亚人早就预计到，有朝一日要与罗马人对垒，并

普布利乌斯·科涅利乌斯（非洲的征服者西庇阿），杰出的罗马将军，在他与迦太基长期对垒的过程中，他的间谍居功至伟。

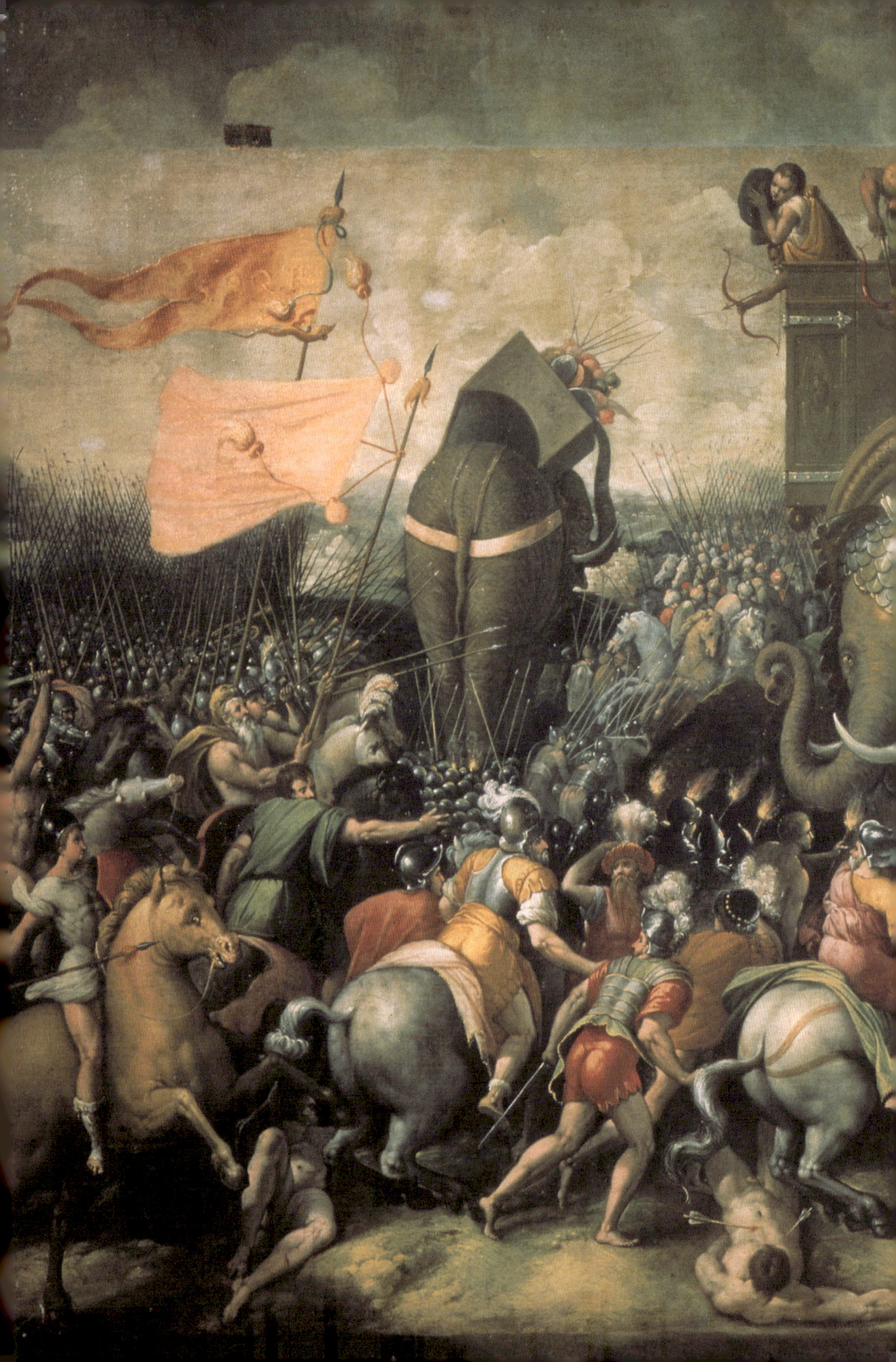

公元前202年，利用其间谍发现的弱点，西庇阿的军团在扎马战役中大败汉尼拔的战象。

且已经准备了一套战略战术和武器装备，用来对抗罗马的军事优势。他们不和令人生畏的罗马步兵肉搏，而是将自己的大部分兵力改组为骑兵。这支骑兵队伍机动性很强，他们使用一种新型复合弓，射箭速度很快，专门攻击罗马方阵的边缘，射杀站成队列的罗马步兵。驼队满载长箭、草料和水，川流不息，为骑兵部队提供补给。

在一个叫作卡莱（Carrhae）的小镇附近，帕提亚人出手了。大批骑兵布置在罗马军团标枪和长矛的攻击范围之外，把后者围得水泄不通。他们的箭像黑压压的乌云飘向罗马方阵，罗马士兵死伤无数。紧接其后的是一波又一波帕提亚步兵，把残余的罗马士兵打得丢盔弃甲。帕提亚人的战术发挥几近完美，在仅仅数小时内，就消灭罗马士兵2万多人，俘虏1万多人。这些俘虏后来都被卖为奴隶。克拉苏本人也被俘，帕提亚人把他押到国王面前，往其嘴里灌入熔化的黄金，将其处死。

卡莱之战只是罗马历史上因傲慢而导致的众多军事灾难之一。罗马人总觉得世上其他民族都不如自己，所以根本没有必要去搜集他人的情报。这就引出了一个问题：如果罗马的情报系统如此不济，罗马帝国何以能维持那么久呢？主要原因是罗马总能涌现出优秀的将领，他们不但对情报的必要性深信不疑，而且能够在自己指挥的战役中卓有成效地运用情报。恺撒和西庇阿是罗马最伟大的两名军事奇才，他们的事迹就是证明。

因为击败迦太基（Carthage），普布利乌斯·科涅利乌斯（Publius Cornelius）被称为非洲的征服者"西庇阿"。他在公元前206年崭露头角，当时他带领的军团，在西班牙打败了罗马的死敌汉尼拔的迦太基军队。西庇阿取胜的一个重要的原因，就是他决定建立一流的情报队伍。他从军官中挑选最优秀、最聪明的人才，让他们接受极为严格的间谍训练。训练内容包括：如何在有效的伪装下行动，如何只瞥一眼敌军阵形就做出情报判断，以及如何找出敌方军事架构上最致命的缺陷。西庇阿挑选间谍的主要标准就是要机智灵活，反应敏捷，也就是要临危不乱，应对自如。

西庇阿手下最出色、最机敏的间谍，当数科涅利乌斯·勒流斯

（Cornelius Lelius）。他在识破迦太基指挥官的计划方面，展现出惊人的能力。有一次，他伪装成低级军官，作为罗马的谈判人员，到迦太基营地商谈交换俘虏。他带了一大帮奴隶（其实都是罗马间谍）作为随从，这些人一到对方营地就留意他们感兴趣的东西，比如武器数量、军队人数，以及骑兵的马匹强壮与否。突然，麻烦出现了：一名迦太基指挥官认出其中一名"奴隶"是罗马高级军官，几年前他在希腊学习时见过此人。这名指挥官正要说出怀疑时，勒流斯立即给这名"奴隶"当头一鞭，吼道："狗奴才！竟敢装模作样，想让别人以为你是什么罗马军官吗？"挨打的人也特别识相，瑟瑟发抖，恳求勒流斯原谅他胆大妄为。迦太基人知道，罗马人不敢鞭打罗马军官，因而认为应该是那个指挥官看错人了。

西庇阿最著名的一次谍报胜利，发生于公元前202年的扎马战役（Battle of Zama），扎马位于今天的突尼斯。通过这一战，西庇阿给了迦太基致命一击，从而彻底终结了汉尼拔对罗马的威胁。战前，西庇阿意识到，他必须想办法，对付汉尼拔最强大的武器——战象，因为哪怕是在最为训练有素的罗马方阵之中，战象也令人生畏。迦太基将领利用战象在敌军阵形的前排撕开一个大口子，其作用与现代坦克相同。西庇阿命令勒流斯和他的间谍去搞清楚，大象有没有什么可以利用的弱点。

勒流斯选择从汉尼拔的辅助部队中下手，因为驯象师和战象骑手就在其中。他用罗马最好的美酒招待这些人，其中一些人在酒后吐了真言。勒流斯得知，象群在听到尖厉的声音或是巨响时，会陷入慌乱。有了这份情报，西庇阿立即把罗马的乐师都找来，把他们分散布置在罗马的军阵里。大战当天，汉尼拔一上来就派出一支有85只战象的象队，进攻罗马方阵的前锋。眼看这群猛兽就要闯进罗马方阵，只见西庇阿打出一个手势，方阵里的数百名乐师一齐吹奏，喇叭声、号角声一时大作，震耳欲聋。战象受到惊吓，立即掉头冲向本阵，迦太基人阵脚大乱，溃不成军。

强大的恺撒

一个世纪之后，盖乌斯·尤利乌斯·恺撒（Gaius Julius Caesar）凭借一连串辉煌的战绩开始崛起。他可能是罗马最伟大的军事家。虽然历史上人们称道的主要是他在战略战术方面的才华，但恺撒对兵法最杰出的贡献，其实是他在情报领域的创新。他是名副其实的军事情报活动之父，他为自己军队设计的谍报系统，被后世所有的军情组织奉为模板，沿用了2000多年。

恺撒从不轻举妄动，行动之前一定要把自己军团面对的情况搞得一清二楚，弄明白有何危险，程度如何；敌方有何弱点可以利用。他的情报人员包括负责敌前侦察的侦察员（procurator），以及深入敌方的侦察骑兵（explorator）。此外还有告密者（indice），即敌方的逃兵和叛徒，恺撒的参谋人员中的专家会把这类人的一切情报都盘问出来。恺撒最厉害的谍报武器则是斥候队（speculator），他们是受过专业训练的间谍，伪装成各色人等在敌方工作，负责搜集战略情报。

高卢之战（Gallic Wars）是恺撒最伟大的胜利。战斗期间，他命令间谍要特别注意高卢民族特点方面的情报。他想知道什么东西能对高卢人起作用，尤其想了解他们的领袖能否快速适应不断变化的战场环境。罗马的间谍不负所托，把高卢人的脾性摸得一清二楚；其中有一点非常重要，那就是高卢人在战斗中遇到意料之外的问题时，不会变通。一旦原有作战计划受阻，高卢人的整个军事结构因为过于僵死，很容易瓦解。

作为杰出的战术家，恺撒在洞察敌军的这一特性后，拥有了将高卢置于罗马铁蹄之下的强大武器。罗马人总是从意想不到的方向进攻，常出奇兵，完全不同于高卢人所知的罗马作战方式，打得高卢人晕头转向。在一次一又次战斗中，恺撒坚持采用出其不意的办法（例如，果断出兵到补给线之外，这在古代兵法中是闻所未闻的），彻底打垮了高卢人的指挥机构。恺撒于公元前50年完胜，将高卢变成了罗马的一个行省。

第一章　马萨达堡　037

尤利乌斯·恺撒。罗马最著名的战士，也是近代军事情报活动之父。

征服高卢是战争史上最伟大的战例之一，它使得恺撒成了罗马的巨人，也为他在内战中击败政治竞争对手庞培，从而独揽大权，奠定了基础。恺撒能在内战中胜出一筹，也是依靠其军事情报机构，向他提供了关于庞培军队的位置、实力和优势等详细情报。

就在恺撒成为罗马皇帝，掌握全部权力的时候，他的人生却急转直下，出现颇具讽刺意味的悲剧。作为军人，他认为没有必要把军事情报组织用于政治生涯。尽管恺撒是军事天才，对政治却不够敏锐。他没有想到，自己在罗马树敌甚多。这些人视他为独裁者，必欲除之而后快。恺撒本该知道，在罗马，谋杀是解决政治分歧的主要手段。公元前44年3月的一个早晨，恺撒毫无戒备地走进罗马元老院，被数名元老当场刺死；其中一名行刺者还一直被恺撒视为挚友。这位古代世界的谍战大师至死都全然不知，这些杀手图谋其性命已有数月之久。

特训课间课

风中细语：密码与通信

　　1917年的一个春日，伦敦邮政总局的审查员拆开了一封信，是一位居住在伦敦的荷兰人寄出的，收信人是其在荷兰的兄弟。这封信看起来普通极了，不过写了些"玛莎想尽办法，想再怀孕"的家长里短，另外还捎带写了一些对于时局的看法。

　　然而这封看似寻常的信件，却引起了审查员的疑心。首先，路人皆知中立国荷兰是德国情报机构的信箱。所以，邮政审查员们都被交代过，要特别留心英国和荷兰之间的信件往来。其次，写信的人谈论政治的用语很怪：

迷你美乐时相机。用于将秘密文件拍摄在微型胶卷上，是现代谍战中不可或缺的工具。

隐藏在乐谱行间的隐形文字，这是一战时德军间谍最喜欢用的技术。

"Apparently neutral's protest is thoroughly discounted and ignored. Isman hard hit. Blockade issue affects for pretext one by-product, ejecting suets and vegetable oils."（很明显，中立方的抗议全然被忽视。伊斯曼遭到严重打击。禁运问题作为借口影响到一个副产品，排斥板油和植物油。）即使考虑到写信人对英语可能掌握得不那么好，这封信的措辞也还是太奇怪了。

几分钟后，这名审查员就意识到了，摆在他眼前的正是间谍秘密交流所使用的最古老的形式：字母加密体系（letter system）。这个办法很简单，就是把信息藏在事先商量好的字母次序中，一个单词中安排一个字母，合起来便组成一条密信。而审查员手上的这封信，他试了几次后，发现答案在于每个单词的第二个字母，显示的信息是："Pershing sails for NY June 1."（"潘兴"号将于6月1日驶往纽约。）

如何将搜集来的情报传递给正在等待阅读情报的人又不被发现，这对间谍来说是最为困难的事情。这个困难已经存在了3000多年，事实证明这是一项非常棘手的任务。为克服这个困难，人们挖空心思，尝试了许多办法，字母加密只是其中的一种。但间谍们想到过的每一种方法，无论多么聪明，都有其缺陷，极易成为不打自招的罪证。

在古代中国，负责谍报行动的官员想出过一个他们认为万无一失的办法。他们将间谍的头发剃光，在光头上写上密信，等间谍的头发长出后再派他上路。到了目的地再把头发剃光，密信就显现出来了。

这种办法的缺点显而易见，要等人长满头发，需要一定的时间，因此写在头皮上的情报，就不可能太有时效性。公元前480年，希腊间谍意识到这一缺陷后，发明了密码棒（scytale）。取一张莎草纸，缠绕在一根棍子上，顺着在上面写字后，将纸取下送走。收到的人必须要有一根直径和长度都完全一样的棍子，才能读懂所写的内容。

到了中世纪，谍报活动增多，需要传送的信息加长，这就促进了隐形书写的发展。隐形书写就是在普通信件的空白处，用隐形墨水书写信息。这种技术至今仍有人用，主要是使用某些无色液体，最常见的就是柠檬汁和硫酸铜。通常只要升温或涂上某些化学物质，隐形的字就能显现出来。这种技术不难，但也正因如此，反情报人员早已发展出一整套方法，能够发现可疑书信和文件里的隐形文字。

另一种方法叫书本加密体系（book system），同样至今仍在使用。间谍及其上线各有一本同样的书。间谍从书中选出字来写信，每个字都改成数字形式，例如，64-10-4，那就是第64页第10行左起第4个字。这套办法十分简单，但是非常耗费时间。

还有一种谍报通信方式，和前两种差不多同时发展起来，一直是最常用的方法，并且至今仍在使用，即秘密传递点（dead drop）。间谍事先和上线选好一个地点（可能是一个树洞，或是墙上一块松动的石头），把情报放进去，再由信使取出送达。间谍在一个事先约定好的地方，一般是电线杆上，用粉笔画一个符号，通知情报已存待取。苏联克格勃喜欢用桥下作为传递点，因为被路人偶然发现的概率很小。他们设计了一种空心螺栓，可以完美嵌入桥中；还把螺纹车成反向的，以降低被人偶然拧开的可能性。

新方向

20世纪初，电台发展起来了，它使得间谍们能从遥远的敌国深处，直接将情报发回。这一发展预示着谍报通信将出现一场革命。然而，早期的无线电装置体积大，又需要天线，所以间谍只能在固定的地点发送无线电信号。更为糟糕的是，发到空中的任何无线电信号都可以被探测到。反情报机构因而发展出一套探测技术，通过对无线电信号实施三角定位，准确测定间谍无线电装置的所在地。美国情报机构在二战中做出了一项创新：手提箱式无线电装置。这是一种微型化到能装进手提箱的无线电装置，其移动性高，因而很难定位。

就在同一时间，飞速发展的摄影技术也为间谍通信提供了新的设备。其中之一是美乐时照相机（Minox Camera），这种照相机体积很小，使用高分辨

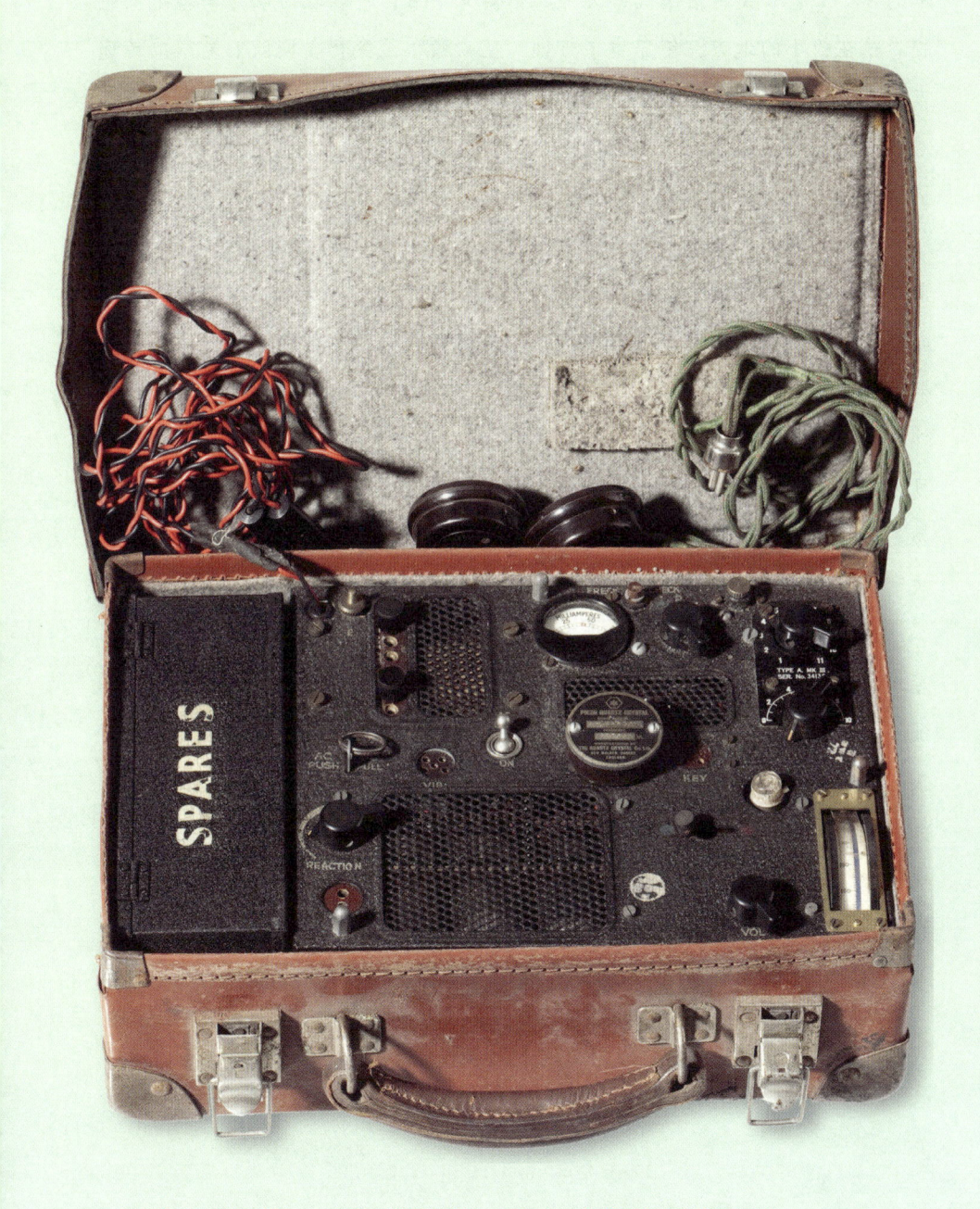

手提箱式无线电装置。二战期间谍报通信的一项突破，由美国战略情报局设计。

率的8×11毫米胶卷拍摄机密文件。拍摄完毕后，可以轻而以易举地把微缩胶卷藏在极小的地方，传递也很方便（空心硬币至今仍是间谍们爱用的传递方法）。比这更小的是微粒照片（microdot），这是德国人在二战中发明的技术，能把照片缩小到一个小点的大小，藏在邮票的后面或信件里的一个句号里面，再用特制的显微镜阅读隐藏在其中的情报。

冷战时期，中央情报局发明了脉冲发射器（burst transmitter），在当时可谓是情报通信难题的终极解决方案。这种神奇的设备大小与一部便携式电台差不多，能把一段即使是相当长的情报压缩成极其短暂的电子脉冲信号，再把电子信号通过耗时只有数秒的脉冲，发射到专门接收此类信号的卫星或地面站（通常藏匿于大使馆）。对间谍来说，脉冲发射器简直就是天赐之物，可以把它轻易地藏在口袋里面，从而把传递情报这一危险任务变得迅速、容易。不过，新近研发的技术已经赶了上来，即使是脉冲发射器，现在也能较快定位了。

尽管有上述奇思妙想，世上却还是没有真正万全的谍报通信方式。哪怕是最尖端的技术，也需要由间谍去掌握，因此它就能成为从事谍报活动的罪证。然而，世界上的情报机构一直在不断尝试新的办法。最新的技术是将情报隐匿在计算机数字图像中。像藏在软件程序或是影碟里的版权保护信息一样，可将情报藏在超过200万像素的高分辨率图像中。但是，考虑到黑客们现在已经找到破解版权保护信息的办法，反情报机构再次赶上来，引发新一轮创新，想必也是指日可待的事情。

第二章 窥探迦南
CHAPTER 2

上图：耶稣受难像。它是一场群众运动的标志。罗马人最初对这一运动严重估计不足，在意识到它对帝国的未来构成威胁后，才试图将其消灭，但为时已晚。

对于在内盖夫沙漠（Negev Desert）边缘驻扎下来的人们来说，迦南的山谷就在地平线上，极目望去，苍翠丰茂，令人向往；它近在眼前，却又似遥不可及。这片沃土大致相当于现今的以色列和黎巴嫩，是古埃及帝国最北边的省份，被当时的法老和大臣们蔑称为"沙漠居民之地"。此时是大约公元前15世纪，以色列人在迦南的边缘扎营。对他们而言，迦南乃是"应许之地"（Promised Land）。上帝许诺过亚伯拉罕，以此为以色列人的永久家园。

根据《圣经·出埃及记》的叙述，以色列人自公元前1550年逃出埃及，成为游牧民后，已经在沙漠中跋涉多年。他们相信，他们的神耶和华是全能的，领袖摩西受耶和华的命令，带领他们最终抵达那片"应许之地"。抵达之后，耶和华会通过摩西，帮助他们征服"以色列地"（Eretz Israel）。然而，摩西却早已意识到，带领自己的人民到迦南是一回事，征服它却完全是另一回事。

迦南分为多个小国，连年相互征战，犹如一座军营。得益于处处葡萄园茂盛，农田肥沃，物产丰富，粮仓遍地，迦南各国都买得起强大的防御设施。每一个山丘上都有堡垒或据点，所有的城市都有坚固的城墙保护。虽说自公元前2000年左右起，迦南就归属于埃及帝国，但埃及人对帝国边陲这片遥远的土地并不在意。他们满足于向迦南各王国征收岁贡，顺便将迦南作为自己与劲敌赫梯人之间的缓冲地带。除此之外的大小事务，包括国防，均由迦南人自主。迦南各国均甚殷富，一切物品都不惜重金，只求最好，因而它们都拥有坚固的防御工事、武器精良的常备军，以及作为古代战争终极武器的战车。之所以需要防守，是因为所争者大。迦南地区不光农业丰产，它还是连接欧亚大陆和非洲的陆桥，意味着它是关键的贸易中心，这是其财富的又一个来源。耶利哥（Jericho）是迦南的众多城市之一，它是世上最古老的城市（最早有人定居的时间是公元前8000年），也是古代世界最繁荣活跃的贸易大都会。

另一方面，以色列就相形见绌了。他们从埃及出逃，除了身上的衣物外，几乎没有别的财产，也没有肥沃的土地去创造财富。他们实际上就是一群贫穷的沙漠游牧民，靠牧羊为生。他们的战士只有弓箭、投枪和刀剑，没有攻克堡垒不可或缺的攻城器械，更没有战车。可偏偏就是他们，必须以寡敌众，以弱胜强，征服迦南；只因为耶和华说过，征服迦南是他们神圣的天赋权利。

关于他们如何最终取得胜利的故事，乃是人类历史的一段佳话。为了以色列地，他们奋战了数百年。因为有《旧约》的描述，他们的事迹得以千古流传。《旧约》还讲到了情报活动在战斗中的关键作用，以及摩西和约书亚这两位英雄所扮演的角色。两人都可以说是历史上最早的间谍首脑。

据《圣经》记载，摩西挑选了 12 个人（以色列 12 个部落中各选一人），命令他们潜入迦南。他们回来时，必须带回两个关键问题的答案：迦南是不是真如犹太先贤们所说，是繁荣富饶的"奶与蜜之地"？用以色列微弱的兵力，能否征服迦南？《圣经》详细记述了摩西的具体指令：

摩西打发他们去窥探迦南地说："你们从南地上山地去，看那地如何，其中所住的民是强是弱，是多是少，所住之处是好是歹，所住之处是营盘是坚城。又看那地土是肥美是瘠薄，其中有树木没有。你们要放开胆量，把那地的果子带些来。"（《民数记》13:17-20）

40 天后，密探们回来了。他们的任务并不是特别艰险。显而易见，他们只是像游客一样在迦南闲逛了一圈。迦南本来游商云集，自然没有谁会特别注意这 10 来个人。他们从迦南富饶的物产中，（按照摩西的指示）带回了一些石榴、小麦、柠檬、橄榄，以及大串的葡萄之类的样本。迦南确实是"奶与蜜之地"，这一点大家都毫无疑问。然而，在以色列人是否有能力征服这片土地的问题上，间谍们却有分歧。其中 10 人认为，以色列若要进攻，无异于以卵击石。首先，迦南的军事力量强大，远远胜过以色列。其次，迦南各城的城墙都极其坚固，足以抵挡任何攻击，没有攻城器械就更是无可奈何。最后，如遇激战，迦南人使用的是可怕的战车，而以色列人没有甲胄，肯定毫无机会。

然而，另外两位间谍（根据《圣经》记载，他们名叫约书亚和加勒），却有完全不同的看法。他们认为，另外 10 个人都观察得不够深入。迦南的防御工事远没有看起来那么强大。该地区地震频发，很多堡垒和城墙都松动

摩西，以色列人出逃埃及时的领袖。他命令 12 名间谍前往迦南，去探索以色列地，那是上帝应许给他们的土地。

了，修缮得十分马虎，彻底重建的极少。迦南人多年来生活优渥，民风懦弱，军无斗志。此外，官员普遍贪腐，意味着没有投入新的资金提升军备。以色列的进攻当能成功。

情报决定一切

《圣经》描述，间谍们迥异的情报分析结论，在以色列人中引发了一场激烈的争论。许多以色列人对摩西的领导能力失去了信心，要求另选领袖，带领他们重返埃及。《圣经》还记载，上帝对以色列人丧失信心大为震怒，他命令间谍们在应许之地待了多少天，以色列人就还要在荒野里漂泊多少年。还有，除了信念坚定的约书亚和加勒之外，所有超过20岁的人，都不能进入迦南。

尽管《圣经》中对事件过程的描述带有宗教色彩，实际上却与部落政治密切相关。以色列的十二个部落（其实就是大家族）都各有其领袖和等级结构。各个部落的行政、司法、军事、社会、经济和宗教等各方面的事务，都由各自的领袖负责。摩西是所有部落的领袖，但必须经这12位首领一致同意，才能做出决定。《圣经》并没有说，摩西是赞同约书亚和加勒，还是另外那10位间谍；总的来看这其实并不重要，因为只要部落间有分歧，摩西就无法让他们行动。这实际上是历史上关于情报不确定问题的第一次教训。

40年后，大约在公元前1200年，他们流放沙漠的年限结束，摩西已经去世，以色列人再一次面对迦南的问题。这40年间到底发生过什么事情，《圣经》并没有细说，但从沙漠中现身的以色列人，已经与曾经如此激怒耶和华的那个部落大相径庭。如今的他们坚定团结，军事上也更为强大。多年的沙漠生活磨炼了他们，约书亚这位曾经当过间谍的长老，现在以其毫无争议的权威领导着他们。约书亚从未动摇过征服迦南地的念头，他决定现在就进攻迦南。

约书亚恐怕是古代世界最伟大的间谍首脑,为准备征战,他召集各部落最优秀最聪明的人组成了一个间谍团队。他用"你们去窥探那地"这句名言,将他们派往迦南。这些间谍要详细回答一系列问题,也就是要完成整套情报搜集任务,从迦南防御工事的状况,到迦南每一个王国的士气。几个月下来,间谍们搜集来的情报使约书亚确信,迦南的关键就在耶利哥。因为耶利哥控制着全迦南的水源,一旦这一商业重镇被攻破,其他各个较小的城市必受震慑。

仅从外表看,耶利哥这座距死海大约8英里(约13公里)、位于约旦河谷西边悬崖下的城市,可以说是无懈可击。它有全迦南最厚最长的城墙,常备军的规模相当大,经济繁荣昌盛,为军事硬件提供了充裕的资金。然而,以色列的密探们却发现,在过去100年的多次猛烈地震中,耶利哥的城墙严重受损,已经相当脆弱。更糟糕的是,耶利哥的领导者腐败,一心只想着发财,很少花钱修葺城墙,大部分地方都修补得很马虎。约书亚认为,这一切都表明是时候发起进攻了。在实际进攻以前,约书亚派出最后一支谍报小组,确认耶利哥的防御工事没有在最后关头得到修复。这次任务在《圣经》中占了较长的篇幅,后来成了谍报史上最著名的事件之一。

约书亚派了他最优秀的两名间谍去执行这次任务。《圣经》中并没有提到他们的名字,却提及了以色列的一个关键线人,一名被称为"妓女拉哈伯"(Rahab the harlot)的女人。据《圣经》描述,不知为何,耶利哥当局发现了城里有两名以色列间谍。两名间谍逃进了拉哈伯的妓院,当士兵前来搜查的时候,拉哈伯将两人藏在一堆麻秸下面。危险过后,两人便溜出了耶利哥。当时,被攻破的城市通常会遭到屠城,不管是人是物,只要能够站立,都会被彻底摧毁。两名间谍向拉哈伯保证,攻陷耶利哥后,会让她免受那样的命运。她从窗上吊下一根红绳,攻城的人就会认得是她的妓院,他们将放过房子里的每一个人,包括拉哈伯。

奇怪的是,《圣经》并没有说明,为什么一名妓女会愿意帮助以色列人;也没有解释,一名从事这种职业的女人,怎么会有对他们有用的情报。

耶利哥城。看似固若金汤，却被约书亚的军队攻陷。他的间谍发现了耶利哥防御方面的致命弱点，从而取得了这一重大胜利。

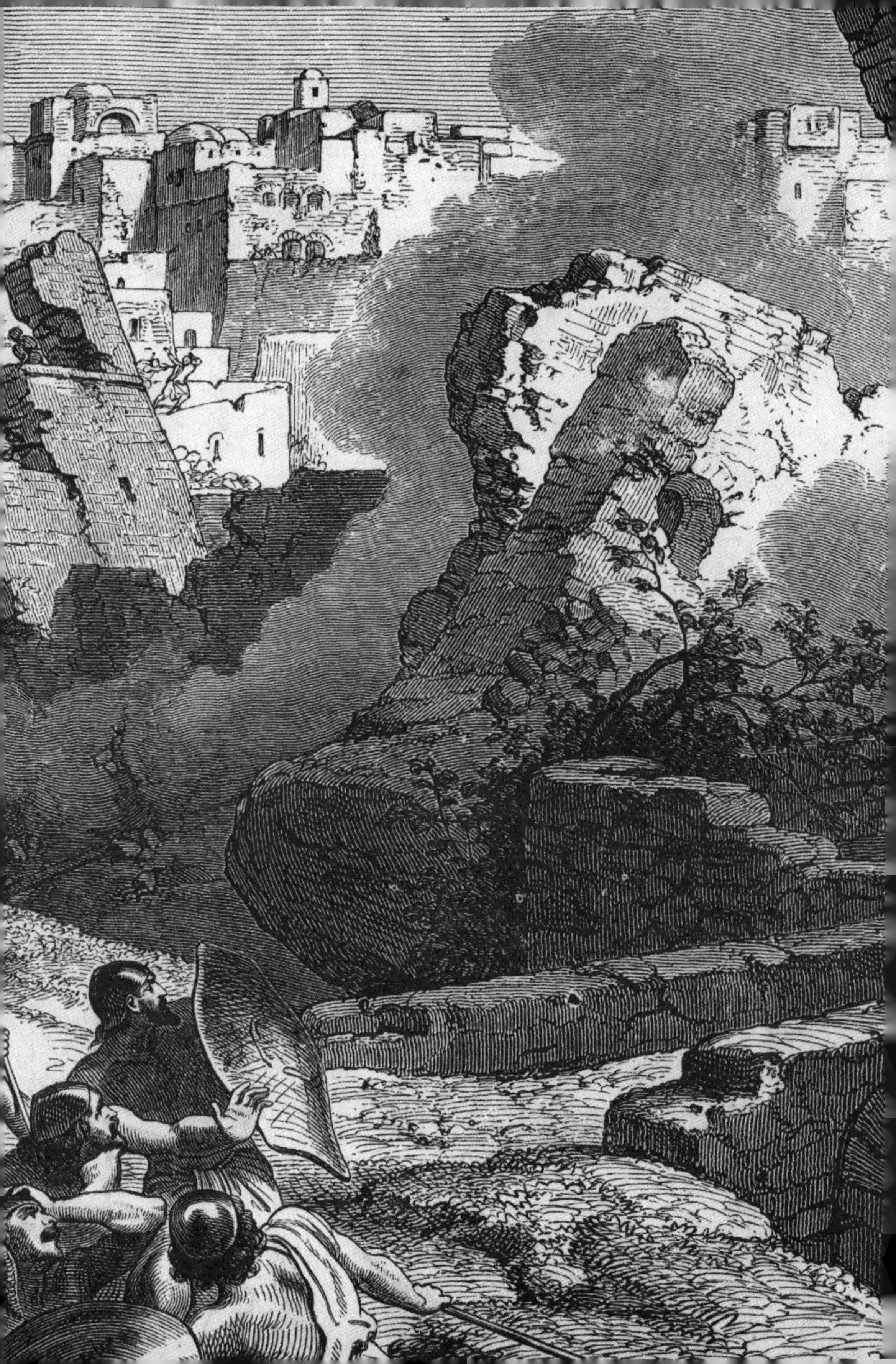

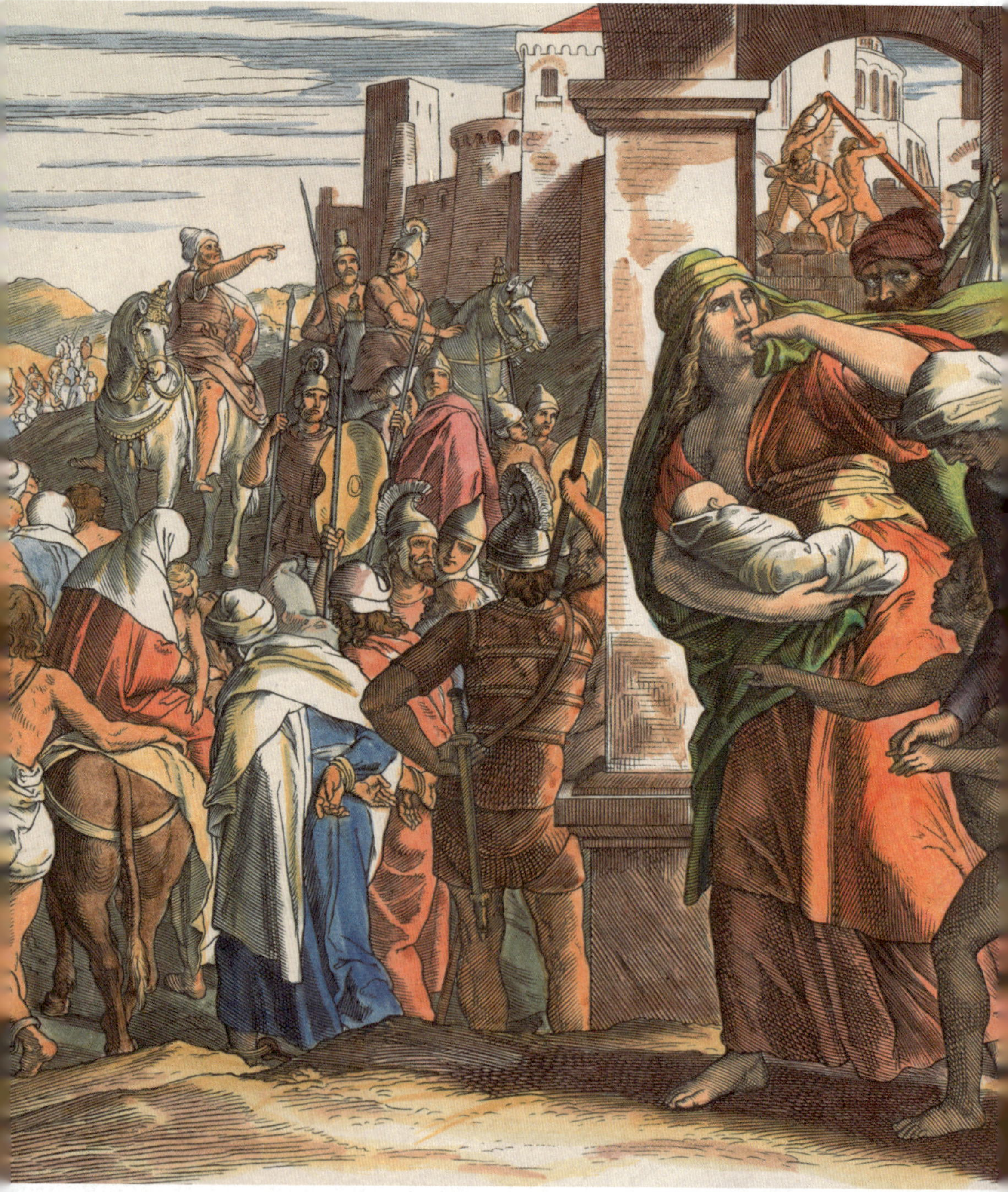

答案也许是一个翻译问题。古希伯来语中的"zanah"一词，被希伯来《圣经》的早期希腊译者译成"娼妓"，但动词"zan"的意思是"喂养和提供食物"。现代学者们认为，拉哈伯其实是给旅人和游商提供食宿的客栈主人，这在贸易中心城市是很平常的营生。作为客栈主人，拉哈伯是充当线人的完美人选，因为她能听到官员和商人的闲谈，其中有用的情报很多。

为什么拉哈伯会愿意背叛耶利哥，而倒向以色列人，至今仍是个谜（也许她是希望确保自己兴旺的生意在城市沦陷后仍能继续），但她确实提供了一些关键情报。最重要的是，她告诉两名以色列间谍，虽然耶利哥城看上去军事力量强大，但其实已经人心惶惶。人民知道领导腐败，对他们没有信心。大家也听到了以色列将要入侵的传言，都认为城防抵挡不住。

有了如此精彩的情报，约书亚和他的军队在耶利哥的城墙边出现了。这时，约书亚实施了一条妙计。他让所有的士兵围住城墙，做出准备进攻的架势。祭师们则吹响号角，声震云霄，以壮军威。守城的士兵冲上城头，却看到以色列人莫名其妙地撤退了。连续几天，这一幕不断上演，

以色列王国的末日。巴比伦大军攻克耶路撒冷，将城市夷为平地；以色列人成为奴隶，被押送他乡。

守城的士兵终于腻味了这种假警报，懒得再去准备抵抗一场似乎永远不会到来的入侵。而就在这时，约书亚出手了。他的军队从间谍们先前发现的城墙薄弱处攻入，很快攻下了整座城市。在其后的屠城中，以色列人放过了拉哈伯。按照《圣经》的说法，她后来加入了耶利哥新主人的行列，成了货真价实的以色列人。

正如约书亚所料，攻克耶利哥城后，迦南其余的王国开始动摇。他利用间谍队伍，摸清了迦南其他目标的底细。在确信已经了解自己应该了解的一切之前，约书亚从不贸然进攻。他横扫迦南的山地河谷，消灭了所有拒绝加入以色列的原住民，将其他氏族整合成了一个由多个尚武部落组成的联合体。大约公元前1100年，这支已经成为古代世界最强大的军队，最终征服了整个迦南，并通过攻下耶路撒冷，取得了它最大的战利品。

当时，约书亚已经有了一大群职业间谍，他让他们在迦南各地积极活动，主要任务是观察可能危及初生以色列王国的外部威胁。据信，历史上公认的最早的谍报密码是约书亚发明的，其目的是和间谍们保持联系，保护他们的通信安全。这是一个简单的替换式密码，叫作埃特巴什码（Atbash Cipher）。它用希伯来字母中的第一个字母aleph替代最后一个字母tav，用第二个字母beth替代倒数第二个字母shin，以此类推（用英文表示就相当于是a=z, b=y, 等等）。以现代标准来看，埃特巴什码并不完美，因为它是一个粗糙的置换系统，通过简单的频率分析就能轻易破译，但在当时却是最先进的系统，也非常安全。

约书亚在有生之年，见证了强大的以色列帝国的诞生，那是希伯来文明的顶峰。他死后，从公元前1070年左右开始，他所创立的王国经历了与周围的敌人长达数个世纪的斗争。《圣经》关于这段斗争的叙述，是一部关于战争、帝国和征服的传奇，以约书亚创立的世界在数百年后被罗马人最终摧毁作结，其中包括几个谍报故事。在这些故事中，有一段是《圣经》中最诡异的间谍事件之一，即参孙和大利拉的故事。

第二章　窥探迦南

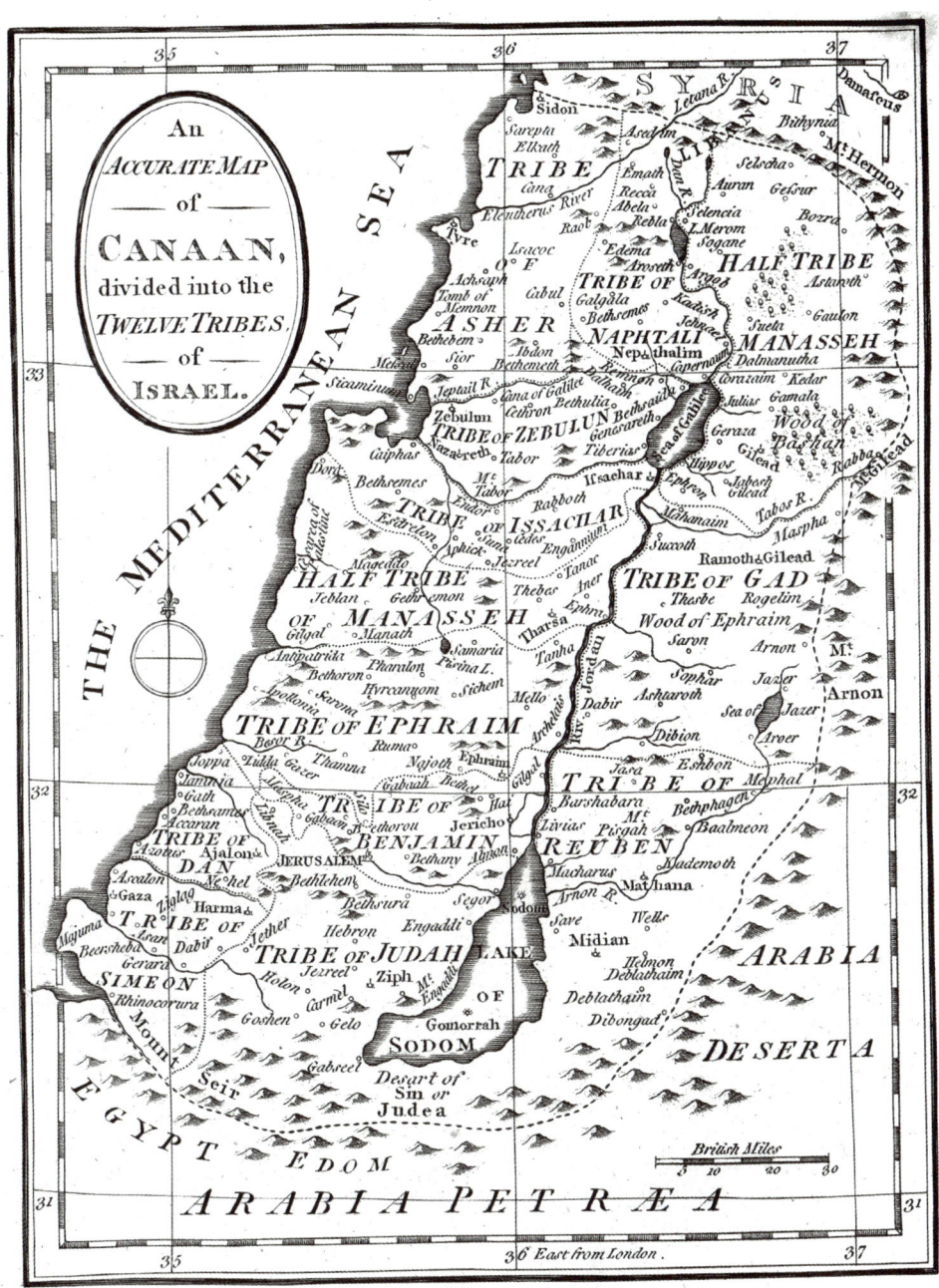

约书亚征服迦南后，以色列 12 个部落的地理分布。征服迦南是一场处处由间谍先行的精彩战役。

耶稣进入耶路撒冷，受到众人欢迎。此后的一系列事件，导致他最终死于罗马人之手。

古埃及一角

这一段故事的背景是,公元前 1188 年,埃及的国土突然受到侵犯,来犯者是所谓"海民",他们属于一个叫作腓力斯的彪悍部落。法老拉美西斯二世出兵抵挡,腓力斯人于是退到迦南的南部,无可避免地和同样彪悍的以色列人发生了冲突。腓力斯人先发制人,到公元前 1050 年,以色列人经历了一连串大败,已经陷入困境。腓力斯人攻占示罗城(Shiloh),夺走约柜(Ark of the Covenant),还杀死了以色列国王扫罗(Saul)。

对于此后腓力斯与以色列之间的战争,《圣经》用较长的篇幅叙述了战争的脉络,其中包括大卫在成为以色列国王之前,用投石器击杀腓力斯巨人歌利亚的著名故事。以色列人在大卫的带领下,最终战胜了腓力斯人。在此之前,《圣经》先讲述了参孙和大利拉的故事。

按照《圣经》的记载,大利拉是一名在梭烈谷(Valley of Sorec)居住的妇人;梭烈谷处于腓力斯和以色列领土的交界处。除此以外,对她的身份没有更多的描述。多数现代专家推测,大利拉可能是妓女。以色列有一位叫参孙的头领,据说是世上最强壮的人,曾徒手将一头狮子撕成两半,还杀死了 1000 名腓力斯人。参孙爱上了大利拉,常常出入她的住所。

腓力斯人注意到了这一点,便笼络大利拉成为他们的间谍。参孙的盖世神力从何而来?他们许诺,如果大利拉能弄清这一重大机密,他们就给她 1000 枚银币作为报酬。这在当时是一笔巨款。腓力斯人是迷信的异教徒,相信参孙的力量肯定来自某种魔法;只要神力不失,参孙就一直会是以色列最厉害的战士。他们要大利拉找出这种秘密魔法。只要大利拉告诉腓力斯人魔法是什么,他们就能破除魔法,消灭无敌的参孙。他们相信,消灭参孙,就能打垮以色列人的士气。

《圣经》说,大利拉使用美人计,诱使参孙说出自己其实是拿细耳派(Nazarite)的成员,在加入该派的神圣仪式中,他发誓终生蓄发,因而获得

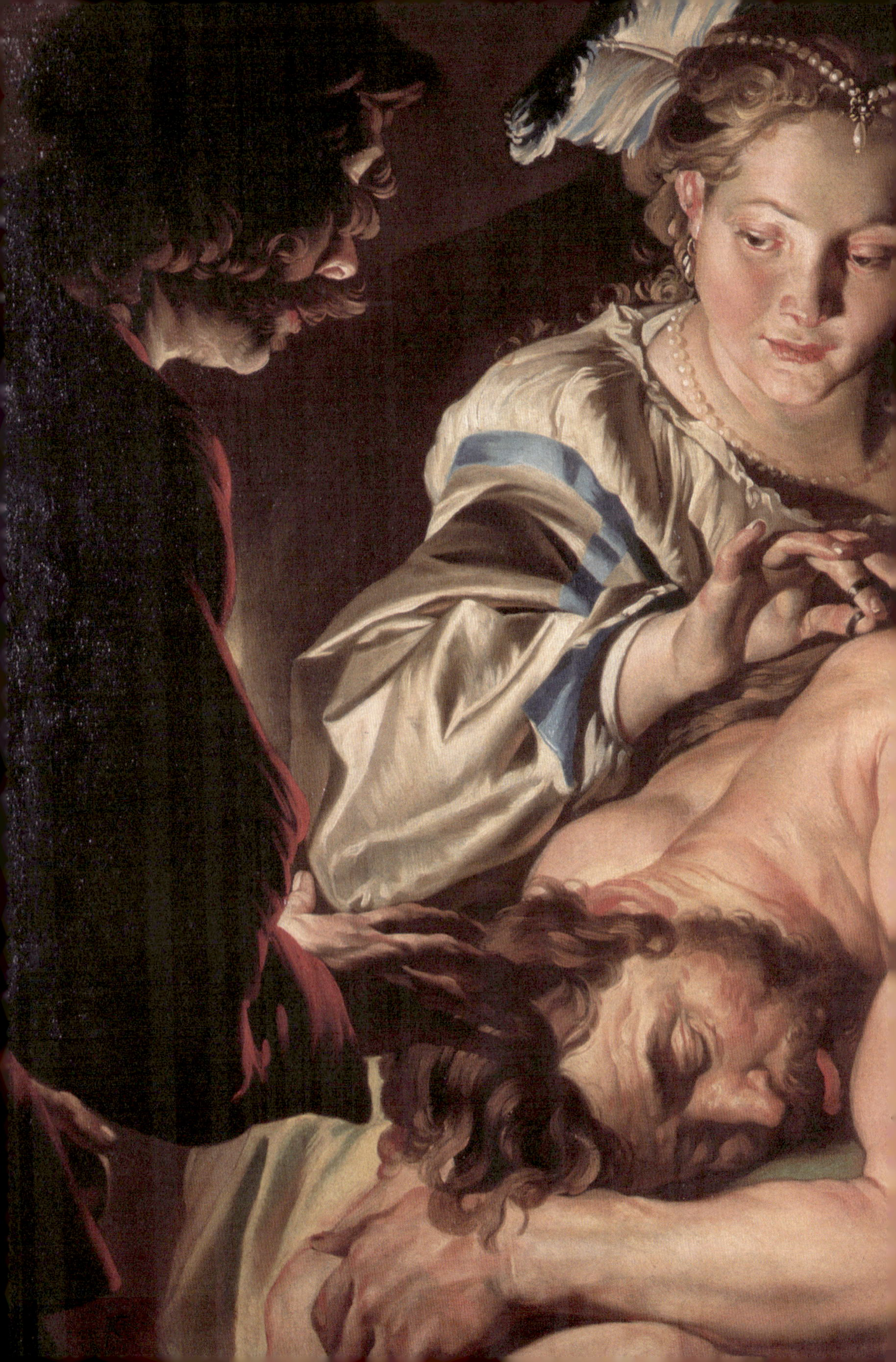

大利拉。妓女间谍，诱使大力士参孙说出他何以具有神力的秘密，并将他交给了敌人腓力斯人。

神力。大利拉趁参孙睡觉的时候，叫仆人剪短了他的长发。一群早就埋伏在大利拉房里的腓力斯人一拥而上，擒住参孙，绑住其手脚。然后，他们挖出参孙的双眼，把他拖到腓力斯人的庙宇。大利拉收到了她从事谍报服务的报酬，从此就从《圣经》的叙述里消失了。故事接着讲了参孙的结局。根据那段著名的《圣经》故事，参孙被绑在支撑神殿的两根柱子之间，他向上帝忏悔自己违背了神圣的誓言，终于在头发长回后重获神力；最终他拉倒柱子，和3000名腓力斯人（或许大利拉也在其中）同归于尽。

妖妇大利拉的故事，是《圣经》中最后一处有关间谍的详述。但不少现代学者认为，其实《新约》中也提到了间谍活动，只是要隐晦一些。就是关于历史上最大的叛徒——加略人犹大的故事。问题是，犹大也是一名间谍吗？

背叛耶稣

强大一时的以色列文明走向终结，这是犹大及其背叛行径的历史背景。公元前63年，古代以色列被罗马征服，沦为贫穷的附属国。以色列被踩在军事占领的铁蹄下，任何叛乱的苗头都被随时踏灭。当时，政治和宗教方面危机四伏，罗马占领者深受动乱的困扰：动乱要么来自起义者（如奋锐党和马伽比家族，这是在公元前1世纪统治巴勒斯坦家族的犹太祭祀家族），要么来自宗教方面的救世主（如施洗者约翰和后来的耶稣）。对罗马的领袖们来说，这块他们称为朱迪亚（Judea）的地方，就好比一块溃烂的大伤疤。此地民风暴戾，难以驾驭，可供榨取的钱财不多，揭竿而起之徒常有，因此不得不派大规模驻军占领，而这样做又造成了财政流失。朱迪亚地区唯一真正的用处在于，罗马借此掌控了连接东西方陆桥关键的贸易路线。因此，罗马决意要守住这块土地。

罗马在占领地区的典型做法是扶植傀儡统治者（在朱迪亚就是希律王），

罗马的地方总督彼拉多。他的间谍警告说，耶稣是严重的威胁，彼拉多于是下令将耶稣钉死在十字架上。

此人由当地的罗马总督及其财政官操控，他们才是实际统治者。占领区优先实行罗马法律，由罗马军团负责实施。任何蔑视罗马统治的言行都被禁止；任何反抗罗马的人都会被控叛国，面临在十字架上被钉死的可怕下场，这是罗马对叛国罪的标准刑罚。

正如在帝国的其他地区一样，罗马占领当局的头等大事就是情报——本地居民的情绪如何？对罗马的统治正在形成什么威胁？哪些合作者可信？为了弄清这些情况，罗马人创建了一个情报网络，由愿意合作的当地人组成的并以罗马帝国的法定货币罗马银币向后者支付报酬。

在朱迪亚地区，罗马最关键的情报线人是管理耶路撒冷第二圣殿的大小祭司。这群人独特的社会地位，使其能洞悉宗教信徒们的一举一动。祭司阶层的贪污腐败路人皆知，罗马人不费工夫，就把他们招募为间谍。公元26—36年，罗马在朱迪亚的总督叫彼拉多，此人出了名的残暴冷酷，毫无诚信。他认为，保证罗马对朱迪亚的统治是他的神圣使命，为此他可以不计代价，不择手段。

《新约》对罗马统治的这一方面差不多只字未提。这并不奇怪，因为撰写《四福音书》（Gospels）的时候，罗马还是占领者，作者不愿意冒生命危险在书里讨论罗马的黑暗统治。然而，我们还是能从其他宗教文献中，看出一些重要的端倪。比如犹太法典《塔木德》（Talmud）就谴责了第二圣殿祭司长们的腐败，一度怒骂道："诅咒亚那（Annas）一家！诅咒他们的密探行为！"亚那就是福音书中提到的那位祭司长。耶稣被捕后，首先被带到他的面前。亚那又把耶稣送到自己的岳父、大祭司该亚法（Caiaphas）那里；而后者能取得大祭司的职位，正是得力于彼拉多。《塔木德》提到的"密探行为"，所指的正是这样一个事实：亚那和该亚法对罗马人奴颜婢膝，他们都是彼拉多重要的情报线人，同时他们又有自己的特务。几乎可以肯定，这些特务包括耶稣的门徒加略人犹大，是他提供了关于耶稣行踪的情报。在耶稣在第二圣殿攻击货币兑换商以后，犹大的情报变得益发重要起来，因为耶稣的行为使大祭司们确信，他对已经确立的秩序构成了严重的威胁。

《新约》对犹大的背叛叙述得前后矛盾，没有解释为什么他会为了区区30块银币，就突然决定出卖耶稣。较为合理的解释是，大祭司们决定，是时候解决掉这位危险的传道者和煽动分子了。犹大是耶稣最信任的门徒之一，由他来陷害耶稣，使之被捕，再合适不过了。

《新约》倾向于将耶稣被残酷杀害一事归罪于祭司长们，但事实上做此决定的人是彼拉多。彼拉多不在乎亵渎神明，也不在乎攻击第二圣殿的货币兑换商这种小事。他在意的是耶稣自称为"犹太人的王"这一指控。对彼拉多而言，朱迪亚只有一个皇帝，那就是罗马。仅此一项，就足以判耶稣叛国罪了。

从最终结果来看，耶稣后来被处死，反而表现了彼拉多和他所代表的罗马在情报方面的失败。一个来自加利利的无名传道者，在远离罗马一个不起眼行省的一个同样不起眼的角落里被处死，纯属无关紧要，同时期的罗马文献资料甚至都不屑于记载。但罗马人没能意识到，他们处死这位无名传教士一事，却将催生出一支将会横扫罗马帝国的强大力量。

在很长一段时间里，罗马人都没有意识到，基督教运动对他们的存在构成了威胁。直到耶稣死后数十年，他们才发现，一场原来完全处于地下的宗教运动，在不知不觉间爆发了。罗马人不明白的是，基督教其实并不仅仅是一个宗教派别，它更是一种思想。罗马人后来领悟到，思想这种东西几乎是不可摧毁的。尽管处死了运动的两名最高领袖彼得和保罗，罗马人还是没能阻挡这场运动，它犹如燎原野火一般，在整个罗马帝国蔓延开来。而当罗马人终于意识到应该深入了解这个奇怪的教派时，为时已晚。他们派了一些间谍渗透到运动当中，却被基督徒们一眼看出这些人是"假弟兄"。基督徒们并没有杀死这些间谍，而是原谅他们，祝福他们，将他们放回罗马。罗马人彻底迷惘了。而正是这种不理解，构成了罗马最后也是最大的一次情报失误。

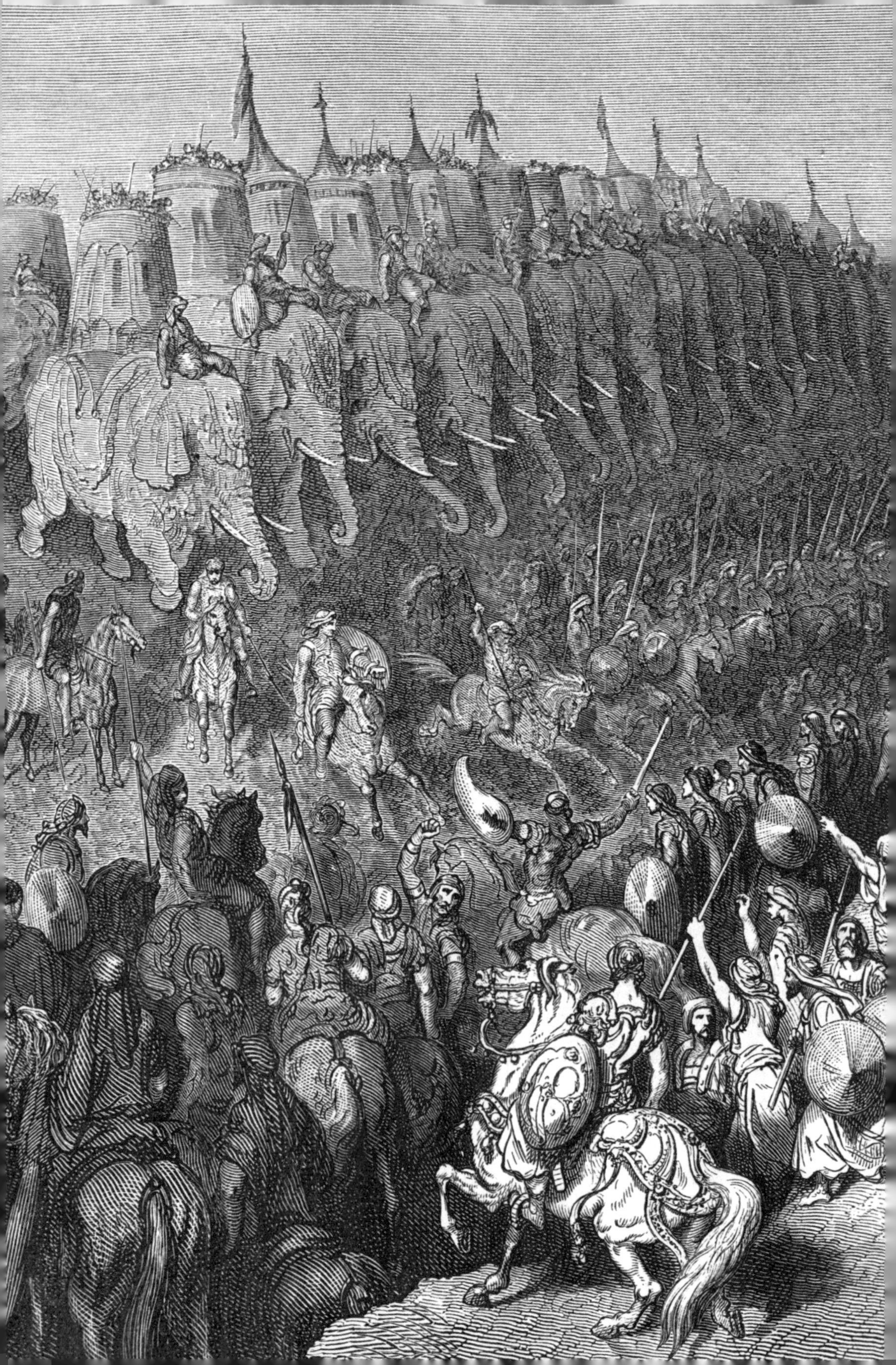

犹大·马加比（Judas Maccabeus），反抗罗马的起义领袖。他集结力量，试图将罗马人逐出朱迪亚，最终却徒劳无功。

加略人犹大。他可能是罗马间谍，在耶稣脸颊上留下了臭名昭著的背叛一吻。

潘多拉魔盒：毒药

一听到"中毒"这个词，医生们实在是焦虑万分。他们半夜三更被士兵从床上叫醒，赶飞机前往布拉格——纳粹德国占领下的捷克斯洛伐克首都。他们被命令实现一场医学奇迹。命令来自"元首"本人，命令没有提到，如果他们这群德国最优秀的医学脑袋不能实现奇迹，会有什么事情发生。不过，了解纳粹德国行事风格的人都想得到，让阿道夫·希特勒失望，绝非上策。

1942年5月27日晚，几个小时之前，在一次由英国军情六处（MI6）特别行动处（Special Operations Executive，SOE）发起的炸弹袭击中，臭名昭著的纳粹党徒莱茵哈德·海德里希（Reinhard Heydrich）被捷克特工炸成重伤。在被送往布拉格最好的医院后，医生诊断他生命垂危。宠臣遇袭令希特勒大为震怒，他把德国最好的医生一并找来，派去救治这位他亲切地称为"铁石心肠的男子"的纳粹分子。

医生们随后发现，海德里希虽然伤势严重，但不至于丧命，他熬得过去。大家都松了口气，这下不需要医学奇迹了。然而，24小时后，海德里希的伤情开始恶化，一切都无济于事。6月4日早晨，海德里希一命呜呼了。医生们都很困惑。据其中一个医生观察，他们的重要病人在最后几个小时里，出现了肉毒杆菌中毒的典型症状。希特勒派来的法医们更加困惑。海德里希是死于某种"（炸弹）碎片上的毒药"。但是，他们完全不知道究竟是哪种毒药，因为他们发现的微量残留物，与此前见过的物质都不相同。

这个谜底一直保持了50多年。50年后，得以解密的文件照亮了谍报活动中最黑暗的角落——发展和使用烈性毒药，用于处置不方便的人。得以解

从保加利亚持不同政见者乔治·马尔科夫体内取出的小铂球，用于释放使他致死的毒药。

密的机密之一，就是英国情报机构在波顿唐有一个秘密研究所，这个研究所在1942年研发出了苯—甲苯—二甲苯混合物（BTX），这是一种剧毒的肉毒杆菌毒素。当年特别行动属交给捷克暗杀人员用来袭击海德里希的特制炸弹里，正是秘密放入了这种毒素。

冷战末期有大批文件得以解密，海德里希刺杀行动正是此时公开的。也是在这时人们才知道，原来世界上许多国家，以美国和苏联为主，都建有秘密实验室。多年来，这些实验室被用于研发一系列令人毛骨悚然的东西，如让暗杀看上去像自然死亡的先进毒药；让被捕间谍免受严刑拷打之苦的立死药；让敌人在几秒内死亡的致命毒药；还有能让被俘间谍说真话的"吐真剂"。而这些可怕的毒药、毒气、毒素和能让人改变心智的化学物质，都是各国最严防死守的秘密。

古代用毒史

这一切都始于罗马人，他们没有精湛的医术，用毒却是高手。他们老

莱因哈德·海德里希，中间着浅色制服者。纳粹派驻捷克斯洛伐克恶名昭彰的监管人，他被军情六处特制的一枚剧毒炸弹暗杀。

早就学会了从某些植物里提取毒素，并培养了一批职业投毒者。在罗马无穷无尽的王朝更迭和政治斗争中，秘密特工们都熟练掌握了向无花果、苹果之类的日常食物里下毒的本领，更加有名的是在蘑菇里下毒。克劳狄乌斯皇帝（Emperor Claudius）就是这样死的。在封建时代的欧洲，这些人的后继者发现了现在所说的T2毒素，这种致命的毒素由谷物上的霉菌提炼而成；同时发现的还有由蓖麻豆炼成的蓖麻毒素。因为这类毒药能轻易地混入食物中，所以暴君们要除掉其他竞争的暴君，用这种方式比开战要方便多了。

到了近现代，由于不少情报机构涉足暗杀活动，以除掉他们效忠的政府希望弄死的那些人，因而毒药卷土重来，主要原因就是此法比较方便。情报机构帮政府搞暗杀，在20世纪五六十年代达到了高峰，当时谍报机构几乎变成了"谋杀有限公司"。众所周知的事件有：英国情报机构用神经毒气刺杀埃及总统贾迈勒·阿卜杜勒·纳赛尔，中央情报局用贝类毒素刺杀古巴总统卡斯特罗；两次行动均告失败。苏联情报机构最为活跃。1921年，他们建立了代号为"第十一部"（Department Eleven）的研究机构，实质上是一个研发毒素和毒药的实验室。为了这一目的，他们发明了各种生物毒药和化学药剂，能让受害者看上去像是自然死亡。毒药包括能涂在车门把手上的毒胶、能瞬间引发心脏病的氰化气体。他们甚至还研发了钚粉，将其放入受害者办公桌的抽屉里，当他打开抽屉时会吸入钚粉，从而患上恶性肿瘤，在短期内死去。

第十一部还制造了有史以来最耸人听闻的一次使用毒药的秘密战，即1978年在伦敦谋杀乔治·马尔科夫（Georgi Markov）。此人是著名的保加利亚流亡者，他的广播节目惹恼了保加利亚统治者。他们命令保加利亚情报机构除掉他，但绝不能让人看出来他是死于暗杀，必须隐藏涉及保加利亚政府的任何痕迹。要做到这两点，就需要使用先进的毒药，于是保加利亚情报机构就向他们的克格勃朋友求助。后者提供了工具，一个仅有1.52毫米的手表轴承，钻有细孔，里面装有蓖麻毒素。他们将这个小球装在一把雨伞的尖端，一个特工趁马尔科夫等车的时候，用这把伞刺进了他的腿。马尔科夫的腿只是像被针刺了一下，一开始他并未在意，然而在24小时之内就突发怪病，心律明显不齐，短短数日后死去。要不是尸检时在他腿上找到了还残留有蓖麻毒素的小球，保加利亚政府和克格勃的这一勾当，也许永远都不会为人所知。

在二战中，美国战略情报局（OSS）创立了一间实验室，但当时的美国情报机构并未认真投入毒药业务。他们初期的重点是研发能让抓获的敌方间谍说真话的"吐真剂"，以及能让自己的间谍在被捕后，为免受折磨而自我了断的立死药。继战略情报局之后成立的中央情报局，后来将研发范围扩大到了暗杀毒药。该项目的代号是MK/ULTRA，其毒药库里有一种从贝类提炼的蛤蚌毒素，哪怕只是用带有这种毒的针刺一下，也能在10秒内致人死亡。驾驶U-2侦察机的飞行员弗朗西斯·加里·鲍尔斯（Gary Powers），在飞越苏联境内时，身上就携带了一枚空心银币，里面藏有一粒蛤蚌毒素"自杀药片"。

第二章　窥探迦南　073

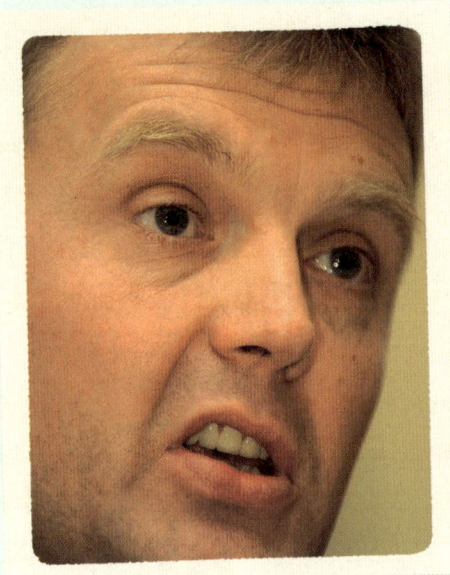

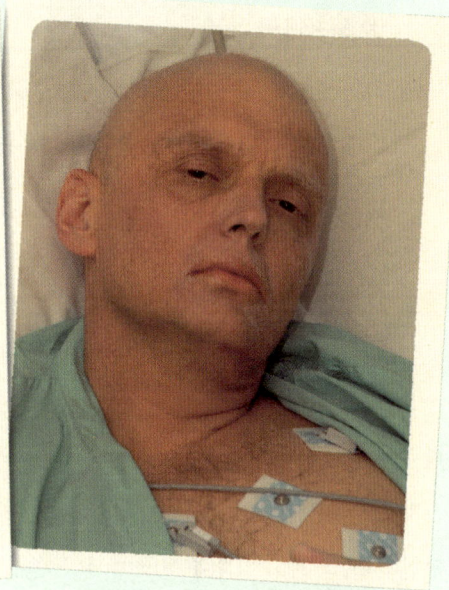

疑似被俄罗斯联邦安全局下毒的两名受害者。利特维年科（上）死于辐射中毒；尤先科（下）被二噁英重伤。

发展现状

尽管俄罗斯和美国的情报机构都声称,不再涉足毒药领域,但发生的一些事件却令人起疑。2005年,俄罗斯联邦政权的对头,乌克兰总统维克多·尤先科(Viktor A. Yushchenko),在喝了一碗汤后突患重病。医生挽救了他的性命,但后来中央情报局的调查显示,尤先科摄入了剧毒的二噁英。1年后,曾是俄罗斯联邦安全局(FSB,俄罗斯联邦对外情报机构)特工的亚历山大·利特维年科(Alexander Litvinenko),在喝了一杯茶后暴病,几天后就死去。在此前他曾向朋友提起,自己打算披露一些俄罗斯联邦官员的"罪行"。尸检显示他中了钋-210的毒,这是一种可以致命的钋元素。俄罗斯情报机构坚称,他们和此事毫不相干。他们用斯大林爱用的逻辑解释:既然臭名昭著的第十一部在官方上已经不复存在,联邦安全局自然也就再也不可能毒死任何人了。

第三章 东来大火
CHAPTER 3

上图：为射穿甲胄而特制的长弓箭头。法国情报机构未能了解英军的这一"超级武器"，导致法国骑士几乎被全歼。

1415年10月25日前一晚下了大雨，凌晨，法国北部阿金库尔小镇（Agincourt）附近的郊野，英军扎营的地方已经泥泞不堪。这支军队只有5000人，个个衣衫褴褛。和他们在一起的，还有国王亨利五世。这天大家醒来的时候，薄雾笼罩，天气寒冷，让他们比前些天更加难熬。从6个月前军队登陆诺曼底时起，痢疾和支气管炎就在亨利的军队中肆虐，现在大部分士兵都染上了这两种疾病。局面已经很糟糕，而且还会继续恶化，因为一支数量3倍于他们的法军，就要向发起攻击了。

　　为了在这场后世称为"百年战争"（Hundred Years' War）的持久战中，取得对法军的优势，亨利在法国的乡村布防了数月之久。现在，人困马乏，粮草紧缺，疾病流行。这支后来因莎士比亚所赞颂而永留青史的"我们这群兄弟连"，此时被远强于他们的法军，死死地压制在这片泥泞的战场上。

晨雾终于散去，英军士兵这才看清他们面对的是什么。1万名法国步兵已经摆开了进攻的阵势，而在他们身后则是法国军事力量的核心——排成战斗队形的5000名骑士，他们是欧洲最伟大军事力量的精华。朝阳之下，屹立着法国贵族中的精英；他们身着锃亮的铠甲，带有家族纹章的旗帜迎风飘扬，头盔上的羽毛也在微风中摇曳，场面宏大，令人生畏。

骑士们轻蔑地俯视着这群由破衣烂衫的农民组成的英军。除了800人之外，其余都是弓箭手。不过，法国骑士们一点都不担心，因为他们穿了德国铠甲匠们最新的杰作，里层是锁子甲，外层是交叠的金属片，能够完全挡住用当时标准短弓射出的箭。

法国只派出过几个侦察兵去确定英军的位置，没有搜集过关于亨利五世及其军队的任何情报。何必多此一举？法军优势显著，足以轻而易举地消灭这群乌合之众。然而，不出几个小时，法国人就将用鲜血为这样的盲目自大付出沉重代价。

先进武器

法国人不知道，英国弓箭手装备了15世纪的神奇武器——长弓。这种武器于12世纪的某个年代首先在威尔士出现，比使用它的人要高出1英尺

（约0.3米）。后来爱德华一世引进长弓，将它进一步发展成杀人机器，用作自己军队的主要武器。它产生的功率接近1400英尺·磅（普通短弓产生的功率只有大约150英尺·磅，1英尺·磅=1.36焦耳），其箭长为37英寸（约1米），能把250码（约225米）之外的敌人射穿。一个世纪后，亨利五世继承了一支训练有素的长弓弓箭队，他们发射出大量箭支，准确度极高。这正是他带到法国的武器。

由于法国人事前根本不屑于收集任何关于英国军事发展的情报，所以，法国步兵此时怀着必胜信心向英国弓箭手前进，对等待他们的可怕武器毫不知情。英国弓箭手们把大量长箭插进自己身旁的土地里，然后静待进攻者进入射程。眼见法国人走进了200码（约180米）以内，弓箭手们挽起长弓发射，成千上万支长箭以可怕的速度飞入法军阵中。每个弓箭手每分钟射出15箭，法国步兵成排倒下，到处出现成堆的尸体。利箭犹如遮天蔽日的蜂群，带着群蜂被激怒时发出的声音，飞向法国步兵，吓得他们四处乱窜，再也不敢前进。很快，泥泞的田野就血流成河了。

这时，法国骑士决定进攻。然而，陷入混乱的步兵妨碍了骑士们的前进。骑士们人高马大，正好成为英国弓箭手的靶子。一时间马嘶人号，法国贵族精英纷纷死于非命。只要在200码（约180米）范围内，英国长箭就会把他们的盔甲像纸一样射穿。90分钟后，战役结束了，在屠杀中幸存的法国士兵逃离战场，留下超过1万具尸体、1000名战俘。阵亡者中几乎包括了所有参战的法国骑士。而英军只折损了113人。

那天清晨在法国的这块泥地上发生的事情，其意义不容小觑。在不到两个小时里，统治欧洲数百年之久的封建秩序瓦解了。平民百姓血洗了封建的上层阶级，让它再也无法复兴。这些平民第一次意识到，他们可以主宰自己的命运，这种激进的思想成为后来政治巨变的种子。

如同一场大地震，阿金库尔战役的影响震动了四方。现代国家就诞生于那片战场。人们意识到，旧世界的那一套行不通了。法国人已经证明，没有哪个政权，能用几百年前建立的一套系统指挥战争；也没有哪支军队，能够在对面临的军事威胁一无所知的情况下，就贸然投入战斗。因为对技术的无知，法国贵族竟然在90分钟里被一举歼灭。那些从阿金库尔的血泊中兴起的现代欧洲国家，都需要某种情报机制来防止类似悲剧重演。

其实远在阿金库尔战役之前，欧洲人就明白了这个道理。因为在11世纪初期，就有两位超凡的历史人物，一位是蒙古酋长，另一位是阿拉伯领袖，已经为欧洲人做出了示范。

1095年，教皇乌尔班二世（Pope Urban II）颁布教令，煽动起了一场席卷整个欧洲的宗教狂热运动。这位教皇认为，横扫中东和小亚细亚的伊斯兰教浪潮，使位于君士坦丁堡的天主教东翼陷入了严重危机。他还认为，伊斯兰教的最终目标是吞并西欧，摧毁天主教。

根本没有证据表明阿拉伯人有这样的意图。然而，来自教皇的警告还是足以激励成千上万的王公贵族和普通农民，抛弃自己拥有的一切，加入一支庞大的军队，去夺取穆斯林占领的一切土地。这一事件在后来被称作"十字军东征"（Crusades）。这些"基督的战士"都得到保证，他们的罪过会被宽恕，永恒的救赎将会是他们参战的精神奖赏。

欧洲各地都集结了十字军队伍，他们向君士坦丁堡进发，再从那里乘船前往"圣地"。他们坚信这场斗争是上天的旨意，盲目行进在征途上，根本不清楚等着他们的是什么。没人想到哪怕是粗略地侦察一下目标地区，也没人尝试过就阿拉伯军队的规模和实力多少搜集一些情报。

事实表明，阿拉伯人虽然在宗教上都团结在伊斯兰教大旗下，在政治上却很分裂。哪怕是在大敌当前情况下，各总督间也极少相互合作。进军"圣地"仅仅两年后，十字军就占领了耶路撒冷。在接下来的70年里，十字军逐渐占领了地中海沿线的一连串城市和堡垒，打退了阿拉伯人对这些地方各自为战的反攻。

然而，十字军对其占领的那一小部分"圣地"，控制得并不牢固，因为耶路撒冷城内的阿拉伯人民，把十字军看成是罪恶的入侵者。他们期盼得到拯救。他们也知道，只有当分裂的阿拉伯王国都团结在一位伟大领袖之下时，拯救才会到来。1171年，这样的领袖终于出现了。他是一个注定要改变历史的人。他的名字叫优素福·伊本·阿尤布（Yusuf ibn Ayyub），阿拉伯人民称他为Salah-al-Din，意思是"信仰的整肃者"，他的对手则称他为"萨拉丁"。

萨拉丁原本是叙利亚军阀努尔·阿尔·丁（Nur-al-Din）手下的一名军官，因为在与十字军的战斗中取得了一系列战术上的小胜，在阿拉伯军队中脱颖而出。萨拉丁无疑是一流的军事领袖。他不厌其烦地指出，要驱逐十字军，就必须把涣散的阿拉伯军队团结起来。有一支强大的法兰克军队，企图把领地扩大到巴勒斯坦腹地，萨拉丁带领几支阿拉伯军队战胜了他们，从而证明了自己的主张是正确的。萨拉丁的胜利鼓舞了整个阿拉伯世界，他成了统一的阿拉伯军队的最高领袖。

在很大程度上，萨拉丁的胜利要归功于出色的谍报活动。他发现，十字军处在阿拉伯人民的汪洋大海之中，人数众多是阿拉伯人的最大优势。萨拉丁是一位不知疲倦的间谍首脑，总是设法利用所有潜在的情报资源，实施广泛的间谍行动。他把各个阿拉伯酋长已有的各种谍报资源集中使用，派出大量间谍渗透到十字军的堡垒中去。他用广泛的情报行动，将成千上万在十字军统治下的阿拉伯人，变成了他的耳目。

萨拉丁知道，哈里发（caliph，当时伊斯兰教国家和政教合一的领袖）都倾向于把间谍牢牢掌握在自己手里，所以不能只依靠各个哈里发的间谍去搜集情报。每个哈里发都有一个卡哈尔（kharbar，即情报主管），通常都由受宠的宦官或负责提供情报的埃米尔（emir，伊斯兰国家对王公贵族、酋长或地方长官的称谓）担任。虽然设立卡哈尔的本意，是要让哈里发及时发现外部威胁的苗头，但实际上多数情况是，哈里发们指使自己的卡哈尔专注于内部敌人，通常包括自己的朝廷官员和家庭成员。巴格达哈里发的卡哈尔就招募了1700名老妇人。她们收集所有鸡毛蒜皮的闲谈，特别留意不忠的言论。同700多年之后巴格达人民的境遇一样，当时哈里发的臣民们就已经学会，在公共场合必须谨言慎行，因为不知道人群中哪个人是

萨拉丁，阿拉伯的传奇领袖。在将十字军驱逐出"圣地"的战争中，他的情报网起了重要的作用。

政府的间谍。

萨拉丁在巴勒斯坦战胜法兰克军队的过程，简直就是一堂情报运用的实践教学课。当时，8万之众的法兰克大军进入荒漠，想通过一场野外激战打败阿拉伯军队。因为阿拉伯军队多为步兵，重装备又少，开阔的战场对法兰克的骑士有利。萨拉丁通过在十字军占领区生活的阿拉伯人中招募的间谍，对法兰克人的如意算盘了如指掌。他还知道，法兰克人随身携带的水量有限，到一定的时间就需要找到水源，重新装满水以后，才能继续行动。间谍把法兰克人携带的具体水量告诉了萨拉丁，他据此制订出一套周密的作战计划。

新式战术

萨拉丁作战计划的第一步是游击战。他避免正面交锋，而是用打了就跑的方式，反复骚扰法兰克人的侧翼。法兰克人没有意识到，这是在把他们引向一条萨拉丁希望的路线，也就是要让他们远离熟知的水源。法兰克人的储水量逐渐减少，到了危险的地步。萨拉丁知道，行军范围内最大的水源地是小镇哈廷（Hattin），法兰克人必定会前往此处。萨拉丁在那里精心布下陷阱，口渴难耐的法兰克军队糊里糊涂地钻了进去。这时，萨拉丁的军队出击，杀得法兰克人溃不成军。8万多名法兰克人，只有3000人逃出生天。

法兰克人对情报工作的忽视也帮了萨拉丁的大忙。法兰克人的指挥官是吕西尼昂的居伊（Guy of Lusignan），这个宗教狂热分子坚信上帝会引领他的军队取得胜利。因此他认为，根本没有必要利用间谍，探清自己在巴勒斯坦面临的危险。他不知道阿拉伯人的兵力如何，也不知道他们的装备状况、驻军地点，会用什么样的战略战术来对付法兰克人的进攻。吕西尼昂的居伊自恃有"真十字架"护身，坚信上帝会奇迹般地拯救他的军队。直到最后一刻，他被一名阿拉伯士兵一剑砍下脑袋时，还热切地坚持着这一信念。

看来，无论上帝对"圣地"有何打算，反正他无意出手帮助十字军。十字军发现，他们是在一片充满敌意的土地上的陌生人，眼看自己的立足点被萨拉丁的一连串胜利蚕食，却束手无策。即使后来有第二次、第三次十字军的新鲜力量加入，也未能阻止伤亡。就连更优秀的军事人才如"狮心王"理查一世，还有十字军最勇猛的战斗力量圣殿骑士，也无法挽回颓势。

十字军的核心问题在于，他们对自己的阿拉伯敌人一无所知，而萨拉丁却用巨大的谍报网将十字军紧紧困住，用他的话来说，他"无一事不知"。这张情报网囊括了十字军所占领的城市中各式各样的特工，他们大多是普通老百姓，能出入各种可以获得情报的场所。例如，一个向十字军卖菜的人，因为职业的关系，能轻易弄清十字军的人数。

而另一方面，理查一世和他的圣殿骑士却蔑视情报工作，坚信他们的军事技能足以使他们取得对阿拉伯军队的最终胜利。他们没想到，只要萨拉丁一天能洞悉十字军的实力，他们就不可能战胜他。1192年，一场惨痛的教训终于让理查一世学到了这一课。当时，萨拉丁已经占据耶路撒冷多年，理查一世决定夺回"圣地"。萨拉丁的间谍发现，理查一世计划用海运后勤补给管道，来实施进攻。十字军将沿着海岸线行军，给养则由船只送到事先在岸边选定的各个集中存放点。最大的一个集中存放点所在之处，就是理查一世计划从海岸转向内陆，直扑耶路撒冷的地点。

根据间谍提供的准确给养量，萨拉丁推断，理查一世的给养不足以支撑他们到达耶路撒冷。他们在行军途中的某个点上，一定会开始搜罗粮草和水。萨拉丁下令夷平了十字军行军路线上的所有村庄，并在所有水井里都投了毒。理查一世一头扎向耶路撒冷，途中他意识到无法补充给养，但为时已晚。他处处受钳制，来到耶路撒冷城下时，所有人都又饥又渴，只有2000名步兵和50名骑士可以作战。自知取胜无望，理查一世只得和萨拉丁议和。十字军放弃夺取耶路撒冷的计划，作为交换条件，萨拉丁允许基督徒到耶路撒冷朝圣。就这样，理查德一世离开"圣地"，一去不复返。在此后几年间，十字军在这一带的剩余势力被全部赶走。

十字军的失败，对欧洲人来说是莫大的灾难。然而，不像先前所担心的那样，阿拉伯人对欧洲的威胁，从未越过西班牙南部。另一个更大的危险就不同了，这一危险来自东方，那是可怕的蒙古人。蒙古人的威胁暴露了情报方面的又一空白，这个空白对欧洲来说是几乎致命的。

新秩序

13世纪，一个强国犹如一道霹雳，在世界历史舞台上骤然出现。开始的时候，它不过是东北亚一个不起眼的小部落；一位叫作成吉思汗的伟大领袖，把这些蒙古高原游牧部落团结起来，建立了大蒙古国。正是成吉思汗，将这些部落锻造成专事征服的可怕的军事机器。所有的蒙古族男性到了14岁就必须参军；通过从不间断的操练，军队被打磨成为强大的工具。蒙古族军队的60%是骑兵，装备着射程可达350码（约315米）的强力复合弓。蒙古大军具有前所未见的机动性，10天时间的行军里程可以达到1500英里（2400公里）。

成吉思汗坚持，若没有完全掌握敌情，他的军队就决不能贸然行动；这一做法增强了蒙古的军事力量。他建立了双层谍报体系：一层是训练有素的侦察单位，负责侦察敌情和行军路线；另一层则由总部负责情报的幕僚组成，他们专门负责从一切可能的来源搜集情报。成吉思汗的情报专家有充足资金，可以购买所需的一切，他们从各种游人、商贩和朝圣者那里获取消息，再整理归纳，形成详细的报告，向战地指挥官提供其需要知道的一切。例如，如果蒙古大军要通过一座桥，他们一定会有一份关于桥的宽度、最大承重以及敌人是否会防守等情况的报告。

蒙古大军浩浩荡荡，一路向西，所过之处，摧枯拉朽。在征战中，他们利用机动性强的优势，神出鬼没，击败了所有胆敢来挑战的军队。1241年，他们终于叩响了欧洲的大门。蒙古人来到现今波兰和匈牙利的东部，击败了

圣殿骑士，最著名的欧洲骑士阶层。他们发现自己被阿拉伯的间谍掣肘。

A Knight Templar of the XIV Century in his military habit

Etched by I.A. Atkinson

前去迎敌的军队，使整个欧洲大陆陷入一阵巨大的恐慌之中。在很大程度上，这一恐慌是由彻底的无知造成的。由于欧洲人普遍忽视情报，所以他们无法预知到世界上最强大的军队即将横扫欧洲。他们只知道，某个地方有一支看似不可战胜的蒙古军队。

然而，就在欧洲面临灭顶之灾的时候，奇迹发生了。成吉思汗的儿子、继位为汗的窝阔台汗此时突然去世，蒙古的高级将领们为了争抢汗位，纷纷率军奔回蒙古。霎时间，教堂钟声响彻欧洲，到处都在庆祝这一戏剧性的事件。神学家们都说，只有神助才能够解释这件事情。

那些更勤于思索的欧洲人，则开始更深入地观察事件的经过。一经分析，他们很快确信，欧洲要生存下去，就再也不能对世界其他地区一无所知了。他们认为在太长的时间里，欧洲各国应对外来威胁的方法，就是用城墙将自己围起来，以为建造起众多的堡垒，就能高枕无忧。欧洲指望那些巨大堡垒的厚墙能够挡住威胁，实际上是被动坐等下一个威胁出现。可是，万一欧洲要面对的威胁比蒙古人还厉害呢？万一他们有欧洲人根本不了解的新式武器呢？蒙古人差点带来的灾难发人深省。除非欧洲人投入时间和精力去了解外面的世界，否则永远有可能会出现某种未知的威胁，将全无准备的欧洲摧毁。

这种新的想法在天主教会稳稳扎根，不过更多的是出于宗教原因，而非情报方面的原因。蒙古人的入侵让梵蒂冈意识到，在遥远的东方某地一定有伟大的文明，那是发展新教友的沃土。于是传教士们开始东行，不管那里住的是什么人，总之要把他们带进天主教的大门。第一批传教士发回的报告就让人瞠目结舌：里面提到的印刷、石棉防火和丝绸，都是奇妙无比的东西。这些报告，还有样品，在罗马教廷和王公贵族中间引起了一阵骚动。很快就有人认识到，传教士还可以完成另一项使命，就是搜集现在所谓的"技术情报"，这类信息对欧洲刚刚萌发的经济具有巨大的价值。他们的第一个目标是丝绸，这种神奇织物由传教士送回欧洲。虽然中国对生丝的生产过程严格保密，传教士却还是发现，丝是由蚕生产的。中国人竟然同意安排传教士参

第三章　东来大火　087

大蒙古国领袖成吉思汗。他对获取情报有无法餍足的胃口。

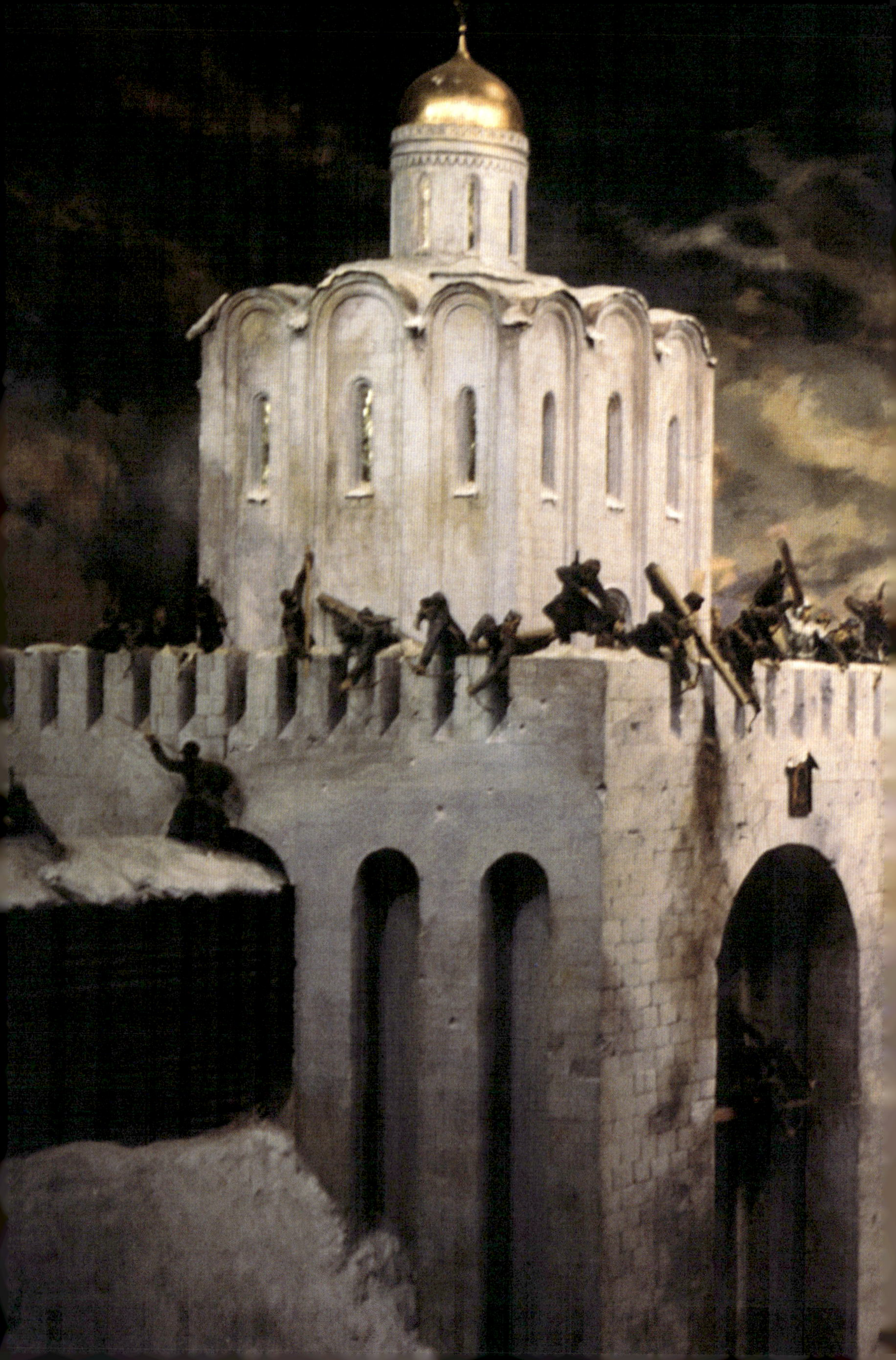

1238年,又一座鞑靼城市落入蒙古军队之手。类似的场面让西欧胆战心惊。

观生丝的生产设施，后者很仔细地观看了这一工艺的运作过程。他们悄悄偷了一些蚕蛹，藏匿在掏空的拐杖里面。另一行动是窃取了同样机密的中国瓷器生产工艺。一名传教士装作什么都不懂，提出想参观一间瓷器厂。在那里，他向主人问了一大堆幼稚的问题，还趁主人不注意时，往口袋里装了些陶土的样本，而这种陶土正是瓷器生产工艺的真正秘密。

先进技术

传教士最大的谍报成就与另一项技术有关。乍看起来，这项技术就像是一件玩具。那是一些彩色纸管，点燃后会爆炸并发出很大的响声，传教士们对此很好奇。这些后来被欧洲人称为"爆竹"的纸管，首次在中国出现的时间是宋代。爆竹是中国炼金术士的发明，为的是在庆祝新皇帝登基的时候，制造喜庆的场面愉悦皇帝，令百姓敬畏。一些纸管在棉制短引线点燃时"砰砰"爆炸，一些在引爆时会冒出五颜六色的烟。在中国所有的节日里，尤其是在每年的大年初一，爆竹都是重头戏。

传教士们不知道纸管里面究竟是装了什么才引发爆炸的，但他们觉得，欧洲应当知道这件事情。样本被运到欧洲，其中一件最终到达英国修士罗吉尔·培根（Roger Bacon）的书斋里。此人多才多艺，包括擅长炼金术。培根拆开纸管，从中取出了一种黑色粉末，发现粉末是硝石和其他一些化学品的混合物。培根是中世纪早期欧洲最伟大、最有远见的思想家之一，他明白自己眼前的东西所具有的潜力，远远超过了一种声响玩具。他预言，将来某个时候，这种黑色粉末会脱胎换骨，成为可怕的武器，能使世界上所见过的任何武器相形见绌。事实证明他是正确的。仅仅几十年后，欧洲人就学会了如何把从中国偷学的配方发展成一种威力大得多的东西——火药。正是凭这一发现，就给欧洲提供了使之称霸全球的巨大技术优势。

中国人之所以给予西方传教士极大的自由，是因为他们对"圣贤"极其尊敬。外国人的这种自由是一种例外情况，因为这个帝国对内对外都严加控制，其制度是后来极权国家安全机制的起源。这种制度有一大特色，就是有了历史上最早的护照制度。一人如果想从某一行省前往另一行省，就需要有两封信：一封由行省长官签发，批准持信人旅行；另一封则证明持信人有足够的盘缠在该省生活。全国的道路上都有政府的检查站，所有旅行者都要在检查站说明目的地何在，出示所持文件。检查站里的特工会把他们了解到的所有事情都记录下来，从而形成了一个囊括中国男女老少庞大的数据库。

外国人被认为其心必异，所受的控制也更加严格。所有进入中国的外国人，都必须向政府的安全部门报到；那里有画家，会画下访客的肖像。此后，如果有某个外国人企图不经政府登记就擅自离境，相关人员就会把他的肖像副本分发到国境线上的检查站，以方便缉拿。外国人在中国期间，随时随地都可能受到政府间谍的监视。在港口，政府特工会登上每一艘船，检查并登记货物，记录所有船员的名字。任何未经这种安全检查的船只，不得进入中国水域。所以，早期前往中国的传教士不仅在获得情报方面如此成功，而且还能把各种各样的技术资料送回欧洲，这实在是一个奇迹。事实证明，这些技术资料对欧洲经济有巨大的价值，极大地促进了瓷器业和纺织业的繁荣；而这两个产业的成功，在很大程度上都是因为技术间谍活动的作为。

同所有欧洲人一样，英国人对传教士送回来的珍宝也很感兴趣。不过，他们关心的主要是地缘政治方面的情报。英国是一个岛国，置身于欧洲更大更强的王国之间，而且被各国视为对手。英国人认为，由于这一事实，当代政治情报或战略情报对他们非常重要。说得更明确一些，这类情报就是其他国家的君主在想些什么，因为威胁正是形成于此。为了得到这样的情报，"国王生意"（King's Business）应运而生。这是对一系列情报行动的委婉说法，招募一些受过良好教育的人作为英王的"特使"。在 14 世纪时，有 12 名这样的特使在欧洲各王室工作，明则代表君主处理外交谈判，暗则搜集高级情报。方法多样：从简单地偷听朝堂上的无心之言，到贿赂皇家文书以获取机密文件的抄本。

特使中间有一位名叫杰弗雷·乔叟的学者，他从1348年开始，执行了12次"国王生意任务"。乔叟在这些活动中搜集的究竟是何种情报，已经失落在历史中了，因为当时的记录都避免谈论细节。但无论如何，乔叟的工作肯定很有价值，因为他后来得到一大笔终生养老金作为回报，这是一笔罕见的慷慨馈赠。有关记录只是提到，因"长年多方服务于君主"，特授予他这笔养老金。

关于"国王生意"，现存的其他记录还提到，英法百年战争时期在法国的行动，包括英国已知的第一位对外情报线人所扮演的角色。他名叫皮埃尔·科雄（Pierre Cauchon），是一次情报行动的主角，然而行动最终演变成了一次情报灾难。

科雄是一名法国主教，他因非常讨厌法王查理七世，转而效忠查理七世的英国对手、法国王位的另一位主张者——亨利六世。百年战争爆发后，科雄移居到英国控制的法国领土上，被"国王生意"招为间谍，目的是利用科雄作为特工，在法国的天主教徒中招募其他眼线，同时利用他在教会上层的人脉搜集情报。

事实证明，科雄是一个有价值的间谍。但是，在1428年，一次任何人都不可能预见到的特别事件，给本已奄奄一息的法国战事带来了生机。一个名叫贞德（Jeanne D'Arc）的农村女孩，声称自己看到了天使长米迦勒，后者告知她，上帝已经决定由她来拯救法国。她说服法国王室，授予她军事指挥权。她身着白色甲胄，挥舞着白蓝两色的大旗，上绘有两位天使，还有"耶稣"的字样；这位了不起的年轻女子旗下很快聚集了一支军队。她带领法军取得了一系列胜利，包括夺回了奥尔良市，打得英国措手不及。震惊之余，英国认识到，他们对法国的控制受到了威胁，必须让"圣女"贞德出局。

1430年5月23日，法国攻打贡比涅（Compiegne）失利，英国人如愿

杰弗雷·乔叟，杰出的战士、外交家、学者、诗人，《坎特伯雷故事集》的作者，同时他还是一名间谍。

以偿，活捉了贞德。英国人当然可以选择把她关进监狱，或者加以更为严酷的处置，但那样不能终止她对法国人民士气的巨大鼓舞，不能打消法国人民战斗到底的意志。英国人决定，必须让她在法国人民眼中名誉扫地，并据此制订了一个大胆的计划。他们要让贞德作为异端分子和女巫受审。

科雄被招来主持这一场宗教审判的闹剧，他找了一长串做伪证的人，来指证贞德"会巫术"。由42名律师组成的陪审团里，几乎每个人都拿了英国人的钱。判决毫无悬念，她被判犯有巫术罪。1431年5月30日，贞德被烧死在火刑柱上，年仅19岁。科雄准备了一块告示牌，放在行刑的地点，上面宣告贞德为"害人的骗子、人民的诱惑者、迷信的占卜者、僭越的渎神者、不信仰耶稣基督者、夸夸其谈者、放荡的偶像崇拜者、背叛信仰者、分裂教会者、离经叛道向魔鬼投诚者"。

法国没人相信这种低劣的宣传。处死贞德，反而激起法国人民更加团结一致，抵抗英国入侵者。后者发现，死后的贞德，成了法国人民一个神圣的标志。在接下来的两个世纪里，他们把英国人永远赶出了法国。这个结局对英国很不光彩，这也算为贞德的死，也为阿金库尔阵亡的将士复仇了。

"圣女"贞德。为摧毁她的生命和名声,英国情报机构展开了一场广泛的行动。

特训课间谍

间谍马可·波罗

统治威尼斯共和国的总督们爬到塔顶，已经累得气喘吁吁。他们歇了一会儿，调整好呼吸，然后俯瞰壮丽的城市，开始讨论一些不可思议的事情。

1253年春天，从总督们的观察点上，他们能看到整个港口挤满了各式各样的大小船只，来自数十个王国和帝国的商船。在各个码头和船坞，数不清的工人正忙于装卸货物，熙熙攘攘，就像是一个大蜂巢。这一景象，充分反映了威尼斯作为已知世界的最大贸易中心地位，以及这座城市巨大财富的来源。

"已知"二字相当关键，因为总督们收到了令人不安的消息，以至于必须在最隐秘的地点——塔顶开会，以便远离偷窥的间谍。这挠心的消息是由梵蒂冈的传教士们带回来的，他们去了东方，正在不断报告各种让人惊奇不已的新鲜事物。对这些新鲜事物，总督们的兴趣不算太大。他们集中注意的是，传教士称中国是一个商业大国，尤为重要的是，中国拥有巨大的航海船队；这些航海商船叫作平底帆船（junk），由于有指南针这样神奇的技术，能够在全世界的大海里航行。总督们首先是商人，他们全都因为贸易而富得流油。传教士们的报告预警了一种可怕的可能性：中国作为一个具有竞争力的贸易帝国，或许会向西发展，说不定能取代威尼斯这个强大的贸易帝国。

总督们得出结论，这是一个关系到他们生死存亡的潜在威胁，他们需要相关的详细情报。碰巧，他们经营着欧洲最大、最高效的情报机构。威尼斯作为世界最重要的贸易中心，有大量情报流入，总督们的情报机构正好利用了这一优势。该机构从成千上万在威尼斯做生意的商人中间，录用了一大批线人。其中有两个较有价值的眼线，他们是本市两位成功的商人，尼古拉·波罗（Nicolo Polo）和马非奥·波罗（Maffeo Polo）兄弟俩。那时，第一批中国商人正开始与欧洲建立经济联系，试图沿着著名的丝绸之路的大篷车商道运送货物。波罗兄弟与这些中国商人有接触，他们被派往中国，名义上是去商谈扩大贸易事宜，真实目的则是搜集情报，如中国商业架构的规模及其运作方式，是否有在欧洲设立实质性贸易机构的计划，还有他们认为有

马可·波罗。著名探险家，威尼斯情报机构的明星间谍。

一艘航海的中国平底帆船，其商业潜力曾令威尼斯总督们极其关注。

意义的任何其他事项。

波罗兄弟决定把15岁聪明的马可带上,主要是因为他是一个早熟的语言天才。也是所谓无心插柳,后来正是由于马可的讲述,才使得他们的中国之行得以永远流传;只是马可在讲述时,略去了一个重要的事实,那就是这一旅行其实也是间谍史上最成功的行动之一。

波罗家族用了3年时间才最终抵达北京;当时忽必烈继其祖父之位,成为帝国的最高统治者,在统一中国后,定都于此。马可精力充沛,在途中已经掌握了四种语言:汉语、蒙语、波斯语和维吾尔语;同时还显示出另一项惊人的才能,他可以像海绵一样,吸收各种消息。他搜集的消息中的一些较为重要的内容,正好与忽必烈本人的性格有关。马可得知,忽必烈对情报有永不满足的胃口。将领、商人、学者都知道,但凡蒙他召见,就意味着要接受长时间的盘问,话题极为广泛,从外国人的宗教信仰,到某一特定军队究竟给每位士兵配发多少支长矛。商人们意识到,忽必烈是否准许他们在他的国土上从事利益丰厚的贸易活动,在很大程度上取决于他们能否满足他对情报的渴求。

波罗3人到北京后,马可发现,忽必烈对知识的渴求,对他们非常有用。忽必烈对欧洲兴趣极大,这位统治者把他们当成欧洲的杰出商人,召见了他们;其间的大部分对答,波罗兄弟都让马可来做。这是一个很精明的安排,因为马可做足了功课。途中所见所闻,马可全部记得,他就像是一部百科全书,让忽必烈顿觉耳目一新。印象之深,使得忽必烈竟然叫马可充当他的个人特使,在帝国周边执行了几次外交任务。对于间谍来说,没有比这更好的局面了。

长期潜伏

就这样,马可在帝国又逗留了17年,在忽必烈去世后才最后离开。在此期间,他向威尼斯送回了极为丰富的情报,其中一则消息体现了他无与伦比的间谍成就：他由骑兵口中得知，忽必烈已决定，蒙古人将绝不进攻西欧。原因是蒙古人的情报机构已经断定，用他们的话说，欧洲"石头和树居多"，对蒙古人放养庞大的牲畜群毫无用处。但帝国机动灵活的军队全靠有马，而有那么多马，就需要有广阔的草原。马可还向西边的总督们发回了大量宝贵的经济情报。其中的一条消息让总督们特别高兴：中国人讨厌外国人，无意在欧洲建设立足点。此外，总督们还收到了一些极具价值的技术情报，包括织布机、星盘、指南针和纸。

　　足智多谋的马可回到欧洲后，接受了总督们丰厚的谢礼，还得到一幢威尼斯最豪华的别墅。此后他觉得，自己正坐在一座13世纪的金矿之上，这金矿就是他经历的非凡冒险。于是他写成一本书，成为欧洲的第一本畅销书。此书原名《世界奇闻集锦》(*Book of Diverse Marvels of the World*)，后来更名《马可·波罗游记》(*The Travels of Marco Polo*)，成为长盛不衰的经典。对马可部落里的间谍角色，这本游记刻意只字未提。他原本指望靠这本书赚钱，但很多

创作于 1375 年的一幅画，描述了马可·波罗带领商队沿着丝绸之路向欧洲进发。

读者却断定故事是编造出来的,这令他十分不快。人们公开嘲笑他在胡吹,比如声称东方人用"石头作燃料"(煤炭),猎杀"皮毛带条纹的狮子"(老虎),这些都是不可能的事情。

当然,总督们信了,而这也就够了。马可一直隐瞒了他的间谍生涯,直到 1323 年,在弥留之际他才对自己的两个妹妹承认,他的传奇经历其实是总督们精心策划的一次情报任务。他要求她们在将来某个时间,当此事变得无关紧要以后,公开这个秘密。至于那些质疑他的读者,他带着一丝难以捉摸的微笑说:"我书中所讲的,远不及我看到事情的一半。"

第四章
CHAPTER 4 酷吏能臣

上图：一幅 1570 年地中海地区的地图。当时地理资料对贸易路线和探险都有重要意义，地图是极为难得的情报。

法国国王召见英国大使,向大使讲述发生在巴黎街头的流血事件。查理九世强烈谴责那些企图夺取其王国的"谋反之徒",大使面无表情地听着。国王说,他的臣民自发组织起来,杀死了上千名谋反之徒,也是情理之中的事情。他马上补充说,当然出现了一些难以避免的过火情况。3位英国公民不幸丧生,他们无疑都是无辜的,国王对此尤为遗憾。英国女王肯定能理解吧?

"我感谢陛下的这番……解释。"大使弗朗西斯·沃尔辛厄姆(Francis Walsingham)说。他在"解释"前面停顿了一下,暗示自己明白国王在说谎。他知道,1572年8月24日被杀害的2000名胡格诺派信徒(法国的加尔文派新教徒),并非什么"谋反之徒"。他也知道,这场由暴民发动的暴行,是由国王的母亲凯瑟琳王后(Catherine de Medici)煽动的,在欧洲天主教各国永远消灭新教的总体计划之中,这不过是第一步。更为重要的是,沃尔辛厄姆还知道,他的国家迟早也会成为其目标。

沃尔辛厄姆知道实情，是因为他通过深入的间谍行动，弄清了背后的真相：法国国王关于胡格诺派信徒大规模的阴谋，及其被法国民众消灭于萌芽状态的说法，都是无稽之谈。这位英国大使的主要情报线人，是他一年前招募的眼线，一位名叫托马索·塞西提（Tomasso Sessetti）的梵蒂冈官员，后者反对教皇将新教徒逐出欧洲的计划。塞西提不但从知情人的角度，向沃尔辛厄姆提供了圣巴托洛缪日（Saint Bartholomew's Day Massacre，事件发生那一天的名称）大屠杀的密谋过程，还帮助他招募了另外十多名关键的线人。

根据这些人的情报，沃尔辛厄姆给他的君主伊丽莎白一世写了一份长达 64 页的报告。报告仔细分析了对胡格诺派信徒的大屠杀是如何计划和实施的，并预测这场针对新教徒的宗教运动，将会很快危及英格兰。这份报告堪称情报写作的范本，客观、真实、判断审慎、细节全面。这是历史上已知的最早的情报报告，作者即将成为间谍史上的突出人物、当之无愧的"间谍首脑"。他享有的大名，在很大程度上是因为这样的事实：他作为间谍首脑，几乎仅靠一己之力，就挽救了自己的国家。

关于沃尔辛厄姆，有这样一种说法："他看到了所有人，但无人看到过他。"这是对"幕后大佬"的完美描述。他看上去是一个隐秘的学究，散发出他知道一切应该知道的事情的气息。他是剑桥毕业的律师，在信奉天主教的玛丽·都铎登上王位时，逃离了英格兰。此后，沃尔辛厄姆到罗马学习法律，在玛丽对新教徒的迫害结束之前，他一直耐心等待时机。只有少数人熟知沃尔辛厄姆这一时期的生活，他们后来回忆说，他把大部分时间都用来研究人的作用，因为他认识到，这是决定世事的真正因素。他的结论是，促使人们做出各种行为的，正是那些让人心动的东西。要理解世界是如何运转的，就必须了解人们相信什么、为什么相信。正如他曾经提醒其侄子那样："书只是死寂的文字；只有人的声音和信心才能赋予它们生命，并在你心中孕育出真正的知识。"

1568年，在伊丽莎白一世统治之下，新教得以恢复，沃尔辛厄姆返回英格兰。他随即被首席秘书和枢密大臣罗伯特·塞西尔（Robert Cecil）招入伊丽莎白一世麾下。塞西尔是女王的首席顾问，他先向沃尔辛厄姆交办了一些小事，结果他的得意门生在接受细节方面具有惊人的能力，这让他印象深刻。凡是流进伊丽莎白皇室的文件，沃尔辛厄姆都会阅读消化，日后凭记忆回想，几乎一字不差。

基于沃尔辛厄姆拥有的这项才能，塞西尔便让他承担了更大的职责，包括在1570年任命他为驻法大使这一关键职务。他因此得以与伊丽莎白接触得更为密切。不久，伊丽莎白就认为他是一个不可或缺的人，虽然在其后的几十年里两者关系时好时坏。一定程度上，伊丽莎白觉得沃尔辛厄姆这个人好玩，因为他是一个苦行僧似的英国学究，看上去不太像英国人。沃尔辛厄姆的脸长而尖，深色皮肤，黑色胡子，因为他的这副长相，有人传言他出生于地中海一带（还有人谣传，说他是私生子，母亲为英格兰人，父亲是北非人）。伊丽莎白有时会同他开玩笑，叫他"摩尔人"（今摩尔人多指在中世纪时期居住在伊比利亚半岛、西西里岛、马耳他、马格里布和西非的穆斯林。——编者）或者"埃塞俄比亚人"。但她知道，沃尔辛厄姆对英格兰，对他自己的君主，向来忠心耿耿。伊丽莎白明白，这份忠心的坚实基础，就是他虔诚的信仰；用她的话来说，他"是一个深藏不露的清教徒"。

1573年，沃尔辛厄姆成为首席秘书和枢密大臣，负责外交事务。伊丽莎白很快发现，对欧洲各重要国家，她的这位朝臣的知识广泛得让人心驰目

弗朗西斯·沃尔辛厄姆爵士。英格兰间谍首脑，被公认为历史上最伟大的情报大师之一。他自掏腰包向很多间谍支付报酬。

眩；对英格兰本国的大小事务同样了如指掌。这些情况，来源于沃尔辛厄姆建立的巨大情报网，其规模前所未有。这个情报网包括在欧洲50个关键地点（主要城市、港口和贸易中心）招募线人，提供外国情报。另外一些国外眼线则包括英格兰的天主教流亡者。录用这些人的时候，沃尔辛厄姆会给他们一些空泛的承诺：假如他们能为他的情报工作做出"有益的贡献"，他们被新教徒夺走的土地或许可以归还他们（他从来没有打算兑现这一承诺）。

除前线的眼线之外，沃尔辛厄姆还有一支小型的线人队伍作为辅助。他们包括：在港口那些被称为"海岸"（seashore）的人，他们会汇报定期坐邮轮到法国的人员名单；巡逻英格兰与苏格兰边境的武装人员，他们跟踪这一地区的所有陌生人；在荷兰与西班牙作战的英国雇用兵，他们提供关于西班牙人的情报。他在伦敦还有几十名线人，任务是对内搜集情报。他们的职能包括邮件监视行动，秘密检查进出英格兰的每一封邮件。任何一封可疑的信件都会拿去测试，用洋葱或者柠檬汁发现隐形文字。这项行动中最有价值的线人是几名技术人员，他们能熟练地除去信件的封印，换成伪造的封印，手段高超，即使仔细察看也无法发现信件被打开过。

沃尔辛厄姆的谍报王国的"皇冠明珠"是鲜为人知的密码破译组织。负责该组织的是他招募的一名国外线人，菲力普·冯·马尔尼克思（Philip von Marnix），即圣·阿尔得冈特男爵（Baronde Sainte-Aldegonde），此人是一位痛恨天主教的佛兰德斯贵族。利用这一仇恨，沃尔辛厄姆招募了这位出色的语言天才，他精通9种语言（包括苏格兰方言），并且还展示出破译西班牙最复杂密码的能力。沃尔辛厄姆又让他这位佛兰德斯线人破译其他密码。沃尔辛厄姆的特工们从信使那里偷回了不少欧洲外交信函，很快，马尔尼克思就将其中的很大一部分译出，并提交给他的英格兰间谍首脑。沃尔辛厄姆的特工们的惯用伎俩，就是把信使引诱到饭馆，他们自己伪装成客人，热情地招待信使喝酒，在酒里面掺入催眠药。待信使睡熟后，把他们携带的信件拿到一处安全屋抄写下来，趁他们还未醒来时，又把信件放回原处。

沃尔辛厄姆还为他的密码破译组织物色到了第二位天才，也是一位出

为庆祝击败西班牙舰队而身着礼服的伊丽莎白一世。她的情报机构在这次胜利中发挥了关键作用。

色的语言学家，名叫托马斯·菲力普斯（Thomas Phelipppes）。他的父亲是一位杰出的英格兰商人和政治家。沃尔辛厄姆得知（他好像什么都能知道），菲力普斯厌倦了商人世界的生活，想找点刺激的事情干，有一次还提到想当间谍。沃尔辛厄姆感觉到，菲力普斯的语言才能最适宜于破译密码。果然他在这方面表现得非常出色。仅仅用了不到一个月，他就能破译法国外交密码，连最敏感的信件都能译读了。实际上，沃尔辛厄姆已经深入到法国的决策过程。

正当职业

录用菲力普斯这样的线人，是沃尔辛厄姆尝试的创新之一；这些创新后来成了所有国家情报机构的标准。他最重要的创新与用人有关。数百年以来，间谍一直是最低下的社会渣滓，需要时招来搞谍报；失去利用价值后，就被弃之如敝履。在一般人的想象里，间谍在公众眼中的地位与厕所清洁工差不多，虽然不可或缺，但都是贱业，没有人希望自己的子女长大后当厕所清洁工或者当间谍。沃尔辛厄姆经常强调，传统的间谍是社会的垃圾，绝大部分都是唯利是图之人，周身还有一种危险的不清不楚的东西。传统间谍的目标是金钱，所以永远存在谁出价高，他们就将情报卖给谁的危险。然而，沃尔辛厄姆反其道而行之，集中招募最优秀、最聪明的人，他们通常是出自剑桥和牛津的教养良好的年轻人，纯粹是因为爱国或爱冒险，愿意从事间谍工作，他认为这样的动机才能确保忠诚。新招募的人要进入沃尔辛厄姆在伦敦设立的一所秘密学校，接受间谍技术训练。毕业生由他亲自审察，派遣上路时要重申他的标准："明察无言"（video et taceo），就是要认真观察，少说话，以免引起不必要的注意。

沃尔辛厄姆对情报总的态度也是非常现代的。他不只是搜集情报，而是还要仔细评估以确定其真伪。对于最敏感的情报，他坚持一定要有多个线人；当他怀疑一个间谍的报告有误时，会派另外的间谍去核实。沃尔辛厄姆也很擅长双面间谍的游戏，埃德蒙德·斯塔福德（Edmund Stafford）就是一个绝佳例子。斯塔福德于1583年被伊丽莎白女王任命为驻法大使后，沃尔辛厄姆指派他，集中搜集与法国和西班牙的关系相关的一切情报，因为西班牙此时已经成为英格兰最危险的敌人。

斯塔福德的早期报告倾向于低估西班牙对英格兰的敌意，这引起了沃尔辛厄姆的怀疑，因为他收到的其他间谍的报告都与此相反。他派了一个特工去法国，要他核实斯塔福德的情报。这位特工传回了令人不安的消息：斯塔福德沉迷赌博，业已债台高筑；在巴黎有传闻说，西班牙银行家已经同意替他还债。沃尔辛厄姆推测，斯塔福德很危险，他的处境是成为双面间谍的完美条件。按当时的常规做法，应当召回斯塔福德，控以叛国罪，再将他的脑袋砍下来。但沃尔辛厄姆决定另辟蹊径。

沃尔辛厄姆估计斯塔福德可能早已成为西班牙的情报间谍，便开始有意给这位大使"喂"一些假情报（用现代的字眼就叫提供假信息）。这些假情报果然被送到了西班牙，被沃尔辛厄姆的另外一个特工发现了，从而肯定了斯塔福德真是一名双面间谍。为了让西班牙人相信假情报，沃尔辛厄姆安排斯塔福德悄无声息地"因病"退休。虽然叛国的证据确凿，他却从未被起诉。

沃尔辛厄姆巨大的间谍网只为一个理由而存在，即他确信英格兰终将卷入正在吞噬欧洲的浩大的宗教冲突中。他在1570年就得出了这一结论，那一年教皇庇护五世（Pius V）发布题为《上帝在天》（Regnans in Excelis）的教皇训谕，宣布伊丽莎白女王为异端分子，并革除了她的教籍。训谕还解除女王的臣民们对她的效忠，要求他们"藐视她的法律"。对沃尔辛厄姆而言，训谕的含义一清二楚，就是要扰乱伊丽莎白的统治，鼓励欧洲大陆各国摧毁这个"异教徒"。

沃尔辛厄姆比任何人都明白，在英格兰的历史上，这一威胁来得最不是时候。王国的情况很差。由于税收不足，伊丽莎白只能够维持的常备军，只

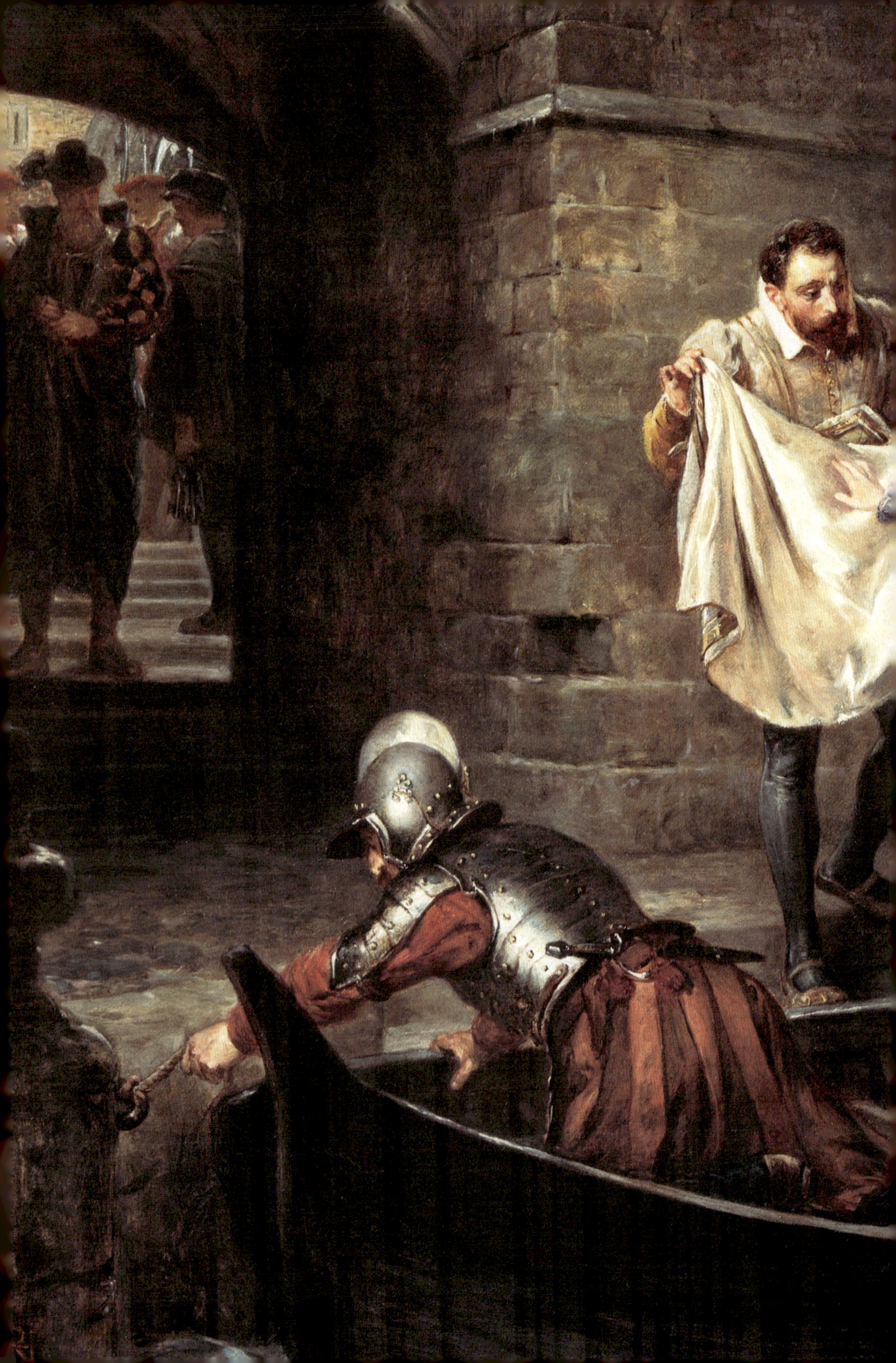

苏格兰玛丽女王抵达伦敦塔受审。由于沃尔辛厄姆的特工们工作得力,对她的判决毫无悬念。

有200名皇家卫队和一个由几百名士兵组成的卫戍部队，他们驻守在南部海岸，负责抵御来自海上的侵略。英格兰虽有一支庞大的民兵队伍，由16岁到60岁的男子组成；但民兵装备很差，并且依照法律，民兵没有境外作战的义务。王国在很大程度上是一块空地。经过一系列大瘟疫后，14世纪初，全国几乎有一半人口死去，只有300万人幸存。唯一的亮点是海军（经伊丽莎白秘密批准），他们私掠西班牙的宝藏船，为王国的国库提供了主要的收入来源。私掠活动也支撑了摇摇欲坠的英格兰经济。那些投资弗朗西斯·德雷克（Francis Drake）私掠船的商人，在他从1580年环球航行时对西班牙宝藏船的私掠行动中，获得了4700%的投资回报。

然而，对于陆上来自北部对英格兰的威胁，海军就无能为力了。英格兰王位的竞争者——北面的苏格兰玛丽女王一直在与法国人和西班牙人密谋推翻伊丽莎白，重建一个天主教的英格兰。对玛丽支持最大的是西班牙。西班牙受惠于它从南美殖民地榨取的金银财宝，成为当时世界上最富裕的强国。统治西班牙帝国的费利佩二世（Felipe Ⅱ）是一个宗教狂热分子，他公开宣称要消灭"英格兰异教徒"。

摧毁伊丽莎白统治的企图以秘密行动开始。这实际上是一场地下战争，由梵蒂冈罗马教廷谋划，法国和西班牙资助。其计划是招募并训练在欧洲生活的天主教流亡者，让他们以各种掩护身份渗透到英格兰。再由这些人召集天主教徒，将他们组织并武装起来，发动暴动，配合苏格兰玛丽女王的力量，把伊丽莎白赶下王位，在英格兰恢复天主教的统治地位。

沃尔辛厄姆知道这一计划，也知道他在秘密战争中最危险的对手是罗马耶稣会（耶稣会会士），后者在上述计划中扮演了关键的角色。耶稣会建立了一所间谍培训学校，从全欧洲招收有前途的学生，主要是流亡的英格兰天主教徒，将他们引入间谍世界。学校会仔细甄别新生，考察其智力如何，是否彻底献身于天主教事业，是否愿意承担任务可能带来的生命危险，能否利用掩护有效地工作。课程则包括隐形文字书写（多用柠檬汁）、对付沃尔辛厄姆的国内特工所需的反侦察技术、掩护身份以及如何在英格兰建立安全屋体系。耶稣会在英格兰招募了一批特殊的眼线，为渗透进内部的间谍提供帮助。其中有技艺超群的木匠，他们负责在安全屋里面建造隐蔽巧妙的藏匿点，供间谍们在遇到突然袭击时藏身。在存留至今的那个时代的房子里，现在还能看到这种被称为"牧师洞"（priest hole）的藏匿点。此外还有从欧洲各地招募的伪造高手，他们制造的假证件经得起最严格的检查。

1581年初，从耶稣会间谍培训学校出来的毕业生开始渗透到英格兰。他们以为，自己的证件无可挑剔，对安全慎之又慎，沃尔辛厄姆的内部安全网不可能察觉他们。但事实上，沃尔辛厄姆对他们的到来，已经一清二楚。他在法国和西班牙的天主教流亡者中有线人，向他报告了耶稣会间谍培训学校在他们中间招生的事。不仅如此，在伦敦的法国大使馆里，他还有一个重要的线人。线人的化名是"亨利·法戈"（Henry Fagot），他透露，使馆的外交官接到任务，负责传递耶稣会特工们发往梵蒂冈的所有报告，同时为特工们提供所需的一切帮助。一些现代学者认为，法戈就是乔尔丹诺·布鲁诺（Giordano Bruno），一位天主教牧师，当时著名的哲学家。后来宗教法庭指控他为异端分子，将他用火刑烧死。对于用"法戈"来作为名字的人而言，这无疑是一个极具讽刺意味的结局，因为"法戈"在法语中是指用来烧死异端分子所用的一捆捆木柴。

无论法戈的真实身份是谁，他都是一个宝贵的线人。因为使馆里关于耶稣会特工渗透一事进行过的所有讨论，显然他都接触得到。有了这方面的信息，加上从欧洲大陆天主教流亡者的线人那里收到的情报，沃尔辛厄姆在英格兰的特工们开始追捕渗透的耶稣会特工。这项工作得到了所谓"女王之士"（Queen's Man）的帮助。"女王之士"是沃尔辛厄姆的又一项间谍创新。沃尔辛厄姆是艺术的资助人，同戏剧界联系广泛，从中招徕了一大批乐意效劳的人加入他的内部安全网。他把这些人组织到"女王之士"里面，名义上这是一个流动剧团，演出地点五花八门，其中包括富人的大宅。他们在演出之余，还有一项只有自己和沃尔辛厄姆才知道的任务——暗中察看各种蛛丝马迹，判断大宅的主人是否是秘密的天主教徒，有没有神秘的"访客"，建筑有无异样，暴露出可能存在"牧师洞"。

较量的结局

就这样，耶稣会特工们纷纷落网。有些是在拥有土地的天主教贵族家里主持弥撒时被捕，另一些则是在招募天主教徒，鼓动他们投身推翻伊丽莎白统治时行踪败露被抓。更多特工是在"牧师洞"里被找到的。他们被拖到伦敦塔并接受严刑逼问：如何接受招募，潜入英格兰的具体任务，最为重要的是交代同伙的名字。所有人都拒绝开口，都遭受了难以想象的最残酷的刑罚：酷刑架。

依当时的惯例，酷刑是颇为平常的事情。沃尔辛厄姆与当时其他欧洲人并无不同，都认为要获取信息，酷刑是屡试不爽的方法。上了酷刑架的人，只有极少数不开口。这个简单但恐怖的工具，造成的痛苦无法形容。简单地说，酷刑架就是一张长桌子，两头装有绞车。把受刑的人平放在桌子上，手脚绑在绞车上。转动绞车，身体被拉伸，转一次拉长一点。先是筋腱撕裂，接着是关节；如果还是拒不开口，大臂会从骨臼中扯出，小腿自膝盖处分离。有人说酷刑架是间谍最坏的命运，绝不为过。

让沃尔辛厄姆吃惊的是，他抓捕的耶稣会特工，即使身陷绝境，面临被折磨致死的威胁，也不肯透露其他特工的名字或信息。有一个木匠，沃尔辛厄姆知道他建了好多个"牧师洞"，便用酷刑折磨了一连好几天。但是，当问到"牧师洞"位置何在时，虽然木匠的身体被酷刑架撕裂，却一个字都没说，直至最后丧命。不过，后来还是有几个人经不住折磨招供了，从他们那里，沃尔辛厄姆一次又一次听到一个危险的名字：埃德蒙·坎皮恩（Edmund Campion）。他就是反对伊丽莎白的领导者。

坎皮恩是英格兰天主教徒，这位出色的学者在伊丽莎白登基时逃离自己的祖国，前往法国加入耶稣会。他很快就因为狂热而知名，声称要把生命奉献给神圣的事业,把邪恶的异端分子赶下英格兰的王座。从耶稣会间谍培训学校毕业后,他潜入英格兰,掩护身份是一位名叫"埃德蒙兹"的珠宝商人。他带领一小队追随者,同全英国最有影响力的天主教徒们建立联系,主持弥撒和其他教会仪式,号召人们加入他的事业。由于遭到沃尔辛厄姆内部安全网的持续打压,这一事业逐渐开始衰败。

坎皮恩富有人格魅力,激情洋溢,极富辩才。他告诉天主教徒们,他们现在应当全心全意投身他称为"神圣的反改革"之中。如果有人不明白这是

为了从抓获的间谍身上榨取情报,沃尔辛厄姆的标准做法就是用酷刑架逼供,极少有人能够承受如此残酷的折磨。

什么意思，他就说，只要伊丽莎白女王的头一天还没有摆在砧板上，天主教徒就一天不能停歇。他坚定认为，与新教徒没有妥协可言。从现在起要一直斗争，死而后已，绝无余地。他猛烈抨击那些为掩盖自己的信仰而进出新教教堂的英格兰天主教徒。他认为天主教徒这样做，即便是出于自我保护，也是不可接受的。

坎皮恩知道，他正受到通缉，每天都要换地方留宿，游走于那些他信得过、年代久、有恒产的天主教徒家族之间。但是，沃尔辛厄姆的特工里面有两位特别执着的人物，乔治·爱略特（George Eliot）和大卫·杰金斯（David Jenkins）。一天晚上，他们在一个酒馆里，听到一个醉酒的天主教徒无意中说的一句话，有"一个从欧洲大陆来的重要人物"，住在伦敦西面的莱福德的一幢房子里。他们认为，这个人只可能是坎皮恩。两人冲进房里后，在寻找"牧师洞"方面已经驾轻就熟的爱略特发现，在一处楼梯下面有一点银色的光，十分可疑。他用铁撬棍把一面墙撬开，露出了一个小小的空间，坎皮恩和另外两个耶稣会特工就蹲在里面。

沃尔辛厄姆打算对坎皮恩进行一次示众审判，以后者认罪达到高潮。一旦坎皮恩认罪，就可以暴露出反英格兰阴谋的虚伪。沃尔辛厄姆还相信，这份认罪书，可以粉碎英格兰天主教徒的士气，一劳永逸地结束这一内部威胁，迫使法国和西班牙重新思考破坏伊丽莎白统治的所有想法。不过，人们很快就意识到，坎皮恩不可能认罪。他被带到伦敦塔，受尽了沃尔辛厄姆的拷打者们的种种酷刑。但是，最残暴的殴打，加上几次酷刑架，都未能使他屈服。

最后，沃尔辛厄姆放弃了，坎皮恩和另外三个耶稣会士出庭受审。这基本上是一场被随意操纵的审判，多名证人声称，他们看到过被告犯下种种罪行。结果，审判反而成了对坎皮恩坚强意志的礼赞，他受尽折磨，但绝不屈服。当法庭要他先举起右手宣誓，然后再向法庭发言的时候，只能由另一名共同被告把坎皮恩的手举起来，因为他的右手已经被扯脱臼了。坎皮恩忍受的痛苦可想而知，但他做了精彩、顽强的辩护，从法律和教义两方面提出

埃德蒙·坎皮恩，耶稣会间谍。被英格兰人抓获后，受尽最可怕的酷刑，仍不屈服。

信奉天主教的"叛徒"被矮轮车拉到公开场所处决，先执行绞刑，再开膛破肚，最后分尸。

论据，旁征博引，头头是道，令法官倾倒，使公诉人无法望其项背。他当然知道，这一切都是徒劳。不出所料，他被判犯有叛国罪，分尸处死。当局以为，用这样的酷刑，就可以阻吓其他人犯下同样的罪行。

1581年12月1日，坎皮恩连同另外三个一起潜入英格兰的耶稣会士，以最可怕的方式被处死。先让他受绞刑，在快被勒死的时候被放下来；再开膛破肚，在他的眼前，把他的内脏扯出来；最后，内脏被扔进一只装有开水的大桶里，躯体则被砍成碎块喂给野狗。他至死都没有认罪。许多人求他认罪换取性命，他都拒绝了。聚集起来观看行刑的几百人中，有一位名叫亨利·沃波尔（Henry Walpole）的英格兰天主教徒。坎皮恩的内脏被扔进水桶时溅出一滴鲜血，落到了沃波尔的袖子上。沃波后来说，在那一刹那间，那一滴鲜血令他确信，上帝给了他一个信号，要他继续完成坎皮恩的使命。他离开英格兰前往西班牙，加入了耶稣会，后来和一位耶稣会同伴回到祖国，为的是重新发起反对伊丽莎白的政变。

但是，沃尔辛厄姆的间谍们一直盯着他。他几乎是一上岸就被逮捕。他经历了酷刑架的残酷折磨，但拒绝认罪。沃波尔被判犯有叛国罪，他那已被折磨得残废了的身体，被拖到了处决的地方。在那里，他的耶稣会同伴刚刚被处死。人们把碎尸拿给他看，并告诉他，只要他公开放弃天主教信仰，加入英格兰教会，就可以饶他不死。沃尔辛厄姆认为，这样公开放弃信仰的行为，将有助于打击天主教事业的声誉。沃波尔拒绝了，当即被分尸。

新的威胁

到1585年，耶稣会的隐蔽战争基本上失败了。几十名天主教渗透者被抓获、处死，他们在英格兰的支持者或被逮捕，或被迫逃亡。消除这一威胁后，沃尔辛厄姆现在转向了苏格兰玛丽女王的问题，在他看来，这个问题对王位是一个更大的威胁。

在过去10年里，沃尔辛厄姆悄悄在玛丽及其小圈子周围织了一张谍报网。最受关注的是她的通信。沃尔辛厄姆知道，虽然玛丽实际上已经被软禁在斯塔福德郡的查特利庄园（Chartley Hall），但她一直和法国人、西班牙人保持联系，希望两国的军队有朝一日能够入侵英格兰，将她扶上王位。要是沃尔辛厄姆能够接触到三者之间的通信渠道（他认为他们使用的是密码通信），他的密码破译员就可以让他深入了解玛丽及其在欧洲大陆支持者的计划。他还想搜集到确凿的证据，说服伊丽莎白下令以叛国罪逮捕玛丽，那样就几乎肯定可以处死玛丽。他知道，伊丽莎白很不情愿走出这一步。

1585年年底，沃尔辛厄姆有了大的突破。法国的间谍向他汇报，有一个名叫吉尔伯特·吉福德（Gilbert Gifford）的英格兰天主教流亡者，已被法国情报机构招募，成为玛丽及其法国支持者之间的信使。沃尔辛厄姆还得知，吉福德准备渗透到英格兰，建立正式的通信体系，将玛丽的信件送到欧洲大陆。沃尔辛厄姆也深入了解了此人的性格。其他流亡者认为，吉福德是个软骨头，对自己有可能被抓怕得要死。吉福德在拉伊港口（Rye）一登陆，沃尔辛厄姆的特工们就抓住了他。他被带到伦敦塔，那里的狱卒把对所有囚徒的警告，给他也讲了一遍："要害怕！要真正害怕！"

吉福德被扔进地牢，再没有人骚扰他。他在里面一连熬了好几天，很奇怪为什么没有人来审问，好像自己已经被遗忘了。然而，他没有被遗忘，沃尔辛厄姆在玩心理游戏。吉福德坐在地牢里，总能听到伦敦塔里有什么地方有人在受拷打，不时传来一阵阵撕心裂肺的惨叫。他自然想得到，自己在某个时候也要面临同样的命运。他很快就被吓破了胆，于是沃尔辛厄姆走了下一步。

令吉福德惊讶的是，沃尔辛厄姆竟然亲自来到牢房同他谈话，随便闲聊宗教话题。不一会儿，吉福德又听到，从某个不远的地方传来了让人血液都要凝固的惨叫，显然是有人在遭受酷刑（沃尔辛厄姆为这一场合特意安排的表演）。吉福德的神经要害已被击中，沃尔辛厄姆的最后一步棋准备到位了。他用父亲般的语气告诉吉福德，对于他这样的年轻人"少不更事的糊涂行为",仁慈的人可以不把它当成叛国,当然,条件是他得愿意为女王服务,做些有益的事情来赎罪。沃尔辛厄姆把他的对手了解得很透彻,只用了不到一个小时,就成功说服吉福德成为他的线人。他赦免了吉福德的叛国罪,郑重承诺对与后者的合作一事永远保密;作为交换,吉福德同意把自己从欧洲大陆带给玛丽的所有信件,都交给沃尔辛厄姆看。

吉福德被放出伦敦塔,通信渠道得以建立。他提供的加密信件,对沃尔辛厄姆的破译员而言,难度不大。很快,玛丽和欧洲大陆之间的每一封信,沃尔辛厄姆都能读到。信件交由沃尔辛厄姆的破译队伍抄录后,原件继续原有流程。译出的第一批信件中,就包含了令人震惊的信息。德比郡有一位名叫安东尼·巴宾顿(Anthony Babington)的天主教徒,写信告诉玛丽,他已经招募了一个名叫约翰·巴拉德(John Ballard)的耶稣会特工去暗杀伊丽莎白,得手之后,法国和西班牙的军队就会入侵英格兰,扶持玛丽接替伊丽莎白。另一封由巴宾顿写给玛丽的信上说,他又招募了6个同伙,帮助他实施暗杀。他请求得到玛丽的许可。

玛丽表示许可,以为这样的罪证不会被窥探。信是用巴宾顿自己设计的密码写成的,藏在啤酒桶的塞子里面,从玛丽的住处送进送出。当地的一位酿酒商定期递送酒桶;玛丽的仆人从掏空的塞子里面取出来函,放进回信。有谁能料到,吉福德把这一套不同寻常的收发安排,透露给沃尔辛厄姆;而后者的破译员又发现,巴宾顿的密码很容易破译。更有甚者,在一封由玛丽给巴宾顿的回信末尾,破译员们还塞进自己的私货,要求巴宾顿列出同谋姓名,他果真照办了。

当沃尔辛厄姆的特工们来到巴宾顿的家,宣布以叛国罪逮捕他时,他自然是万分惊讶。被带到伦敦塔后,他竭力否认自己是叛徒。这时沃尔辛厄姆来了,一言不发,只把截获的信件拿给他看。巴宾顿无话可说,知道自己没有生还希望了。1586年9月20日,他和6名同谋被矮轮车拉到行刑点分尸。

摧毁沃尔辛厄姆所谓的"巴宾顿阴谋",并不是这次行动的结束。沃尔辛厄姆心中还有一个更大的目标，就是玛丽本人。新的证据中包括了暗杀计划，他认为这样肯定能说服伊丽莎白，最终同意逮捕并以叛国罪审判玛丽。没想到伊丽莎白还是不赞同这个想法，沃尔辛厄姆对此很是不快。沃尔辛厄姆与其君主之间的关系开始紧张起来，他不断去纠缠她，坚持说只要玛丽不死，英格兰就会一直面临严重威胁，欧洲大陆的军队会入侵，支持玛丽登上王位。对于玛丽的叛国罪行，您还能要求什么更多的证据呢？

然而，伊丽莎白还是不肯，说这是她与妹妹之间的事情，可以采用某种方式处理，不必逮捕审判她（更无须处死她）。但在国会两院和她的顾问的长年压力之下，她最终同意签署一份命令。玛丽被逮捕并出庭受审。由于沃尔辛厄姆截获的信件被呈交法庭，她完全没有辩护的希望，被判处死刑，于1587年2月8日被砍头。当时有300名见证者在场，这些人都被吓坏了。他们看到，刽子手第一下砍偏了，斧头砍进了头颅的侧面；第二下也没能把脖子砍断；最后，直到第三下，才把脑袋砍下来。按照惯例，刽子手会把砍下的脑袋举起来，拿给围观的人看。见证者个个都目瞪口呆，因为玛丽的嘴唇一直念了15分钟的祷告词。沃尔辛厄姆下令，剥掉尸体上的全部衣服，焚化后的骨灰用铅封住，不留一丝痕迹。

英雄迟暮

就这样，来自苏格兰玛丽女王的威胁清除了。但是，沃尔辛厄姆很清楚，来自欧洲大陆天主教国家的威胁依然存在。他预测，到某个时间，这些国家就会采取某种公开的行动，来粉碎这个王国。在他们看来，这个王国不过是一个残存的异端国家。沃尔辛厄姆相信，他那巨大的间谍网能够向他预警。从后来的发展看，他的间谍们确实提供了预警，只是没有哪个间谍能预测到，这一次竟然是英格兰遇到的最严重的威胁。沃尔辛厄姆在击败这一威胁中所起的作用，将使他能够跻身英格兰最伟大英雄的万神殿，将他造就成一位不朽的间谍。

事情始于 1587 年的一份报告。报告来自沃尔辛厄姆最出色的一名特工，内容令他难以置信。西班牙的费利佩二世，欧洲大陆最狂热的天主教统治者，已经决意采用一个大胆的计划，一举摧毁伊丽莎白。他要组建一支强大的海军舰队，载着庞大的入侵军队，驶向英格兰海岸。舰上的勇士们将摧毁小小的英格兰舰队；大军登陆后，可以迅速制服微不足道的英格兰陆军。

沃尔辛厄姆命令他的明星特工核实这一消息。安东尼·斯坦登（Anthony Standen）称，情报确信无疑。这个英格兰人是托斯卡纳公爵（西班牙的紧密盟友）家族的一员。多年来，他时刻注意自己的言行，确保他人认为：他是生活在国外的英格兰人，不太喜欢伊丽莎白女王。他深得托斯卡纳人的信任，公爵府里关于费利佩二世宫中大小事情的闲谈，都不会避开

当时的一幅画，描绘了巴宾顿及其同谋在讨论"天主教阴谋和叛国行为"的情景。

他。这些人际关系给他提供了关于费利佩二世舰队的消息。但斯坦登是一个优秀的间谍，不会只采信宫廷的闲谈。他在法国和西班牙海岸一带，特别是在造船厂周围，招募了数十个下线特工。他们报告，西班牙巨型战舰几乎如火如荼地建造时，斯坦登知道，宫廷闲谈是真的。

在此期间，沃尔辛厄姆派出另一位明星特工理查德·吉本（Richard Gibben）直入虎穴。多年来，吉本一直伪装成一个痛恨英格兰的苏格兰商人，主要在法国地区搜集情报。现在，沃尔辛厄姆命令他去投靠西班牙情报机构。不出沃尔辛厄姆所料，西班牙人无法将间谍渗透到英格兰，所以对于能够提供英格兰关键情报的任何眼线，他们都求之若渴。在西班牙人眼里，吉本就是完美的眼线，掌握了大量他们迫切需要知道的东西。让西班牙人高兴的是，吉本提供的情报很详细，例如提到人民痛恨伊丽莎白，西班牙入侵无疑将引发一场反抗她的人民起义。还有，英格兰舰队实力弱

这幅18世纪的画作描绘了英格兰和西班牙著名的舰队之战。

小，指挥昏庸。

接下来的情况人们都知道了。1588年夏天，由130多艘战舰、5万多名士兵组成强大的西班牙舰队驶向英格兰。但是，英格兰舰队的舰长们早就获悉西班牙舰队的准确计划和位置，将他们打得四分五裂。剩余的舰船在逃回西班牙途中，又遭遇了恶劣天气。这是一场巨大的军事灾难，西班牙从此一蹶不振，再也无法真正威胁到英格兰。

摧毁西班牙舰队是沃尔辛厄姆的最后一次胜利。疲惫不堪的他随后退休，于1590年4月6日离世，时年58岁。他死时债台高筑，因为他经常用自己的财产付报酬给间谍们。西班牙的费利佩二世从他的一名外交官的信中，得知了沃尔辛厄姆的死讯，信中还说，英格兰对于这位伟人的去世深感悲伤。费利佩在信纸上的空白处潦草地写下："于彼信然，于我则洵为喜讯。"

马洛:"小客栈开出的巨额账单"

1593年5月31日,一个非常美丽的春日。此时夜幕初降,房间里弥漫着淡淡的金光。桌上的3个男人刚刚享用完丰盛的晚餐,饭后开始下伊丽莎白时代的双陆棋。

这间房位于距离伦敦3英里(约4800米)的德普特福德(Deptford),房里还有第4个人。他喝得太多,正躺在床上醒酒。桌上的一个人对他说,现在必须付账给老板娘。老板娘是个寡妇,她出租房间,供朋友吃喝聚会。床上那人提出抗议,说他出的那份太多。两人吵开了。

这原本是一次关于账单份额的小争执,突然升级为一场生死打斗。躺在床上的醉鬼一跃而起,从和他吵架的人的身上抽出一把匕首,照头一刀,划开了一条小口。伤者挣扎起身,抓住进攻者的手臂,反过来把匕首插入他的眼中,立刻把他杀死了。第二天,验尸官和16位评审员查看了房间,听了3个当事人的证言,裁定事件属于正当防卫。死者被葬在当地教堂的一个无名墓地里。

在那个充满暴力的年代,这并不是什么不寻常的事情,通常情况下早被遗忘了。不过,那间房里发生的事情,一直是间谍史上最诡异的事件。其神秘之感,可能永远无法破解。

死者29岁,叫克里斯托弗·马洛(Christopher Marlowe),常被人称为"基特"(kit),是伊丽莎白时代一位出色的剧作家(最为知名的是《浮士德博士的悲剧》和《马耳他岛的犹太人》两部剧作),与莎士比亚处于同时代。据说,马洛是一个血气方刚、愤世嫉俗的叛逆分子。一位与他同时代的人称,他同时具有"天堂智慧与地狱恶习"。不过,即使熟

克里斯托弗·马洛，也被称为"基特"，是一位才华出色但命运悲惨的剧作家，也是沃尔辛厄姆招募的间谍。

知他的人也不知道，他的生活中还有隐秘的一面。他非常小心地保守这一秘密：他是一名间谍。而导致他丧命的原因，很可能就是他的间谍生涯。

马洛的间谍生涯始于1584年，那时他刚从剑桥大学基督圣体学院毕业。因为智力出众，坎特伯雷大主教奖励了马洛上大学的奖学金。就在他开始攻读硕士学位时，伊丽莎白女王的间谍首脑沃尔辛厄姆将他招募为间谍，派他去执行一项海外任务。

马洛为何会同意当间谍，个中原因不得而知。我们只知道他突然中断学业，去了法国北部的兰斯（Rheims）。兰斯是流亡的英格兰天主教徒的好几所修道院所在地，并且沃尔辛厄姆得知，这里还是耶稣会反英格兰谍报行动的主要招募点。马洛伪装成失宠的新教徒，假装同情天主教教义，施展他相当出众的魅力，逐渐得到修道院学生们的信任。其中一些学生向他透露，自己已经被西班牙的费利佩二世的特工招募为"上帝的间谍"。马洛把这些名字交给沃尔辛厄姆；当这些人踏上英格兰的土地时，沃尔辛厄姆的人正等着他们。

一年之后，马洛回到剑桥读书。但是，在他1587年申请文学硕士学位时，学校当局拒绝授予，理由是他有可能改信了天主教，并且辍学时间太长。马洛既不能透露他同天主教徒交往是为了掩护自己的间谍身份，也不能说明自己在兰斯长时间逗留的真正原因。

他显然找了高层的关系（说不定就是沃尔辛厄姆本人），因为不同寻常的事发生了：伊丽莎白女王的枢密院竟然下令，要求学校授予学位。学校官员只能照办，但他们很不理解，枢密院为何如此关心一个普通大学生的学术生涯。更让他们奇怪的是枢密院关于马洛学位的书面命令，因为中间含糊其词地提到，"……该生效劳女王陛下，迭有勋劳，如此忠于王事，合当奖赏"。

持续服务

所谓"勋劳"（good service），即指间谍活动。后来马洛决定不当教会学者，成了一名戏剧家，同时继续涉足间谍领域。对于他的具体任务是什么，

第四章　酷吏能臣

威廉·莎士比亚。在他的剧作《皆大欢喜》里，隐约提及了马洛离奇之死。但此事从未得到解释。

西班牙国王费利佩二世。他野心勃勃，想摧毁英格兰，但英格兰情报机构挫败了他的谋划。

现存记录语焉不详，只是提到他于1592年在荷兰停留了很长时间，行动诡秘，显然是被派去窥探另一帮流亡的天主教徒。

不过就在一年之后，马洛的世界开始崩溃。他的朋友、剧作家托马斯·基德（Thomas Kyd）被捕，理由是"持不正统的宗教和道德观点"。在伊丽莎白时代的英格兰，这是一项严重的罪名。他拒绝认罪，被绑上酷刑架拷打，经不住折磨终于认罪，供词暗示马洛也有同样的罪行。他的另一个朋友里查德·贝恩斯（Richard Baines）被指控信奉无神论，面对酷刑的威胁时，声称马洛认为"基督是私生子"，而且"不喜欢娈童和烟草的人全是傻瓜"。马洛被捕，但获准取保候审。

毫无疑问，马洛的麻烦很大，又是无神论，又是恋童癖，如果罪名成立，一定是死罪。不过，事情的经过让人生疑。首先，很难相信因为区区几先令而引发的争吵，竟然会闹出人命。其次，贝恩斯是沃尔辛厄姆的内部安全特工，因为对马洛的指控而得到了丰厚的奖赏。所以一直有人怀疑，这一切都是政府高层为除掉马洛而采取的行动，至于原因则无从得知。虽然马洛为王室提供了宝贵的服务，当局却并没有伸出援手。

不可思议之处还不止于此。让马洛丧命的这一事件，充满了谍报疑云。"失手"杀死马洛的人叫英格拉姆·弗里泽（Ingram Frizer），他是一名间谍，还是弗朗西斯·沃尔辛厄姆的堂弟托马斯·沃尔辛厄姆的仆人。房间里的另外两人也是间谍，罗伯特·波里（Robert Poly）担任过沃尔辛厄姆的海外情报机构信使，尼古拉斯·斯克瑞斯（Nicholas Skeres）是这位间谍首脑的另一名内部安全特工。一些学者根据这些细节推测，房间里的3个人对剧作家马洛横死的情形说了谎，他其实是由枢密院下令谋杀的，谋杀他的动机则不为人知。

最有意思的谜团与一个并不在场的人有关，这个人就是威廉·莎士比亚。事实上他认识马洛，虽然熟络到何种程度无人了解。有一个很流行的阴谋论：莎士比亚名下的戏剧，作者实际上是马洛。这虽极其不可能，但在《皆大欢喜》里有这样一句台词："……在小屋中的一场大清算……"，这确实隐射了马洛离奇之死。莎士比亚说的"大清算"究竟是什么意思，则是围绕马洛这位神秘人物的又一个谜。

第五章 神之密探
CHAPTER 5

上图：一幅1625年的绘画，描绘了欧洲的间谍活动，如同一场以人类为棋子的国际象棋游戏。这与当时的情报活动颇为相符。

西班牙帕尔马公爵（Duke of Parma）命令炮兵暂停攻击荷兰的奥德纳尔德（Oudenaarde）要塞，他特别嘱咐："只是停一小会儿。"这一小会儿就足以让这位公爵及其参谋们享受一项雅兴，充分体现他们的文化修养和生活品位：公爵要在两军阵地之间，就在离荷兰战线几百米远的地方，享用户外午餐。

帕尔马公爵正领兵镇压反抗西班牙统治的荷兰起义军，但他根本不担心荷兰人会利用这一机会射杀自己。因为1582年，是一个即使在交战时也讲究繁文缛节、严守社交规矩的年代。有时双方司令官甚至会客气地坚持请对方先开火。按照公认的规矩，公爵派出一名军官，举着休战的旗帜前去荷兰阵地。他向对方司令官表达了最大敬意，并通知他，西班牙一方会暂停围攻，因为公爵本人要在战场办一次午餐会；荷兰统帅如能光临，当然欢迎之至。

军官回来报告，荷兰司令官只是瞪了他一眼，没有回复共进午餐的邀请。对此，公爵本应察觉有些不对劲，不过他还是下令午餐会照常举行。就在到处都是弹片和哑弹的战场上，摆放了一张大桌，摆开与贵族身份相符的午餐排场：白色细麻桌布，最好的银器和瓷器餐具，还有上等的葡萄酒，那是从公爵自己的酒窖里挑选出来的。公爵及其参谋们入座之后，身着制服的仆人们开始上头盘。午餐一共有四道菜，主菜是由公爵的法国厨师精心烹饪的一道烤野鸡。

　　他们刚开始享用第一道菜——法式肉汤，一发炮弹就从荷兰一方呼啸而来。炮弹把公爵身边一位参谋的脑袋炸开了花，一时头骨碎片四下乱飞。其中一块头骨碎片把另一名军官的一只眼睛打了出来。接着第二发炮弹炸开了，又击中了两名参谋，搞得满桌子都是脑浆和鲜血。当再一发炮弹把另外3名参谋打死的时候，公爵终于放弃了。他愤怒地扔掉餐巾，迈着方步，回到西班牙战线后，边走边向还没被打死的参谋们痛斥"荷兰野蛮人"不讲道义，完全不懂得应当如何作战，尤其不懂战争礼节。

　　然而，不懂战争的正是帕尔马公爵自己。同其他西班牙贵族一样，他没有意识到正在他们眼前发生的巨大变化。战争已经今非昔比。200多年中，战争一直是"国王们争论时的最后一条论据"，是国家政策的工具，用来为欧洲永无休止的王朝斗争谋求优势。然而，典型的欧洲战争时代已经过去了。战争再也不会是伤亡不大的短期战役；再也不会是虚张声势将对方引诱城堡；再也不会是打上一两仗之后，签署割让几块土地给对方的战败协议；再也不会是短时休兵，以待再战。

生死之战

现在荷兰人打的是一场新式战争，一场宗教解放战争。这场战争决定他们的生存，也就是要抗击一个一心要剿灭荷兰"异端"的天主教国家，以捍卫荷兰新教的生存。所以，荷兰人没有兴趣遵守那个世纪关于战争行为的繁文缛节，因为此前的战争本质上是有限的战争。荷兰人认为，他们反抗西班牙统治，是在为政治自由和宗教自由而战。为了取得全面胜利，荷兰人要打一场全面战争，即使你死我活也在所不惜。他们的目标是要把西班牙人永远赶出荷兰。

西班牙人对此完全不懂。因为有巨大的财富和军事优势，他们目空一切，加之坚信自己是上帝的使者，所以根本不屑于搞清楚，为什么那些被他们蔑称为"郁金香庄稼汉"的人，竟然会想脱离强大的西班牙帝国独立，而且为此不惜一死。西班牙人终将为他们在情报方面的盲目付出沉重代价。荷兰变成了他们的泥潭，变成所谓"西班牙的痛疽"，它不断消耗西班牙的鲜血和财富。1596年，西班牙人终于认识到，他们不可能降服一个绝不言败的民族；他们认输了，放弃了，这一块土地后来成为荷兰共和国。

荷兰人与西班牙压迫者之间的斗争，是欧洲差不多两个世纪之久的宗教战争中最血腥的篇章之一。这是一个黑暗的时代，国王们企图把他们心目中的"一种信仰，一套法律，一个国王"强加于人，战争越来越频繁、猛烈、血腥，其间的和平还不到10年。这是一个不知道宽容为何物的年代，人们互相屠杀，在"真正的信仰"问题上意见相左。在这个时代，连小孩的脑袋里，也被塞满了诸如命定论、圣餐变体论（Transubstantiation，

法国国王亨利四世。他有一句名言："用一场弥撒换巴黎，值！"这样玩世不恭地改变信仰，凸显了几乎毁灭欧洲的宗教战争的荒唐。

指天主教的一种神学理论，认为面包和葡萄酒在弥撒中经神父祝圣后就变成了耶稣的身体和血。——编者）和自由意志之类的教条。在这个时代，宗教裁判所把人活活烧死，依据的罪名就是这些人不够正统；一群新教暴徒为了取乐，把12名天主教牧师吊死；被杀害的法国胡格诺派信徒的尸体填满了法国的河流，以至于人们不敢吃污染水域的鱼。这也是一个极其玩世不恭的时代，就是在这时，纳瓦拉的亨利（Henri de Navarre），后来的法国国王亨利四世，为了能够占领巴黎，断然放弃了自己的加尔文新教信仰而改信天主教。他对惊愕的追随者们解释说："用一场弥撒换巴黎，值！"

1517年，马丁·路德把《九十五条论纲》（95 Theses）钉在了德国威登堡大教堂的大门上，引发了宗教改革。从那时起，欧洲便卷入了宗教战争的旋涡中。宗教战争始于法国，很快蔓延到整个欧洲大陆。由于那个时代每时每刻都充满了危机，所以情报变得异常宝贵。"知识就是力量"，这是当时英国哲学家弗兰西斯·培根的名言。危险似乎无处不在，各方为搜集相关的情报也是不遗余力。结果，欧洲好像到处都有间谍在活动，形成了间谍的黄金时代。当时经济繁荣，欧洲各国拥有大笔财富，这使得他们相信，情报就是简单的金钱问题。一大堆金子就能买到一大堆情报。成群受雇的告密者、背叛者，所有的社会渣滓，都在情报这个槽里抢食。欧洲的每个角落都挤满了间谍，都有秘密特工们忙于搜集能够找到的每一个情报碎片，从高级情报到民间闲谈，概不放过。

然而，在这一股大潮中，究竟有多少情报是有价值的呢？没有多少。各个王国都花了大价钱买情报，却没有花一点力气去评估。他们认识不到，雇用的间谍在找不到情报的时候，喜欢捏造情报，好让金钱源源不断。此外还有一个趋势，就是从线人那里买来的情报的实际价值十分可疑。例如，法国投入巨资在俄国皇室买通线人。他们通过贿赂俄国皇后的侍女，还有俄国东正教宗教会议的高级神职人员，终于弄清楚俄国皇室很是腐败，但这其实是路人皆知的事实。

间谍活动的泛滥，还直接影响到治国之道重要的发展，即外交活动的增加。从中世纪开始，欧洲各主要皇室就开始互派常驻大使，主要是用来谈判协商，避免有矛盾的领域激化成战争。欧洲各国间有一项不成文的默许协议：在情报方面，大使可以把合法观察到的一切都报告给自己的上级，但是不得通过贿赂或者策反去搜集情报。这一默契一直持续到今天。

与时俱进

宗教战争颠覆了上述微妙的规矩，随着赌注的加大，外交官变成了地地道道的间谍头子，他们用巨资去贿赂或策反线人。实际上，外交官和间谍没有区别。几乎所有外交官接受的命令中，都会包含只有在情报搜集工作中才会提到的字眼："不择手段，不计代价，去完成……"英国都铎王朝的剧作家托马斯·米德尔顿（Thomas Middleton），在他的喜剧《弈棋》（*A Game of Chess*）中，让西班牙驻英国大使刚多玛（Gondomar）高声吟诵自己如何在海边度过夏天假期：

主啊，请问，我应把这盛夏的休闲时光
用到何处？
难道不是为了更多了解
这英格兰王国的状况和实力吗？
在白色海岸周围，
所有堡垒、港口、海湾以及登陆点，
我都有草图，
我悉数掌握了全部航道的深度，
知道所有最适合入侵的沙滩、暗礁以及河流；

我还有一份皇家海军的详细记录：
船只的载荷量，以及火炮的数量，
士兵的人数，以及他们的停泊之处，
此外，还探看了英格兰内陆的秘密。

威尼斯在13世纪就创立了欧洲最早的政府情报机构，后来又创立了欧洲大陆最早的外交使团，其中有比较活跃的间谍大使。到宗教战争的时候，威尼斯人已经把他们的外交机构变成了间谍中心。在这些地方配备密码员，负责破译窃取的信件；还有军事专家，他们通过贿赂和策反相关人员，以获取最新的军事技术。

在威尼斯大使馆里，最为隐秘的部门由一组技术人员组成。他们擅长破译与最敏感的外交通信相关的安保措施同时，无论是寄信人还是收信人都无法发现自己已被监控。这些技术人员最成功的一次行动发生在1582年。当时威尼斯驻罗马大使馆得知，法国和西班牙达成一项条约，据传其中有威胁到威尼斯利益的秘密条款。威尼斯人决心要看条约内容。当得知一位信使正把条约从马德里送到巴黎去签署时，他们明白机会来了。

他们计划在法国南部某地拦下信使。他们借鉴了沃尔辛厄姆的一项技术，下药让信使熟睡，拿走文件抄写，在其醒来之前放回去。结果发现，这件事说来容易做来难。威尼斯人发现，签字双方知道威尼斯人偷看机密外交信件的本领高超，所以为这份特殊文件采取了额外的安保措施。他们将一个密封的袋子用铁链锁在信使手腕上，在袋子里放一根焊死的金属管，条约卷好放在其中。问题显而易见，就算威尼斯人能解开袋子的铁链，做完手脚后再锁上，做到不露痕迹，但打开焊死的金属管后，痕迹如何隐藏？

为了解决这道难题，威尼斯人找来一批全城最好的金属专家，要他们想办法打开金属管，再原样焊回去。专家用不同的焊锡，在各种各样的管子上进行演练。等信使到达法国南部的时候，专家们已经准备就绪。他们赶到信使路线上的一间旅店，一个威尼斯特工调查小组已经得知，信使会在这个旅店过夜。专家们等待着，而另一个威尼斯情报小组则伪装成富有的旅行者，引诱信使同他们一起，为法兰西国王的健康干几杯啤酒。酒里放了催眠药，一大口下去，信使就有点头昏眼花，对他的新酒友扶他回房睡觉很是感激，一进房就呼呼大睡了。

几个特别小组马上开始工作。一名锁匠把铁链打开，另一些人小心地拆开了封袋子的线。里面的金属管被交到金属专家手里，他们弄开了焊锡，将里面的条约交给抄写员。这些人赶到附近的安全屋抄好文件。文件又被送回到金属专家手里，他们把它重新封入管中。管子被装回袋子，重新封好的袋子又被锁回链子上面。几个小时之内，三十多位特工合作行动，实现了一次完美的盗窃。

次日清晨，信使醒来了。他检查了自己的贵重物品，确定一切正常后，准备继续行程。旅店老板祝信使一路顺风，他收了威尼斯人很多钱，把昨晚看到的稀奇事全都"忘记"了。几天之后，信使到达巴黎，国王的情报机构的特工仔细检查了袋子。在没有发现信件被人动过手脚的任何痕迹后，他们告诉国王，条约是安全的。威尼斯人还没看到过这封信件。

条约被盗一事，是法国情报机构极少数的失败之一。沃尔辛厄姆死后，英格兰情报机构慢慢衰落，法国情报机构成为欧洲第一。在很大程度上，这一成功缘于路易十四对情报活动的慷慨支持。这位传奇的"太阳王"（Sun King），是欧洲大陆上处于优势地位的君主。路易十四从亨利四世那里继承了表现很一般的情报组织（亨利四世是路易十四的祖父），名为"信件处"（Poste aux Lettres），那是一个秘密机构，直接对国王负责。信件处截下王国的所有信件进行审查，获取有价值的情报。但是，这个组织很快大失水准，开始搜集民间的闲言碎语。亨利四世最感兴趣的是贵族和王室成员的性爱丑闻，因此，他的密探们也把精力主要用于搜集贵族们的风流韵事。

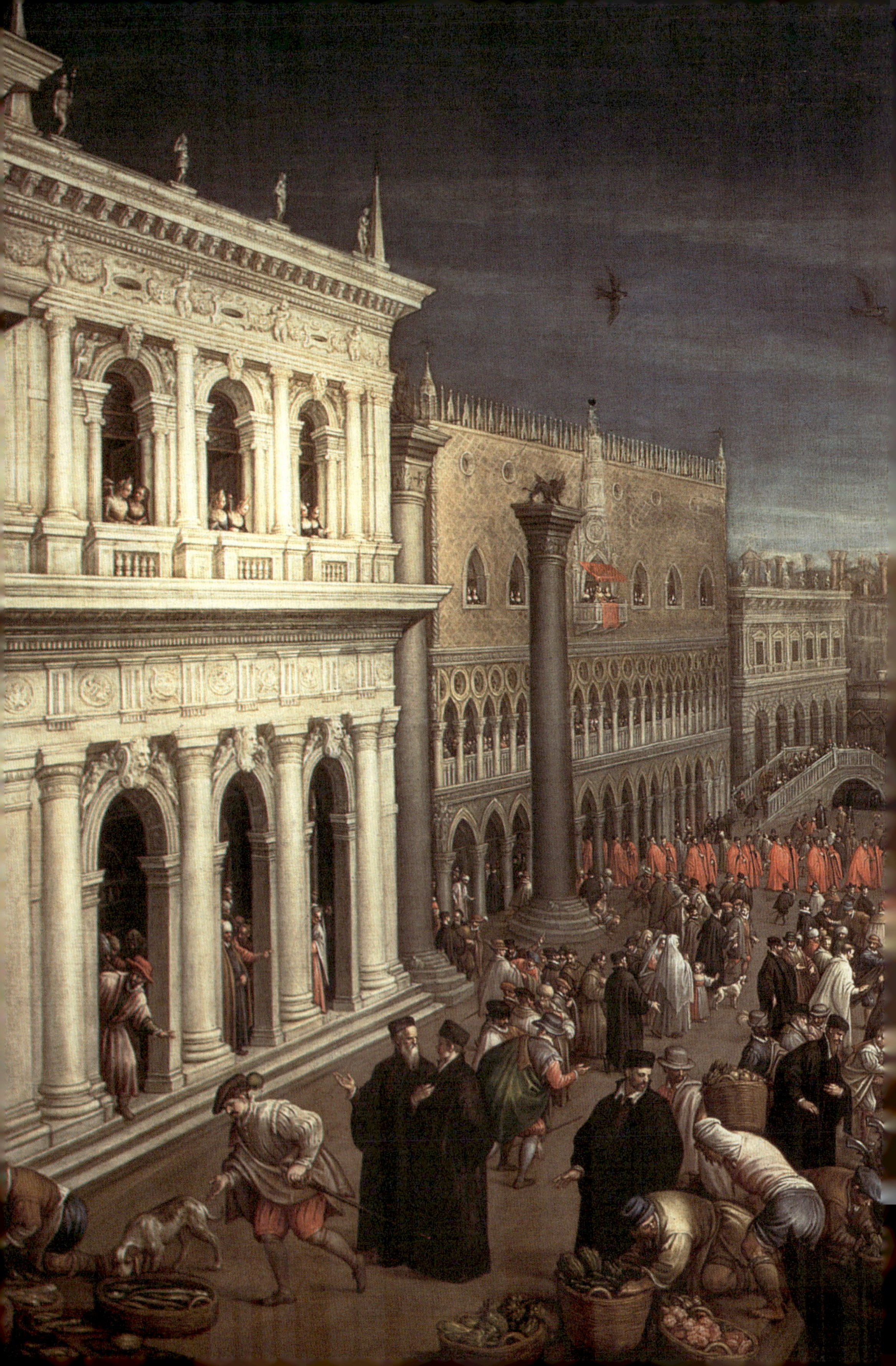

16世纪的威尼斯城，正处于实力的顶峰，以其巨大的财富，支撑起了欧洲最广泛的情报活动。

然而，路易十四对这样的闲谈不感兴趣。他想要的是能够帮助他在欧洲扩大法国势力的情报。为了达成这一目的，他需要知道法国周边各个大国的可靠情报，尤其是英格兰、西班牙、普鲁士和东方巨兽俄国的情报。为了得到这样的情报，路易十四撤销了信件处，代之以在法军中建立了相对分散的对外情报组织。路易十四成立了一项秘密基金，拨给各战地指挥官大量经费。有了这些钱，指挥官们雇用间谍，向别国军队的腐败军官行贿，收买逃兵，以取得有用的情报。所得的一切情报逐级上报，最终到达路易十四手里，由他亲自评估。

与此同时，他还经营着个人情报网络，由法国外交官和在外国皇室的军事观察员组成，向他提交情报。除此之外，他还掌管着一个非正式的海外情报网。组成人员主要是一些友好的外国贵族，还有各式各样的性格鲜明的人和冒险家，他们都喜欢沐浴在路易十四的阳光里。这些人都知道，要想进入路易十四的圈子，必须奉上一两条能激起他兴趣的情报。

事实证明，这个非正式的情报网才是最有价值的。给路易十四提供情报的商人、银行家、交易商以及实业家，是少数能在各王国自由来往做生意的人。做生意过程中，他们通过简单观察就可以搜集到大量情报。例如，一个在某一重要贸易中心办事的商人，通过他的生意就能了解到，当地官员雇用了大量采石工和石匠，以便修建新的要塞。

新一代情报网

"太阳王"的继任者路易十五继承并扩大了情报网。在新招募的人里，有一个名叫贾科莫·卡萨诺瓦（Giacomo Casanova）的人比较有意思，他是个传奇的威尼斯商人。在不同时期，卡萨诺瓦做过牧师、小提琴家、骗子、士兵、金融顾问、赌鬼，还有间谍。

他的荷尔蒙非常旺盛，这方面的故事奠定了他在历史上的名声。他毕生沉迷于追求女色，显然是因为荷尔蒙作怪。他的回忆录的主要内容就是其风流韵事，照里面的说法，他至少同 122 个女人发生过性关系，艳遇更是不胜枚举。作为引诱女人的高手，他的名声吸引了路易十五。路易十五也沉迷于女色（不过缺乏卡萨诺瓦的引诱手段）。路易十五召见卡萨诺瓦时，这个威尼斯人还以为会讨论女色，因为众所周知，国王爱好此道（他有 6 个情妇）。但是，听到国王想谈谍报，他很是诧异。

卡萨诺瓦在巴黎经营一家丝绸印染厂，工厂在全欧洲都有业务，所以他在政界和商界都有很多关系。路易说服他留心观察，保持耳聪目明，把在生意旅行中遇到的所有有价值的情报都提供给国王。卡萨诺瓦立刻同意了。他不是傻瓜，他明白一个威尼斯人在法国做生意，争取国王的关照才是明智之举。

此外，路易十五将前任路易十四的优良传统发扬光大，也被认为是明智之举。路易十四的手伸得长，手段毒辣。他喜欢自称为"大蜘蛛"，也就是处于一个大型的谍报网中心的国王。路易十四有一个很大的对内间谍机构，那是阿尔芒·让·迪普莱西（Armand Jean du Plessis）的遗产。此人是欧洲政治最阴险的人物，更为人们熟知的称呼是"黎塞留红衣主教"（Cardinal Richelieu）。他本来只是一名普通的主教，因为与权倾一时的太后相熟，权力得以迅速攀升。太后要他发现并打击国王面临的任何威胁。他被升职为红衣主教，得到一个语意模糊的职位——国王"首席部长"（chief minister），还得到大笔金钱，创建了一个保卫国王的常设安全组织。黎塞留雇用间谍大军，负责报告全法国民众一切不满的情绪。由于间谍的身份只有黎塞留才知道，所以谁也不敢肯定，自己的邻居会不会把听到的话语上报。甚至牧师在告解的时候也要谨慎，说不定前来忏悔的人就是黎塞留的间谍，想试探牧师是否忠诚。被指控发表过对国王不忠诚言论的人会被投入监狱，在那里接受酷刑，其中许多人又会再说出其他心怀叛国思想者的名字来。

由于有从国王那里得到的充裕资金，黎塞留不断扩充他的对内情报活

卡萨诺瓦，富有传奇色彩的情场高手，正又一次逢场作戏。他在寻花问柳之余，还充当法国的间谍。

动，使法国成为欧洲最有效率的极权国家。在法国，他的特工可以把任何"危险或者可疑的人"送入监狱，新闻报道受到严格的检查，任何想要旅行的人都必须有政府的护照（没有护照的情况下离开法国是一项重罪）。这时的法国，几乎每一个旅馆的女服务员都是政府的间谍，负责偷看偷听外国重要客人的一言一行。黎塞留声称，有了这样一张大网，自己就能发现并摧毁一系列危及国王的恶毒阴谋。他当然小心谨慎，绝口不提实际上几乎所有这些阴谋，都是他一手安排的。一些间谍首脑早就认识到，一个统治者是否在内部安全上面花大钱，在很大程度上取决于其对险恶阴谋无处不在的认知。黎塞留就是这样的间谍首脑。

黎塞留在天主教神职人员中，大规模招募国内间谍，其中一人很是出色。他名叫约瑟夫·杜·特朗布莱（Joseph du Tremblay），是一名圣方济会托钵僧、神秘主义者；他狂热信奉天主教事业，坚信必须消灭新教徒。他是一个天生的秘密警察，在搜集有关"叛徒"的情报方面表现出不凡的才能，认为到处有"叛徒"出没。基于这一才能，黎塞留把此人的角色扩大到处理对外情报事务。黎塞留清楚，特朗布莱在全欧洲的圣方济会托钵僧团体里有广泛的人脉，这些都是潜在的线人。他要求特朗布莱大量招募愿意为法国充当间谍的僧人。在很短时间内，特朗布莱就成功地搭建了一个由托钵僧线人组成的网络。这些人深入渗透到天主教会有强大影响的政府里。特朗布莱的成功使黎塞留确信，这个狂热的僧人能够承担更为广泛的角色：间谍史上确知的第一位"影响力特工"。

这一想法的产生，源于特朗布莱在行贿方面的表现。他有特别准确的直觉，知道究竟应该贿赂谁，出多少钱才能达到想要的效果。黎塞留让他充当法国的"灰衣主教"（gray eminence，即"幕后大佬"），也就是负责行贿的间谍首脑。对愿意为法国利益效劳的人，他显然会无限量提供金钱。特朗布莱策反了不少欧洲国家关键的政府官员，让他们听命于黎塞留。特朗布莱最成功的行动之一涉及阿尔布雷希特·冯·瓦伦斯坦（Albrecht von Wallenstein），他是天主教国家奥地利最出色的将军，瑞典人很害怕他。特朗布莱得到一条关于瓦伦斯坦的关键情报：他正与瑞典人秘密谈判，试图结束一系列正在拖垮两个王国的宗教战争。这是黎塞留和他的国王最不愿意看到的。这会使瑞典人腾出手来，把他们颇有实力的军事资源用来对付法国。特朗布莱开始行动，在奥地利王室的关键成员身上耗费巨资，这些人设法以对奥地利王室不忠为由，将瓦伦斯坦解职。此外，特朗布莱还招募了这位将军身边的一些狂热的天主教军官，一劳永逸地解决了问题：他们暗杀了瓦伦斯坦这个天主教事业的"叛徒"。

黎塞留所有的内部安全组织中，在谍报史上影响最大的是一个直接向他报告的特工小组。黎塞留称他们为"黑色内阁"（Cabinet Noir）。这是一个高度机密的组织，任务是秘密检查所有往返法国的信件。这在当时固然几乎是常见的谍报行动（几乎各国都如此），但法国的做法有所不同。黎塞留招揽的是各个领域内最好的学者，他们能从看似很平常的信件中，发现蛛丝马迹并读懂隐藏的意思。例如，一个医学专家能从一封看似谈论药方的信中，看出细小的线索，进而发现隐藏的消息。有时，这些读信人会得到法国特工从信使那里窃取的外国的外交通信。

"黑色内阁"的工作极为出色，人们很快就盛传：在法国没有秘密。因此，所有敏感通信，特别是外交通信，重新强调了加密处理的重要性。密码术与几个世纪前尤利乌斯·恺撒用过的粗陋的替换密码相比，并没有进步多少，所以现在各国都试图寻找更先进的密码系统。各国开始聘请数学家，根据文字排列量化准则，设计出越来越复杂的密码。

这一领域的重大进展之一，是一个名叫约翰尼斯·特里特米乌斯（Johannes Trithemius）的德国人设计的一套系统。此人是个修士，也是杰出的数学家。他发明了一个表，每一行包含所有的字母，但后一行比上一行错开一个字母。原文的第一个字母用第一行加密，第二个字母用第二行加密，如此类推。法国数学家布莱斯·德·维吉尼亚（Blaise de Vigenere）改良了这个系统。几个世纪后，它成了广泛应用于现代计算机数据加密标准（data encryption standard，DES）的基础。由于有维吉尼亚系统

约瑟夫·特朗布莱,圣方济会托钵僧。被黎塞留招募为间谍后,在欧洲天主教界建立了一张庞大的间谍网。

黎塞留红衣主教，高超的阴谋家、间谍首脑，主管覆盖全欧洲的情报网。

以及由同时代的其他法国数学家开发的系统，法国成为全球领先的秘密通信王国。

分裂的国家

加密技术优势使法国在间谍战中领先一筹，但这种领先地位，突然受到已经沉睡多时的宿敌英格兰的威胁。更加糟糕的是，从法国的立场上看，这个敌人又找到了一位新的弗朗西斯·沃尔辛厄姆，名叫约翰·瑟洛（John Thurloe），这位埃塞克斯郡的律师，生性安闲，轻言细语，没有任何谍报背景。据说他一生没有见过一个间谍，但同前辈一样，他对秘密世界有一种天生的亲近感。瑟洛是奥利弗·克伦威尔（Oliver Cromwell）的狂热支持者，后者任命他担任看似无关痛痒的总邮政局长一职。但是，这只是为了掩饰真正任务而已——拯救克伦威尔政府。

从各种情况看，这个任务没有完成的希望。1649年，奥利弗·克伦威尔执掌政权，此时内战使英国元气大伤，四分五裂。大约有20万人丧生，一位合法登基的国王被审判并处决，激进宗教团体激增，内乱此起彼伏。到处都有顽固的保王党人和同情保王党人的团体，在法国尤其多。法国情报机构一直在他们中间发展眼线。人人都认为，英法两个宿敌终将一战。在保王党人中间，暗杀克伦威尔的阴谋数不胜数。

仅仅是追踪这一切，就已经是一个顶级的情报挑战，瑟洛几乎是赤手空拳地走马上任的。自1590年沃尔辛厄姆死后，由于缺乏官方支持，英国情报机构日渐没落。既没有外国线人，也没有获取和搜集情报的机制。曾经辉煌一时的密码机构也不复存在。瑟洛决定，必须重建沃尔辛厄姆的谍报帝国。他说服克伦威尔，这一任务要耗费巨资。克伦威尔完全信任瑟洛，同意给这位间谍首脑每年7万英镑的预算，这在当时是个惊人的数目。除了预算，还授权他可以全权决定如何使用资金，如何开展工作。

瑟洛利用总邮政局长的职位，第一个动作就是在邮政系统内创立一个秘密机构，暗中检查所有进出英格兰的书信。对这个机构的要求是，仔细梳理身在英格兰的保王党人和流亡的保王党人员之间的联系，尤其是与生活在法国的保王党人的联系。瑟洛称这个机构的人为"拦截者"。当时，流亡的斯图亚特国王查理二世生活在法国，任何涉及查理二世及其英国支持者的信件，"拦截者"都必须特别注意。瑟洛推测，对克伦威尔的主要威胁，就是保王党人在法国支持下对英国发动军事进攻，废黜克伦威尔，让国王复辟。对这一时刻存在的威胁，他必须不惜代价严格监控。

瑟洛的第二个动作的中心是查理二世。他耗费巨资建立了广泛的情报网，覆盖了欧洲的主要都城；由英国大使馆搜集情报，再送回伦敦。瑟洛把情报交给他招揽的一批专家，由他们分析材料，为克伦威尔做情报评估。瑟洛把招募到的一些最优秀的线人留在法国，以便监视查理二世及其支持者。

在法国行动的间谍中，有一名美丽的英国寡妇，她在丈夫死后移居法国。瑟洛知道查理二世最沉迷于女色，于是招揽了这名寡妇，向她提供必要的资金，让其进入查理二世的社交圈。没过多久，寡妇就引起查理二世的注意，随即成为他的情妇。令瑟洛高兴的是，查理二世在床上同她无所不谈。很快，克伦威尔就对查理二世及其支持者的最新计划一清二楚。

瑟洛关键的国外眼线还有瑞士和荷兰的新教徒，他明确许诺这些人：只要提供欧洲宗教和政治动向的情报，他们就能持续获得英国情报机构的慷慨赠予。这些人被告知，对于遇到的任何有意思的事情，不管显得如何琐碎，都要搜集起来，不要妄加解释，因为解释是别人的事情。瑟洛最好的情报得自犹太人，此前没有任何别的情报机构想到过招募犹太人充当线人。

犹太人被视为贱民，经常有人企图消灭他们。西班牙信奉天主教，在15世纪曾经驱逐所有的犹太人，所以后者特别仇恨西班牙。对其他欧洲国家，他们的敌意也只是略少一点，这些国家也剥夺了犹太人的公民权，把他们赶到贫民窟里。瑟洛意识到，长期受苦受难的犹太人，家庭和部族散布欧洲各地，相互之间有广泛的联系。更妙的是，犹太人中很多都是商人，常年在欧洲穿梭。由于反犹主义的影响，欧洲情报机构不招募犹太人，但瑟洛为人特别实际，他认识到，犹太人是最好的眼线。他说服克伦威尔，将英国变成犹太人的避难所，鼓励他们移民；他告诉新难民们，他们可以通过为英国充当情报眼线来表达自己的谢意。犹太人正想以某种方式回击迫害者，所以愉快地同意了。瑟洛由此有了一个遍布欧洲的消息灵通的眼线网络。

另一个更大的谍报成就更为成功：曾被忽视的英国密码破译能力得到复兴。瑟洛有眼线，能够为他窃取到外交信件，但是如果没人破译的话，这种情报就没有多大用处，因为所有的政府都在对最敏感的通信加密。瑟洛开始物色能够振兴英国密码破译能力的人才，他还真找到了一位，结果证明此人绝对是块金子。约翰·沃利斯（John Wallis）是知名的牛津数学家、神职人员，他的业余爱好就是破译密码（这类东西在报纸的娱乐版还能看到）。由于技艺早已名声在外，他被聘用为克伦威尔政府的受薪"密码员"——这是历史上的第一位政府密码分析员。

结果证明，沃利斯是完美人选，他很快就展示出杰出的能力。任何交到他手里的密码系统都能被破译。正是因为这样一位人才，才使英国处在了密码分析的最前沿。沃利斯很清楚自己的价值，不断要求增加工资。瑟洛虽然很不高兴，还是每次都勉强同意了。他后来更不愉快，因为他的密码分析大师一定要政府为自己外孙威廉·布伦科（William Blencoe）的教育投资。事实上，这是一笔很好的投资。布伦科是另一位出色的密码分析员，沃利斯在1709年去世后，他接替外公成为密码破译员，并开创了一种密码分析系统，这一系统在此后300年里英国的历次战争中，都发挥了关键作用。

沃利斯及其继承者是瑟洛创立的间谍机构的一部分。这个"秘密办事处"（Secret Office）是一个大规模的反谍报机构，目的是使英国免遭外国情

John Thurloe Esq.
From a Drawing by Vertue, in the Collection of the Revd. C.M.Cracherode.

Whitehall Sep 1653.
Ordered
That Mr. Augier pay for his diet and lodging whilst he was Resident in Paris from this Commonwealth

Jo: Thurloe Secr.

His Autograph from the Original in the Possession of John Thane.

约翰·瑟洛，这位律师和间谍首脑，重建了英国情报机构。瑟洛巨大的特工网络，成为克伦威尔的关键武器，粉碎了保王党人摧毁克伦威尔和共和国的企图。

报机构的威胁，特别是保王党人阴谋的威胁。不管从哪个角度说，秘密办事处逐渐成为一个极权机构。瑟洛把英格兰分为11个区，每个区由一位军事长官全权管辖区内所有人员的活动。骑兵小队来往巡逻，盘查每一个旅行的人。士兵会定期闯入民居，搜查陌生人。普通公民随时有可能需要出示文件，以证明自己的身份。即使是克伦威尔时代的英国，这一做法也着实过火，在1657年被废除。

肮脏手法

瑟洛的谍报帝国还有黑暗的一面——黑色宣传，这是他首创的一项谍报技术。他的创新包括制作宣传册的技艺，这就等同于现今的因特网。表面上，瑟洛的宣传册来自某个政治派别，实际都是招募的间谍眼线制作的。宣传册的内容都是恶意诽谤的虚假消息，目的是要让读者相信，这真的是某个政治派别绝对真实的文件。瑟洛的主要对象是保王党人，他认为这些人是英国最大的威胁。这类宣传册出现在英国各地，据说是流亡的保王党人自己制作的，内容是一旦复辟成功他们的计划。例如，征召即将进入青春期的英国女孩，加入国王的情妇团。

此类黑色宣传行动需要有高超的文字技巧，所以瑟洛招募了英国文学界一些愿意出力的人。这一做法成为一个传统，在瑟洛去世后依然长期存在，一直延续到21世纪。最多产的当数丹尼尔·笛福。他凭借经典小说《鲁滨孙漂流记》和《摩尔·弗兰德斯》(*Moll Flanders*)享誉文坛。不过，他还有一段秘密经历，撰写了545份黑色宣传册，其中大多数宣传册攻击的对象是流亡苏格兰的詹姆斯党人。他的行动在1708年达到了高潮。他写了一份署名为"路德派爱国教士"的宣传册，声称自己厌恶"詹姆斯党人的暴行"，看到瑞典的一些与自己信仰相同的人暗中支援詹姆斯党人，感到更加愤怒。宣传册在英国轰动一时，点燃了一场政治斗争的烈火，瑞典驻伦敦大使怒不可遏，要求英国政府查明此"教士"，严惩其对瑞典王国的路德派信徒的诽谤。英国人郑重保证照办，却从未付诸行动。

瑟洛于 1668 年去世，他留下的遗产在此后几个世纪里，塑造着英国的情报工作，令其在密码学、黑色宣传和内部安全方面，具有特别雄厚的实力。在世界步入动荡不安的 18 世纪后，事实证明他所建立的间谍组织结构起到了至关重要的作用。

宗教大战终于结束了，但世界仍充斥着世俗的政治斗争，让谍报机构不停运转。西班牙不断衰落，但依然决心与英国争夺海上霸权。它的"中央委员会"（Central Council），也就是西班牙的主要谍报组织，一直忙于从全世界的西班牙外交官那里搜集情报。西班牙的情报活动主要针对英国和法国，认为两国是西班牙的主要对手。西班牙人下了特别的功夫，试图尽可能了解英国皇家海军；而在法国，他们寻找的情报主要是关于波旁王朝国王扩张的野心。出人意料的是，西班牙人居然招募法国的胡格诺派信徒做眼线，并在情报方面收获颇丰。胡格诺派鄙视西班牙，但更仇恨法国天主教徒。在此期间，法国由于有欧洲规模最大、消息最灵通的情报机构的支撑，依然是欧洲的主要陆上强国。

但是，重大变化就要到来，其预兆已经出现。最明显的预兆，发生在欧洲北部的小国普鲁士，一位杰出的历史人物登上了王位。这位被后世称为腓特烈大帝（Frederick the Great）的人，继承了一个资源匮乏、强敌环伺的小王国。但这并未阻碍他勇往直前，将普鲁士建成欧洲最大的军事强国，并对此后历史产生深远的影响。他靠自己的军事天才，以及把普鲁士情报机构建设成世界最好的谍报组织的决心，使普鲁士成为军事强国。

在清楚行动的后果前，他绝不轻举妄动。对于这一点，他喜欢这样解释："我总是带上 1 位厨师，外加 100 个间谍一起出征。"他创立了世界上第一个现代军事情报体系，采用了四层间谍网络结构。第一层是经过特别训练的侦察机构，用于搜集关于敌军及其武器的情报；第二层是"双面间谍"，用于散布虚假消息；第三层是"重要间谍"（spy of consequence），即安插在敌方政府内部的间谍；第四层是"非自愿间谍"（unwilling spy），即因接受贿赂或者受到要挟而提供消息的眼线。这些不同间谍搜集来的一切情报，都要由腓特烈亲自评估。当感觉情报不是完全准确时，他通常会下令展开特别的谍报行动去核实。

除军事统帅才能之外，腓特烈还很早就显示出担任情报首脑的能力。他对战术情报的微妙之处把握得很准。当还是年轻军官时，他的讲解就让一些年长得多的军官感到惊讶。例如他教他们如何根据装在枪口的刺刀反射太阳光的情况，判断一支军队的行军方向（垂直光线表示进军，光线散乱则表明在撤退）。

英国和法国的情报机构都在谍报实战中，领教了他们必须面对的对手是多么强大。腓特烈早期军事战役的精彩成功，促使英国情报机构展开了重要行动：渗透他的政府，以便监视这个正在出现的危险。英国大使试图贿赂一位普鲁士高官，但腓特烈已经设立了高效的反情报机构，很快就发现此事。他没有逮捕这个叛徒，而是找他倾诉，巧妙地发布虚假情报，让该官员传递给英国人。

法国情报机构在腓特烈手里栽了更大的跟头。1739年，法国把他们最伟大的哲学家伏尔泰招募为间谍，安排他访问腓特烈，而腓特烈是最崇拜伏尔泰的人之一。法国情报机构急于知道，普鲁士是否计划入侵西里西亚。腓特烈晚饭后最喜欢的事情就是闲谈，谈艺术、哲学和政治；法国情报机构要求伏尔泰在闲谈时，把话题引到西里西亚。究竟腓特烈如何得知伏尔泰来访的真正目的，现在也搞不清楚，反正他表现得极其自然。他还是那位优雅的主人，殷勤地招待伏尔泰；但他同时玩了一场巧妙的游戏，他一边暗示入侵并无不妥，一边又叹息自己军事实力不足。伏尔泰被搞糊涂了，他给巴黎发了一份加密信件，说腓特烈对入侵西里西亚犹豫不决，但各种迹象表明他并不会入侵。巴黎收到信件后，才过了大约36小时，腓特烈的军队就侵入了西里西亚。

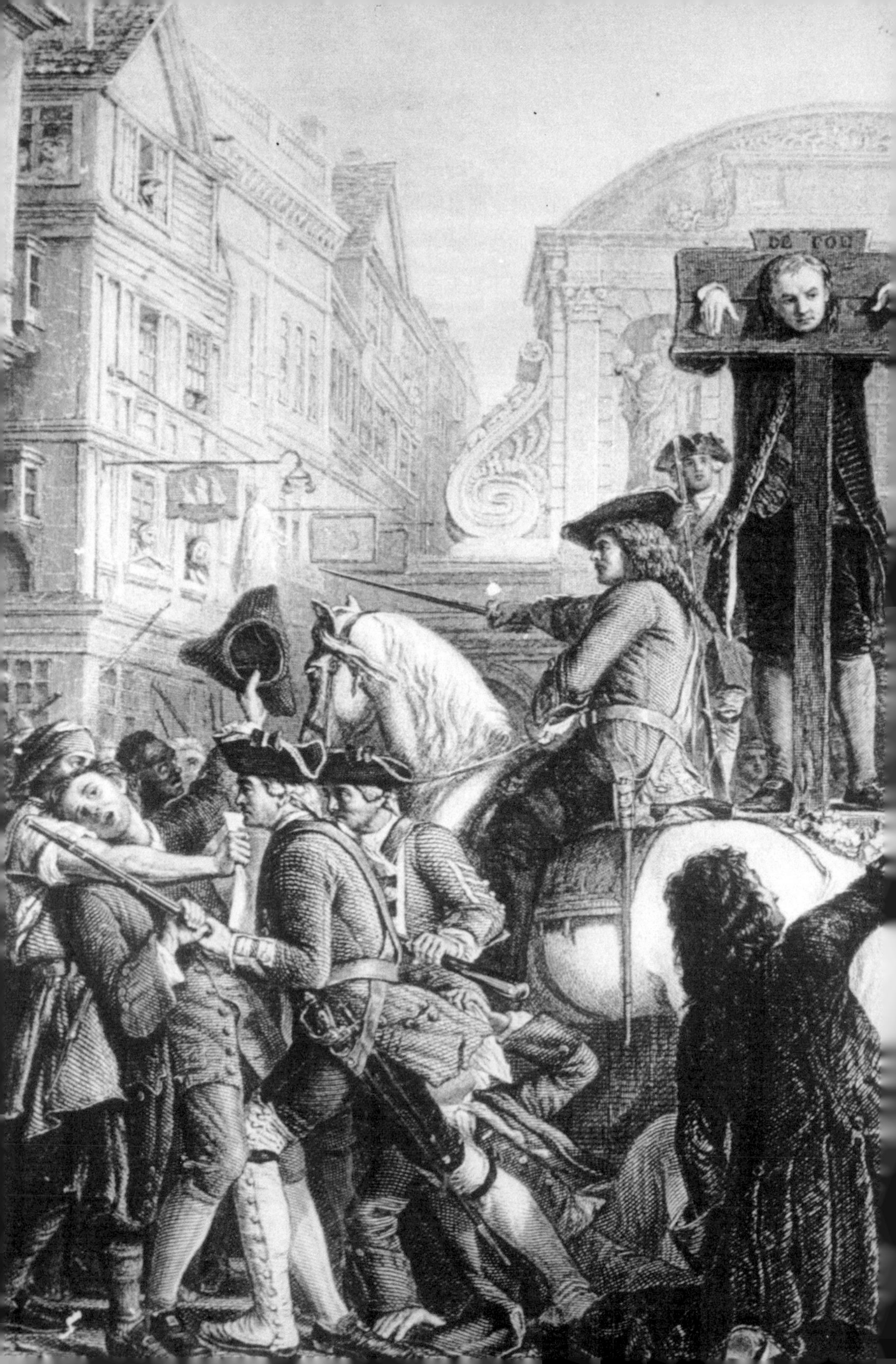

作家丹尼尔·笛福。他因在一份宣传单中嘲讽了英格兰圣公会,被戴上颈手枷示众。

普鲁士英明的国王和军事统帅腓特烈大帝。他欺骗了法国情报机构的特工——伏尔泰。

路易十五：无所不知的国王

仿佛一阵风，路易十五一行来到舞厅，他走在最前面，后边跟着一大帮忠实的朝臣（包括两位御用情妇）。化装舞会的客人们开始热烈鼓掌，他们都知道，路易十五钟爱各种聚会，绝不会错过任何一场熠熠生辉的社交活动。他的到来意味着今天晚上会非常好玩。1754年的那个夏天，法国贵族们最关心的事情就是寻欢作乐。他们在奢华的化装舞会等永无休止的享乐活动中度过时光。

大部分贵族们认为，他们的国王不过是一个普通的花花公子。但当晚来到舞会的，实际上是具有另一身份的路易十五，一个精明的阴谋家，同时也是欧洲最伟大的间谍首脑。他的这一面只有极少数臣民知道。绝大多数人不知道，他参加这些社交聚会的真正目的是招募间谍。在这个晚上结束之前，他将会觅得一颗宝石，那位杰出人物至今还被认为是谍报史上最特别的间谍。

舞会中有一人比较引人注目，引起了路易十五的注意，是一位身着一袭丝绸长裙、非常漂亮的年轻女子。她当即被召来觐见国王，只见她卷发金黄，肌肤有如象牙，深深地向国王鞠了一躬。路易十五觉得很蹊跷，因为看得出"她"胸脯绝对平坦。第二天，路易还想着这件事，又把"她"召来。"她"告诉国王，自己实际上是个男人，这让国王大吃一惊。他的全名是查理·吉涅维芙·路易·奥古斯特·安德烈·蒂莫西·迪昂·德·博蒙特（Charles Genevieve Louise Auguste Andrée Timothée D'Eon de Beaumont），现年26岁，是一个下级贵族家族的后代。因为当过骑兵军官，人们一般称他"迪昂骑士"（Chevalier D'Eon）。他告诉路易十五，由于有柔和的女性特征，

法国国王路易十五。他刻意以花花公子的形象示人,其实管理着欧洲最大的谍报组织。

加之嗓音尖细,他喜欢化装成女人参加一些社交聚会,为的是作弄大家,寻找刺激。尽管外表女性化,迪昂却是一个令人生畏的剑客,据说剑术在全欧洲都是数一数二的。

路易十五当即认定迪昂是"国王秘密"(King's Secret)这一情报机构的完美人选。这个机构是他在几年前亲自创立的,是法国最深的秘密。这个组织的特工都是他亲自挑选的，派驻欧洲大陆的所有重要都城和商业中心，搜集主要欧洲大国的计划、意图和外交行动等方面的情报。"国王秘密"的间谍隐藏得很深，一般伪装成杰出商人，他们最终使路易十五变成了欧洲大陆消息最灵通的君主。

路易十五把刚刚招募的这位新兵派往俄国伊丽莎白女皇的王室，查明并且尽可能阻挠俄国与英国结盟的任何计划，因为英国是法国的宿敌。1755年春天，风度翩翩的迪昂来到伊丽莎白的王室，伪装成一个无所事事的法国贵族，跑到俄国寻找商业机会。他马上就引起女皇的注意。迪昂小心翼翼地培养与女皇的友谊，当她说起自己不喜欢阅读时，迪昂提议让自己的妹妹帮忙，由"妹妹"吉涅维芙为女皇读书，同时为女皇提供其他服务。

吉涅维芙身穿柔和的乳白色绸缎，美丽非凡，很快成为女皇的密友。女皇开始向"她"透露俄国的最高机密，并征求"她"的意见。吉涅维芙巧妙地左右呆头呆脑的女皇，使其相信，俄国的前途在于与法国紧密结盟。出于这一目的，女皇撕毁了俄英结盟的动议。

骑士曝光

过了一段时间，伊丽莎白的大臣们发现，俄国的秘密不知为何被巴黎知晓，于是集体怀疑女皇的密友。然而，在他们还没来得及采取行动之前，吉涅维芙突然神秘失踪了。哥哥说，很遗憾，因家中发生变故，召"她"回法国了，接着他也和妹妹一样，神秘失踪了。多年以后女皇才得知，迪昂骑士和他漂亮的妹妹吉涅维芙原来是同一个人。

迪昂继续为路易十五效劳，执行其他间谍任务，有时以男人面目出现，有时扮成女人。1762年，他以男人身份执行一次比较重要的任务，作为外交官前往英国，搜集关于英国的道路状况和其他设施的情报，为计划中的法国入侵做准备。迪昂的最终结论是入侵将会失败，这一关键的情报，让他的君主免却了不少痛苦。

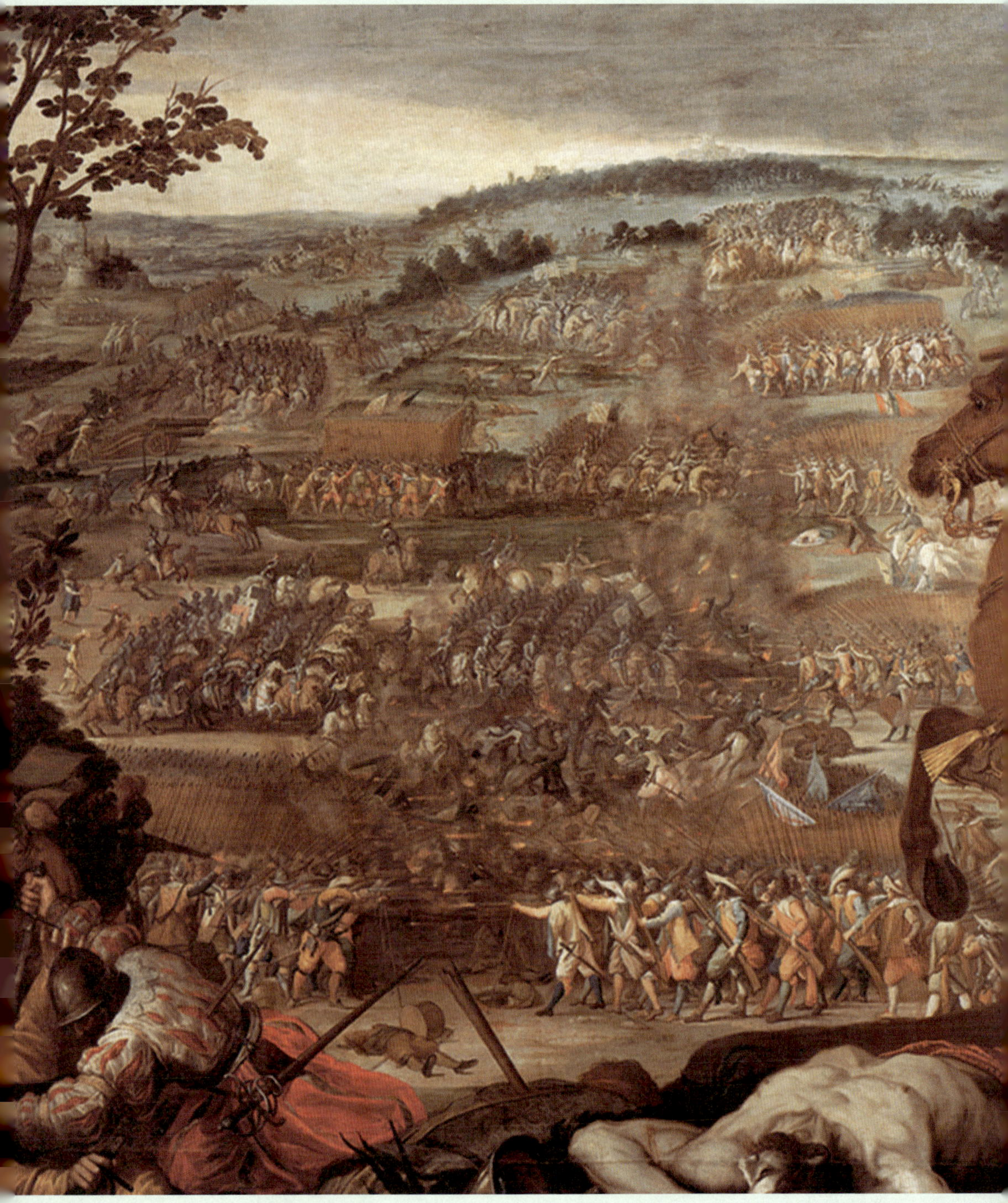

第五章　神之密探

然而，两人终将分道扬镳。不知何故，迪昂迷恋上法国驻英国大使的职位。路易十五不同意，迪昂就威胁要把国王大量的间谍活动公开。路易十五命令他返回法国，答应给他一笔可观的养老金，条件是这位骑士必须只穿女装（路易十五莫名认为，穿女装的迪昂比穿男装的迪昂威胁要小一些）。迪昂又拒绝了。最后路易十五不再坚持，允许他在英国定居，给他每月1000英镑的养老金，条件是他必须守口如瓶。

此时迪昂已经成为一个声名狼藉的公众人物，因他在俄国的经历，以及据说他根据心情会打扮成女性的传闻广为人知。还有人打赌他究竟是女扮男装还是男扮女装（更让人疑惑不解的是，迪昂公开坚称自己是女人），他还与那些称他为易装癖的人决斗了好几次。当迪昂同意与英国最优秀的剑客决斗时，人们的议论更加热烈。连威尔士亲王也前去观战。大家看见迪昂如约而至，身着一袭黑色缎子长裙。人们先是窃笑，接着变成目瞪口呆，因为迪昂轻轻松松就

1690年，法军在弗勒吕斯（Fleurus）大胜，法国间谍促成了这场大捷。

占了上风，最后一剑刺入对手眉心，结果了他。

迪昂于1810年去世，当时有关当局做了尸体解剖，终结了所有猜测：毫无疑问，这位欧洲最传奇的间谍是一名男子。

迪昂骑士，传奇的法国间谍。当时的一幅画像将他画成半男半女。

第六章 皇帝雄狮
CHAPTER 6

上图：拿破仑·波拿巴的纹章，《拿破仑法典》的封面图标。这部法典是他对欧洲历史最为持久的贡献。

巴黎的一间政府办公室里，法国工业促进会的10多位显赫人物坐在一张大桌子前，他们用满脸怀疑的表情，打量着面前这位瘦小的男人。这位巴黎香槟分装商声称，他有一项发明能将法国变成有史以来最强大的军事强国。所以，他告诉他们，他有资格得到1.2万法郎奖金（今约合20万英镑）。拿破仑·波拿巴保证，任何人只要能够拿出一项科学或技术方法，帮助拿破仑率领大军团（La Grande Armée）实现军事霸权，就可以得到这项奖励。

拿破仑曾亲自命令这些法国最优秀的科技精英，寻找任何有助于成就他军事野心的发明。但是奖金把法国的所有怪人都吸引来了，搞得这些精英哭笑不得。几个月来，他们被迫听了一系列稀奇古怪的介绍，比如有人自称完善了"神奇粉末"，能够让全部英国士兵昏睡过去。此时，他们困惑地瞪着眼，只见尼古拉斯·艾波特（Nicholas Appert）把手伸进布袋里，拿出两个装香槟的瓶子，放到桌子上。"这个，先生们，"他说道，"能把法军变成世界上最强大的军队。"

桌上的众人沉默了一会，其中一位带着明显的讥讽问道："公民艾波特，不知道我们猜得对不对，你是想说，我们把香槟瓶往敌人身上扔，就可以打败他们吗？""完全不是！"艾波特平心静气地回答，"重要的不是瓶子，而是瓶子里面的东西。"他指了指瓶子里浮在某种液体上的一些绿色蔬菜。"这些蔬菜是大约3个星期前封进去的，先生们，你们看，这些蔬菜同我亲手把它们放进去的时候一样嫩绿、新鲜。"

接下来，艾波特详细解释他如何发现，通过将食物煮熟后放入密封的瓶子里，食物就可以保鲜。用这个方法，随便什么东西，都可以保鲜很长时间。等他说完后，其中一位来自军方的工程师，突然从座位上跳了起来，吼了一句"太棒了！"就冲出了房间。他直接去了拿破仑的办公室，向将军简要报告他刚才听到的内容。拿破仑马上就明白了，他叫人把受宠若惊的艾波特带来。拿破仑宣布，艾波特是个天才，赢得了1.2万法郎的奖金，接着又委托艾波特建厂，大规模生产"瓶子里的蔬菜"。

1800年春，艾波特开始行动，生产一种拿破仑认为能使军队占据优势的装置。艾波特的发明能让法军自带伙食，无须在行军过程中寻找食物，或者是苦等速度缓慢的补给马车。部队自带伙食后，将会具有前所未有的机动性，能够远距离快速移动，这在19世纪军事战略中是不可想象的。拿破仑因此认定，这就是法国的终极武器。

但是，这不可能成为法国的终极武器，因为就在几个星期之后，当艾波

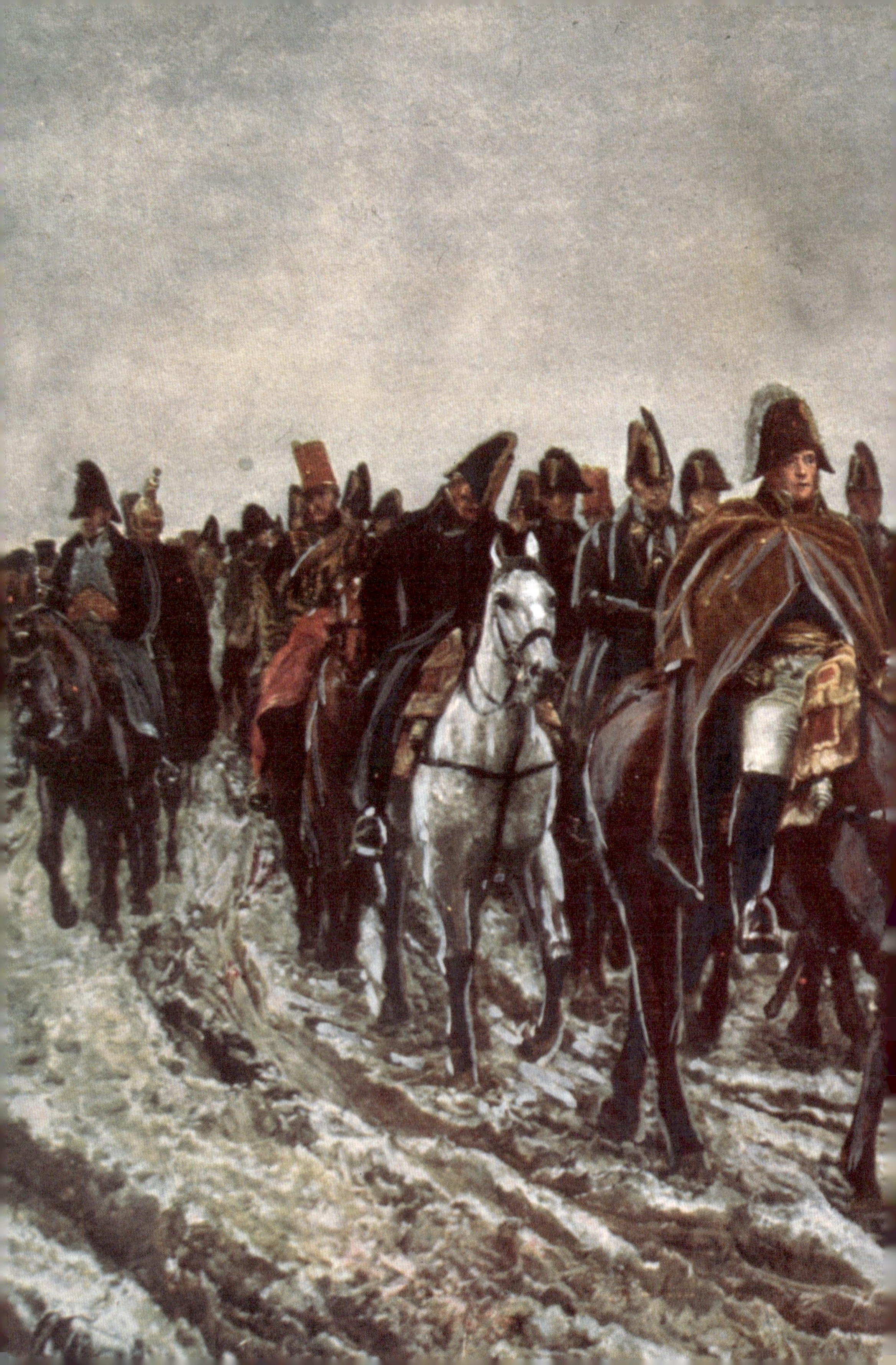

奥斯特里茨战役（Battle of Austerlitz）之后，拿破仑骑马带领参谋人员检阅部队。这一难以置信的大捷，证明了他是一位名副其实的军事天才。

特先生的第一批神奇瓶子被分发给法军时，一名英国间谍偷拿到了一瓶。他很快把瓶子送回伦敦，此举引发的一系列事件，最终导致拿破仑一次严重的谍报失败。他在谍报方面多次败在宿敌英国手里，这只是其中一次。

艾波特的瓶子到达伦敦后，立刻被送往英军的军械部，这是负责评估技术情报的主要中心。军械部的军需主任马上意识到这个香槟瓶子的重要性。他们向英国科技界求助：掌握法国这一工艺的原理，并仿制出可供英军使用的保鲜瓶。

成功回应这一请求的人，既不是科学家，也不是工程师，而是伦敦一名叫彼得·杜兰德（Peter Durand）的普通机修工。他参与此事，一是因为迷上了这个问题；二是觉得如果能够想出解决办法并且商业化，就有可能大赚一笔。他做了很多实验，从而确信，想到这样保存食物的人无论是谁，他一定是香槟灌瓶方面的专家。因为香槟灌瓶的工艺就是要把气泡完好地保存在液体里，直到打开瓶子为止。要做到这一点，就得用软木塞封住瓶子，再用一个金属网套，把塞子紧紧固定。杜兰德进一步推测，那位法国发明者做出了一个大胆的推论：如果能保存气泡，为什么不能保存食物？

杜兰德得出结论，法国的工艺是将食物浸泡在水里，高温煮熟以防腐烂，然后装入瓶中，再用不透气的塞子将瓶子密封。杜兰德发现，为保存食物，艾波特的瓶子里还放入了一系列物质，包括一种气味特别浓烈的法国奶酪。杜兰德认为，法国的做法很聪明，但缺点也很明显，在于玻璃。因为再厚的瓶子也容易碎掉，这在作战环境中不是理想的材料。杜兰德的下一步行动，将会是世界食物供给的一场革命，不过他当时并没有意识到这一点。

杜兰德开始用一种廉价易得的金属锡做试验，该金属多用于工业用途。锡的缺点是太薄，不够结实，不适合任何有强度要求的用途。然而杜兰德突发灵感，意识到锡用来食物保存很完美。他放弃使用瓶子，而是通过焊接密封，把食物放进锡制容器里。他制造出一个锡罐，琢磨出保存新鲜农产品和水果的一套办法。就这样，他创造了神奇的"锡罐"，后来被叫作"罐头"。这个普通的称谓，一直沿用至今。接着他的罐头开始大规模投入生产。在艾波特的发明配发到法军还不到一年，英军也拥有了自己的保鲜容器。

这个插曲是现代谍报史上的一个里程碑。用现代情报术语来说，这就是技术情报，而这一插曲正是技术情报最突出的实例之一。1800 年发生的事情，完美诠释了这一过程。首先你要得知敌人有一项重要的技术发展，接着是得到一个样品，并交给专家分析，最后发展出一套应对措施，或者是用改进后的版本，超越敌方的技术。在 19 世纪初期，科技进步开始加速，技术情报的意义也变得更为重要。科技上的突破，例如无烟火药、后膛装填火炮、连发步枪、烈性炸药，可以在极短时间内决定战争的胜负。各国都已明白这一教训，有时还为此付出了代价。教训显而易见：通过情报行动，保持对科技发展的了解至关重要。

就这一教训而言，拿破仑·波拿巴是最优秀的学生，也是最大的受害者。他出身贫寒，是来自科西嘉的一名炮兵军官，喜欢将科学称为"第一战神"（first god of war）。他没有接受过正规的科学训练，但是，在从法军中脱颖而出的那一刻起，他就知道，科学技术正在发生深刻的变化。他明白科技会对指挥战争产生重要的影响，而就指挥战争而言，没有多少人能与拿破仑比肩。

从 1794 年开始，拿破仑就深入研究英国成为世界最大军事强国的诸多因素。他的结论是，这一霸主地位的关键之处在于英国的军械部，该部门有欣欣向荣的研发项目，改进了英国的军事技术。英国的指导思想是，作为一个规模很小的国家，如果不在军事技术方面领先，英国就无法维持其帝国，无法在强敌环伺的"饿狼群"存活。按照这一指导思想，英国在全国最优秀的科学家里积极招募人才，以保持这一领先地位。

招募的人才中有数学家本杰明·罗宾斯（Benjamin Robins），他致力于弹道学研究。拿破仑得知，英国的枪炮之所以性能卓绝，主要就是罗宾斯的功劳。他所推导的公式具有开创意义，第一次算出枪炮对弹头的准确推力。正是数学促成了火炮技术的巨大改进，才使英国的枪炮成为世界上最好的。拿破仑还得知，英国枪炮的技术质量很高，在很大程度上还要归功于詹姆斯·瓦特（James Watt），他也是军械部招募的人才。由于他的蒸汽机，军事技术才可能按标准质量大规模生产，而这正是工业革命的关键。

关于英国的技术优势，拿破仑还了解到一件从未公开讨论过的事情——间谍活动。军械部依赖英国情报机构，跟踪并掌握外国的科学与军事发展，特别是新技术的实际样品。很长一段时间，英国情报机构的这一非常高效的系统，一直监控着全欧洲军事、工业和技术方面的发展。不过，自从巴黎民众围攻巴士底狱时起，英国情报机构就把大部分注意力都放在了法国。此时，一群激进分子掌控法国，他们强烈厌恶本国的宿敌，并对此毫不讳言。

伦敦在全欧洲有不少重要的眼线和耳目，紧盯法国新的革命政权及新技术进展。这些人以商人为主，还有一些外交官。"外交办事处"的情报部门非常活跃，外交官必须经常向该部门提交报告。最重要的情报行动集中在瑞士，由威廉·威克汉姆（William Wickham）负责。他名义上是驻伯尔尼的英国临时代办（chargé d'affaires），实际上是全职间谍首脑。他招募了大量法国保王党人，后者在法国内部有很重要的关系。威克汉姆渗透遍布欧洲的法国地下保王党人网络，其中有些是法军的退役军官，与仍在为拿破仑效劳的前军官时有联系。

与此同时，英国人也没有忽视反情报工作。英国邮政局有一个被称为"机密办公室"（Private Office）的秘密部门，负责秘密检查信件。机密办公室还同破译部门协作，后者已存在200年之久，专门破译国外的外交通信。

拿破仑认识到，无论从规模还是从效率上看，法国的情报组织都无法与英国比肩。他决心创建一个与英国相媲美的情报机构，它必须明显优于他从革命政权手里继承的那个摇摇欲坠的情报机构。1793年，国民公会拨款130万里弗（古时法国货币单位。——编者），创立了中央谍报局（Central Espionage Bureau）。中央谍报局由革命政府的外事部管辖，负责搜集来自欧洲各国的具有威胁性的情报。因为当时，欧洲各国都在想方设法摧毁法国的革命政权。

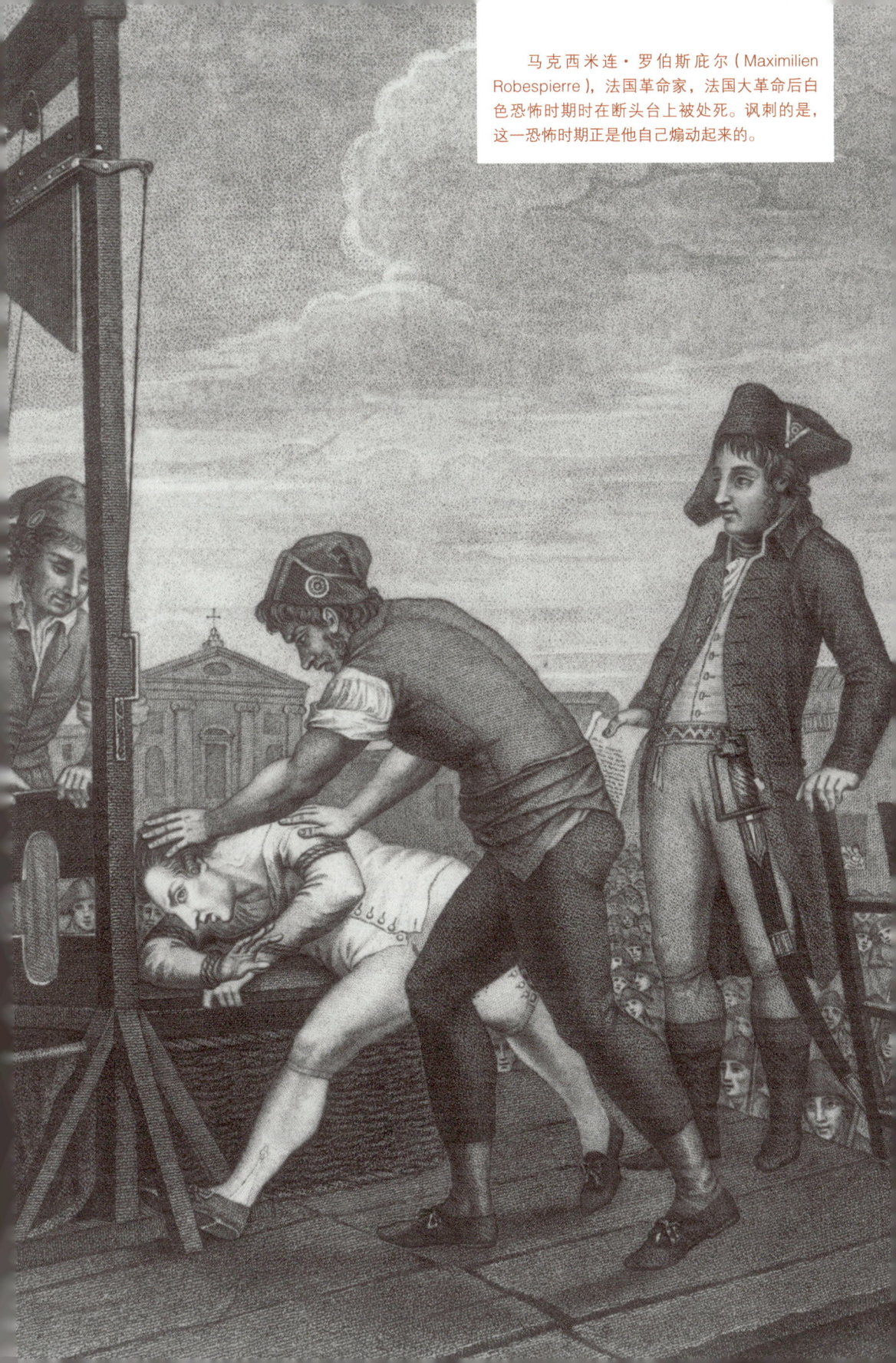

马克西米连·罗伯斯庇尔（Maximilien Robespierre），法国革命家，法国大革命后白色恐怖时期时在断头台上被处死。讽刺的是，这一恐怖时期正是他自己煽动起来的。

扩张阶段

中央谍报局招揽了100多位乐于效劳的间谍，但招募标准主要是看他们的革命热情，而非搜集情报的才能。他们的记录时好时坏，与为了反谍报而设立的臭名昭著的"公共安全委员会"（Committee of Public Safety）如出一辙。公共安全委员会的指导思想是：生活在法国的千千万万名忠诚的革命者，可以充当革命的"眼睛和耳朵"。他们会仔细观察外国间谍的任何动向，报告公共安全委员会，接下来就是过场式审判，最后送上断头台处死。

然而在执行过程中，这一制度很快变质，成了公民之间公报私仇、相互攻讦的工具，抓到的真正间谍少之又少。当局创立的另一个反谍报组织"警卫队"（Corps de Garde）也好不到哪里去。这支全国性的警察部队，任务是追查保王党人及其同情者。但是，警卫队的成员多数是未经训练的业余人士，经常利用权力勒索所谓的保王党同情者，以谋取私利。

拿破仑决定要改变这些机构。法国必须有一支全新的专业情报力量，需要一个对外情报组织，用来监视包围法国革命政府的各种威胁；同时还需要一个国内的反情报机构，使一切敌对情报机构无法渗透到法国。总而言之，当务之急是要制约法国的死敌英国在情报方面造成的重大破坏。在拿破仑看来，毫无疑问，一场决定世界之命运的伟大斗争就要来临。它将是工业化贵族制的英国，对阵革命的民主制法国。这既是对立的意识形态的冲突，也是不同社会经济制度的冲突；这是一场恶斗，两国将要争夺欧洲、市场、贸易、殖民地及商业方面的霸权。

最终，拿破仑输掉了这场斗争，很大程度上是因为，虽然他试图建立一支优秀的法国情报力量组织，但始终未能实现这一目标。这失败与拿破仑自己的个性有很大关系。他确信法国到处都有英国间谍出没（这与实情相差不大），于是把反谍报放在了首位。萌生这个想法后，他找到了这个职位的理想人选,此人名叫约瑟夫·富歇(Joseph Fouché),这个稀奇古怪、阴险狡诈、无情无义的人是秘密警察头子的完美典型。他出生于工人家庭,早年生活很普通,后来成了天主教神学院的教师。他曾是反君主制的温和派,但受法国大革命影响,彻底变成了一名激进分子。由于欣赏他的狂热,革命政权任命他为法国一个省的长官。32岁的富歇在这一职位上很快显示出制造内部恐怖的才能。他废除了神职人员独身制,命令牧师们在一个月内要么结婚,要么领养一个小孩,禁止基督教葬礼,肃清所有占有土地的贵族,没收特权阶级的财产,将数百个被指控属于保王党的人送上了断头台。他还招募了成群的告密者,监视他们周围的人。

由于对革命事业如此狂热,他被提拔到革命的核心圈。当时核心圈正遇到一个与一个重要职位有关的人事问题,就是警务部长,亦即革命政权的内部安全首长一职。9任部长像走马灯似的上任又离开,全都不能胜任这样重要的职务。根据富歇此前的表现,他是这个岗位的理想人选。自此,他有了不受制约的权力,可以随心所欲把革命政权的意志强加给全法国。富歇很快就证明了,他的冷酷无情正是这一职位所需的。当里昂人民反抗政府的严酷政策时,富歇逮捕了1906人,将他们全部送上断头台。他发现这样做也不足以结束反抗时,竟派兵用大炮屠杀抗议人士。富歇骄傲地向巴黎报告:"恐怖,只有恐怖,才是当务之急。"

这样毫无节制的恐怖行为,使富歇在革命者中臭名远扬,还差点被杀。罗伯斯庇尔妒忌这位部长在革命政权的激进派系中大受欢迎,开始设计陷害富歇,接下来肯定会逮捕并处死他。但富歇在罗伯斯庇尔身边潜伏了很多告密者,因此对正在到来的危险一清二楚,并采取了先发制人的措施。他投靠了当时正密谋从立法会议夺取权力的拿破仑·波拿巴。这位科西嘉人成功以后,赏给富歇一个新的职位:警务部长。

按照拿破仑的要求,富歇在警务部长的职位上,应当建立警察、间谍和告密者三者联合的网络,覆盖法国。这些人应当知道法国正在发生的每一件事情,甚至连街谈巷议也不放过。富歇办事将不受任何法律限制,他有

约瑟夫·富歇，拿破仑的秘密警察头子，他为人冷酷无情，创立了现代极权体制镇压民众的模板。

权按自己的意愿逮捕和处决任何人，不论何时，不论何地。为执行反情报任务，拿破仑为他配备了 3 万多名警察。任何外国特工或外国情报眼线，一旦在法国出现，警务部长的警察和告密者大军就会知晓。富歇明确表示，任何他认为对政权不忠或者构成威胁的人，都将被处死。用他令人不寒而栗的话来说："罪犯的血能滋养自由的沃土，法国的国力将建立在稳固的基础之上。"

富歇建立了庞大的秘密警察机构，杀人只是这一机构的一方面；它还是一种压迫机制，后来成为纳粹德国统治机器的模板。富歇的情报网络遍布法国每一个角落和缝隙。任何人只要是谈论与政治稍微沾边的东西，都会感到惶惶，生怕自己在半夜时分被富歇的警察找到，拖去问话，投入监狱。被判犯有叛国罪（叛国的定义就是不忠），或者被判犯有为外国情报机构效劳之罪的人，通常都会被送上断头台。

掌控一切力量

那时，书刊印刷受到严格的检查。富歇的总部有一个庞大的数据库，存放着那些因为某种原因而引起警察注意的公民档案，其中包括拿破仑本人的一份档案，里面有从其情妇们那里收集来的低俗的闲言碎语。所有法国工人都必须携带一本小手册，按官方的说法，这是一份工作许可证，实际上就是国民身份证明。这种手段便于对法国人口进行控制管理。主管这一极权机器的人，每天（星期日除外）都要为拿破仑准备长篇情报报告。情报的内容应有尽有，既有宫廷闲聊，也有通过逮捕和盘问国外间谍而发现的东西。富歇经常会加一些有趣的细节，以取悦他的主子，比如说有一份报告提到，一名英国女间谍用隐形墨水把搜集到的情报写在衬裙上。

所有这些报告，拿破仑都读得津津有味。他还经常给富歇递条子，要他把某条情报再报告得详细一些，或是暗示这位警务部长，他手下的特工有可能漏掉了什么东西。例如，有一张给富歇的条子写道："别人告诉我，圣奥诺雷街（Rue St. Honore）的一个酒馆里，有些人的谈话完全是在煽动叛乱。稍微注意一下这些小馆子。"拿破仑似乎对两件事最为着迷，一是暗杀他的阴谋；二是英国间谍的活动情况。他对这两方面的相关报告兴趣最大。如果有线索显示两者有交叉，他会尤其感兴趣。他知道，即使是在已经成为极权国家的法国，还是有很多人，尤其是那些决心复辟君主制的保王党人，想杀死他这位法国独裁者。

富歇很明白拿破仑特别关注的问题，他集中大量资源，追踪、诱捕保王党人。除此之外，他还开展了广泛的信件监控行动，以便发现在法国活动的保王党人和流亡国外的保王党领袖之间的通信。努力终于有了回报，他的特工挫败了几次针对拿破仑的暗杀阴谋。在拿破仑统治期间，实际发生过的暗杀行动只有一次。在他乘车经过巴黎时，一颗炸弹在车辆附近爆炸，但没有造成任何伤害。拿破仑对这次暗杀一笑置之，但当富歇将几次有英国情报机构参与的阴谋向他汇报时，他却勃然大怒。其中一次阴谋差点让波拿巴气爆血管，因为事情发展到非常接近他的地步。英国人招募了一名法国军官，这位军官的夫人刚好是拿破仑的情妇之一。或许是因为痛恨妻子的出轨，军官果断同意为英国情报机构工作，他说服妻子在与拿破仑亲热时将其杀死。但是，军官在最后一刻改变了主意，并将阴谋告诉了富歇。拿破仑宽宏大量地原谅了这位悔罪的军官，但从此以后，再也没有同此人的妻子亲近过。

就来自英国情报机构的威胁而言，富歇的内部安全机构取得了更重要的效果，严重破坏了英国在法国的行动。此类行动多数依靠保王党线人，随着这些人越来越多被发现并被逮捕，英国情报机构亦遭重创。富歇还成功阻止了多次没有保王党人参与的重大英国行动。其中一次行动是英国在紧靠法国海岸的泽西岛居民中，招募线人搜集关于法国海军设施的情报。因为英国一直认为拿破仑可能会从海上入侵英国，因此在泽西岛招募了一个在法国有很多关系、从事走私活动的线人。他多次潜入法国，观察沿岸一带法国的军事布防情况，用这种办法搜集情报。在184次成功往返之后，他最终被富歇的特工抓获，从而导致英国在整个泽西岛的情报网就此暴露。

富歇在双面间谍游戏方面，也显示出一些才能。针对英国外交官弗朗西斯·德雷克（Francis Drake）展开的行动，就是他比较成功的行动之一。德雷克表面上是驻德语国家巴伐利亚的大使，其真实任务是指挥英国情报机构从欧洲南部发起对法行动。德雷克是英国情报机构中最有才能的管理者之一，富歇下决心要除掉他。为此，富歇出动了他最优秀的特工——梅德·德·拉·图什（Mehde de la Touche）。某一天，图什来到伦敦，急切请求英国人帮助，称自己是一个忠诚的（身份保密）保王党人，是一个地下网络的头目，正伺机推翻拿破仑。他寻求英国暗中帮助自己完成此事，特别是给予资金支持。起初，英国人将信将疑。但是，图什声称自己在法德边境一带有很多情报眼线，最终英国人选择了相信他。他们派他去慕尼黑与德雷克见面。同在伦敦时一样，能说会道的图什又打消了德雷克最初的疑心，说服他为自己的地下网络提供了丰厚的资金。游戏持续了数月之久，英国人开始怀疑图什的地下网络有些不妥。就在这时，富歇揭露了秘密，在法国报纸上将事情披露得淋漓尽致。其他欧洲报纸也报道了这个故事，很快，德雷克的外交地位变得岌岌可危。他回到伦敦，再也没有到欧洲大陆任职。

总体上看，富歇在两方面可说是取得了显著成功。一是将全法国都置于拿破仑的践踏之下；二是使英国的情报活动基本陷入瘫痪。这两个成功主要归因于他作为秘密警察和反谍报的间谍首脑的才能，同时也因为拿破仑让富歇按自己的判断独断专行。但在法国的对外情报方面，拿破仑坚持自己担任间谍首脑。最终证明，这种做法必然会导致灾难。

关键人物

拿破仑早期的胜利从情报工作中得益良多。1796年，他在远征意大利的行动节节胜利中，举世闻名，其高潮就是决定性地战胜了人数远超法军的奥地利军队。奥地利军队因为"传令不畅"，没有及时到达战场，这是奥地利军司令给出的理由。但实际情况是，拿破仑负责情报的幕僚让·朗德里厄（Jean Landrieux）准将发现，奥地利债台高筑，无力偿还，而奥地利在向将领们支付薪金方面又出名地吝啬。朗德里厄大方地送给奥地利军司令超过10万金法郎（约合现在的300万英镑），所以他顺水推舟地拖延了点时间。

此后不久，拿破仑亲自招募了一名后来证明更加有价值的眼线，一位名叫查尔斯·舒尔迈斯特（Charles Schulmeister）的杰出商人。在一次国宴上，有人将舒尔迈斯特介绍给拿破仑。舒尔迈斯特让拿破仑相信，自己能获得顶级情报，帮助法国实现进攻德国南部的计划。舒尔迈斯特不愧为商人，销售技巧出色，不但使拿破仑相信自己是大师级间谍的说法（虽然他从未有过任何谍报经历），还为自己的服务索取了丰厚的报酬。拿破仑支付给他200万英镑，事实证明他值这些钱。舒尔迈斯特出现在维也纳，伪装成一个在拿破仑的司令部待了一段时间的匈牙利贵族，声称自己对这位法国领袖的独裁作风深感失望，颇有些愤愤不平。法国提供的谍报经费十分充裕，舒尔迈斯特过着奢华阔绰的生活，以符合富有的匈牙利贵族的身份。

舒尔迈斯特逐渐接近他的主要目标，奥地利陆军元帅卡尔·冯·马克（Karl von Mack）。舒尔迈斯特利用几个王室远亲的关系，和马克成了朋友。然后，他给了马克一些关于拿破仑计划的情报，让马克上钩。其实这些情报全是由法国提供的鸡肋，却足以让马克相信，他的匈牙利朋友可以为奥地利当间谍。舒尔迈斯特高兴地接受了这份工作，成了一名双面间谍。马克在乌尔姆集结军队时，舒尔迈斯特前往法军阵线搜集情报。他带回的重要情报是，拿破仑并没有夺取乌尔姆的计划，实际上正从乌尔姆撤退。马克吞下了诱饵，调动军队追击撤退中的法军。此时拿破仑趁势收网，果断出击。这是军事史上最具决定意义的战役之一，奥地利军遭拿破仑包围并被击溃，损兵折将逾5万人。"所有赞誉都归于查尔斯！"看到成千上万名奥地利战俘被押送出乌尔姆,拿破仑对他的幕僚们说道,"对我来说,他一人足以顶4万人。"

毫无疑问,正是由于类似乌尔姆的大捷,使得拿破仑确信,自己除了是军事天才之外,还是一名出色的间谍首脑。他开始相信,让他成为战场上的战术家的那种天生的才能,在谍报游戏中也一定能用得同样出色。他坚持由自己对情报做出最终评判。一旦他对某一情报的意义做出决定,便没有人能让他回心转意。他做此类决定,全凭德国战术家称为"手感"的东西,也就是对战场实况的直觉:何时进攻,何时转移,以及准确判定敌人的弱点所在。但是,拿破仑在情报方面的一系列低级错误证明,这样从事情报工作是行不通的。

最初几次失败发生在拿破仑最薄弱的环节——海军。英国了解这一点,开始组织高效的海军情报系统。这件事主要是由一名聪明的年轻海军军官完成的,他名叫约翰·班克罗夫特(John H. Bancroft)。班克罗夫特在仔细分析拿破仑与其在国外行动的舰队的联络方式之后,发现拿破仑的命令是用一些小型快船送达的。船上的水手一般是当地人,受雇于法国,但对雇主并没有特别的忠诚,这意味着他们易受贿赂。班克罗夫特说服海军部给他足够的资金买通传令船的船长们,以"逆风"或者其他方便的理由,推迟送达命令的时间,好让班克罗夫特的一队特工,有足够的时间抄录,送往英军。

班克罗夫特还聘请码头工人、海边的普通劳动者,以及其他能够知道法国舰队位置和动向的人,组成情报网络。海军上将霍雷肖·纳尔逊(Horatio Nelson)能够神不知鬼不觉地判明法国人的意图,接连取得大捷并摧毁法国的海上力量,这些人发挥了不小的作用。班克罗夫特的另一项创新也显示了价值。他注意到,法国的报纸虽然处于严格的检查制度之下,但其中还是有不少宝贵的情报线索,相关人员只要仔细分析,就可以看得出来。班克罗夫特招募了多名掌握不同领域专业知识的海军军官,仔细梳理法国报纸,寻找检查人员没有注意到的重要情报线索。检查人员大多数是没有受过训练

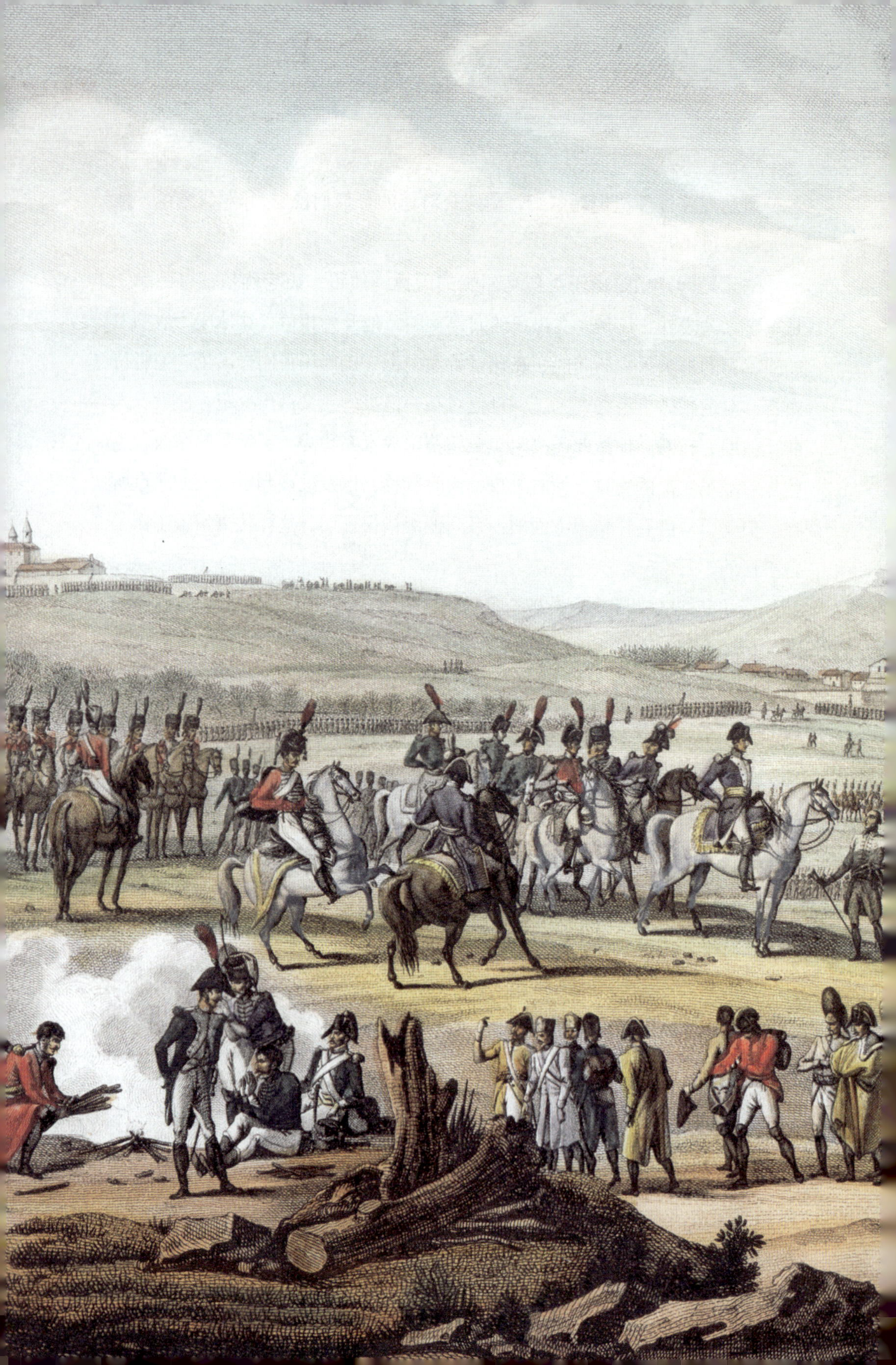

乌尔姆战场。乌尔姆战役是拿破仑最伟大的军事胜利之一。他的成功,在很大程度上得益于一名渗透到奥地利指挥部高层的间谍。

的职员，得到的指令是要删去明显带有情报价值的消息，例如，缪拉将军（General Murat）的骑兵已经离开土伦，等等。但是，像拿破仑为"一次重要的科学探险"招募科学家的公告这种有价值的事项，他们是看不出来的。但为班克罗夫特阅读法国报纸的一名海军军官恰好是埃及古生物学者，他发现录用的人员中间，有好几位都是杰出的埃及古生物学者。根据这条情报，班克罗夫特推断出，拿破仑即将入侵埃及。

拿破仑接下来的情报失误发生在西班牙。1808年，他不顾情报官员们的建议，把哥哥约瑟夫扶上西班牙王位，激起了西班牙人和葡萄牙人的反抗。他们求助于英国，一场持续6年之久的斗争由此开始，而这正是法国情报官员提醒过将会发生的事情。正如他们曾经徒劳地指出，由于西班牙人和葡萄牙人的强烈反抗，加上英国的支持，拿破仑需要一支至少10万人的军队，才能支持约瑟夫坐稳王位。他们注意到，法国军队不得不在一个敌视他们的人民的汪洋大海中行动，而人民是一支潜在的间谍大军。对方只要有一位有才华的敌人，知道如何利用潜在的情报线人，对法国而言就是一场势必发生的灾难。不幸的是，率军进入西班牙的威灵顿公爵阿瑟·韦尔斯利（Arthur Wellesley），正是这样的一位敌人。

韦尔斯利多才多艺，热衷于搜集消息。他确信，在深入了解敌人之前，任何将领都不应当贸然将部队投入战斗。在去西班牙之前，他投入了大量时间，详细研究拿破仑的战术。他埋头钻研各种细节，如拿破仑在战斗中如何调遣部队；法军的后勤体系如何运作；在任何特定的战术背景下，法军元帅们倾向于采取什么行动；以及拿破仑的情报体系如何运作。

为了在西班牙迎战法军，韦尔斯利在军事上做了充分准备。但他认识到自己在情报战方面的准备还不充分。尽管英军在美国革命中的遭遇得到的教训使之了解了优秀情报工作的必要性，但英军在情报方面的尝试还很零碎。情报任务通常分散在几个部门，他们各自搜集情报，得到的结果也不与其他部门协调。此外，各部门自行评估情报，而且通常是在情报不足的情况下进行评估，这是严重的失误。更糟糕的是，没有整合战术情报和战略情报。

韦尔斯利开始着手，彻底改变英军在西班牙的情报体系。他第一步是把军队的战术性情报，与非军事部门搜集的情报整合。后一类情报中，最有价值的情报是由一位很有才华的外交官间谍查尔斯·斯图亚特（Charles Stuart）获得的，他是英国驻葡萄牙公使。韦尔斯利得知，斯图亚特的成就之一是在法国港口巴约讷（Bayonne）建立了一个间谍小组。驻伊比利亚半岛法军大军团的大部分增援，都要经过这个港口，所以要确知法军的战斗序列，此处是最佳观察点。此前好长时间，这些重要的战略情报都被送往伦敦，很少能最终到达半岛上的英军手里。韦尔斯利将军下令，从现在起，这种情报先要送到他手上，同他自己的战术情报整合。

韦尔斯利第二步是建立集中的战术情报体系。此后的一切情报，都要送交他新创立的参谋部，交由受过专门训练的情报军官评估。韦尔斯利知道，部队的战术情报搜集工作需要改进，为此他创立了一支叫作"向导团"（Corp of Guides）的精锐侦察队。成员是他精心挑选的骑兵队伍，以及招募的熟知当地情况的西班牙抵抗人士。领导向导团的是科罗奎因·格兰特（Coloquhon Grant）中校，他是韦尔斯利最优秀的骑兵军官，一位英俊、无畏的骑士。向导团经常深入法军后方，持续观察法军的位置和动向。这种行动几乎全天候进行，使情报尽可能实时。

要死的，不要活的

结果证明，西班牙抵抗人士是韦尔斯利最好的眼线。他们自称"游击队"（guerrilla 一词就是从那时起进入西班牙语中的），同可恨的占领者展开了一场非常规的战争。他们采用打了就跑的战术，袭击法国军队的军事机构。不过，后来的情况表明，他们最大的价值在于严重扰乱法军的通信。某天，一名西班牙游击队员出现在韦尔斯利的司令部，手里提着他刚杀死的一名法军骑兵信使的人头。他问，他和其他游击队员还有可能遇到更多的骑兵信使，英国人想不想要信使的人头。"不要，谢谢你。"韦尔斯利答道。不过，他对信使可能携带的文件很感兴趣。因此，游击队员只要将法军信件带给他，都会得到慷慨的奖励。

很快，法军信件就接连不断地流进韦尔斯利的司令部，但他发现信件的用处十分有限，因为它们全都经过加密处理。他突然想起，参谋部有个年轻军官叫乔治·斯科韦尔（George Scovell），这个工程师中尉是一位出色的语言学家。韦尔斯利推测，要想读懂这些秘密信件，语言才能或许有所帮助。斯科韦尔思想活跃，为了锻炼智力，已经自学了密码学，拿到截获的法军信件后，他只用了几天时间就破译了。有了这些破译信件后，韦尔斯利取得了多次战术胜利。

斯科韦尔最重要的成就发生在1812年7月12日。这天游击队员送来了一份他们缴获的长信。根据信的长度，斯科韦尔判断，这封信可能很重要。当发现此信使用的是一套新式复杂密码时，他的推测得到了进一步证实。法国人称这套密码为"大巴黎密码"（Great Paris Cipher），使用1400个数字作为文字代码，再用一种超级加密系统加密，以防止密码被分析破译。斯科韦尔日夜不停地工作，终于破解了密码，他发现自己译出了一份重磅情报。

信是由约瑟夫国王本人写给驻伊比利亚半岛的法军司令的，法军打算对位于西班牙北部的萨拉曼卡（Salamanca）发起一次大规模攻势，国王在信中详细说明了进攻计划和部署。威灵顿公爵先发制人，造成了1.2万名法军伤亡。法军的这次大败，标志着拿破仑在西班牙的冒险之旅开始结束。不到一年，英国就与其西班牙和葡萄牙盟友一道，把法国人赶出了半岛。后来，在谈到自己在半岛战争中的情报优势时，韦尔斯利说："我什么都知道。"这句话略有夸张。

韦尔斯利拥有的情报极为丰富，只要能够得到哪怕其中一小部分，拿破仑都愿意付出高昂的代价。然而，他的情报机构一直无法提供，就算他们提供了好的情报，也不能保证能为拿破仑接纳。西班牙的事情就是例子：拿破仑不顾情报机构的建议，将他的哥哥扶持到西班牙的王位上，再通过驻扎大军团来维持其统治，这一套做法必然导致灾难。

　　俄国是另一场大战的舞台。拿破仑的情报机构关于俄国的正确建议，也被他驳回了。事实证明，这一错误导致的灾难更严重。拿破仑没有从西班牙事件中吸取任何教训，1812年夏天，他集中了一支45万人的大军，去攻打他在欧洲大陆的最后一个主要对手——俄国沙皇亚历山大。他的计划是在波兰集结部队，攻入俄国，通过几场恶战将俄军消灭，迫使亚历山大求和。但其幕僚们认为计划过于宏大，心有疑虑。拿破仑却毫不在乎这些顾虑，只

1810年，布萨科战役期间，威灵顿公爵亲临前线激励麾下将士，这场关键胜利连同后续系列战役，最终彻底击溃了拿破仑部署在伊比利亚半岛的法国远征军。

提到 7 年前自己如何在奥斯特里茨战役中消灭了一支俄国大军，那是他最伟大的战术杰作。拿破仑坚持认为，1812 年的俄军，同样也会被他彻底粉碎，法国大军将如同用利刃切黄油一般，在俄国所向披靡。

负责情报的幕僚提出意见，但无济于事。他们指出，奥斯特里茨战役是在奥地利的土地上作战，现在俄军是在保卫自己的祖国，情况完全不可同日而语。此外，还有其他一些更严重的问题存在，其中之一就是，法国人对俄国内部的情况没有确实把握。亚历山大对法国入侵会做何反应？俄军打算如何作战？俄国人能够调集多少资源？实际上，法国人开进俄国时，将会完全是盲目的。拿破仑一时兴起，决定入侵俄国，他的行军计划安排得很满，根本没时间进行情报搜集工作。不过，拿破仑对于未知的事情毫不畏惧，深信自己的战术天赋可以应对任何预料之外的事件。

事实很快证明，战术天赋也无法弥补情报的匮乏。1812 年 6 月，拿破仑率大军进入亚历山大的领地。不出拿破仑所料，发生了几次按照套路进行的战斗。但出乎意料的事情更多，第一件就彻底打乱了他的神机妙算。让他诧异的是，俄军不是等着他去消灭，而是一路向东撤退。他们沿途实行"焦土政策"（scorched-earth policy），毁掉一切对法军有用的东西。俄军以空间换时间的战略，搞得拿破仑晕头转向，再也无法使出自己的杀手锏——在几个小时内就把敌人彻底击败的拿破仑式歼灭战。此外，拿破仑在补给方面本来就存在问题，俄国人的焦土战术，对他来说真是雪上加霜。

当年 9 月，拿破仑进驻莫斯科，但这次胜利一无所获。一直在撤退的俄国人疏散了市民，将城市烧成平地（莫斯科城主要是木屋）。拿破仑赢得的只是几捧灰，而等待他的是越来越大的麻烦。他的补给线太长，又经常遭到开展游击战的俄国民众的袭扰。就在此时，俄国的严冬到来了。拿破仑的部队又累又饿，在雪地里步履艰难地行进，四面八方不断遭受攻击，成为一群不折不扣的乌合之众。只有不到 1 万人挣扎着回到了出发地，此役成为一场最大的军事灾难。加上在伊比利亚半岛的失败，拿破仑成为欧洲主人的目标，注定不可能实现了。

乔治·斯科韦尔中尉，原为语言学家，后成为密码分析员。他破译了拿破仑与在西班牙的法军通信所用的密码。

历史已经下了结论，入侵俄国和在半岛败给英国这两件事，破坏了拿破仑的宏伟计划。不过，拿破仑还犯过另一个情报错误，虽然知道的人较少，其历史影响却更为深远。

这一错误始于圣多明哥（今海地和多米尼加共和国），这座加勒比岛屿在欧洲人眼中几乎不为人知，只知道它盛产令欧洲人上瘾的蔗糖。17世纪，法国人占领该岛。他们更大的目标是以此为前哨基地，以路易斯安那的广大地域为中心，在北美洲建立一个强大的法兰西帝国。1791年，岛上爆发奴隶

拿破仑大军团进入莫斯科。这是一场一无所获的胜利，因为俄国人主动放弃莫斯科，并在撤退前焚毁了该城。

反抗，他们在富于感召力的领袖杜桑·卢维图尔（Toussaint L'Ouverture）的领导下赶走了法国人。1802年，为牵制英国在新大陆的影响，拿破仑采取的举措之一，就是决定夺回该岛。在拿破仑的构想里，法国将重新夺回因为"七年战争"（Seven Years War）而割让给西班牙的土地，然后在控制新奥尔良的基础上，派驻强大的兵力。新奥尔良是控制整个密西西比盆地的贸易中心，控制了这里的贸易将为法国提供一台"印钞机"，为法兰西帝国的其他冒险之旅付账。

1800年，拿破仑迫使弱小的西班牙，把路易斯安那还给法国。按照拿破仑的整体方案，下一步要重新夺回圣多明哥，这是又一台潜在的"印钞机"。他深信自己的计划高明，懒得去搜集相关地区的任何情报。事实证明，缺少情报的代价将会是高昂的。起码有一点拿破仑不知道，美国这一新国家忙于扩张，也在觊觎新奥尔良，美国清楚新奥尔良控制着密西西比河流域沿岸的贸易。拿破仑的帝国野心路人皆知，谁都不会放心做他的邻居。将路易斯安那归还到这样一个人手里，美国人自然很不放心。1802年，拿破仑派出3万人的军队，计划重新夺取圣多明哥，恢复奴隶制，再次开始生产蔗糖。这让美国人更加不放心了。

几乎就在刹那间，所有事情都出了岔子。由于不屑于搜集关于圣多明哥的情报，拿破仑不知道当地正流行黄热病。欧洲人对这种疾病没有抵抗力，士兵病死了好几千人。他更不知道，卢维图尔并不打算用法国人那一套来和强大的法军作战。相反，他们焚毁一切对法军有用的东西，撤向岛内，并展开猛烈的游击战，占尽了优势。法军慢慢失血，奄奄一息。到1803年，情况已经很明朗，法国没有在圣多明哥取胜的希望。法军司令请求再派3.5万名士兵，拿破仑没有答应，他开始琢磨如何抽身。

到了这个时候，拿破仑的另一个情报错误开始发挥作用。他严重低估了美国人，认为他们只是一帮无知的野蛮人，他们的总统托马斯·杰弗逊更是如此。然而，杰弗逊曾经担任过美国驻法公使，已经建立了一个由外交官和商人组成的情报网。这些情报让他对拿破仑遇到的麻烦一清二楚。其中一

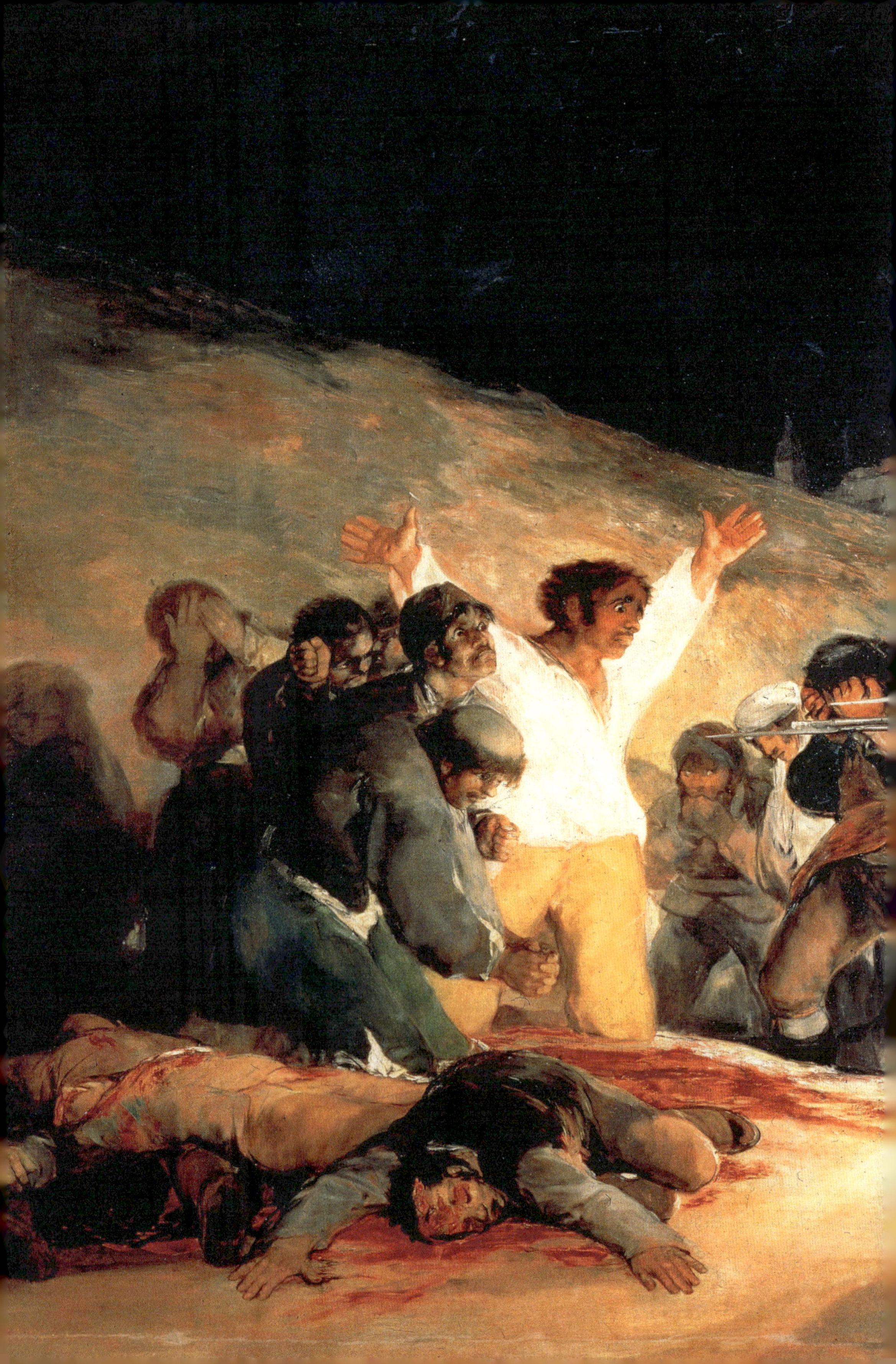

西班牙画家戈雅的作品。法国士兵正处决被俘的西班牙游击队员。这一残酷的镇压措施,并没有能够结束西班牙骚乱。

个大麻烦来自财政，因为圣多明哥的闹剧正在榨干法国财政。杰弗逊选择了一个心理上刚好合适的时机，打出了王牌：他指示驻巴黎的美国公使罗伯特·利文斯顿（Robert R. Livingston），明确示意拿破仑，美国可能有兴趣同英国重归于好，包括对美国最南部的土地做出某种"安排"。

正如杰弗逊所料，这一提示触动了拿破仑的恐惧神经：英美结盟。由于拿破仑没有情报可以告诉他这个提示有无依据（其实没有！），他只能假定有可能是真的。杰弗逊的计谋得逞了。拿破仑很需要钱，在美洲的土地又是一个大负担，他于是向美国人提议，把路易斯安那卖给美国。这是历史上最大的一笔土地交易：82.8 万平方英里（约 214.45 万平方公里），也是世界上资源最丰富的土地，每公顷的售价约为 11 美分。正是这一笔交易，使美国踏上了最终成为世界强国的进程。

到 1815 年，对拿破仑来说，一切都结束了。他在滑铁卢彻底战败，就要被永久流放时，还犯了最后一个情报错误。这一次与他的秘密警察头子富歇有关。拿破仑发现，他错误地信任了富歇。后者已经同反法同盟秘密谈判了相当长时间。谈判的主要内容是，在一个没有拿破仑的法国，就他自己的前途讨价还价。富歇被叫去见他的主子，一进房间，拿破仑就冲他叫喊："我早该把你毙了！"

"我不同意您的看法，陛下。"富歇平静地回答，没有一丝害怕。他之所以镇定自若，完全是因为他熟知拿破仑的脾气性格。他明白，拿破仑最为欣赏的就是勇气。他知道，曾几何时，仅仅是这个人的名字，就能让全欧洲产生恐惧；能够站在他面前毫不畏缩，就是自己能活下去的保证。

富歇押对了宝，拿破仑瞪了他一会儿，然后亲吻了他的两侧脸颊。"去吧。"拿破仑挥了挥手说。此后，两人再也没有见过面。

滑铁卢之后，拿破仑得知取胜的反法同盟国不会处死他时，感到很惊讶。当得知各国领导人原本计划将他交付审判后处死，是他的死对头威灵顿公爵说服他们不要这样做，他变得更加惊讶。威灵顿说，处死拿破仑，将是虚伪透顶。因为欧洲所有的统治者，在某些时候都曾策划过侵略战争。拿破仑不过恰好比别人更精于此道。

拿破仑前往流放地数年之后，威灵顿得知，这位法国皇帝在1804年曾经派人刺杀自己。听到这一消息后，威灵顿只是耸了耸肩说道，差不多同一时间，英国情报机构也曾秘密支持过法国保王党人，暗杀拿破仑。威灵顿的愉悦心态，可能源自他在战后成为全英国最伟大的英雄。他获得了巨大的荣誉和财富。有些财富是他从拿破仑那里得来的巨额战利品，其中包括这位法国皇帝最漂亮的两个情妇。

杜桑·卢维图尔，海地革命家，他重创拿破仑军队，间接促成了美国购买路易斯安那的交易。

黑室：密写

密码学就是密写的科学，是与谍报一同诞生的。两者的成因相同。当人们意识到，他们的生死在很大程度上取决于知道另一些人们在做什么。在那一刻他们也就意识到，必须保证自己最秘密的通信不被窥视。密写术是达到这一目标的方法，主要涉及两种书写方式：代码（code）和密码（cipher）。虽然这两个术语一般都可交换使用，但还有些区别。

密码通过特别的密钥（key）将明文转化为数字。密钥将明文打乱成一连串数字；收信人知道密钥，再还原文本。为演示其原理，下面是一个简单的密码系统，用数字1到7这几位数字作为密钥。密码会写成这样：

	1	2	3	4	5	6	7
1	A	B	C	D	E	F	G
2	H	I	J	K	L	M	N
3	O	P	Q	R	S	T	U
4	V	W	X	Y	Y		

要将"come at once"（速来）这条信息进行加密，就要先从左边那一列数字开始，与垂直各列相配。这样一来，经过加密的信息就会是：
13 31 26 15 11 36 31 27 13 15

密码通常会写成五个数一组，因此这条信息在收发报时会是这样：
13312 61511 36312 71315

收信人使用同样的1到7的密钥，按前面显示的排列，就可以将信息译出。

代码则是一套系统，根据它可以用一个码本（codebook）上的数字替代明文；而码本就是单词和与之相对应数字的列表。代码是四位数字，例如，2301代表"机枪"，2689代表"迫击炮"，等等。用码本写出的信息，收信人必须有一本完全相同的码本才能读懂。码本可以只有几页，也可以是厚厚一本。比如说，海军的码本必须包括大量的代码单词，才能把海军术语中使用的众多单词都包括。

二战期间，美国联邦调查局的密码分析员在破译一份德国情报，这种破译方法在密码机出现后就过时了。

加密与解密

自从已知最早的代码和密码在中东出现时起,密码分析学亦即破译代码和密码的科学,也就与之并驾齐驱。整个密写的历史,都可以概括为一场攻防竞赛,哪一方都无法取得永久的优势。竞赛真正开始的时间是 1412 年,当时阿拉伯数学家们有了一个关键的认识:所有语言字母的使用频率都有特定的模式。例如:通过字频分析,就可以确定,英语中字母 E 的使用频率最高。这就意味着,只要是用英语写成的信息中,至少有 13% 的字母是 E。

阿拉伯人的这一发现,为密码分析员提供了一种强大的武器,其作用就像报纸上猜谜游戏的提示。看到一则用英语写成的信息,密码分析员通过字频分析,就能找出哪个数字用得最频繁。比如说是 26,他们就可以推测 26 就是 E。如果猜测得到证实,他们就找到了一个关键的立足点,可以逐步确定其他字母。为了防范字频分析,加密人员做了多种精细化措施。这些措施包括:附加码(additive,加上 1 位或 2 位频繁变动的数字)、换位

美国的信号批量密码机(SIGABA code machine)。在二战期间专门为美军设计,日本和德国破译员一直未能破解这种密码。

（transposition，重新排列字母）、替代（substitution，使用预定的方式打乱明文中的字母排列）以及不断更换密钥。

20世纪30年代，最终对抗字频分析的办法问世。当时，苏联的情报机构完善了一种叫作"单次本"（one-time pad）的技术。所谓"本"就是更加精细的码本，本子里的每一页都有一组随机的数字。这些数字就是附加码，加到加密信息里以后，该页就被扔掉，永远不再使用。收发双方有同样的本子，使用同一页上的数字。这种被称为"超级加密"（super-encipherment）的技术对密码分析造成了真正的困难，因为附加码的使用让信息变得随机。

下面看一下单次本的用法。假定发送方要发出的信息如下："FIRST DIVISION MOVES EAST TONIGHT"（第一师今晚向东移动）。他查阅自己的码本，里面使用以下四个数一组的数字表示前面的字：2222 2413 2624 2517 2941。他把这些数字写成一行。他再查单次本里面一页上的随机数字，把它们写在信息代码的下面。结果就会是这样：

信息代码：　　　2222 2413 2624 2517 2941

单次本附加码：4012 1985 6321 3246 1397

两行相加，就得到实际发出的信息：

6234 4398 8945 5763 4338

收信人查阅自己的单次本，通过减去附加码，就能"抽出"密文。他再去查码本，译出信息。

单次本搞得密码分析员几乎无法破译密文，因为每一则信息都真正是随机的。但这种做法很费时间，如果要传送的信息长，而速度又特别重要，就会是一个大缺陷。因此，现代密码术已经依赖密码机，在发信端自动给信息加密，发到接收端的相同密码机上，自动将信息译出。

这样的密码机可以把很多页纸的信息很快发出。从理论上说，密码机是无法破译的，因为它可以即刻生成大量的随机数字。但是，在受到计算机的攻击时，密码机就变得脆弱了。

随着微芯片的出现，计算机开始统治了密码术。为密码分析设计的超

克雷1A。第一台"超级计算机",每秒可以进行数十亿次计算,专门为密码分析设计。

级计算机,可以在眨眼间,尝试数百万种可能的数字组合,破译密钥,推算出附加码。1979年,专门为美国国家安全局(NSA)研制的克雷1A(Cray 1A)超级计算机,平均速度达到了8000万次浮点运算(MFLOPS),意味着它可以每秒钟进行多次数学运算。2006年,它之后的自动多道程序通信处理机(CHAMP)的运算速度提高了35万倍。

在很大程度上,现代密码学成为这种机器之间的眼花缭乱的竞赛,一种机器生成代码和密码,只要一按键就生成数以兆计的数字;另一种则以同样的速度破译这些数字的含义。没有人能够预言,加密和解密哪一方会最终占上风。能够肯定的只有一点,就是斗争还会持续下去,或许直到永远。

第七章 开国谍影
CHAPTER 7

上图：1776 年，美国第一面国旗。这是英属殖民地人民事业的重要宣传标志，体现了 13 个殖民地团结起来、目标一致。

真是一个侦察的好日子，英国皇家第十步兵团的亨利·德·贝尼尔（Henry De Berniere）少尉在想。这时太阳就要落山了，他刚刚完成了一项谍报任务，到此为止一切顺利。他伪装成野外测量员和激烈反英的爱国人士，从波士顿向莱克星顿和康科德步行了好几公里，没有被人识破，也没有遭遇任何盘查。

　　一路上，他仔细记下看到的几支民兵队伍的操练情况。虽然还未完成最主要的任务，找出民兵武器的隐藏地点，但他还是有把握，在接下来的几天里，能找到这些地方。

　　天色已晚，德·贝尼尔决定在寒冷的1775年3月工作了一整天后，是时候暖和一下身子骨了。另外，他也饿了。很快，他找到一家小馆子，店主热情好客，炉火烧得正旺。他在一张桌子边坐下来，把测量工具箱、地图和一本笔记本放在身边，这些都是他掩护职业的工具。"你们这里真是好山好水呀！"他对走过来的女仆说。她瞪了他一阵，然后说："没错。英国人先生，如果再往上边走一点，你就看得到，还有勇士保卫我们的土地。"

卧底行动

德·贝尼尔大吃一惊。连这个女仆都知道他不是殖民地居民,说明所有当地人都知道,甚至有可能已经猜测出他是英国间谍。他赶紧借故离开旅馆,生怕随时会有人来抓捕他。还好,在返回波士顿英军总部的路上,没有人打扰他。几小时后,筋疲力尽的德·贝尼尔总算到了安全地带。北美英军总司令托马斯·盖奇(Thomas Gage)中将立即召见了他,急于听取自己的特工得到的消息。盖奇将军明白,没带回多少消息已足以证实他最担心的事情:马萨诸塞湾殖民地的情况正在迅速失控。

盖奇的担心从五个月前就开始了。1774年10月,殖民地居民违抗他的直接命令,成立了马萨诸塞地区议会。此后他们又做出更具挑衅性的行动:在全殖民地装备并训练民兵连。盖奇担心,这将是公然叛乱的明确信号。更加糟糕的是,盖奇得知,殖民地居民正在各地建立秘密军需品仓库和秘密军火库。

盖奇知道存在这样的武器库,因为他在殖民地有一个卧底,名叫本杰明·丘奇(Benjamin Church),这位亲英分子还未暴露。他将自己隐藏得很好,居然入选了地区议会。但是,丘奇的情报十分有限。他知道要建武器库的计划,但是不知道确切位置。为防止泄密,这方面的情况只有各个民兵连连长自己知道。盖奇急需进一步的情报,于是从最优秀的军官中,选用一些愿意从事间谍任务的人，到乡村了解民兵们的备战程度，评估其军事能力，还有重要的一条：找到隐蔽的武器库。

不管军官们多么愿意当间谍，却都没有受过相应的训练。他们很快犯下许多错误，并暴露了自己的真实身份。德·贝尼尔就是这样，不知为什么就被人看出是英国间谍。与此同时，一位军官伪装成殖民地的流动商人，也因犯了一个很低级的错误而暴露了自己。他想喝一杯热饮驱寒，于是在一家客栈停下，本能地点了一杯茶。他完全忘记了，从1773年英国实施茶税法后，殖民地居民一直在抵制茶叶。抵制行动始于著名的"波士顿倾茶事件"，当时革命党人伪装成印第安人，把一大船英国茶叶倒进了波士顿湾。任何有自尊的殖民地居民都不会点茶饮，点茶就说明，他自称殖民地居民，这是在撒谎。

盖奇的业余间谍提供了一些零零碎碎的情报，大体上证实了本杰明·丘奇的报告。不过这些间谍还更进一步告诉盖奇，民兵都是些"乌合之众"，是没有受过多少训练的当地人，根本无力对抗盖奇的英国正规军。这恰好是盖奇想听的话，因为他刚刚从丘奇处收到一条准确的情报，康科德有一处殖民地秘密武器库，就在从波士顿过去的路上。盖奇决定果断出击夺取军火，他要把殖民地叛乱扼杀在萌芽状态。盖奇相信，他的士兵通过一次快速进攻拿下军火库，就可以有力地向殖民地的民众证明，英军是世界上最优秀的军队，实力不容小觑。

不过问题在于，盖奇的这一决定，是在完全没有掌握任何情报的状态下做出的。丘奇虽然报告了军火库在康科德，但他不知道几个关键问题的答案。其中最主要的问题是：民兵是否会保卫军火库？他们敢不敢向英军开火？康科德一带有多少民兵？英军夺取军火库，普通居民对此会有何反应？尽管没有掌握情报，盖奇却依然决定采取行动。盖奇不知道，他的决定改变了一切。发生在马萨诸塞康科德小镇附近的事件，恰好就是在历史关头改变一切的导火索。

1775年4月19日，一支由700名英军士兵组成的队伍行军几公里后，到达康科德。就在小镇外,莱克星顿绿地广场的桥附近,英军遭遇了70名成战斗队列的武装民兵。地下革命运动的几名信使,其最有名的是保罗·瑞维尔(Paul Revere),已经通知他们英军来犯。英军指挥官庄严地称颂了英王的名号,命令民兵散开。但是,尽管面对10倍于己的兵力,殖民地民兵还是毫不理会,坚决站稳阵地。

接下来发生的事情,现在还有争议,主要是谁先开枪,是英国人还是殖民地民兵。最重要的事实是,著名的"莱克星顿枪声"打响了,接着英军一阵群射,打死8名民兵,打伤10名。就像是踢翻了马蜂窝,英军迅速被包围。殖民地人民放下手中的事情,从家里、从工作的地方、从四面八方蜂拥而至,向英军发起进攻。面对困境,英军决定退回波士顿,但一路都被民兵攻击。殖民地人民采用印第安人的作战方式,以树木和岩石为掩护,向英军射击。在英军终于退到安全地带后,盖奇极为震惊,他万万没有想到,就是这些据说一见到英军士兵就会逃之夭夭的人——一帮"乌合之众"手里,他派出的部队死伤三分之一。

盖奇的情报失误,其影响之大,怎么说都不过分。正是因为他攻打康科德失败,原本只涉及一个殖民地的治安问题,现在演变成遍及13个殖民地的燎原大火。从缅因到乔治亚州,言论盛传,英国"屠夫"无缘无故射杀大人小孩,越说越恐怖,越说越生动,越说越离谱。成千上万的殖民地人民拿起武器,投入反抗暴政的事业中。盖奇可谓是成就了一件出人头地的大事,激起了美国革命。

不过,盖奇的情报失误还不止于莱克星顿和康科德。灾难发生3个星期后,他接到一位重要的亲英人士的密信,告诉他殖民地居民准备召集一支3万人的军队。对盖奇来说,这件事情很严重,因为他兵力相对弱小,只有5000名士兵保卫波士顿,还要镇压马萨诸塞殖民地其他地方的叛乱。在康科德之战后,他向伦敦当局申请增派2万名士兵来执行任务,但其上级严重误判了北美的形势,拒绝了他的要求,还告诉他,消灭那么"一丁点的叛乱",5000名训练有素的英国士兵绰绰有余。

1775年4月19日，英属殖民地民兵在马萨诸塞州康科德与英军激战，打响了美国革命的第一枪。这也是英国情报工作的一次严重失误。

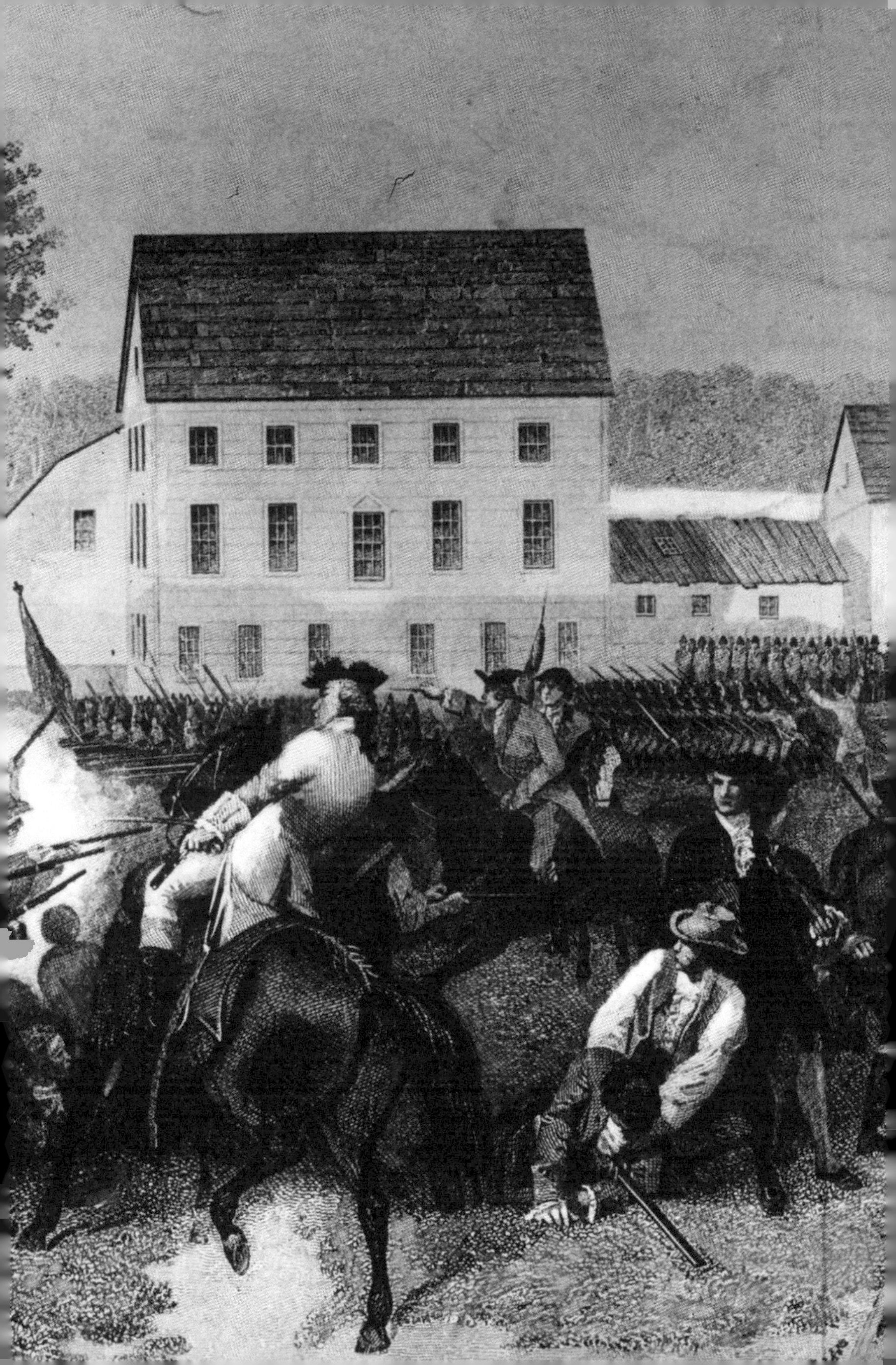

而且，信中还有更让人不安的情报。这位亲英人士得知，殖民地居民计划对波士顿发起一次大规模攻势，想把英军赶到海上。情报游戏中有一句老话说，"如果属实，就有意思了"。换言之，情报越是耸人听闻，就越应通过其他线人加以比对和核实。在这一事例中，盖奇并不认识这个线人，也根本没有想过要用任何方式核实这个耸人听闻的消息，他轻信了线人的消息，让部队为即将来临的殖民地军的进攻做准备。

然而，进攻从来没有发生。原来这位亲英人士急于向盖奇提供情报，于是简单转述了他从殖民地居民那里听来的传闻。也极有可能是殖民地居民知道此人的政治倾向，故意提供给他一些假消息。总而言之，他的情报是完全错误的。殖民地军无意正面进攻波士顿。相反，他们想拖住盖奇，这样才好实施自己真实的计划——攻打其他地方，北边很远的地方。在山普伦湖（Lake Champlain）岸边，新成立的大陆军的一部在伊桑·艾伦（Ethan Allen）的带领下，实施了一次大胆的进攻，拿下英军的一个重要堡垒泰孔德罗加要塞（Fort Ticonderoga）。1776年3月，艾伦的士兵冒着严寒天气，在冰天雪地中徒手将大炮移出要塞，并拖到了200英里（约320公里）之外，这实在是一个难以置信的壮举。他们把大炮安放在能够俯瞰波士顿的几处高地上。英国人毫不知情，直到一天早上他们醒来后发现，周围高地上大炮林立，足以把波士顿轰得粉碎。英国人在军事上受制于人，只好收拾行李弃城而去。

改变世界

英国人灰溜溜地放弃波士顿，此事在世界各地引起不小的震动。世界上最强大的军队，竟然败在一帮农场主和商人手里。这也极大提升了殖民地人民的士气，他们此时相信，自己能够挑战英帝国的强权并且取得胜利。某种新的具有历史意义的事情发生了——殖民地人民为赢得完全的自由，奋起反抗其宗主国政府，这还是第一次。他们经过长达 8 年的战争，最终达成所愿。这是一场大卫对战歌利亚式的以弱敌强的搏斗，取胜的机会渺茫，但美国反抗者们能够最终获胜，在很大程度上得益于出色的谍报工作。

造就这一谍报胜利的人，同样是一些意想不到的间谍：费城的印刷工、年轻的中学老师、社会版报纸记者、旅馆老板、洗衣女工，还有其他许多人。领导这些人的则是他们的间谍首脑、一位弗吉尼亚的农场主和民兵军官。好几年之前，他对情报在战争中的作用，得到过一次代价惨重的教训，从此牢记情报工作的作用。这个人就是乔治·华盛顿。

1755 年夏天，正值法国及印第安人战争的高潮，华盛顿时年 23 岁，是弗吉尼亚民兵的一名中校，后自愿为英军准将爱德华·布雷多克（Edward Braddock）担任副官。3 个月前，布雷多克被任命为北美英军总司令，受命将入侵的法国人赶出俄亥俄河谷地区。布雷多克想出一个大胆的计划：他将率领一支由 1400 名英国正规军士兵和 450 名民兵组成的队伍，行军近 200 英里（约 320 公里），穿越宾夕法尼亚荒野，夺取由法国人占据的位于阿利根尼河与莫农加希拉河交汇处的杜魁斯要塞（Fort Duquesne）。

计划是大胆的，但就情报而言，却是一场即将发生的灾难。布雷多克没有事先了解美洲荒野的情况。而这一地区需要的战术，恰恰与欧洲那种大规模骑兵战术完全不同。按照当时欧洲标准的军事战术，士兵要肩并肩排成紧凑的队列，听命射击；要穿色彩明亮的军装，以便在战场的硝烟中区分敌我。通过与印第安部落的战斗，法国和美国的拓荒者们早已知道，这一套在美洲边疆的大森林里行不通。在这个地方作战，需要把士兵分成人数较少的小组，服装的色调要自然，以便与当地的植物融为一体，要利用自然掩体打小规模的战斗。

但是，布雷多克计划如在欧洲平原作战那样，部队穿着英军那种显眼、鲜红的服装。此外，部队要有炮火支援，用传统的补给马车提供补给。这就意味着，他的工兵必须在荒野中开出一条补给通道，这在几公里之外都看得见，充分暴露了英军的行踪。最糟糕的是，在几乎没有勘察过的美洲广漠荒野中行动，必须要有印第安人充当侦察兵，而布雷多克的行动中并没有印第安人盟友。在情报方面，布雷多克眼光十分短浅。对面临的威胁，他没有花力气搜集情报。法军人数是多少，部署在哪里，又招募了多少印第安人盟友，杜魁斯要塞的防御情况如何，他一概不知。没有哪支军事力量，曾在如此盲目的情况下投入战斗。

1755年5月29日，这支外强中干、被称为"布雷多克远征军"的队伍，一头扎进了荒野，一路上都被为法国人充当侦察兵的印第安人跟踪。法国一方总共只有900人，人员混杂，包括正规军、加拿大民兵、印第安人，他们在耐心等待攻击的时机。7月9日，当布雷多克的部队渡过莫农加希拉河，来到杜魁斯要塞南面大约9英里（约14.5公里）的地方时，时机到了。这是一场精心策划的伏击，英军受到来自四面八方的进攻。法国人和印第安人采用印第安作战方式，利用自然掩体，将火力倾泻在英军密集的队列里。红色军衣让他们变成了最理想的靶子。只用了3小时，布雷多克的部队就被击溃，伤亡近1000人，阵亡者包括布雷多克本人。英军全靠华盛顿中校才免于全军覆没，虽然他在军队里没有正式职位，却还是挑起指挥的担子。他组织了阻击卫队，带领幸存者走出荒野，抵达安全地带。

华盛顿的上述行动，使他在殖民地闻名遐迩，被誉为"莫农加希拉河英雄"，多年后，正是因为这一经久不衰的军事盛誉，大陆会议将他列为最理想的人选，任命他为新成立的大陆军总司令。他明白，自己面临的任务非常艰巨。他必须率领一支装备不足、由短期服役的民兵组成的军队，去对抗称雄世界的军事强国。后者的优势巨大，除了有巨额财富、几乎不受限制的补给外，还有成千上万亲英分子的支持。

华盛顿时刻留意自己在莫农加希拉河得到的教训。他认识到，与一个在兵力和资源上都占优势的敌人作战，取胜的唯一希望就在于政治和军事情报。在一场实力悬殊的战争中，这两种情报就是均衡器。作为劣势一方，反抗者们必须随时清楚敌人的确切位置，还有比如敌人军力、士气、武器和计划等情况。

在被任命为起义军指挥官之后不久，华盛顿就着手创立了巨大的谍报网。他计划用这张网把英国人包围起来。在他力主之下，大陆会议建立了美国第一个情报机构——秘密通信委员会（Committee of Secret Correspondence），其中5名委员制订了一个雄心勃勃的计划，招募间谍到欧洲广泛搜集关于英国战略意图的情报；展开秘密行动切断亲英分子对英国的支持；资助广泛的反英宣传行动，设计一整套先进密码，保护殖民地的军事通信。他们还计划与法国及西班牙政府建立秘密联系，这两国都长期是英国的敌人，极有可能支持殖民地的事业。

秘密通信委员会立即开始工作，解决华盛顿部队面临的最关键问题——武器弹药短缺。本杰明·富兰克林是委员之一，他在百慕大群岛有几个关键的联系人，而这里正是英军的军火库所在地。他利用这些联系人，制订了窃取仓库军火的大胆计划。1775年8月14日晚，富兰克林的一名联系人带领一支殖民地军突击队，悄悄溜进百慕大。队员们在仓库屋顶切开一个洞，放一名队员去开门。几百桶火药被推出来，装上捕鲸船，再运到停泊的美国船上。一周之后，两位受华盛顿指派负责情报工作的军官，与驻新奥尔良的"新西班牙"总督达成交易，西班牙人秘密提供1万磅（约4500公斤）火药，用木筏运到密西西比河上游，交给守卫俄亥俄河谷的大陆军。

与此同时，华盛顿开始大规模招募平民间谍，他希望这些人成为英军周围的耳目，让自己清楚英军的一举一动。华盛顿相信，有了这样的情报，他就能够避免自己最担心的情况，即处于优势的英军将没有防备的大陆军诱入一场大规模的常规战，彻底击败大陆军。从战争初期大陆军在纽约遭受的失败中，华盛顿认识到他的士兵在军事上还不是英国人的对手。因此，他必须按自己的方法同英国人战斗，避免大战，以小型的进攻行动消耗英军的力量。在这类行动中，出色的情报系统让他能够在最合适的时机，打击最薄弱的目标。

华盛顿很幸运，招募的平民间谍虽然没有间谍经验，却都很熟悉谍报活动。华盛顿的平民间谍的网络核心，就是所谓的"卡尔柏圈"（Culper Ring）。这个称呼源自"卡尔柏圈"的领导人罗伯特·汤森德（Robert Townsend）的化名。他是纽约报纸《里温顿宪报》（*Rivington's Gazette*）的记者，该报以其狂热的亲英观点著称。汤森德从与英国军官的谈话中搜集了很多情报，他们以为他是亲英分子，所以同他谈话时都很随便。此外，汤森德还特地为军官们的军事行动写一些夸大其词的报道，他们喜欢把他的报道剪下，寄给英国的朋友和家人，以证明在美洲"尽忠职守"。汤森德利用这些人的虚荣，广泛采访英国军官。他鼓励他们对"读者感兴趣的事情"提供尽可能多的细节，比如英国的战术、英军火炮的优越性能等。他后来还开展了一项行动，更为出色。他利用华盛顿提供的资金，在华尔街投资了一间咖啡屋。咖啡屋的装饰很有品位，很快成了英国军政人员的聚会场所。这些人自由闲聊，几个漂亮的女服务员听得一清二楚，她们其实都是为汤森德工作的间谍。

"卡尔柏圈"及其下属的一些小圈子最终覆盖了纽约、新泽西和费城的大部分地区。其中有好几个想象不到的间谍，为大陆军的胜利起了重要作用。其中一名沉默寡言的贵格会寡妇，名叫莉迪亚·达拉（Lydia Darrah），生活在费城。她因为热情支持爱国事业而被开除出贵格会。正是这一份热忱，她后来被招入华盛顿的间谍组织。

达拉初期提供不了多少情报。但1777年9月英军占领费城后，敲开了她的门，并命令她离开。因为英军司令威廉·豪（William Howe）将军要征用她的房子，作为军官们开会的会议中心。达拉看到了机会，于是去找豪，请求豪允许她留在家中，因为她还有两个年幼的小孩要照顾，实在无处可去。她说得合情合理。豪决定，她可以留下，但必须把大部分地方腾给他的军官们。

12月2日，豪及其一些高级军官，在房子里开会。达拉躲进隔壁房间的壁橱里，偷听豪讨论作战计划：英军将对离费城几公里远的殖民地大陆军发起一次大的攻势。达拉把听到的内容写在小纸片上，卷好纸片，塞进密封

莉迪亚·达拉。这位乔治·华盛顿最优秀的女间谍之一，正偷听在其家中聚会的英国军官们毫无戒备的谈话。

英国间谍约翰·安德烈少校被美国人处以绞刑,他一直不知道自己已被莉迪亚·达拉揭发。

的管子里。第二天一早，她拿着一个空面粉袋来到豪的司令部，申请路条去城边的磨坊买面粉。给买食品的家庭妇女发放路条是例行公事，接着达拉就赶去磨坊买面粉。其实，她去了一个事先安排好的接头地点，她递过空面粉袋（纸卷已缝在袋子里），换回装满面粉的袋子。

以逸待劳

令英军大为震惊的是，殖民地大陆军显然预见到这次进攻，并成功击退了它。英国的残兵败将瘸着腿败回费城后，向豪汇报，毫无疑问，有人把进攻的消息提前通知了殖民地大陆军，消息一定在某个地方被泄露了。第二天，英军的一名情报官员敲开达拉的房门，称自己是约翰·安德烈（John Andre）少校。他告诉达拉，自己正在调查将英军进攻计划透露给敌人的事情。"有一点是清楚的，"他对她说，"敌人知道我们会去，已经做好了准备，我们只好像一群傻瓜一样又撤回来。你家这些墙上真的有'耳朵'。"他仔细盘问了达拉。有没有看到过什么人在房子附近转悠？除了你之外，房子里还有没有别人？问来问去，达拉反正就是弱女子一个，瞪着傻眼，一脸天真。安德烈最后相信，她确实什么也没看见。

安德烈离开了，却不知他签发了自己的死刑令。达拉马上准备了一份新情报，提醒殖民地大陆军，有一名叫约翰·安德烈的英军少校参与了情报工作，还附上了此人详细的体貌特征。这则消息被放入华盛顿司令部搜集的关于已知英军情报官员的档案里。3年后，就是这份关于约翰·安德烈的档案，将绞索套到他的脖子上。

还有一位平民间谍对华盛顿取胜做出了贡献，事后证明，他的贡献至关重要。约翰·赫尼曼（John Honeyman）是新泽西一名农场主，路人皆知他是狂热的亲英分子，公开为英国取胜祈祷。其实，那些闹剧只是掩盖他爱国间谍的真实身份。他的任务是监视驻防特伦顿镇的重要补给中心的英军及其

由于掌握了情报,华盛顿率军渡过特拉华河,挺进新泽西特伦顿,在那里痛击黑森雇用兵。

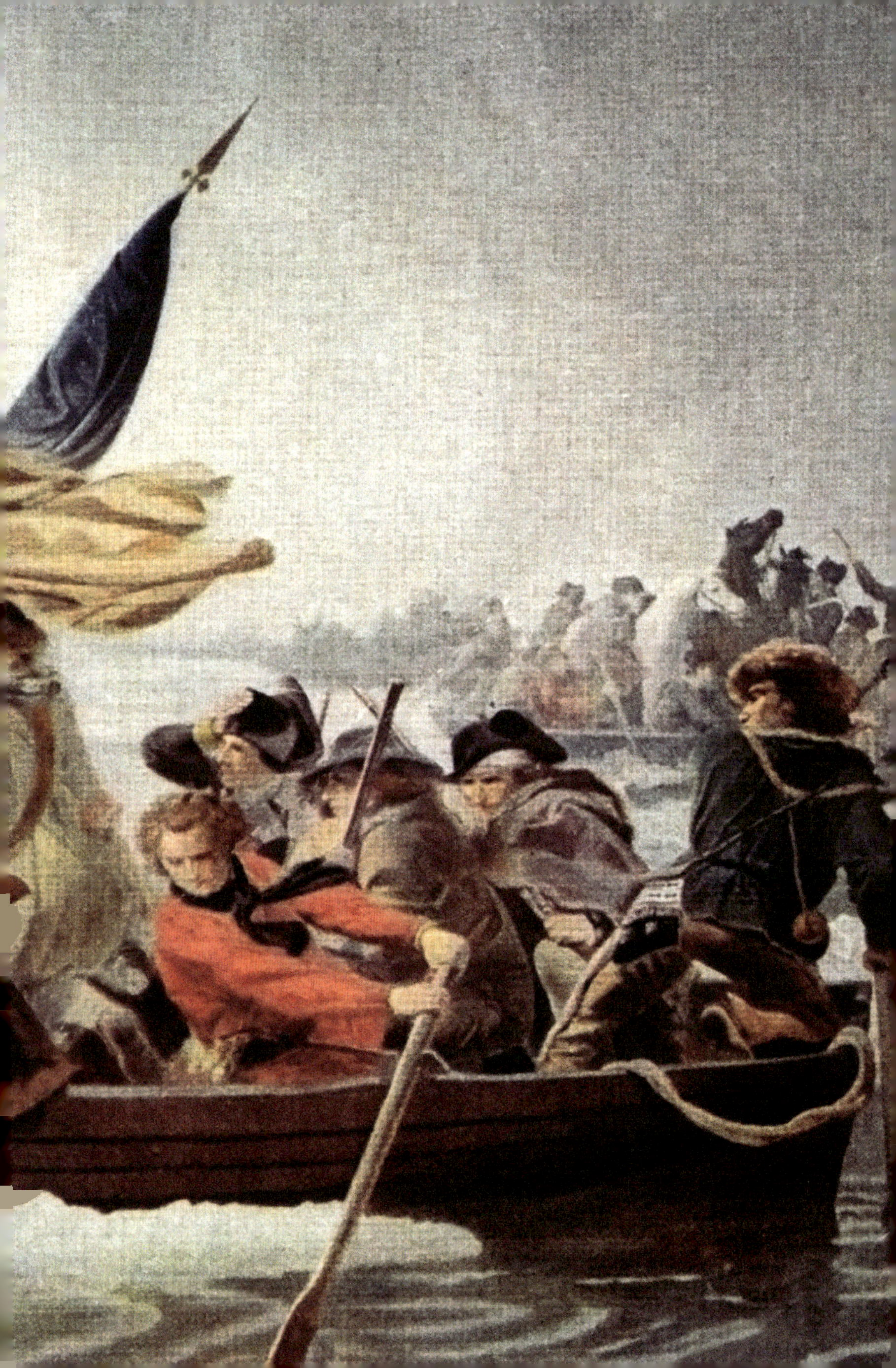

黑森盟友（德国雇用兵）的动向。

1776年冬，赫尼曼来到华盛顿在福吉谷的冬季营地，将一则他觉得非常有意思的情报，亲自递交给华盛顿。其实他带给华盛顿的，远远不只是一份情报，乃是天赐良机。赫尼曼报告，特伦顿镇驻扎着2000名黑森雇用兵，他们确信殖民地大陆军不会攻打他们，所以既不修工事，也不派哨兵。华盛顿意识到，这条情报非常宝贵：既然黑森雇用兵毫无戒备，可以出其不意出击。

这样一场轻而易举的胜利，简直是来自上帝的救赎。在这一年里，华盛顿通过机动灵活地调动军队，躲过了人数要多得多的英军的围堵，但形势很不乐观。大陆会议已经从费城迁到了巴尔的摩，大陆军逃兵现象严重，人民对独立事业的支持减弱了，而英国人则投入更多的人、财、物来镇压反抗。华盛顿的军队在这时取得一场胜利，能够实现双重目的，一则显示独立事业依然存在，二则证明大陆军有能力取胜。

圣诞节当天，华盛顿率领2400人，划着平底船渡过特拉华河。他们在船桨上缠上布条，以消除划水时的声音。到了对岸后，他们冲向猝不及防的黑森雇用兵，许多人过节喝醉了酒，到这时还没醒来。殖民地大陆军俘虏了1000多名黑森雇用兵，缴获了大量急需的粮食和军需品。殖民地大陆军方面只损失了7个人。经此一役，华盛顿用戏剧性的胜利，为殖民地事业注入了活力，英军再也无望击败他。

为这一胜利提供关键情报的间谍赫尼曼，在接下来的5年里继续为华盛顿提供情报。他从未暴露，华盛顿谍报网的其他几十名间谍亦然。整个战争期间，只有一名间谍被捕并遭到处决，不过他的死为独立事业带来了一次宣传上的胜利。这名热忱的爱国者叫内森·黑尔（Nathan Hale），1775年他20岁，是华盛顿队伍里的一名中尉。他自愿到纽约当平民间谍，希望为独立事业做出更大的贡献。黑尔的掩护身份是荷兰语教师，负责搜集占据长岛西部英军的情报。长岛地形狭长，像一条鱼从曼哈顿一直向东延伸。黑尔是一名业余间谍，积极地近乎鲁莽，他还有个致命习惯，写一

殖民地大陆军间谍内森·黑尔在被执行绞刑前。黑尔虽然没有完成任务，他的临终遗言却激起人民对革命事业的热情。

些关于军事部署和工事的笔记，很快就引起不必要的注意。他的结局是必然的，只是早晚而已。

1775年9月21日，英国人把他当作间谍逮捕。黑尔百般抵赖，说自己只是荷兰语教师，正赶去一所新学校上课。这个说法比较牵强，一下就露馅了，因为英军在鞋里搜出他写的笔记。威廉·豪将军下令处决他。第二天上午他被绞死，尸体在绞架上吊了3天，意在恐吓其他殖民地居民，不要企图充当间谍反抗英国人。然而，处死黑尔恰恰起到了相反的效果，激励了殖民地居民的斗志，因为黑尔临刑时的遗言很快传开："我很遗憾，只有一次生命可以奉献给我的国家。"这句话激起了人们对爱国事业的热情，也使黑尔成了美国历史上最著名——可惜很不高明的间谍。

从一方面看，黑尔事件反映了华盛顿谍报网面临的核心问题，即如何传递他们搜集的情报。书信是当时标准的通信方式，但众所周知，书信对于传递情报极不可靠。在像纽约这样关键的战略地点，英国人会检查每一封信件，查看有无隐形书写的痕迹，是否有不寻常的用语显示出可能是密码信件。华盛顿有一批"秘密信使"，任务是秘密递送包含情报的书信。但这些人要冒被俘的风险，一旦落入敌手，不但携带的情报会暴露，人也会被送上绞架。

一位内科医生想出了解决方法，他叫詹姆斯·杰伊（James Jay，约翰·杰伊的哥哥，约翰后来成为美国最高法院首席大法官），喜欢化学，业余爱好是生产隐形墨水。战争爆发后，他造出一种华盛顿称为"白墨水"的先进化学物质，英国人一直未能测试出来。但这种物质也有很大的缺点，一是非常贵，二是生产时间长。华盛顿的情报主管本杰明·塔尔梅奇（Benjamin Talmadge）中校喜欢使用简单的密码，给情报通信加密。其中有一种非常巧妙，叫作"钟形密码"（bell cipher）。使用一个形状像钟的模板，覆盖在信上，用钟形里面的单词写成情报，收信人用一个同样形状的模板，就可以解读情报。塔尔梅奇还编写了一套简单的码本，包含了几百个单词，每个单词都被分配了一个由三个字母组成的密码组。

最复杂的情报通信系统则留给"卡尔柏圈"的线人们使用，他们在纽约一带活动，英军在殖民地的主要后勤和行政总部都在这里。这一通信系统形成了一个巨大的环，从华盛顿在新泽西的司令部开始，先到纽约北面的威斯特彻斯特郡（Westchester County），再到康涅狄格，越过长岛湾到达长岛。在长岛有一名叫奥斯汀·罗（Austin Roe）的信使，他是旅馆老板，不时到纽约去进货，因为经常往返，英军巡逻队和检查站很少注意他。他们犯了大错，因为罗携带的正是"卡尔柏圈"特工们尤其是汤森德在城里搜集的情报。

罗回到长岛后，把情报放到另一名农场主田地中间的一个箱子里。那是"卡尔柏圈"的信箱。农场主会用小型望远镜，观察信箱负责人安娜·史密斯·阿姆斯特朗（Anna Smith Strong）在海边房子外面的晒衣绳。有信使从康涅狄格划船来取情报时,她就在绳上挂出她的黑色裙子,外加几条白色手巾,手巾数量代表信使躲藏在六个小海湾中的哪个。农场主会找到信使,递交情报。趁着夜色,信使避开英国皇家海军的巡逻,返回康涅狄格,最终到达华盛顿的司令部。

虽然英国人怀疑有大量情报从纽约泄露,到了华盛顿手里,但他们一直未能破获"卡尔柏圈"。这一反情报的失败产生了严重后果。1781年,华盛顿利用"卡尔柏圈"的几名线人,尤其是汤森德,给英军情报机构透露了假消息。这些提供给英国人的消息显示,华盛顿计划和他的法国盟友一道,向纽约发起一次大的进攻。英国人相信了,开始拼命加强城防。正当英国人把注意力都集中在纽约时,殖民地大陆军和法军却悄悄进军弗吉尼亚,在约克敦包围了一支英军。就是这一次战斗,从实质上结束了独立战争。

回到起点

英国情报机构在美国敌人手里遭遇的重创,通过约克敦的灾难清楚地显示。1775年,在美国独立战争刚刚爆发时,约克敦这样的大捷根本不可能。从沃尔辛厄姆时代开始,英国情报机构就享有盛誉,公认为世界第一。而另一方面,殖民地一方资金很少,既无情报传统,更没有受过训练的间谍。但是,这场斗争并不像乍看起来那么不对等。到了18世纪70年代,英国情报工作已经变成一种临时抱佛脚的事情,危机来临时拼凑一下,危机过后任其荒废。英国没有常设的情报组织,甚至连最出色的密码分析机构,也任其自生自灭。政府需要破译密码时,就雇用个别人来做,这绝不是维持破译霸主地位的良策。总而言之,英国情报工作依赖其过去的声誉。

在美国独立战争时期,英国情报机构由副国务大臣威廉·伊登(William Eden)负责。伊登的情报哲学很简单:每个人都有价码。英国需要什么情报,买就是了；情报越好，付的钱就越多。伊登在1775年的预算是11.59万英镑，是当时世界之最；1778年增加到20万英镑。伊登的情报观不过就是合理分发钞票而已。所以他认为，没有必要发展某种情报搜集机制，虽然他的前辈们，如沃尔辛厄姆，还有其他人已经率先进行了尝试。

在美洲，伊登认为，除了有足够的钱购买所需的情报线人外，还可以用英军的情报行动来补充。但是，英军的情报行动都是各自为营，缺乏统筹协调。每个战区负责自己的情报行动，甚少协作或者根本没有协作。英军高级指挥官大多依赖亲英分子提供情报，但亲英分子中只有极少成功的例子。其中的许多人看到英国人的钱好赚，往往会编造、歪曲情报。

在美国独立战争时期，英国情报机构花费巨资，却只取得过一次成功，就是在1780年招募了贝内迪克特·阿诺德（Benedict Arnold）将军。然而，就在这一行动就要结出果实，也就是在阿诺德打算把西点拱手交出时，英国人的一个小差错毁掉了整个行动。阿诺德要求与英国情报人员会面，当面敲定交易。显然，双方只能在美国人控制的地盘见面。这就意味着英国人必须派出一名特工，伪装进入美国的战线后方，这种事情向来危险。英国人决定派约翰·安德烈少校执行这一任务，他是美国间谍莉迪亚·达拉指认的那个人。这样一来，事情更加危险了。

会面地点在纽约州北部，安德烈接过阿诺德关于西点的地图，返回英军阵营。他身着平民服装，持有身份为"约翰·安德森"的假证件，但一个检查站的殖民地民兵拦下他进行例行检查，觉得他的证件看上去很可疑。他们把证件送到华盛顿的司令部，还附上当事人的体貌特征。在此期间，他们搜查了"安德森"，发现了他从阿诺德那里获取的材料。英国的情报活动遭受了双重失败。阿诺德的叛徒行径暴露了，而"安德森"显然是一名英国间谍。刚开始的时候，美国人还以为他只是一名信使，但这时从华盛顿的司令部传来消息，他们扣押的人实际上是约翰·安德烈，是一名重要的英国情报特工。阿诺德设法逃到英国，但安德烈受到被捕间谍的终极惩罚：于1780年10月2日被绞死。

贝内迪克特·阿诺德将军得知自己的叛徒行径暴露，骑马向英军阵线狂奔。

本杰明·富兰克林，美国独立战争时期驻法国的美国首席外交官。他还是一位杰出的间谍首脑，功绩之一是建成一条秘密的武器供应渠道。

法国剧作家皮埃尔·博马舍，《费加罗的婚礼》作者，他暗中为美国独立战争提供武器。

讽刺的是，英国情报机构最大的失误不是发生在美洲，而是在欧洲。人们本来认为，在谍报事务方面，英国在欧洲处于霸主地位。但是，一位杰出的美国人改变了这一切，他几乎是单枪匹马打赢了一场地下情报战，最终保证了美国独立战争的胜利。同很多卷入谍报事务的美国人一样，本杰明·富兰克林也不像间谍大师，但事实证明，他是最伟大的间谍大师之一。

1776年，富兰克林乘船在法国登陆，就任大陆会议驻法国特别外交代表。从那一刻起，英国情报部门知道，富兰克林主要忙于一项任务：促使法国站在殖民地人民一边参战。然而，英国人只猜对了一部分。富兰克林确实打算说服法国支持他的爱国事业，但他同时还要指导一场对英国的秘密战争。这包括：建立秘密武器渠道，把法国的枪支弹药运到殖民地，因为殖民地没有相应的生产设备；暗中支持法国私掠英国航运；在整个欧洲大陆开展宣传行动，批评英国；建立大规模的谍报网，随时了解英国皇家海军的动作和计划。

在这场地下战争中，富兰克林取得了精彩胜利。取胜的主要原因是这位前费城印刷工自身的智慧和人格。来巴黎上任时，富兰克林已经是一个有名的发明家（他发明了避雷针、富兰克林炉以及其他一些东西）。他展开魅力攻势，很快受到法国人的喜爱。富兰克林似一位足智多谋、平易近人的祖父，绝对不用当时流行的一些花里胡哨的东西，例如扑粉假发，奇装异服。即使是参加最正式的活动，他也只穿普通的日常衣服。法国人喜欢这一点，将他看成新时代的使徒。法国哲学家卢梭认为，启蒙的理想人格，就是具有尘世价值观和科学头脑的"自然人"。现在法国人觉得，富兰克林就是这样的"自然人"。富兰克林的博学、机智，以及"我亦芸芸众生中一人耳"的处世态度，令法国王室惊异，让法国民众赞叹。每当他在公众场合出现时，人们总是成群结队前来瞻仰其风采。人们对他，像是对待一位18世纪的摇滚明星。巴黎到处都是带有他画像的徽章和旗帜，上面写道：他从天空中抓住了闪电，从暴君处夺下了权杖。

这种舆论让英国人很不安，眼看富兰克林在法国赢得民心，他们心里很不是滋味。他们一直害怕的事情，就是法国和美国可能结盟，导致军事对比突然大幅度地向着有利于叛乱分子的方向发展。英国用尽一切手段，试图争取法国至少保持中立，但他们的工作不断遭到富兰克林的破坏。富兰克林在法国的朋友圈越来越大，他抓住后者对美国事业的同情心，使其心甘情愿成为他的帮手。在这些人中，有爱尔兰和法国私掠船的船长，他们抢劫英国商船；有沿海市镇的官员，他们提供关于英国皇家海军的情报；还有法国的军火厂商，他们把大量的枪支弹药发运给华盛顿的军队。法国记者也乐于帮助富兰克林，他们印刷了大量恶意攻击英国的宣传文章（比如，有些文章言之凿凿，说英军将领向印第安人悬赏，让他们杀害妇女儿童，割取头皮）。

从英国的角度看，富兰克林的行动中，最具杀伤力是其在欧洲和西印度群岛的门面公司和商业代理人。这些公司和代理人构成了广泛的网络，目的是获取军事补给。到1776年年底，这个复杂的网络已经向美洲装运了8万磅（约3.6万公斤）硝石、30万磅（约13.5万公斤）火药。这还只是开始，随着战争的发展，法国武器还会源源不断地流向美洲。在发运武器的秘密行动中，富兰克林的主要盟友是一位很有意思的法国官员，名叫皮埃尔·博马舍（Pierre Beaumarchais），他曾是国王路易十六的顾问大臣，同时还是一位业余剧作家，以《费加罗》三部曲最为出名。

作为一位忠诚的法国爱国者，博马舍仇视英国。在富兰克林身上，他看到了法国的机会：通过支持美国起义者，削弱法国宿敌的实力。博马舍和富兰克林建立了深厚友谊，这位美国外交官间谍为博马舍详细分析战争的进程，解释自己为什么相信美国人能够最终取胜。博马舍信服了，转而说服国王路易十六，允许法国参加一场对英国的秘密战争，尽管从技术上说英法之间处于和平状态。

情报发展

博马舍率先采用了现代情报界称为"门面公司"（front company）的手法，也就是巧妙地以公司做伪装，掩盖真正的秘密行动。他的门面公司是沃塔雷兹公司（Hortalez & Cie），表面上这是一家经营稻米、棉花、蔗糖和烟草的西班牙公司，实际上则是用法国政府的秘密资金支撑起来的幌子公司。公司的商船满载枪支弹药，运到马提尼克岛（Martinique）及其他港口卸货。然后，这些货物神秘消失在隐蔽的美国运输网络中。商船在回程时会装载货物到欧洲出售，利润用来购买更多武器，一切又周而复始。

英国情报机构认为，富兰克林是这个网络的神经中枢，于是下了特别的功夫，试图通过监视他本人，来发现并阻止武器运输。他们拦截富兰克林写的每一封信，仔细检查里面有无隐形书写痕迹。富兰克林清楚，英国对他监视很严密，所以对较为敏感的通信避免使用书信方式，给"秘密通信委员会"的部分报告使用密码书写，其他信件则用杰伊发明的白墨水书写。

至于特别敏感的谍报通信，富兰克林采用了一系列方式，包括把信纸卷紧，藏进羽毛笔的羽管里。还有用中空的小金属球（称为"子弹"），大小与一颗火枪弹差不多，把信藏进里面。信使在递信时，一般把小金属球塞进肛门里。富兰克林还使用一种方法，称之为"情报秘密传递点"：在巴黎的一个公园里，把信放进一个树洞中，让信使取走。

英国情报机构百般阻挠富兰克林的谍报工作，但他一直应对自如。英国派了一位重要的外交官间谍，名叫保罗·温特沃斯（Paul Wentworth），是英国在巴黎的情报主管。英国要求他集中一切力量，击败被英王乔治三世称为"捣乱高手"的富兰克林。温特沃斯成功把富兰克林的秘书爱德华·班克罗夫特（Edward Bancroft）招为内应，以为取得了一次重要胜利。温特沃斯何以能做成这件非同寻常的事情，班克罗夫特为何要背叛独立事业，一直无人知晓。反正从那时起，他就开始把自己在富兰克林身边听到的情报，以及富兰克林的书信抄件，源源不断提供给英国人。温特沃斯起初兴高采烈，但很快就被泼了冷水，因为班克罗夫特提供的情报越来越不可靠，尽是些稀奇古怪的计划、莫名其妙的主张。温特沃斯怀疑班克罗夫特已经被富兰克林发展成双面间谍，实际情况是富兰克林估计班克罗夫特已经叛变，所以开始利用他发布假消息。

英国人还使用一些别的途径打击富兰克林。其一是向路易十六施加强大的外交压力。英国大使不断向国王抗议法国暗中支持美国独立，并且着重指责大陆会议代表本杰明·富兰克林"令人发指"的活动。大使抗议说，像德·拉法叶侯爵（Marqis de Lafayette）这样的法国官员，竟被骗去和华盛顿并肩作战；大量的法国武器流向北美，法国私掠船在北美的暗中支持下抢劫英国商船；法国报纸刊登恶意攻击英国政府的报道，很多法国公民充当反英间谍。所有这一切都是无法容忍的。富兰克林先生的活动与其外交身份不符,应当将他宣布为不受欢迎的人并驱逐出境。

任由大使说破嘴皮,也如同对牛弹琴。可以想见,当他面无表情地听到路易十六的回答时,一定是怒火中烧。路易十六来了一个夸张的法国式耸肩,说道:像德·拉法叶侯爵这种"理想主义男孩",要跑到美洲同乔治·华盛顿玩玩打仗,就算是国王又能奈何?有些公民受到"浪漫观念"的蛊惑,瞒着他悄悄送些武器弹药给革命者,他能干什么?他们都是他忠实的臣民,但国王对自己百姓的控制总得有个限度。至于那个富兰克林先生,法国把他看得很紧,警告过他切勿参与任何与其外交身份不符的活动。法国没有发现他有此种情况,所以,他无须离开。

英国人用尽各种办法,始终无法破坏富兰克林多方面的谍报活动。他们的最终失败发生在1777年12月,当时马萨诸塞战争委员会秘书乔纳森·洛林·奥斯汀(Jonathan Loring Austin)乘坐一艘为他特别包租的船到达法国,给富兰克林带来了惊天动地的消息。在一场欧洲式阵地战中,一支英国军队被大陆军击败,之后在萨拉托加投降。富兰克林立刻明白事件的意义。现在是最好的机会,促使法国站在北美一边直接参战,此举可以保证北美取胜。不过,完成这个任务并不容易,路易十六是一个小心谨慎的人,他愿意许可暗中支持北美以牵制英国,但不想和英国公开作战,因为这样做既费钱又危险。就在14年前,法国在"七年战争"中被英国击败,因而失去了加拿大,人们对此记忆犹新。

足智多谋的富兰克林决定,采用外交欺骗手段加谍报活动来解决这一难题。他与英国外交官秘密接触,抛出和谈的想法。在美洲的斗争中双方已明显陷入僵局,因此双方应该开始商谈和平解决的条件。富兰克林暗示,条件中将会包括北美承认"英国关键利益"等内容。富兰克林知道,路易十六的情报部门一直在检查他的通信,因此他在给大陆会议写信时不用密码,详细报告了谈判细节。正如他所料,法国人截获了这些信件,读过之后再发出去,并跑去报告路易十六。现在轮到路易十六坐不住了,他把富兰克林叫去，商谈美英战争的"新现实"。路易十六担心英美真的和解，肯定会损害法国的利益。为了防止出现这种情况，他主动向美国人提议结盟。换句话说，法国要参加对英作战了。

富兰克林继续留在巴黎，迎接美国独立战争的最终成果。1783年，他参与了《巴黎条约》的谈判签订，条约宣布战争结束，英国承认美利坚合众国的独立。直到去世，富兰克林从未公开谈及他的谍报生涯，哪怕是在他那本著名的自传里他也只字未提，只是谦逊地将自己的职业说成是"印刷工"。

法国人为打败海峡对岸的仇敌（以及法国在其中起到的作用）而兴高采烈；并且富兰克林又如此谦逊，令法国社会更加喜爱他。在巴黎期间，他接到了无数出席庆祝晚会的邀请。他只出席了少数几次，有一次竟然和一个意想不到的人不期而遇。

那是一次有多国外交使节和官员参加的晚宴，其中有巴伐利亚选帝侯（Elector of Bavaria）。陪同选帝侯的人是其军事顾问拉姆福德伯爵（Count of Rumford）。在被介绍给选帝侯时，富兰克林瞪眼看着那位挂满勋章的顾问，认出此人就是本杰明·汤普森，1775年向盖奇将军提供情报的那个叛徒。

富兰克林知道，汤普森于1776年逃到英国，英国人赏了他一个爵士封号和军官职务。后来，巴伐利亚选帝侯把他招至麾下，并封他为伯爵以奖赏他的服务。然而，对富兰克林来说，他依旧是叛徒本杰明·汤普森。汤普森向他伸出手，富兰克林故意不予理会。"先生，享用你的晚餐吧。"富兰克林说完后，转身背对这位间谍，撇下了这个在美国革命还未开始时，就想将之扼杀的间谍。

特间训谍课

粉刷工约翰的故事："燃烧吧，背信弃义的英国！"

有人说，他受当时最激进的革命理论家托马斯·潘恩（Thomas Paine）的影响。另一些流言则暗示着一个更邪恶的阴谋——精神失常的"软泥"，被阴险的美国间谍随意揉搓，后者为了摧毁英国，无所不用其极。直到今天，没有人真正知道，为什么这个25岁的苏格兰粉刷匠，会认为凭一己之力，可以赢得美国独立战争。

在英国的恶人榜上，他是"粉刷工约翰"，真名是什么众说纷纭，有人称他是约翰·艾特肯（John Aitken）、詹姆斯·艾特肯（James Aitken）、詹姆斯·希尔（James Hill）、詹姆斯·鲍斯韦尔（James Boswell），还有詹姆斯·亨德（James Hind）。同样存在争议的是，美国谍报机构在多大程度上批准和支持过他的任务——摧毁英国皇家海军。

现存证据表明，"粉刷工约翰"的真实姓名可能是约翰·艾特肯。艾特肯1753年出生于爱丁堡老城贫民窟一个贫穷的苏格兰铁匠家里，在12个孩子中排行第八，14岁时他被送去当学徒，学习粉刷工手艺。不过，他逐渐走上了犯罪道路，入室盗窃、在商店行窃，甚至拦路抢劫（他后来吹嘘，在英国没有哪个郡他没犯过案）。到1772年时，他已经成为全国最臭名昭著的罪犯，被政府全力缉拿。为逃避追捕，他逃往美洲，通过与一个烟草种植园主签订契约劳工协议而获得前往弗吉尼亚的船票。艾特肯显然对当苦工没有兴趣，很快就从种植园逃跑，最终到达纽约，1775年又从纽约坐船回到英国。

从他逃离弗吉尼亚到返回英国，期间发生了什么，一直是神秘的空白。他究竟在做些什么，没有记录。但这个阶段对于理解他后来的行为极为重要，因为返回英国时，艾特肯已经成为一名忠实于美国独立事业的狂热革命者。据说他在美洲时见过托马斯·潘恩，所以，可能是那位著名的宣传家以某种方式，把这个苏格兰罪犯变成了激情似火的美国革命者。还有一种更为耸人听闻的猜测，说他是类似《谍网迷魂》（*Manchurian Candidate*）主人公那样的人物，是一个呆头呆脑的罪犯，被美国革命者洗脑后利用，是投向英国压迫者的人肉炸弹。

关于这一阶段的情况，艾特肯自己从未吐露半句。他后来的供述只提

德·卡尔布男爵（Baron de Kalb，中）将德·拉法叶侯爵（左）介绍给西拉斯·迪恩（Silas Deane，右），后者是一名外交官，被怀疑指使了"粉刷工约翰"的行动。

到，1775年回到英国后，有天晚上他在牛津的一家酒吧里听到几个人谈论，在英国皇家海军的几个基地，特别是在朴次茅斯基地，存放了大批物资。他们称，没有这些物资，英国皇家海军就完了，镇压美国起义的事也就无法完成。艾特肯说，就在那一刻，他有了一把火烧掉这些物资的念头。这一破坏行动会使英国皇家海军补给匮乏，失去行动能力。按艾特肯的设想，此举可以令美国人民取得战争的胜利，他回到美国将成为伟大英雄。此人真是不可思议的自大狂，不过更加离奇的事情还在后面。

更多游历

1776年，艾特肯前往巴黎和西拉斯·迪恩见面。迪恩名义上是大陆会议在法国的正式代表，实际上则是美国在欧洲的间谍首脑。迪恩后来称，艾特肯显然情绪不稳定，眼睛在眼眶里"疯狂打转"。没有人知道迪恩为什么要与这样一个人会面。迪恩后称，艾特肯没有提起破坏英国皇家海军储备的事。但这不免让人怀疑，为什么迪恩会给他300英镑，外加一本持有人为美国人"詹姆斯·希尔"的假法国护照，还给了他一张伦敦银行开出的信用证，供他提取更多资金。

总而言之，艾特肯带着迪恩提供的资金回到伦敦，在之后的几个月里，他仔细侦察了英国皇家海军的码头。1776年12月，他在朴次茅斯码头一个长达1英里（约1.6公里）左右的存放大麻纤维的建筑物里放火。这场壮观的大火过后一个月，布里斯托尔码头又发生了一场大火，烧毁了一个缆绳仓库。艾特肯在远处望着大火，声嘶力竭地叫道："燃烧吧，背信弃义的英国！"

两场大火引起了英国恐慌。国王乔治三世坚信，乔治·华盛顿这个坏蛋总是和自己过不去，大火肯定是此人资助和领导的破坏分子所为。他为抓到破坏分子悬赏1000英镑，并让英国的第一支警察队伍弓街侦探组（Bow Street Runners）展开行动。乔治三世要求每小时报告一次调查进展，结果进

18世纪英国皇家海军舰队在海上航行。此时皇家海军正值鼎盛时期，美国人决心钳制这支劲旅。

展神速。目击者报告说,大火前看到一个怪人在码头转来转去。伦敦警察制作了这个人的画像,登载在英国的报纸上。很快,艾特肯在汉普郡被人认出并被抓捕归案。警察在他的房间里,发现了纵火工具:装满引火材料的木箱子、化学助燃剂,还有粗糙的壶形金属装置,用作定时器。

艾特肯的法律处境本来就很不妙,在国会匆忙通过《美国最高叛国罪法案》(American High Treason Bill)之后更为糟糕。因为法案规定,中止对美洲"叛乱者"适用人身保护令,对一切卷入"恐怖活动"的美洲人士适用死刑。艾特肯于1777年3月出庭受审,未获准委托辩护代理人。庭审匆忙结束,简直就是场闹剧。有罪判决是肯定的,判处的刑罚也是明摆着的:绞刑。据说,在法官宣读判决时,艾特肯面露笑容。

几天之后,在被处死的前一夜,艾特肯写了一份材料,他称之为对政府的坦白。出于只有自己才知道的原因,他花了很多心思为西拉斯·迪恩开脱,否认后者知道或者参与了码头的破坏行动。英国人当然不相信这一说法，他们也有理由不相信。

　　1777年3月10日，艾特肯被吊死在朴次茅斯码头边一艘船的后桅杆上，这是在英国最高的绞刑架。2万多人赶来见证了他的死刑。在当时的流行报纸上（还有在一家伦敦戏院的一出戏剧里），他被描绘成一个怪物，一个典型的无恶不作的美国革命者。此后，他的尸体遭受了最极端的侮辱，这种侮辱只用于最恶劣的罪犯：被涂上焦油，吊在港湾入口处的绞刑架上示众。

　　此举是要恐吓美国革命者。但是，对那些决心把拥有的一切包括生命都贡献出来的人，处死一个革命战友，不管手法如何残酷，都吓不倒他们。艾特肯的焦油尸体在绞架上吊了几年，后来被取下，最终被移到戈斯波特的一家酒吧里。偶尔还有酒吧客人举杯，为这位"企图烧掉英国的人"干杯。

第八章
CHAPTER 8 真理前行

上图："平克顿全国侦探事务所"的公司图标，上面有该公司著名的口号："我们从不睡觉。"

1861年4月21日，天刚刚擦黑，华盛顿市开始下起了倾盆大雨。联邦政府的哨兵们纷纷找地方避雨，美军陆军少校托马斯·乔丹（Thomas Jordan）意识到，这是他执行任务的完美掩护。他跑进离白宫不远处的一栋大房子。房子的主人、44岁性格活泼的寡妇罗斯·奥尼尔·格林豪（Rose O'Neal Greenhow）将他迎了进去。

　　就在9天前，分裂主义分子攻打萨姆特要塞（Fort Sumter），内战爆发成为现代战争的开端。这场血腥的较量将历时4年，它使战争艺术进步的速度远远超越了此前的5个世纪。正是在这场战争里，出现了半自动武器、空中侦察、机枪的雏形、远程火炮，以及铁甲船。带有移动炮塔的铁甲船，更使海战发生了革命性变化。

内战事务

奇怪的是，尽管情报在内战中起了重要作用，但谍报工作基本属于业余人员的事情，使用手段也是《圣经》时代就熟知的那一套。考虑到在革命时期美国谍报工作的范围之广，成就之大，内战期间美国在谍报方面却毫无创新，这一发展颇令人惊讶。当然，从革命时期到内战的 86 年间，美国背靠两个大洋，没有受到欧洲战争的影响，所以基本忽略了军备，以及任何与谍报有关的事务。

内战爆发后，无论是北方联邦还是南方邦联，都没有任何情报机构，也没有与密码相关的组织，甚至军队里也没有受到过训练的侦察兵。双方都认识到需要情报，但由于没有可用的专业人员，能采用的补救方式只有招募业余人士，亦即任何自告奋勇当间谍的人。其结果好坏参半，这个雨夜里发生在华盛顿的事情，就是一个例子。

托马斯·乔丹在向格林豪的房子跑去时，穿的是联邦军的蓝色制服。但是他不会再穿多久，作为弗吉尼亚人，他已经决定辞去军职，投入邦联一方，后者正在华盛顿集结力量。乔丹决心在离开之前建立谍报网，搜集联邦情报。这里离邦联政府所在地里士满只有 60 英里（约 97 公里），对里士满构成了直接威胁。

乔丹毫无情报工作经验，但他知道，格林豪非常同情邦联。四个月前，来自密西西比州的参议员杰弗逊·戴维斯（Jefferson Davis）发表告别演说，辞去参议员席位，宣布打算领导分裂主义运动。当时格林豪在参议院痛哭流涕。更为重要的是，她是华盛顿交际花，常与精英人士一起聚餐，共同出席晚会，在政客和军官中朋友众多。要搜集重要情报，没有人比她的条件更好。乔丹请求格林豪为他当间谍。

格林豪毫不犹豫地同意了，此后的间谍生涯，令她成为内战中的传奇人物。她从不讳言自己对邦联的同情，在这样的情况下还能当间谍，实在是很不寻常，这也充分证明了她对朋友和情人的吸引力。即使在她对分裂主义的同情已广为人知，那些最为疯狂地支持联邦的官员们照常光临她家，参加她举办的盛大晚宴和聚会，甚至更亲密的交往。来自马萨诸塞州的参议员亨利·威尔逊（Henry Wilson）就属于后者，他是参议院军事委员会主席，后来成为尤利西斯·格兰特（Ulysses S. Grant）的副总统；此外还有埃拉斯穆斯·凯斯（Erasmus D. Keyes）上校，他是联邦部队总司令温菲尔德·斯科特（Winfield Scott）将军的军事秘书。

她从威尔逊和凯斯等床伴那里，究竟弄到多少有用情报，不得而知。不过确知的是，1861年7月21日，邦联军在奔牛溪（Bull Run Creek）痛击正在前往弗吉尼亚州马纳萨斯镇的联邦军，打退了联邦军队的第一次进攻。据得胜的邦联军指挥官博雷加德将军（P. G. T. Beauregard）后来透露，主要是因为格林豪提供的情报，特别是掌握了开往马纳萨斯镇的联邦军队的准确兵力和战斗序列，邦联军才获得胜利。这次失败震惊了华盛顿。原本以为是一场迅速结束的战争，可以一举把弱小得多的邦联军赶走，现在变成了大规模苦战。

联邦军的统帅们还得出另外一个结论：毫无疑问，邦联军队事先得到消息，而且是关于联邦军计划和部署的准确消息。这些消息只能来自身在华盛顿且能够接触高层线人的邦联间谍。间谍必须被找到。

就在此时，格林豪的命运与另一个有意思的人物交叉了。此人名叫阿伦·平克顿（Allan Pinkerton），这位42岁的苏格兰人于19年前移民到美

第八章　真理前行

南方邦联间谍罗斯·奥尼尔·格林豪与女儿。她被平克顿的特工抓获，关押在华盛顿老国会监狱。

乔治·麦克莱伦将军接受部队的欢呼。林肯总统对他没有好感，称他"贻误战机"。

国。他原是芝加哥警探，1850年离开警队，开办了自己的侦探公司"平克顿全国侦探事务所"，专门追捕铁路劫匪。芝加哥总部的事务所有一块招牌，上面画着一只大眼睛。公司的口号是"我们从不睡觉"，反映了平克顿野心勃勃、自高自大的性格特征。

内战爆发后，平克顿写信给亚伯拉罕·林肯总统，自告奋勇领导联邦情报队伍，尽管他完全没有情报经验。林肯没有回复，于是平克顿开始找关系。乔治·麦克莱伦（George B. McClellan）曾是使用过平克顿服务的铁路管理人员，现在他成了负责指挥俄亥俄师的少将。平克顿给他写信，和这位将军攀旧情。麦克莱伦意识到自己需要开展一些情报活动，却完全不知道从何入手，所以很快就同意了平克顿的建议。平克顿成了他的情报主管。奇怪的是，他坚持要求平克顿保持文职身份，化名为"阿伦少校"（Major E. J. Allen）进行行动。

受奔牛溪战败以及联邦军调整高层指挥的影响，麦克莱伦受命指挥波托马克军队。他把平克顿带去做自己的情报头目。此时，平克顿开始自称"美国秘密情报事务主管"，其实没有这回事。他实际上只是为麦克莱伦工作，而不是为整个联邦军工作。而且就情报工作而言，也不是只有他一个间谍头子。

温菲尔德·斯科特中将是联邦军的总司令，他有自己的情报主管，一位名叫拉斐特·贝克（Lafayette C. Baker）的前警察。联邦军的其他将领也有各自的间谍首脑，负责侦察活动。亚伯拉罕·林肯也有自己的私人间谍，名叫威廉·劳埃德（William A. Lloyd），这位南方出版商专门出版铁路和水路运输指南。战争初期，劳埃德请林肯帮助他继续经营生意，林肯同意了，但同时暗示他，在南方的旅行不仅具有商业价值，还可以从事间谍工作。他招募劳埃德为间谍，工资是每月200美元（约合现在的4000美元）。

此后的4年，直至战争结束，劳埃德每周都要寄一封信，给他一位居住在马里兰州的员工家人。这家人会忠实地将信原封不动送到白宫。信件内容是劳埃德在南方铁路网游历时的见闻,重点记录部队集结和工事修筑等情况。林肯对自己与劳埃德的联系严格保密,他发现,劳埃德的情报很有用,可以核实手下将军报告的情况。

鼎鼎大名

平克顿身处的环境可谓是情报领域的混乱局面,没有统一指挥的情报行动。不过,他立志成为联邦的情报领袖。因此,他满怀热情接受了麦克莱伦到达华盛顿后给他的第一个任务,找出导致奔牛溪大败的邦联间谍。平克顿相信,只要能够完成这一任务,他将成为联邦最出色的情报特工,走上情报霸主的康庄大道。

平克顿搜捕邦联间谍的工作开局顺利。他得知,奔牛溪战役期间,联邦军在向马纳萨斯镇进军途中,捣毁过邦联军的一个前哨站,并在那里发现了文件和地图。文件是写给博雷加德将军的,看起来像是间谍提供的情报,因为其详细列出攻打马纳萨斯镇的是联邦部队及其兵力。这类报告一般情况下会随意归档,没有人过问是谁写的。平克顿仔细研究了文件,发现是女子的笔迹。他瞬间就几乎肯定报告是格林豪写的。她由于公开同情邦联,已经引起一些联邦军官的怀疑。

为了证实此事,平克顿安排了6名特工日夜监视格林豪的家。他们报告,总有成群的政客和高级军官出入格林豪家。平克顿确信自己推测正确。几晚之后,平克顿亲自带领两个侦探监控房子,找到了最终的证据。他们得到消息,有个穿军装的人刚进入房子。平克顿爬到一名侦探的肩上,从客厅的窗户往里看,他看到男人给了格林豪一份地图,然后两人进了另一间房。一个小时后,两人挽着手臂走出来,在得到格林豪一吻之后,男子就离开了。平克顿十分震惊,因为他认出这个男人,正是华盛顿宪兵司令办公室的军官。

1863年，林肯总统在乔治·麦克莱伦将军（右）陪同下会见阿伦·平克顿（左）。林肯后来解除了麦克莱伦将军的职务，同时也解雇了后者的间谍首脑平克顿。

证据足够了。一周之后，平克顿带着三个侦探闯进格林豪家并逮捕了她，罪名是"为叛乱分子充当间谍，将与联邦军行动相关的重要消息提供给叛军将领"。平克顿搜查房子，找到了大量确凿的证据，其中包括格林豪用来传递情报的简单暗语代码。有了代码之后，平克顿轻而易举地读懂了这封信的真实意义："告诉萨利阿姨，我有几双旧鞋要送给孩子们，我想请她派一个孩子到城里来取，并且告诉我她是否已经找到好心人来照顾孩子们。"（我有重要情报要送过河去，请即派信使。你有传递可靠情报的办法吗？）

格林豪被软禁在家中。平克顿每天都去看她，希望她能说出信使的名字、上级，以及把情报从华盛顿送到里士满的办法。她一直拒绝开口，最后平克顿放弃了。格林豪被关在家中10个月，又被发现企图偷偷送出信件，于是被监禁在老国会监狱（现在的美国最高法院大厦）。按照当时通行的惯例，不会处死女间谍，而是在例行交换俘虏时相互交换。1862年，格林豪被交换，送往里士满，邦联方面又把她派往英国担任宣传密探。她于1864年乘坐一艘偷渡封锁线的邦联船回美国，但由于该船搁浅而被淹死。

平克顿企图利用抓捕格林豪一事，渗透到邦联内部，以争取更大的功劳。他使用格林豪的暗语发送信息，由同情邦联的志愿者信使（其实是平克顿的侦探）负责送信。但这个想法很愚蠢，因为邦联已经知道格林豪被捕，他们马上就明白，任何来自她的信件都是伪造的。平克顿拼命往联邦最高情报首脑的位置上爬，这一失败当然无助于他的进步。对他更为不利的是，他的主要对手拉斐特·贝克已经对他极为厌恶，决心除去这个让人难以忍受的人。

在这场情报游戏中，贝克自己也没有取得任何成绩。他对情报一窍不通，在奔牛溪战役期间第一次涉足情报时，这一点已经暴露无遗。贝克突发奇想，伪装成一位名叫萨缪尔·芒森（Samuel Munson）的田纳西摄影师，渗透到邦联军的战线后方。但是，他不拍摄其他东西，只拍摄邦联军的部队

拉斐特·贝克，联邦军首席情报特工。他鄙视平克顿，与其势不两立。

部署和防御工事，邦联军很快就怀疑他是间谍。他们逮捕了他，但并未有在他身上发现任何罪证，于是把底片曝光后，就把他送回了联邦军的阵营中。贝克灰头土脸地回到华盛顿。这是他的事业低潮，而他的老板斯科特将军又因为要为奔牛溪大败负责而被迫退休，一时真是雪上加霜。

然而，贝克并没有一蹶不振。他利用一些强有力的政治关系，居然被任命为"战争部特别宪兵司令"。这个模糊的称呼，意味着贝克现在掌管着联邦所有的反情报行动；而所谓反情报行动，不仅包括搜捕邦联间谍，还包括追捕逃兵和"破坏分子"。"破坏分子"无所不包，任何有同情邦联之嫌的人都可以纳入。贝克希望，通过积极搜捕他眼中的联邦敌人，可以赢得林肯政府的赏识，作为对他的奖励，将会任命他为联邦情报工作的最高领导。

在此期间，平克顿认为，可以通过在邦联建立强大的情报组织，实现他掌握联邦情报机构的个人目的。他的计划是派遣特工到里士满建立基地，再在邦联政府和军队高层指挥机构招募线人。目标不可谓不雄伟，但平克顿没有训练有素的间谍队伍来完成这一任务。他能找到的人选只有蒂莫西·韦伯斯特（Timothy Webster），此人曾是纽约市的警探，擅长从社会底层招募线人。平克顿相信，韦伯斯特在里士满也能同样成功，只不过这次是在同情联邦的人中间招人。他派韦伯斯特伪装成一个分裂主义者、一位为巴尔的摩的邦联同情者传送情报的信使，前往里士满。

韦伯斯特的第一个行动是讨好约翰·亨利·温德尔（John Henry Winder）准将，他是里士满的宪兵司令，其职责包括反情报工作。韦伯斯特知道，有一种令人唏嘘的情况对温德尔的生活影响巨大。同内战时期的许多家庭一样，温德尔一家也效忠不同的阵营。他是邦联军一名忠心耿耿的高级军官，儿子威廉却是驻华盛顿的联邦军军官。韦伯斯特主动为温德尔父子送信，令温德尔觉得欠了他天大的人情。作为报答，心存感激的温德尔给了这位联邦间谍一件几乎是无价之宝的东西——一张特别军事通行证，准许他在邦联所有地方随意通行。

虚假情报

韦伯斯特此时的处境，对一名间谍来说梦寐以求。他很快就开始给平克顿发送各方面情报，从里士满周围的工事情况，到食品价格对南方士气的影响。此外，他还与邦联政府战争部长犹大·本杰明（Judah P. Benjamin）成为朋友。本杰明信任他并让他当信使，向巴尔的摩的秘密分裂主义者送文件。所有文件在送出之前，他都会抄送给平克顿。但是1862年2月，正当韦伯斯特的行动达到高潮时，他的报告却突然中断了。

平克顿派了两人前往里士满，了解事情缘由。他们报告他因风湿炎症无法工作，也不确确定多久能康复。他们的信件刚一送出，灾难随之发生。里士满有几个本地人认出，这两人曾在这里居住。但如今的身份与之前截然不同，因此一眼就看得出他们是间谍。被投进监狱后，他们被问到为什么会对一个名叫韦伯斯特的分裂主义者的病情如此关心，并被威胁不说实话就要被绞死。为了活命，他们出卖了韦伯斯特。尽管林肯亲自向杰弗逊·戴维斯请求饶过韦伯斯特一命，他还是在1862年4月29日被绞死。

麦克莱伦本来打算全面进攻里士满，通过一次决定性军事行动一举结束内战，而围绕韦伯斯特的活动，就是这一军事行动的情报序曲。要想行动成功，麦克莱伦就需要邦联政府军队的详细情报。此外，麦克莱伦将军出了名的谨小慎微，他在没有确定战场情况之前，绝对不会行动。

他向平克顿索要邦联军的准确情报，而这正是他的情报主管无法提供的东西。韦伯斯特死后，平克顿在里士满只剩下伊丽莎白·范·卢（Elizabeth van Lew）一个特工。她出生于里士满一个富裕的家庭，在费城上学，回来后成了积极的废奴主义者。内战爆发后，她不顾富人阶层的鄙视，去医院照顾联邦军战俘。她开始帮助其中一些战俘逃跑，有时候把他们藏在她家大院的阁楼里。这些事情离间谍活动只有一小步。后来，她开始把从里士满居民的言谈中听来的点滴情况，以及自己观察到的邦联军部署情况，作为情报送出。

范·卢说服母亲释放了家里的奴隶，然后将他们揽入麾下，并派他们将她的情报送到华盛顿。这是一个很聪明的选择。南方人认为黑人太笨，做不了谍报信使。这几位前奴隶，见到白人时总是夸张地深深鞠躬显示尊敬，更让南方人确信他们低人一等。但正是他们，想出了一些巧妙的办法来传递范·卢的情报。其中一种方式是把情报放进掏空的鸡蛋里，再放入一堆普通鸡蛋中间；另一种方法是把情报藏在一堆纸样里，由裁缝送出。

尽管传送方法高明，范·卢提供的情报却很有限，完全局限于她个人的见闻。她不可能全面了解邦联军的实力和意图，而且，因为她不是军事专家，无法对看到的邦联军事技术做出判断。唯一的解决办法只能是耐心等待，在里士满建立情报网，但麦克莱伦却没有时间等。林肯总统一直在向他施压，要他用自己的优势兵力摧毁罗伯特·李将军的北弗吉尼亚军团。同时，麦克莱伦也急于取得一次大捷，来提高自己的政治声望（这位野心勃勃的将军，已经在为1864年作为候选人参加大选做准备了）。麦克莱伦索要准确情报，给平克顿施加的压力越来越大。

平克顿对此的反应促使他犯了一个巨大错误。他决定自成一派，建立自己的情报体系。他开始搜集邦联的情报，并加以评估，以报告形式提交给麦克莱伦。然而，平克顿没有受过情报工作的正规训练，却坚持按自己特有的办法搜集情报，在此过程中犯了好几次严重的错误。其中之一就是用军团旗数再乘以2500人的办法，推算邦联军的兵力，因为这是邦联军团的标准编制人数。平克顿没有意识到，邦联军只有极少数军团达到编制满足，由于伤亡惨重，很多团兵力只有一半。

另一个错误是平克顿试图通过清点晚上营火的数量来估算敌军兵力。他假定，通常情况下是6名士兵围着一个篝火，因此只需将观察到的篝火数量乘以6，就可以准确知道该地的驻军人数。其实，任何一个士兵都能告诉平克顿，这种方法极不可靠。因为天气不同，柴火供应时有不同，篝火边的士兵人数时多时少，差别极大。

邦联军很快就推测，平克顿在根据某种不严谨的量化方法，估算他们的兵力，于是他们设法让平克顿的情报更不可靠。邦联军迅速开展了一场大规模的欺骗行动来误导他。他们把木头伪装成"大炮"，点燃许多根本没有士兵的篝火堆，修建复杂壮观但实际上无人防守的堡垒，给一些不存在的单位配备大幅、醒目的团旗。

结果，邦联军的实力被严重夸大，麦克莱伦以此为由，拒不对李将军的部队发起进攻。"贻误战机。"林肯批评道。但麦克莱伦坚持认为，自己的兵力严重寡不敌众。他声称，贸然攻打他眼中十分强大的邦联军会导致重大失败，甚至有可能葬送联邦事业。究竟麦克莱伦是真的相信了平克顿的评估，还是明知夸大却仍然以此作借口，这仍是历史学争论的问题。

技术的运用

有线索说明，麦克莱伦是相信了自己想相信的东西。这一线索来自一位有趣的人物，名叫撒迪厄斯·洛（Thaddeus Lowe），他是一位29岁的热气球飞行者。当时，热气球一般是在县城集市上做展示用，洛说服了联邦军队，将这种新奇玩意改造成世界上第一台空中侦察机。他制造了好几个带固定绳的热气球，放在联邦军前线，让气球飞到1000英尺高（约305米高）的空中。洛在上面使用小型望远镜观察，视野可达到方圆25英里（约40公里）。后来他的又一项创新更具革命性意义：将电报电缆系在气球上。

在气球上，洛口述自己的观察，助手立即用摩斯码传到地面。洛在波托马克军中效力，由于能够看清邦联军的动向，他为联邦军取得的几次战术胜利做出了贡献。但是，在到麦克莱伦的司令部，每当他试图对情报做出评估时，总是受冷遇。洛关于邦联军全面实力的任何意见，麦克莱伦将军都不想听取，特别是当洛试图告诉他，平克顿的评估错得离谱，他更不想听。

谍报史上的里程碑。1862年6月1日，撒迪尼斯·洛的间谍气球在弗吉尼亚州费尔奥克斯的邦联军前线附近升空。

1862年9月13日，平克顿的情报评估问题在一起非同寻常的事件中清晰暴露出来，这是邦联历史上最大的情报灾难。在马里兰州安提塔姆溪（Antietam Creek）附近的一块玉米地里，两个联邦军士兵在巡逻时，发现草丛里有一个信封。他们打开后发现用纸包着三支雪茄。那张纸竟然是李将军的"第191号特别命令"，写的是他的一个大胆的进攻计划，邦联军准备兵分四路，其中三路指向哈普斯渡口（Harpers Ferry），第四路指向马里兰州黑格斯敦（Hagerstown）。这些文件可能是邦联军信使不慎丢失的，现在被逐级送到平克顿和麦克莱伦手里。两人意识到，一个千载难逢的机会被送上门来。

"我掌握了叛军的所有计划。"麦克莱伦在给林肯的信中说。林肯总统不理解,既然波托马克军军长有如此宝贵的情报,他为什么不立即行动,一劳永逸地打垮敌军。答案是,麦克莱伦就是麦克莱伦,并且他还受到了平克顿的误导;后者不断提醒他,李拥有一支10万之众的邦联军(实际上,李只有3.5万人,而麦克莱伦有9.5万人)。麦克莱伦磨蹭了4天才行动,结果与邦联军在安提塔姆溪遭遇,发生了一场可怕的混战,双方总计伤亡达2.6万人。李的军队伤亡惨重,终于撤兵了。与自己的性格相符,麦克莱伦相信平克顿危言耸听的估计,认定邦联军人多势众,所以没有追击。

麦克莱伦没有乘胜追击并摧毁李的军队,这令林肯勃然大怒。尽管双方的伤亡差距不大,但此役对联邦军而言总算是一次战术胜利,足以让林肯总统发布《解放宣言》。而由于这一宣言,联邦军的战略胜利变得确定无疑。林肯此举把内战变成摧毁奴隶制的正义斗争,时机把握得恰到好处,这意味着没有哪个国家会站在邦联一方,因为那样做就成为维护奴隶制的帮凶。

尽管如此,林肯还是决定,麦克莱伦必须走人,他的情报主管也是一样。正是这位主管夸大了邦联军的实力,林肯认为,这一夸大评估拖延了战争进程。1862年12月7日,林肯解除了麦克莱伦的职务。平克顿被迫辞职,心怀怨愤,带走了自开战以来积累的全部情报。

平克顿以为,这样就会让联邦军变成瞎子,事实证明他大错特错。麦克莱伦的继任者约瑟夫·胡克(Joseph Hooker)将军不但高度重视情报的价值,而且只接受切实准确的情报。为此他下令成立了军事情报局(Bureau of Military Information,BMI),这是美国历史上第一个军事情报机构。胡克委托他的宪兵副司令约翰·夏普(George H. Sharpe)上校负责组建该局,选用任何他认可的人开展工作。

夏普曾是纽约的一位出色律师,本对谍报一无所知,但他出色的组织能力,很快就建起一个一流的情报机构。他从整个波托马克军招募最优秀、最聪明的军官,最后招募了70名大学学历、具备各种专业知识的人。这些人组成不同的独立分局，各个分局任务不同。一分局负责搜集战术情报，另一个则侧重于审讯战俘，将战俘透露的点滴情况综合整理，进行核实，形成报告。还有一分局仔细梳理南方的报纸，搜索被检查人员忽略的含有情报的内容。此外还有一分局从事的是该局最丑恶的情报搜集任务：他们搜查邦联士兵的尸体，搜寻可能包含有用情报的信件和其他文件。

在夏普的指导下，军事情报局成了一流的情报组织，最出色的胜利发生

在安提塔姆战死的邦联军士兵尸体。信使遗失了罗伯特·李将军发出的行动指令，为联邦军寻获。这是邦联历史上一次最严重的情报失误，因此付出了尸横遍野的代价。

在 1863 年。当时夏普就李的部队提交了一份长达 9 页纸的报告，预测邦联军将进攻宾夕法尼亚。报告准确列明了李部队的详细兵力部署，外加一条关键情报，即李告诉军官们，部队将"在没有铁路交通的野外长途行军，并进行艰苦的战斗"。这一描述很符合葛底斯堡镇周围乡村的情况。正是在这个地方，1863 年 7 月 1 日至 3 日，已得到预警的联邦军击败邦联军，取得了内战中最具决定性的胜利。

伟大的将领

接替胡克担任波托马克军指挥官的是尤利西斯·格兰特将军，他在西部战场上通过一系列精彩的胜利，建立了自己的军事声誉。格兰特起初对情报不感兴趣，这一失误差一点毁掉了他的部队。1862 年 4 月 6 日上午，格兰特的军队在田纳西州农村夏伊洛教堂的木屋附近宿营。就在他们陆续开始醒来煮早饭时，邦联突然向他们的外线发起了进攻，然后在营地里横冲直撞，抢走了还没吃完的早餐，而联邦军则匆忙撤退了。面对突如其来的灾难，格兰特组织部队，连同他在田纳西河上的炮船，向邦联军猛烈开火，经过两天的战斗，终于将其击退。但代价是高昂的，格兰特的军队伤亡达 1 万人。

格兰特是一个能从失败中吸取教训的人。他坦承，在夏伊洛险些酿成灾难，完全是因为自己忽视了情报，几乎完全依靠邦联军逃兵的报告，而这些报告在大多数情况下都不可靠。格兰特受到误导，以为敌人还在 20 多英里（约 32 公里）之外，没有想过要核实报告，也没有派人侦察。战斗结束后，格兰特叫来格伦维尔·道奇（Grenville M. Dodge）准将，这是他最优秀的军官之一。他命令道奇建立情报机构，确保类似夏伊洛的情况不再发生。道奇参军前是一位铁路建筑师，没有情报经验，但天赋异禀。他创立了一个特别的情报搜集机构，招揽了大量线人，包括逃跑的奴隶、邦联地区的联邦支持者，还有他最喜欢的线人——女间谍。大多南方人认为，女性缺乏情报工作的"魄力"，这就意味着，在南北战线之间走动，女性要比男人方便得多。

除了组建上述情报机构之外，道奇还创建了侦察部队，由能找到的最好的骑兵组成。他亲自制订一套严格的培训方案，指导他们的侦察技能，例如根据测量一列士兵所占据的道路长度，推测敌军人数。他喜欢用来自南方的联邦军士兵作为侦察队员，这些人熟悉南方地形，乃是一大优势。这种想法是正确的。

在负责情报的军官中，道奇最先认识到，奴隶是最佳情报线人。他们痛恨南方奴隶主，熟悉邦联军的工事，因为堡垒工事都是他们修建的。此外，他们服务于邦联军的各种辅助任务，可以直接了解叛军的位置和情况。林肯的《解放宣言》为道奇的招募工作提供了强有力的武器，因为它保证联邦军辖区内的所有奴隶都可以获得自由。

实际效果是出现了奴隶向联邦战线逃跑的浪潮，每个人多少都能向道奇的特工提供零星情报。由于奴隶们提供的情报很多，所以被专门归类到"黑人来信"（Black Dispatch）中。更为宝贵的是另一些奴隶，他们心甘情愿留在南方继续忍受奴役，为联邦军提供情报。这些人中，最引人注目的是一位乍看上去最不像间谍的人。这位名叫哈莉特·罗斯·塔布曼（Harriet Ross Tubman）的奴隶身材矮小，性格温和，作用却不可低估。

1855年，塔布曼从35年前出生时的种植场逃离，从此开始了她的密探生涯。激发她出逃的原因是她总被鞭打，并被用秤砣打击头部，这种伤害使她后来一直受到疼痛和癫痫的折磨。她沿着"地下铁路逃到北方，本来可以在北方定居，以自由黑人的身份度过余生。但是，塔布曼决心帮助还在马里兰州受苦受难的奴隶同伴们，所以又返回马里兰，肩负起在"地下铁路"沿线为逃亡奴隶带路的危险任务。到1861年，她已经为300名奴隶（包括她自己年迈的父母）带路，逃离了南方。在此期间，捕捉逃奴的"捉奴人"带着追踪犬，一心要抓住这个"小黑鬼娘儿们"，是她弄走了他们那么多值钱

尤利西斯·格兰特少将。他从自己在夏伊洛对情报的疏忽中，得到了惨痛的教训。

的人力资源。但是，每次她都躲过了。

"地下铁路"的经验，为塔布曼的下一个角色——联邦间谍，做好了准备。1861年，她主动请缨，回到出生地马里兰州当间谍。她在那里向北方提供了邦联情报机构正在招募南方同情者的情报。1年以后，她被派往南卡罗来纳州东南海岸线的一个联邦据点，那里被邦联包围，特别需要邦联的情报。塔布曼开展工作，把这块联邦飞地变成吸引逃亡奴隶的磁铁。对每一位逃来的奴隶，她都要询问其可能知道的任何有价值的情报。她还建立了一个遍布南卡罗来纳州的奴隶间谍网，从而获得大量有价值的情报。

塔布曼身高不足5英尺（约1.5米），虽然常年受到病痛的折磨，却似乎有用不完的精力。联邦军官们见到她时，都会感到她的外貌让人发笑，但却没有人怀疑她的能力。她一项最为出色的成就，就是在康比河（Combahee River）组织了一次计划周密的夜袭，摧毁了邦联军一个主要补给站，解放了附近水稻种植园的750名奴隶。指挥夜袭的联邦军上校任命塔布曼为副指挥官。由奴隶充当军官，对部队发号施令，只此一例。为此，联邦军官们尊称她为"将军"，1913年她去世时，被以完全的军事荣誉安葬。很大程度上，正是因为塔布曼的奴隶间谍网的卓越成效，罗伯特·李在给杰弗逊·戴维斯的一份报告中哀叹："敌人的主要情报来源竟是我们的黑奴。"

李的惋惜之语并非南方邦联唯一一次承认他们在与联邦的谍战中处于劣势。在格兰特就任波托马克军军长后，他把自己杰出的情报主管夏普上校也带了过去。如同在田纳西时一样，夏普组建了一个覆盖广泛的情报网（里面有数百名从逃亡奴隶中招募的间谍），获得很多很有价值的情报。到1864年，已经有大量的情报流入格兰特设在弗吉尼亚州锡蒂波因特（City Point）的军部，以致里士满邦联政府作战部的一位职员在日记中写道："敌人完全知晓这里发生的每一件事情。"这并不夸张。在叛军首府，夏普其中一个线人叫塞缪尔·鲁思（Samuel Ruth），他是里士满、弗雷德里克斯堡和波托马克的铁路总管。虽然在南方人眼中，他是积极的分裂主义者，实际上鲁思暗地里是联邦主义者，他通过伊丽莎白·范·卢与夏普的军事

联邦最出色的间谍、曾是奴隶的哈莉特·塔布曼——"地下铁路"的英雄。

情报局联系。

鲁思不但提供邦联军在铁路上的动向，他还特意安排，推迟一些关键的战争物资的发运，拖慢对一些重要的铁路桥的修理。铁路问题不断，引起邦联官员怀疑这些问题未必全是出于自然原因。最后，他们认为鲁思在为联邦出力，而逮捕了他。他冷静否认自己是联邦间谍，因为他很清楚，对方没有确实的证据。几天之后，里士满的报纸批评到，逮捕该市一位最杰出的公民实属"极为可笑"，鲁思因为证据不足获释。他立即恢复向夏普发送情报，直到战争结束。

宣传与影响

邦联在情报方面的失败也延伸到了海外。本来，戴维斯政府的特工应该在海外实现三个目标：说服英法两国站在邦联一边参战；购买武器；在欧洲船厂秘密建造战船以打破联邦的海上封锁。邦联知道，英法两国的民意强烈反对奴隶制，因而他们要做的第一件事，就是要改变这一观点。邦联的主要情报机构邦联秘密事务局（Confederate Secret Service）拨款20万美元，作为宣传基金，用来贿赂英法两国的记者，请他们撰写赞同邦联的文章在报纸上发表。收受贿赂的记者还得到哈瓦那雪茄和美国威士忌作为额外奖励。该基金付款出版了12.5万本赞成奴隶制的小册子，名义上由"美利坚联盟国牧师协会"制作，其实这是一个子虚乌有的组织。

邦联一直没有成功打消英法对于奴隶制的反感，另外两个目标也经历了同样的失败。他们的问题在于，他们遇到一位毫不妥协而又富于才华的联邦间谍首脑，名叫亨利·谢尔顿·桑福德（Henry Shelton Stanford）。他名义上是美国驻比利时公使，实际上是联邦在欧洲的情报头目。林肯总统清楚欧洲在秘密战中的重要性，给桑福德提供充裕的资金，任其支配。同其他参与南北谍报战的人一样，桑福德也没有情报工作背景，但他对情报活动颇具直觉，全面挫败了邦联在欧洲的秘密行动。

首先，他雇用了大量英国警探，用慷慨的报酬诱使他们当兼职特工。然后，他招募了一系列当地线人，包括邦联间谍的房东。有了这两组线人，桑福德能够清楚知道，英法两国有哪些邦联间谍，他们在做什么。他还贿赂工厂的代理，告诉他邦联间谍购买物资的出价（随后让联邦特工出价高于邦联），还贿赂船厂职员，给他提供邦联正在秘密建造船只的所有细节。

桑福德的主要行动目标是詹姆斯·布洛克（James D. Bulloch），后者原为美国海军军官，后加入邦联。1861年，布洛克被派驻欧洲，负责邦联的秘密造船计划。他成功造好一艘船并送到美国，桑福德决心终结邦联的造船计划。布洛克的第二艘船也已建好，准备驶往美国（他在给里士满的信件中被代号为"290"）。这时，美国国务院利用桑福德的情报，起诉船厂违反了英国的中立法。

由于担心这艘船被英国当局扣押，布洛克决定将船偷偷驶出利物浦船厂的泊位。他设计了巧妙的欺骗行动来完成这一任务。他宣布要组织一次出海"游玩"，找了100来人伪装成乘客。桑福德的间谍们看到这些人打扮整齐，在甲板上漫步，轮船缓缓地驶向默尔西河下游，他们认为这真的是一次出海游玩。不过，船一离开间谍们的视线，就突然停下了。一只驳船靠近接走了乘客。代号"290"的船现在已经更名为"阿拉巴马"号（*Alabama*），开足马力驶向公海。

布洛克庆幸自己在秘密活动中取得了重大胜利，但是他很快得知，胜利化为了灰烬。第一个打击是他发现"阿拉巴马"号有一位船员是桑福德的间谍，他就是轮船的出纳员克拉伦斯·扬（Clarence Yonge）。"阿拉巴马"号逃出利物浦后，横渡大西洋，在牙买加停泊补给。扬声称自己有急事下了船，但其实是登上一艘联邦船赶回英国，去见美国大使托马斯·海因斯·达德利（Thomas Haines Dudley），向他汇报一些非常关键的情报。在建造"阿拉巴马"号时，甲板上建造了炮座和其他固定大炮的设施，还有火药桶，这些根本不是商船的标准设备。达德利在宣誓证言中加入这一信息，向法院起诉，要求英国政府遵守中立法，停止在英国船厂建造邦联战船。

事情还未结束。桑福德的特工发现，还有另外两艘邦联船只正在英国船厂建造，两艘船都有水下金属撞击锤。撞击锤是当时战船的标准设备，用来击破敌方木质船壳。美国联邦大使向英国外事办公室提出抗议照会，指出英国对"商船"的定义颇为古怪。英国人开始动摇了。让他们更为不安的是，林肯总统通过达德利传话：如果英国允许那两艘船竣工而且最终落入邦联之手，联邦将把这一行为视同英国对联邦宣战。英国终于被迫让步。两艘船因为违反英国中立法被扣押，后来出售给英国皇家海军。

布洛克意识到，他的行动成功的希望渺茫。1864 年，他又受到了致命一击。桑福德的特工得知，因为需要紧急维修，"阿拉巴马"号暂时驶入法国瑟堡港；此前该船已经袭击了大量联邦运输船。得益于此时有了电报，桑福德得以把这一关键情报发送给停泊在荷兰港口的北方联邦战舰"奇尔沙治"号（*Kearsage*）。"奇尔沙治"号马上驶向瑟堡港，在 3 海里（约 5 公里）领海线外占据位置，等待"阿拉巴马"号到来。最后，"阿拉巴马"号离开港口，与"奇尔沙治"号交战。战斗长达两小时，吸引了 15000 多人观战，最终以"阿拉巴马"号被击沉告终。

布洛克垂头丧气，给邦联海军部长写了一份详细报告，他的结论是，邦联再也没有任何希望在英国造船、扭转英法两国的民意，也不可能说服任何国家成为邦联的参战同盟国。布洛克写道，这一全面失败的原因，主要在于联邦的谍报机构。"联邦的间谍人多势众，积极进取，无所顾忌。他们侵犯家庭隐私，哄骗商人雇员，成功地把英国的部分警察变成了北方政权的秘密间谍……"

布洛克的报告写于 1864 年，反映了当时邦联士气的普遍情况。简而言之，邦联一方士气低落。显然，邦联已经战败，再也无力挽回败局。北方实力太强、人数太多、决心太坚定，因而不可战胜。南方统帅机构的高层越来越明白，由于联邦机构的渗透日益深入，不管自己决定要做什么，都毫无秘密可言，这使得局势更为雪上加霜。撰写于这一时期的邦联政府和军队的报告，时常悲观提到，在联邦间谍面前，无法保守任何秘密。这一悲观情绪是有道理的，因为事实上，到 1864 年，在情报战中，尤其是情报通信领域，联邦已经赢得了彻底胜利。

内战双方都掌握了电报——19 世纪最伟大的发明，他们都意识到这是军事通信的一场革命。分散得再远的战区都可以协同作战，传达命令的速度更是几十年前不可想象的。但是，双方都清楚，这一现代奇迹隐含了一个重要的意义：能用电报发送的消息，都可以被截获。内战爆发后，不论是联邦还是邦联，都想尽办法读取对方的电报通信。

电报事业起步阶段，联邦因为组织出色而占得先机。美国军事电报所（U.S. Military Telegraph，USMT）是全国最优秀的机构，联邦的所有电报通信都由其负责。电报所大多数操作员来自西联电报公司（Western Union Telegraph Company），他们在联邦军的所有战区之间，以及各战区和华盛顿作战部之间，都建立了联系。电报所里还有一些平民密码员，他们有给敏感商业信息加密的经验。现在，这些人的专业知识，被用于给联邦军的军事通信加密，他们设计了一种相对简单但难于破译，又便于电报操作员操作的密码。密码员称这一套系统为"路径编码"（routing code），即在加密前先把文字按预定模式打乱。联邦的通信系统堪称高效典范，每天可以处理超过 4500 份电报。

与此同时，联邦军的信号部队（Signal Corp）还有一个秘密部门，专门追踪邦联的电报通信。邦联的电报通信系统犯了一些重大错误，使得联邦的破译工作容易许多。同北方一样，南方也成立了一个叫"信号所"（Signal Service）的专门机构，处理各军区与里士满之间的电报。信号所在两个重要方面与北方的相应机构不同。一是人员全部是军人，只受过基本的电报训练；二是没有聘用平民密码员。邦联用的都是没有受过多少训练的军人，他们对密码的了解很不全面。结果是，邦联的秘密通信在加密方面极为脆弱。

内战期间，北方联邦设立的西联电报公司纽约办事处，这是大规模破译邦联电报的行动中心。

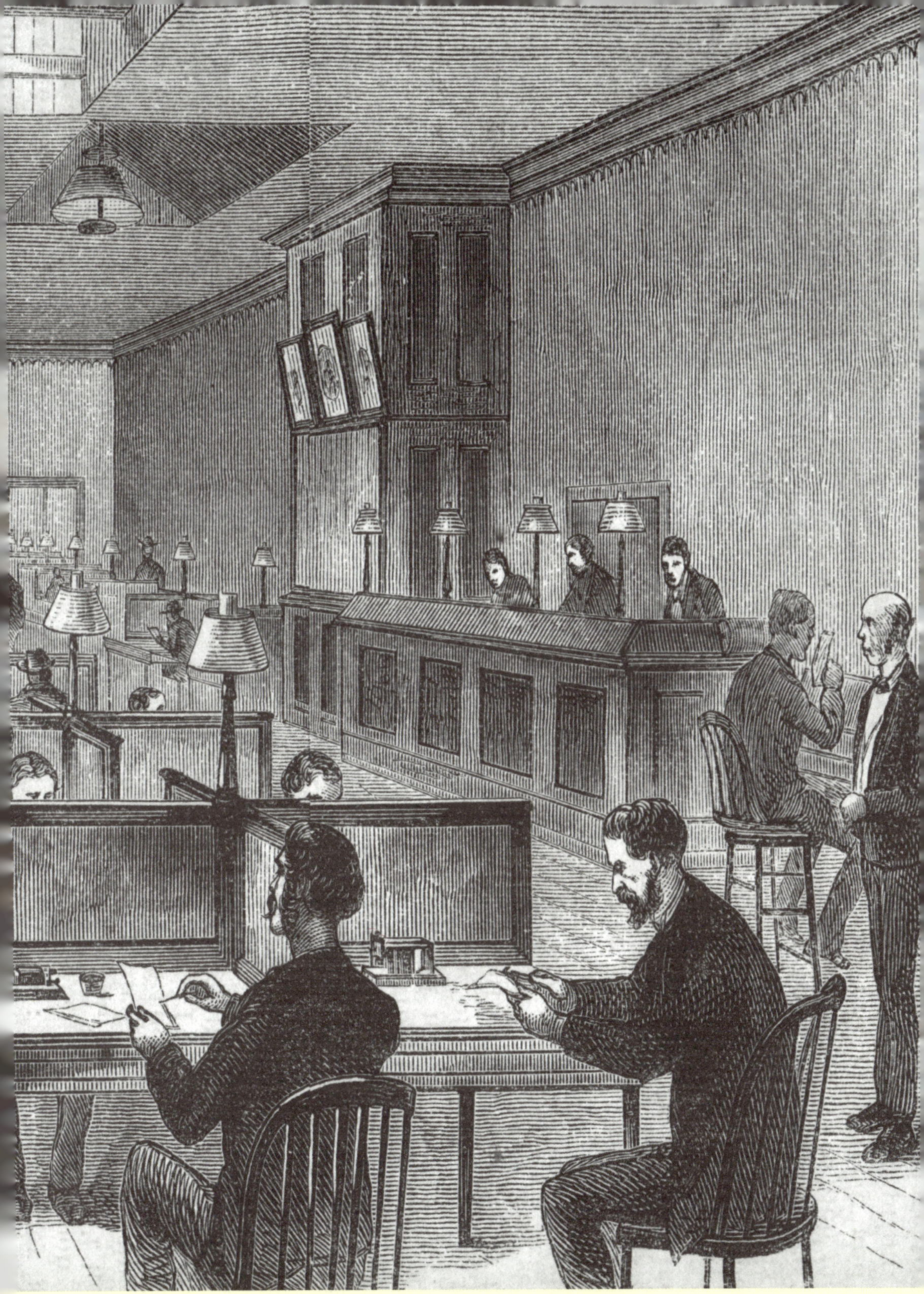

内部消息

联邦破译人员高兴地发现，在整个战争期间，邦联只用了3个密钥，密码很容易被破译。此外，邦联还使用维吉尼亚密码（Vigenere substitution cipher）系统，这是一套16世纪的密码，此前曾被破译过多次。最糟糕的是，由于通信量太大，加密技巧不足，邦联的密码员经常只对信息的关键部分加密。例如，1863年年初，联邦特工截获了邦联总统杰弗逊·戴维斯发给一位将军的电报，开头部分如下：

BY THIS YOU MAY EFFECT O＿＿ TPGGEXVK

ABOVE THAT PART ＿＿ HJOPGKWMCT ＿＿

PATROLLED…

（通过这个方法，你可以在敌军巡逻区域HJOPGKWMCT实现TPGGEXVK……）

仅凭猜测，密码分析员很快就想到，第一个加密的单词是"通过"（crossing），第二个是"渡口"（river）。密码分析员知道邦联使用的是维吉尼亚密码，于是利用破译的两个单词编了一个表格，从而推测出密钥是"全胜"（Complete Victory）。有了密钥，很容易就破译出电报的其余部分。邦联一直不明白简单的事实：如果只对电文的部分加密，就会留下太多线索，方便密码分析员破译。

战争后期，邦联在密码方面有一项创新，使用了一种简单的密码盘，不过于事无补。密码盘有两个同心圆盘，上面各有一组数字。要给通信加密，就给密码员一个密钥（如476），将这三个数与内盘对齐，就会得到三个不同的数，这就是在电报中实际使用的数字。但是，只要邦联只对电文的部分加密，密码盘就存在无法弥补的致命缺陷。到1863年，联邦对邦联电报的截获和破译已十分普遍，以致李将军命令他的军官，"有关……行动的通信禁止使用电报，否则将会泄密"。

在通信战的另一个领域，即窃听电报通信方面，邦联也处于下风。虽然邦联通过多次大胆的骑兵行动，成功监听了联邦的电报线路，但问题是他们得到的都是加密电文，不破译就没有用处，而邦联恰恰缺少具有完成这一任务所需技能的密码员。所以截获的电报只好搁置一旁不加阅读，尽管其中一些本可以带给邦联军将领巨大的优势。邦联对此深感绝望，甚至把截获的电文刊登在南方报纸上，恳请能破译信息的读者即刻与战争部联系。

完成窃听联邦电报通信任务的邦联侦察骑兵，是南方在情报方面的中坚力量。从战争开始的那一天起，邦联就倾向于把谍报主要看成是一种军事职能，重点在于搜集战术情报，例如来敌的位置和兵力、其补给仓库所在地，等等。在情报之类的事务上，邦联的军队指挥官大多秉持传统观念。在他们看来，间谍是身着便衣的底层人士，抓到就该被绞死。侦察兵身着制服搜集

邦联使用过的密码盘。这种密码系统有致命缺陷，早已过时，联邦破译员可轻松破译。

情报，才是光荣的职业军人。

事实上，两者的界限区分也有模糊的时候，南方最伟大的间谍本杰明·富兰克林·斯特林费洛（Benjamin Franklin Stringfellow）就是例证。在开始谍报生涯之前，他曾是北弗吉尼亚军一支骑兵部队的侦察兵，该部队由詹姆斯（杰布）·斯图亚特（James [Jeb] Stuart）少将带领，被称为罗伯特·李的"耳目"。斯图亚特是独立战争中的一位英雄的孙子，他讨厌用"谍报"一词指代他在联邦军后方开展的侦察行动。斯图亚特领导的骑兵是南方最风光的军事分队，带有南方的神秘气氛，他本人更是这种气氛的典型，穿戴得如同17世纪的骑士，头插一根大的黑色羽毛，胸前别着一颗金星佩饰。他的很多部下也同样穿戴得花里胡哨。

这种着装对开展情报行动没什么帮助，但斯图亚特认为自己不是间谍，所以没有必要伪装。斯特林费洛是他最优秀、最勇敢的侦察兵，对此却不苟同。他争论说，穿上制服在乡下骑马飞奔固然好，但有局限性。身着制服的邦联人在联邦的土地上就是敌军士兵，因此不可能从支持联邦的人那里获得情报。另外，他还注意到，斯图亚特的行动包括对联邦的补给火车进行攻击，这是将情报工作和直接的军事行动结合在一起。这样结合不可能相得益彰。斯图亚特的骑兵们一开枪就暴露了自己，这根本不利于搜集情报，因为搜集情报需要尽可能隐身。斯特林费洛还称，邦联侦察兵如果身着平民服装，掩护自己的身份活动，人们就不知道自己是在和敌人打交道，就可以从他们那里取得更多的情报。斯图亚特耐着性子听完斯特林费洛的话，但言者谆谆，听者藐藐。

斯特林费洛决定验证自己的理论，他说服斯图亚特同意他伪装成平民，到联邦占领的弗吉尼亚州亚历山大镇活动。他掌握一些牙医方面的基础知识，于是伪装成牙医助手。亚历山大是联邦关键的补给基地和部队轮换基地。斯特林费洛潜入亚历山大，凭着他三寸不烂之舌，在镇上有名的牙医那里找到一份工作。这不是随意的选择。斯特林费洛通过细心的侦察，发现这名牙医给不少联邦军官治牙，这些人经常在不经意间和牙医谈论战局。他听得很仔细，把各种线索联系起来，就能将关于联邦军动向的准确情报发给斯图亚特。

后来，斯特林费洛还取得更好的成绩。他刻苦学习牙医知识，获得了牙医执照。这次他伪装成牙医，渗透到华盛顿，想方设法为驻守在该市的联邦军提供服务，经常到不同的军营处理牙科急诊。士兵们看到这位牙医愿意为拔下一颗发炎的牙齿，不辞辛劳跑到军营来，都非常感激。但他们没有看到，这位和善的牙医似乎每次都要选择一条能让他看到尽可能多分队的线路。他们也没有注意到，这位牙医很是健谈，对军事话题显得特别感兴趣，比如哪些分队已经从前线回撤休整，哪些分队正在为发动攻势做准备，从其他战场调来了多少增援部队，等等。

"你的消息，"斯图亚特告诉他，"可能抵得过所有我攻打的北方佬的火车。"不过，斯图亚特还是不认为，应该把其他侦察兵也定位成"间谍"。他到死都没有改变这一观点。1864年5月11日，他在里士满城外联邦军的一次伏击中阵亡。这支联邦军队的专门任务，正是剿灭斯图亚特及其骑兵。可怜这位头戴黑色羽毛的人，没有特工告诉他，联邦军里有这么一支部队，他们的使命就是要他的命。他的死是邦联的最后一次重大情报失败，标志着邦联在谍报方面被全面击败。他的上司罗伯特·李将军——这位父亲般人物，在得知他的死讯后，不禁失声痛哭。

此后不到1年，李率领残部向尤利西斯·格兰特将军投降了。后者的情报组织一直紧盯着北弗吉尼亚军不放，随时知道该军的部署行动和实力情况。投降仪式在阿波马托克斯举行，李看着当地集合的联邦士兵，说道："我不知道有这么多人。"他的这句话，可以视为邦联情报工作最后的墓志铭。

李投降后不久，加拿大的一次逮捕行动，显露出邦联情报工作的阴暗面。这次行动表明南方企图通过大规模谋杀来赢得战争，其领导人居然是肯塔基州一位声名卓著、温文尔雅的内科医生——卢克·布莱克本（Luke Blackburn）。

布莱克本以擅长治疗黄热病知名，1864年他出现在百慕大，向当地政府主动请缨，治疗大规模的黄热病疫情，这引起了美国驻百慕大领事对他的注意，因为布莱克是狂热的邦联支持者。对那一套掩人耳目的说法，什么布莱克本毫不利已，志愿服务，对这种病他是美国数一数二的治疗专家，所以想帮助病人，同时开展对这一疾病的研究……领事很是怀疑。在得知布莱克本在偷偷收集死于黄热病患者的衣服后，领事更加怀疑了。这个举动太奇怪了，他决定进一步调查。

　　最后，布莱克本的一个助手因为良心不安，揭露布莱克本命令他运过一大箱沾有死者汗渍的衣物和毯子到加拿大，再从那里分发到美国北部的几个点，捐给"慈善机构"。这位助手称，这个计划的目的是要让成千上万北方人在穿过衣服后染病，这些人再接触其他人，从而引起一场瘟疫。险恶计划远不止如此。他还将擦过黄热病患者衣物的昂贵衬衣，装进一只特别的小箱子中，然后准备将箱子作为"支持者表示感激之情"的礼物，送给林肯总统。幸运的是，大规模死亡没有发生，这还得感谢当时在科学知识方面存在的严重错误。同当时的所有医学权威一样，布莱克本相信黄热病能通过感染者和未感染者之间的接触，包括衣物接触而传染。直到差不多40年以后才发现，黄热病实际上是通过埃及伊蚊的叮咬传播的。不过，布莱克本的行动意图很清楚，他向南方情报机构提议，通过黄热病这种大规模杀伤性武器赢得内战，得到了南方情报机构的支持。

　　1865年5月，在邦联政权崩溃后，布莱克本逃到加拿大，但被联邦特工缉拿归案，并以阴谋大规模谋杀的罪名交付审判。虽然有他同谋的证言，但布莱克本还是被判无罪开释。摆脱官司后，他回到肯塔基州，并于1879年当选该州州长。他死后，在他的墓地竖起了一座小型纪念碑，碑文称他是一个"善良的撒玛利亚人"（Good Samaritan，出自《圣经·路加福音》，指在没有义务的情况下，出自内心的道德要求而无偿救助他人的人。——译者）。

失窃的信件：墨西哥与法国之争

1865年秋，在格兰德河与得克萨斯州的边境线一带生活的墨西哥人，又见到身着蓝色军服的美国军队，他们已经连续几年没有见过这样的身影了。这可不是一支普通的队伍，他们是整个联邦军中最精锐的军队——费利佩·谢里登（Philip Sheridan）将军的骑兵。谢里登是刚刚结束的美国内战中最有名的英雄之一。

对墨西哥北部的人民来说，没有什么事情，比看到美国军队更让他们欢欣鼓舞了。三年前，贝尼托·胡亚雷斯（Benito Juarez）的改革派政府，被法国军队赶出墨西哥城。胡亚雷斯逃到墨西哥北部的一小块飞地，在那里竭尽全力组织力量，抵抗法国的占领，他一直希望得到美国的帮助。但是，美国人身陷一场可怕的内战，对墨西哥实在是爱莫能助。现在内战已经结束，美国人把注意力转向法国对墨西哥的军事占领。他们决心解决法国对美国南部边境的这一威胁。

胡亚雷斯发现，美国不愿直接派兵进入墨西哥与法国人开战，来消除上述威胁。因为这样的行动会导致战争，而重新统一的美国厌倦了流血冲突，不想要战争。所以，美国要通过一场秘密战争将法国人赶走。这场秘密战争将会证明，美国人在见不得光的谍报术方面，已经有了长足的进步。谢里登将军被人们称为"菲尔"，他言语朴实，是一位才华横溢的间谍首脑。

谢里登是联邦军中的改革者之一，他整改了美军岌岌可危的情报系统。1864年的谢南多厄河谷（Shenandoah Valley）战役是谢里登最伟大的军事胜利。在此期间，他建立了由军队控制的情报行动团队。此前的做法是依靠侦察兵向当地平民和逃兵搜集情报，然而后两者作为情报来源，是极其不可靠的。新建的情报队伍被称为"谢里登侦察兵"，他们搜集一切可以搜集的情报，从战略情报到战术情报。搜集的情报交由他幕僚中的专家分析。情报队伍里有一组人员，擅长伏击敌军信使，他们偷来的加密信件，则交给队伍里的几组专业密码员破译。

现在，谢里登将特工派到墨西哥，他们很快在墨西哥建起广泛的情报网，提供极为全面的情报。间谍们了解的情况令人不安。1862年，法国人借口收取欠债入侵墨西哥，但真正的原因是拿破仑三世野心勃勃地想将墨西哥变成法兰西帝国的前哨站，以此抑制日渐强大的美国。

为达到这一目的，拿破仑说服奥地利皇帝弗朗兹·约瑟夫（Franz Joseph）的弟弟马克西米利安（Maximilian），在3万柄法国刺刀的簇拥下，

左：法国皇帝拿破仑三世，试图遏制美国日益增长的实力，导致其军队在墨西哥出师不利。

下：贝尼托·胡亚雷斯，墨西哥革命领导人。他在美国情报机构秘密行动的帮助下，推翻了法国占领势力的政权。

成为墨西哥皇帝。1864 年,马克西米利安来到墨西哥城登基。此前墨西哥保皇派和拿破仑都劝他,墨西哥人会将他当成开明君主热烈欢迎。然而事与愿违,墨西哥人民的态度很明朗,他们彻底鄙视马克西米利安。马克西米利安却似乎理解不了一个简单的道理:墨西哥人民痛恨法国占领者,由占领者选择一个说德语的外国人来当统治者,这是他们绝对不可接受的。

谢里登明白,一个强加的欧洲君主极为不得人心,这为墨西哥人民起义创造了最佳条件。于是,他开始秘密为胡亚雷斯的游击队提供武器。此后的情况完全是起义的经典法则在起作用。胡亚雷斯的游击队进攻的次数日渐增多,法国人和马克西米利安的镇压也随之增加。这又导致更多的人加入胡亚雷斯的游击队,从而发动更多的进攻,引发了更大的压迫,如此循环往复。由于谢里登间谍提供的情报,还有他们对墨西哥进行的军事侦察行动方面的培训,胡亚雷斯游击队的进攻越来越有成效。

秘密行动

谢里登的秘密行动还得到另一项美国情报行动的支持,这项行动由国务卿威廉·苏厄德(William H. Seward)开展。苏厄德能在美国历史上留名,是因为从俄国手里购买了阿拉斯加,此事当时被嘲笑为"苏厄德蠢事"。其实苏厄德是一位非常机敏、精明的外交家,深谙谍报之道。内战期间,苏厄德就意识到法国对美国南部的威胁,巧妙进行了一场外交活动。他暗示拿破仑,自己相信法国介入墨西哥只是为了收债。同时他又微妙地转达,因为有拿破仑的傀儡马克西米利安这么一号人物,亚伯拉罕·林肯总统担心法国会计划永久占领墨西哥,对此深感不安。在此期间,他还建起由美国领事和外交官组成的情报网,了解拿破仑的计划。苏厄德聘用了一批电报员和密码员,开展了美国的第一项非军事情报行动,监控拿破仑和墨西哥之间的通信。

正是这个通信情报网,在 1866 年年末截获并破译了一封信件,获得了一条无价的情报。那是拿破仑寄给他在墨西哥城指挥官的信,信中说:在墨西哥的冒险耗费了太多的兵力和财力,必须结束了。他命令该将领制订一份三阶段的秘密撤退计划。拿破仑还透露,撤退只是更大计划的一部分,诱使

间谍图文史 [彩印增订典藏版]
The History of Espionage

第八章 真理前行 277

此画描绘了墨西哥的傀儡统治者马克西米利安皇帝，连同他的两位将领，于1867年被处决的场景。

美国加入对墨西哥的共同占领，组建临时政府；临时政府将把可恨的胡亚雷斯排除在外，因为此人的手下杀了很多法国士兵。

有了这份情报后，苏厄德突然对拿破仑施加更多的压力。他直截了当地告诉法国大使，美国是胡亚雷斯的支持者，任何将他排除在外的计划都不可行。不会有什么共同占领，不管是临时的还是永久的，法国必须立即撤出墨西哥。美国开始向胡亚雷斯提供大量武器和补给，谢里登则在边境一带煞有介事地调动部队，向拿破仑展示，或许美国即将发动军事攻击。最终拿破仑让步了，他仓促下令撤军。马克西米利安大失所望，但还是顽固地决定留在墨西哥继续作战。

直到最后，马克西米利安对情况的了解都错得一塌糊涂，他以为凭自己和一小撮支持者，就能够赢得墨西哥人民的支持。但是，这样的支持从未出现，最终他被俘了。1867年6月19日，墨西哥历史上唯一的皇帝同他两位将军一起，被行刑队枪决。

第九章 **铿锵玫瑰**
CHAPTER 9

上图：一个简单、易于操作的密码盘——阿尔柏蒂转轮（Alberti Wheel），一战前曾被多个国家使用。阿尔柏蒂转轮的密码系统很薄弱，易于被破解。

1914年秋天，安特卫普（Antwerp）处于德军占领之下。对住在苗圃大街10号那栋大楼附近的比利时人来说，提到这个地址时只能耳语。他们也已养成习惯，避免靠近这栋建筑。守卫大楼的军事巡逻队经常盘查在苗圃大街上的行人，甚至只要有人敢看大楼一眼，就有可能被指控为间谍。那些胆敢在公开场合猜测楼里正在发生什么事情的人，都会被抓起来，投进监狱。

　　比利时人认定，大楼里肯定有邪恶的事情发生。否则，怎么有那么多门卫，那么多层铁丝网，来防止外人闯入？昼夜怎么会随时有车出入，开得飞快，并且车窗都拉上了黑色窗帘？这一切做何解释？

世界大事

其实，谈不上邪恶。比利时人不知道，在这栋装饰华丽的灰色大楼里，正在进行一场谍报革命，这场革命一直影响到现在；他们更不可能知道，发起这场革命的人，是谍报史上最让人想象不到的人——一位深居简出的女学者，这位情报界的传奇人物被称为"博士小姐"（Fraulein Doktor），她奇特的谍报生涯中最不可思议的一点，就是她从未当过间谍。

1914年8月一战爆发时，埃尔斯贝特·施拉格米勒（Elsbeth Schragmueller）年仅26岁，这位优秀的经济学家刚刚在弗莱堡大学取得博士学位（她的论文内容是中世纪的石匠同业公会）。出于对德国的热爱，她志愿报名参军。这当然行不通，征兵的军官们感到好笑。但他们同时注意到，她智力超群，可以说流利的英语、法语和意大利语，这些在战争中可以派上用场。令施拉格米勒沮丧的是，军官们能想到的最合适她的岗位，就是布鲁塞尔的邮政检查局。几百名检查员在那里审读每封邮件，从中寻找线索，防范敌方间谍以普通信件为掩护发送情报。

施拉格米勒几乎马上就意识到，这一整套做法都是失败的。她告诉目瞪口呆的上司，几乎所有派去检查信件的人都没有受过训练，才智低下，视野狭隘。他们只知道寻找最显眼的东西，比如"米妮姨妈告诉我，她昨天在那慕尔看到了十只鹅"（我的眼线报告说，有1000名德国人在那慕尔扎营），或者就是那些含有太多详细军事消息的士兵信件。她对上司们说，看看他们错过的情报吧。这份送给银行的售货清单，内容是出售一个家庭农场，仔细开列了卖出的鸡、鸭、猪、牛、马和农具的数量（其实是观察到德国军队的数量及其实力）；这一封信是一个女人写的，自己的水手男友一次帆船赛的成绩，详细叙述了赢得各级别赛事的帆船名称（即停泊在港口的德国战舰的种类和数量）。

在一场让听众大开眼界的说明会上，施拉格米勒展示了自己设计的文本分析系统，用以找出一封信中有可能传递情报的句子。她主张，对那些被聘用为检查员的人，要按严格的规定给他们授课，而这一套文本分析系统应当列为课程的一部分。担任检查员的人应当从有才华的大学毕业生中挑选，须具有适当的专业背景，能够发现利用信件夹带谍报信息的花招，无论这些花招如何巧妙。

邮政审查局采纳了她的建议，工作效率大为提高。人们开始议论这个了不起的女子，有关其能力的各种说法，很快传到德国军事情报机构高级官员们的耳朵里。他们正面临着更大的挑战——改革德国的谍报教育体系。正如施拉格米勒发现的那样，在一战前的数十年间，德国严重忽视了自己的情报能力，此时正为此付出代价。德国要面对三个战场，情报任务堆积如山，因而急需大量间谍。为了迅速满足这一需求，德国情报机构利用建在比利时占领区的三所间谍学校，草率招募间谍。间谍的学习过程极为匆忙，一期招几百名学生，一个星期就结业。施拉格米勒称，采用这种方式，第一批毕业生被派去西线，一进入敌方领域就落入敌手，这毫不奇怪。

施拉格米勒被授予全权，可以自行其是。她的结论是，不改变现有的训练方式，德国情报工作就不可能得到改善。学生只学习一些关于密码、隐形墨水以及伪装方面的基本知识，就被送进残酷的间谍世界，无异于谋杀。施拉格米勒不但彻底更改了培训课目，还几乎把学校相关的一切内容都做出调整，推出了第一套真正系统的间谍培训方法，多年后这套系统成为所有现代情报训练课程的模板。

埃尔斯贝特·施拉格米勒，德国情报界的传奇人物"博士小姐"。她设计了现代情报特工训练体系。

三所德国间谍学校被合而为一，成为安特卫普苗圃大街上的一所大型学校。学校采用了施拉格米勒严格的新体制，仔细甄别招收的学员，确认其是否已准备好成为间谍。她不想要情报机构原来视为主要招募对象的社会渣滓，想要的是那些聪明、立志于为德国的事业出力的人。过了第一道门槛的人，都用拉着黑色窗帘的汽车接到学校。到校后他们会见到一位身材高挑的金发女郎，她身着便装，自我介绍是他们的"指导员"，并告诉他们将如何度过接下来的 15 个星期。

学员们每天要花 12 小时，接受密集的谍报技巧培训（伪装、隐形墨水、军事设施草图、密码）。学员住单人间，禁止与其他学员接触，只以数字称呼，任何时候均戴面具（如果日后被捕，就不会透露其他学员的身份）。结业时，学员必须通过一场终极考试，其中包括前往友国地区执行一次谍报任务。学员如能完成任务，就能得到一项真正的敌后谍报任务。完不成任务的人则被淘汰出局，并被遣返回家永不录用，同时被告知：如果他把学校经历告诉任何人，就会被处死。

1915 年春，英国和法国的反情报机构察觉，德国情报机构突然注入了一股活力和职业精神。与以前成批落网的第一代德国间谍相比，新一代德国间谍展示出的技巧要高超得多。后来有一些施拉格米勒训练的间谍被捕，在不招供就将被立即处决的情况下，承认他们接受了德国情报机构的招募。他们的故事如出一辙：乘坐拉着黑色窗帘的汽车去了安特卫普的一栋大楼，一位金发女郎指导他们的培训，高强度学习课程，以及经历终极考试——一般是派去与向己方透露情报的"叛徒"接头。在接头过程中，学员必须伪装身份，用学到的反侦察技术，躲避德国特工的抓捕。

实力人物

德国间谍的供词有一个共同线索，那就是德国新的谍报培训师与众不同的个性。没有人知道她的名字（因为她刻意从来不说自己的名字），但有一个在法国北部落网的学员说，他注意到虽然学校保安措施严密，但有过一次疏忽。有一天，他无意间听到一个德国军官在同"指导员"打招呼时，称她为"博士小姐"。这提供了一条线索：德国文化崇尚高学历，同拥有博士学位的人说话，对男士必称"博士先生"，若对方是未婚女士，则称为"博士小姐"。

有了这一点点信息后，英国人试图找出究竟谁是"博士小姐"，企图渗透进她的学校，除之而后快。然而他们一直没有发现"指导员"就是施拉格米勒（她的身份战后才揭晓），也从来没有机会接近她。英国人发现，追踪"博士小姐"，就如同寻找一个鬼魂。施拉格米勒用多个不同的身份（其中一个是年迈的洗衣工）在不同的地点居住，同一个地方她一般只住几个晚上。

不过，这一切最终都无关紧要。英国人认识到，就算抓不到"博士小姐"，这个神秘人物正好可以用来做宣传标志。一时间，坊间的书报杂志上都是关于这个德国超级间谍的故事，一位丰满漂亮的日耳曼女神，她生性凶残，遇到愚蠢的学员直接开枪打死。这些邪乎的故事起到了预期效果。当时，英国在西线的战事胶着，成千上万的英国士兵被无能的将领们派去送死。现在起码可以找一点借口了：那是因为有个德国超级间谍在捣乱，她诡计多端，获取了英国的进攻计划。

当然，事实真相当然要平淡得多。施拉格米勒一直未婚，战后重回平民生活，在慕尼黑大学当经济学讲师。英国有关她的那些夸大其词的宣传，在战后竟作为事实流传，令她震惊不已。她总是拒绝谈论战争期间自己在德国谍报界的角色，只有一次例外。1932年，有一个在瑞士疗养院戒鸦片瘾的妇女，声称自己就是传说中的"博士小姐"。施拉格米勒突然现身，强烈驳斥了这一说法。她拒绝了所有的采访，对出版商为出版回忆录提出的诸多优厚条件，也统统不屑一顾。1939年，施拉格米勒逝世。

德国情报机构其实根本没有达到英国宣传的那种水平。一战初期，其

一战后英国情报机构比较成功的宣传行动之一，突出了德国人野蛮的形象。图中文字大意为：

不列颠帝国联盟宣
"江山易改，德（国）性难移！"
1914—1918年，永不重演！
　　记住！一名德国人有工作，就意味着一名英国工人没工作；每卖出一件德国货，就意味着一件英国货卖不出去。

他各国也不具备类似的水平。事实上，一战开始时，各国的情报都接近全盲状态。甚至可以说，正是因为存在这种情报上的盲目，才有了一战这场大灾难。

1885年年初，欧洲各国同时得出了战争不可避免的结论。他们认为，战争是解决殖民地争端、对日益逼近的危险的认知、为过去的地缘政治不公复仇以及竞争性经济利益之间不可调和差异的唯一途径。他们以为将会发生一场拿破仑式的战争，短时间内就会分出胜负。为做好准备，各国都拟定了复杂的作战方案，包括详尽的战争动员日程表。一有苗头显示战争爆发在即，国家常备军就将马上开赴预定的战斗位置，紧接其后的则是机动性强的物资储备部队。

在间谍术语中，这要求获得当时所称的"确凿消息"，即对敌方军事能力的准确情报评估。这样的情报，一个国家若将受到攻击，就有时间先行防御，同时制订反击计划。结果，情报成了军事领域专属，只局限于搜集详细的技术和战术情报。1913年法国情报机构关于德军的报告，就是这方面的例子。报告卷帙浩繁，其中的细节足以让人昏昏欲睡，例如用于为前线部队准备食物的餐车的准确尺寸及操作理念。

搜集这样的情报是一项单调的任务，不需要复杂的训练，一般交由大使馆武官执行。此外就是花钱从外国人中雇用低级间谍，用由此得来的消息作为对上述情报的补充。这些低级间谍由总参谋部军官指挥，后者也很少或者根本没有受过情报训练，并且认为自己的工作没有升迁的可能，所以满腹牢骚。其中大部分人之所以被安排从事情报工作，是因为上级认为他们不是指挥战斗的材料。每个军官都明白，指挥战斗才是升迁和获得荣誉的唯一途径。

到了1914年，欧洲各国的情报机构都确信他们无所不知。在一排排固定在墙上的档案柜里，装满了他们的报告，任何有情报价值的事项，都有相应的报告在里面。他们知道法国75毫米火炮的反后坐装置如何工作，德国的战斗巡洋舰上的炮塔如何反转，英国如何在战场上布置骑兵，塞尔维亚的前线堡垒的准确厚度，还有俄军在开战后 24 小时内能够调动兵员的准确人数。

他们确实知道一切，但就是不知道需要知道的情报。德国情报机构知道英国步兵给步枪再次装填弹药所需的时间，而对德国一旦实施战争计划的重大一步——即占领中立国比利时后，英国将做何反应，完全不知情。奥匈帝国的情报机构掌握塞尔维亚战时将会部署火炮的准确数量，但对俄国声明如果塞尔维亚受到奥匈帝国攻击，俄国就会站在塞尔维亚一方参战，他们却懒得去了解其中之意。1905 年的日俄战争显示，机关枪和快速火炮已经将决定性优势转到防守一方。各国的情报机构对此都没有研究，所以才会信心十足地预言，将会是一场通过大规模的进攻而取胜的短期战争。

情报乱局

一战之前，即使是最明显的情报成就，其用处也很有限。这一成就发端于：1913 年，俄国情报机构招募奥匈帝国总参谋部军官阿尔弗雷德·雷德尔（Alfred Redl）为间谍。俄国人发现，雷德尔有恋童癖，便利用这一信息设局，让他与一名男孩接触并拍下照片。受到曝光要挟后，雷德尔把自己能获得的一切情报都交了出去，其中包括"3 号计划"（Plan 3），也就是奥匈帝国在与俄国作战的军队动员和部署计划。不过，雷德随后被捕，俄国人只能推断奥匈帝国已经知道计划泄漏，显然会改变计划。

1914 年的事件表明，狭隘地注重战术情报注定会导致灾难。7 个欧洲国家糊里糊涂地卷入战争，每个国家都确信自己的军队在"叶落之前"就会凯旋。比利时人安然坐守在他们"牢不可破"的堡垒中，这些堡垒被认为足以抵挡德国的任何进攻，其情报机构根本没有关注过，如果开战，德国人打算如何对付这些堡垒。所以比利时人根本不知道德国已经制造出专用的攻坚火炮，能够将他们的堡垒轰成瓦砾。

法国情报机构只盯着阿尔萨斯－洛林，别的一概不管。阿尔萨斯－洛林原属法国，44年前在普法战争中被割让给德国。法国情报机构在毫无证据的情况下断定，德国的主要行动会放在阿尔萨斯－洛林一带。由于缺乏对德国军事思维和计划的深入了解，法国人没有发现德国的百万大军已经涌入法国北部，等他们回过神时，一切都太迟了。

德国情报机构对英国的野战武器和战术了解颇多，但对于英国计划如何使用军队则一无所知。结果，德国情报机构未能察觉英国远征军（British Expeditionary Force，BEF）向欧洲大陆的调动。这一重大的情报失误让威廉皇帝大为光火，他训斥那些懊恼不已的部长们："我周围的人全是蠢货吗？"英国情报机构对德国海军知道得颇多，但就是不知道战争爆发后德国海军的行动计

奥匈帝国总参谋部的阿尔弗雷德·雷德尔上校，因受到沙皇俄国情报机构奥克拉纳（Okhrana）的威胁而叛国。

划。因此英国人没有认识到，德国并不会像预想那样，用潜艇去侦察大型舰队，而是用作战船。在一战初期，两艘英国皇家海军巡洋舰在没有反潜保护的情况下航行，被一艘德国潜艇只用了14分钟就击沉了。

这一连串的情报灾难，都是已经基本失灵的欧洲情报机构导致的。这些情报机构的核心问题是它们都已经严重落后于时代。从美国内战开始，战争就发生了剧烈的变化。这样清晰的警示，情报机构却没有注意到，所以没跟上迅速变化的节奏。诸如电报一类的技术发展，使大规模军队快速调动成为可能，使战争发生了革命性变化；而情报工作还处于拿破仑时代停滞不前。没有哪个国家建立起集中统一的情报机构，去搜集和评估情报。密码应用时有时无，情报工作全部交由军方处理，意味着情报工作在很大程度上就是数豆子：无可救药、狭隘地局限于整理有关对手的军队和武器数量的资料。

最为无能的是法国的情报机构。普法战争的灾难使法国人认识到，失败的很大部分原因是缺乏关于普鲁士军队的情报。为了纠正这一点，法军总参谋部成立了一个新机构——"总参二局"（Deuxième Bureau）。一切与情报相关的事务都由总参二局负责。这是个组织上的错误。因为与其他国家的军队一样，法国军队中，战斗部队才有晋升和成功的途径，所以吸引了最优秀的军官。情报工作被视为职业发展的"绊脚石"，意味着前途终结，吸引的都是平庸的军官，他们的大部分时间都用于谋求调换岗位。更糟糕的是，他们中大部分人对情报一无所知，也无意于深入学习。

更有甚者，总参二局内部人员不和，意见分歧较大。矛盾的高潮是发生于1894年的阿尔弗雷德·德雷福斯（Alfred Dreyfus）上校一案。德雷福斯是总参谋部的军官，被控向德国出卖军事机密，但真正的叛徒是总参谋部的另外一个军官，他陷害了犹太人德雷福斯。其他军官具有反犹倾向，试图包庇真正的叛徒。数年后，包庇的事情败露，公众对总参谋部的支持一落千丈。1908年，左倾政府上台后，大幅消减了总参谋部（包括总参二局）的预算，情报工作陷入停滞。

德国没有德雷福斯案，但瓦尔特·尼可莱（Walter Nicholai）看出，德国情报工作同样存在巨大空白。尼可莱是德国总参谋部的下级军官，本来对情报工作一无所知。在一战爆发前的某一天，他突然被叫去接管德国的情报机构。让尼可莱目瞪口呆的是，该情报机构总共只有13个人，由总参谋部的一个老军官管理着12个下级军官。但还有更糟糕的消息。尼可莱被告知，他的正式头衔是"总协调员"，除了指导情报工作外，还要监督德国所有的宣传行动和新闻审查事务，而他所能动用的预算只有47万马克。尼可莱想知道为什么德国投资在情报的资金这么少，得到的答案是战争只会持续几个月，没有必要花费重金。更令他不安的是，有一次，总参谋长埃里希·法金汉（Erich Falkenhayn）对他说："一定要告诉我敌人是如何行事的。我在这里听不到任何消息。"

尼可莱不明白，这么点钱，又这么点人，该怎么组织这个情报机构。（别无他法，他只好录用50个警察作为第一批新招募的情报人员。）同时，俄国情报机构奥克拉纳却有多达8000名特工，以及大规模的线人网络，还有自己的密码机构和通信网络。从理论上说，这是一个庞大的情报组织，但它的注意力用错了地方。由于民怨日炽，沙皇总担心内部威胁，一直把奥克拉纳当成镇压内部的工具。1914年，奥克拉纳在境外只有一个站点，设在巴黎。然而，即使是巴黎站也没有专注于对外情报，而是监视流亡的俄国人。

后果显而易见，1914年一战爆发时，奥克拉纳对于俄国面临的情况根本一无所知。俄国的战略很简单。庞大的"俄国蒸气压路机"（数量众多的军队）将会一路西进，压碎德国人，直抵柏林。但对于驻扎在与俄国相邻的东普鲁士的德军，奥克拉纳没有一丁点儿情报，对德国将会如何应对俄国入侵也毫不知情。两支俄国大军像盲人一样越过边界，不知德军身在何处，有多少人，有何企图。一支军队如此盲目地开赴战场，必将遭遇军事灾难。

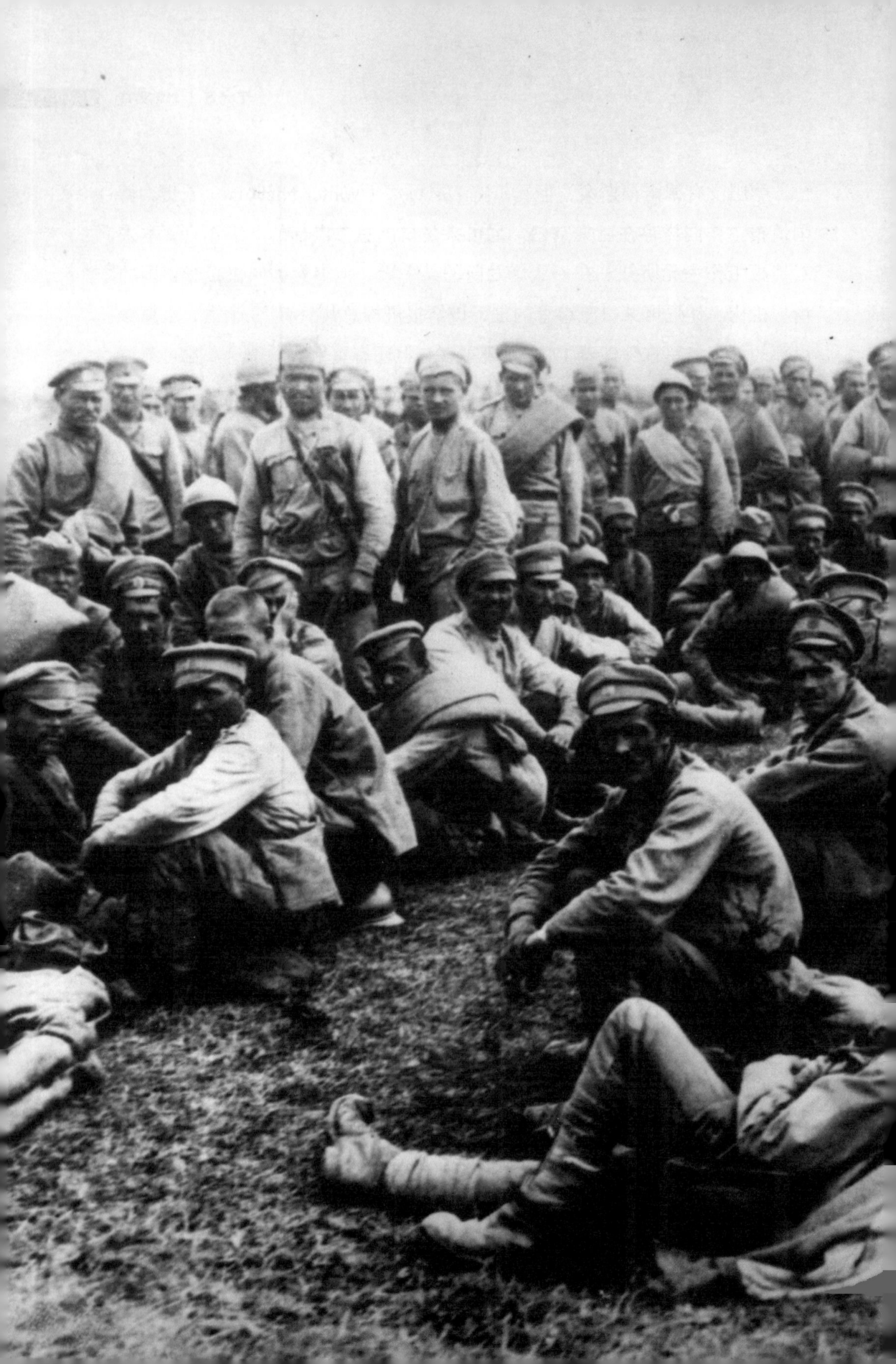

坦能堡战役（Battle of Tannenberg）中被俘的10万俄国俘虏。这场灾难因无线电安全漏洞而导致。

战争的代价

1914 年 8 月 26 日，当俄军第一军和第二军糊里糊涂闯入东普鲁士时，他们遇到一个特殊麻烦：通信。奥克拉纳不遗余力地维持其对密码技术的垄断，使俄军像是后娘生的，设备和人才都少得可怜。事实上，资源如此短缺，以至于俄军在东普鲁士只能广播作战命令。德国人听到广播后，在惊讶之余，将俄军引入坦能堡镇附近的大伏击圈，一次就造成 12.2 万名俄军伤亡。这只是第一场灾难，一系列灾难接连而至，最终摧毁了俄军。

对这一历史上最恶劣的情报灾难，奥克拉纳不打算承担任何责任。按政府的要求，奥克拉纳须对坦能堡发生的情况进行调查，结论是，失败的唯一原因在于战争部长的叛国行为。证据？他老婆是犹太人，花费很多钱买衣服，而且开战前一个星期他还给一位奥地利朋友写过信。在信里他提到，因为天气恶劣，"不能长途远行"。奥克拉纳坚持认为，这是一条加密信息，透露了俄军入侵东普鲁士的行动计划。这位战争部长因此被判终身监禁。

英国情报机构没有愚蠢到这种地步，但是同其他欧洲国家的情报机构一样，它对欧洲大陆正在发生的事情也没有深入了解。英国在很大程度上依赖志愿服务的业余间谍，这一传统从此时成为英国情报机构多年的特征。间谍名单里包括探险家理查德·伯顿（Richard F. Burton），他提供自己在阿拉伯地区游历时观察的情报。还有童子军创始人罗伯特·巴登 –鲍威尔（Robert Baden-Powell），他是英国陆军的间谍，专长是隐写术，即将情报信息隐藏在看似普通的艺术作品中。在一战前的几年，鲍威尔利用自己广泛的世界旅行经验侦察军事防御工事。作为一名知名的鸟类和昆虫画家，尤其是蝴蝶画家，这位国家英雄和静态防御专家，把侦察过的堡垒最细微之处都融入自己的画作中。技法极为精妙，如果不懂其系统，绝不可能看出端倪。

在英国，情报工作到了20世纪初才成为一件严肃的议题。当时近代最严重的间谍恐慌席卷了全国。这种恐慌由日益好战的德国引发。德国海军（Kriegsmarine）将领大举兴建战舰，他们公然断言，与英国终有一战，而德国将因其"装甲拳头"——公海舰队而取胜。自拿破仑之后，英国从未如此时一般感到被威胁。报纸开始充斥着德国军事威胁愈加严重的恐慌故事，并伴随着大规模的德国间谍威胁的潜台词。很多人相信，德国随时可能入侵，而谍报威胁则是关键的前奏。

1903年，英国爱尔兰籍作家，同时也是为外交部服务的业余间谍厄斯金·柴德斯（Erskine Childers）出版了一部小说，将恐慌推向了高潮。小说名为《沙岸之谜》（Riddle of the Sands），写的是名叫卡拉瑟斯（Carruthers）的帆船爱好者，在弗里斯兰岸边航行时，偶然发现了德国的一个秘密入侵计划。（有意思的是，确有其人，此人是外交部的业余间谍。）卡拉瑟斯及其同伴还揭露了英格兰东部海岸一个庞大的德国间谍网，其头目是生性残暴、诡计多端的"多尔曼先生"。小说以讽刺的手法，将这个人物完美诠释成德国邪恶间谍首脑的形象，也将之"野蛮特征"体现出来（具体形象留待读者想象）。

小说轰动一时，成为当时颇受欢迎的畅销书之一。柴德斯自己承认，他的目的就是要激发舆论潮，敦请政府和海军行动，应对"德国威胁"。他达到了这一目的。一时间舆论哗然。公众有这样的反应，主要是因为人们普遍认为，小说实际上写的是几乎不加掩饰的事实。很多人相信，德国大规模入侵真的就在眼前，德国的谍报活动已经渗透了英国生活的各个领域，为入侵提供帮助。

从谍报角度看，这本书的重要作用在于它对英国政府的影响。英国帝国防务委员会（Committee of Imperial Defence，CID）得出结论：柴德斯描绘的可怕场景没有事实依据。但委员会同时认识到，英国政府对德国威胁的规模一无所知，于是就此问题组织了几项研究活动。结论是确实不知道问题的答案，但可以推断：（1）可能已经有大量德国间谍在英国活动；（2）德国

英国业余间谍罗伯特·巴登－鲍威尔爵士的花鸟素描，看上去并无异样，但他在其中画上了侦察过的工事细节。

威胁日益严重，需要动用更多的情报力量对其加以监视。1909年，英国设立了秘密勤务局（Secret Service Bureau），该机构初期分为陆军部和海军部。一年之后，该机构合并为负责国内反谍报事务的"国内部"（后为军情五处）以及负责境外谍报工作的"国外部"（后为军情六处）。

在这一新构架之下的对外情报部门，在一战爆发后未能在欧洲大陆建起情报网，只是在中立国荷兰和瑞士发展了一些情报人员，作为刺探德国的监听站点。在瑞士的明星间谍是萨默塞特·毛姆（Somerset Maugham）。他后来将自己的间谍经历写入了《英国特工阿申登》（Ashenden）系列故事里。这些短篇小说描写了一战期间一个在瑞士进行间谍活动的英国特工（基本就是毛姆本人）。小说里的特工有许多詹姆斯·邦德式的事迹，而在现实中，毛姆在瑞士的经历要乏味得多。毛姆借口为写小说做"研究"，周游瑞士，将搜集的情报寄送到伦敦，藏在寄给英国出版商的手稿中。这是一个很有创意的谍报通信方式，因为瑞士海关官员不太可能有耐心通读数百页手稿，去找几张不属于稿件内容的情报。

艰难抉择

对于在敌后工作的间谍而言，通信一直都是致命弱点。即使能搜集到情报，他们也根本没有轻松快捷的方法将信息传回总部。大多数情报一旦过时就无用了。获悉第二步兵师正被部署到另一战场的前线还不够，必须将消息即时转达才有意义。为解决这一问题，德、英、法三国都训练信鸽传信，把消息用微小的字迹写在轻薄的米纸上面，再系在鸽子腿上。但是，这一做法被广泛使用后，前线部队奉命见鸟就杀。

后来，英法两国想出了可以一举解决两个难题的技术方案：空中侦察。法国情报机构首先想到这个办法，有一天他们安排一名巴黎摄影师乘坐侦察机的观察员座位。飞机飞越德军战线上空时，飞行员抓住胆战心惊的摄影师的安全带，让他探出上半身进行拍摄。结果很震惊，照片上可以清楚看到德国战壕、碉堡和部队集结情况。英国人对这第一次空中间谍行动加以改进，研发了大光圈相机，能够拍摄大片地表。空中侦察的主要优点在于无须间谍渗透敌后侦察战壕线，同时还提供了一种万无一失的信息传递方式。当然，前提是侦察机未被击落……

这正是实际情况。当大家意识到从 1.6 公里的高空上方拍摄的照片具有巨大价值后，飞机开始装上机枪，以击落侦察机。这样一来，侦察机上的观察员就性命堪虞了。不过比起另一种空中侦察行动——观测气球上的观察员那种惊心动魄的处境来说，在侦察机上观察又可以说是小菜一碟。

观测气球的构思源自撒迪厄斯·洛在美国内战时的创新。他当时拴住气球，让它飘到前线上空 2000 英尺高（约 600 米高）的地方。气球吊篮里坐进一个观察员，带上地图板、望远镜，还有用于与地面通话的电话。他负责侦察敌人的位置，通过电话连线将实时情况反馈地面，更新战术地图。在整个过程中，观察员要提心吊胆留意是否有敌机飞来的引擎声，因为了结观测气球侦察的标准做法就是击落热气球。这事并不难，一颗曳光弹就足以把气囊变成炼狱。一见敌机到来，观察员就必须从热气球下方的吊篮里跳出，利用降落伞降到地面。显然，要想活命，一定得拿捏好时机。

总体来看，空中侦察的效果时有时无。对于德国人来说，这尤其令人沮丧，因为他们的许多情报行动都失败了。其中最重大的失败是在英国遭遇了一场情报灾难。间谍大恐慌使公众以为英国到处是德国间谍，事实恰恰相反。英国秘密勤务局国内部（即后来的军情五处）下了很大的功夫寻找德国间谍，结果一无所获。原因很简单，因为德国间谍根本不存在。

大约就在英国成立国内部时，德国情报机构决定在英国建立情报网，作为战备工作的一部分。但问题是德国没有可以派到英国的间谍，也不知道到哪里招募这样的间谍。出于无奈，他们求助于古斯塔夫·施太因豪尔（Gustav Steinhauer），此人曾是私人侦探，唯一能与谍报专业知识沾边的就是在美国当过很短时间的工业间谍。他能力不够，但是很卖力。施太因豪

西线上空观测气球上的美国观察员。他必须留神敌方战机攻击热气球。

尔伪装成一个移居海外的德国商人（他的德国口音很重，只能伪装成德国商人），居住在伦敦。他随后穿梭于英国各地，招募情报人员。1914年6月，也就是战争爆发前，他招募了26名间谍，大多为已在英国生活多年的德国移民。对德国情报机构而言很不幸，这些人无论是单个还是加在一起，能力都不行，能接触的有用信息极为有限。

为了与德国的上级联络，施太因豪尔招募了一个叫卡尔·恩斯特（Karl Ernst）的德国移民面包师，充当信使。施太因豪尔收到手下特工的报告后，送到恩斯特那里，然后由他转成信件，寄到德国情报机构设在荷兰的一个掩护地址。一战爆发后，邮政检查员很快注意到，为什么一个小小的面包店会有那么多信寄去荷兰，而且说的都是些家庭琐事，却特别强调数字（显然是军事信息）。

施太因豪尔的另外两个荷兰移民特工，也表现出同样的无能，他们自找麻烦地引起了邮政检查员的注意。他们用施太因豪尔的秘密资金在朴次茅斯开了一家雪茄店，目的是仔细监视英国皇家海军舰只出入朴次茅斯港的动向，并将相关的情报藏在订购雪茄的信件里，寄到荷兰的掩护地址。然而，检查员不可能注意不到，这家小小的雪茄店居然有数量惊人的商业信函，包括10天内订购4.8万支雪茄的订单。

德国海军三番五次向施太因豪尔索要英国海军的情报，而他手下的特工又没有能力得到有用的消息，于是他决定自己行动。他伪装成渔民去到斯卡珀湾（Scapa Flow）海军基地，用一条打结的绳子测量泊位的水深。这点情报确实很有趣味性，但对于了解英国皇家海军的计划，实在很难有什么帮助。此时发生了令其上司更为恼怒的事。英国远征军开到了法国，这么大规模的军队调动，就从他的特工们监控的港口出发，他们居然没有察觉。

施太因豪尔及其特工获取不到一点有用的情报，特别是与英国皇家海军有关的情报，柏林方面对此深感绝望，决定铤而走险。1914年年底，一名名叫查尔斯·英格利斯（Charles A. Inglis）的美国游客来到南安普顿，事

古斯塔夫·施太因豪尔。一战期间德国在英国的情报头目,不称职到无可救药的地步。

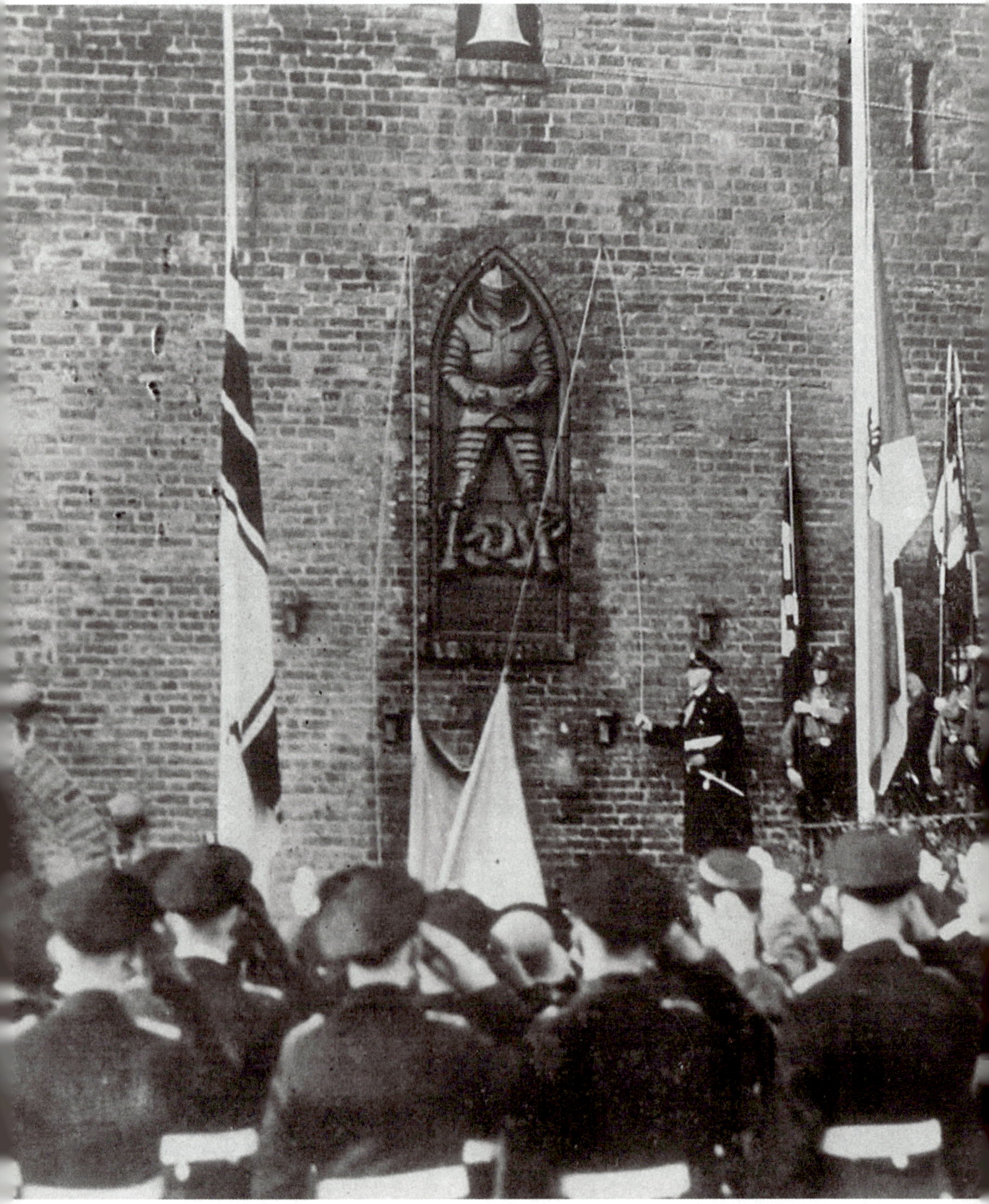

实上，他的真实身份是德国海军上校汉斯·卡尔·洛迪（Hans Carl Lody），因在荷美航运公司工作期间掌握了流利的英语，被派来执行这次任务。然而对于这一任务而言，他除了英语不错之外没有其他长项。他受命搜集关于英国皇家海军的情报，却没有受过任何情报工作培训。他需要把情报转成给"亲戚"的信件，寄送到斯德哥尔摩的一个假地址。

这位游客前往朴次茅斯。因询问大量关于港口战舰的问题，引起了人们的注意，因为普通游客显然不会在意这些。此外，洛迪在信里加入了一些病态的反德言论，这让他更加引人注目。他觉得这招不错，可以让任何读这些信的人相信，写信者是特别亲英的美国人。结果当然是适得其反。邮政检查员不禁疑惑，为什么一个美国游客在给瑞典亲戚的信中充满反德言论。信件的其余部分描述的是他对英国的"访问"，用词怪里怪气的，实际上是用简单的密码信，报告关于英国皇家海军战舰的情报。

苏格兰场（Scotland Yard，伦敦警察厅）的探员搜查洛迪入住酒店的房间，发现他的衣服是汉堡的一个裁缝做的，里层口袋还缝有"洛迪"这个名字。这严重违反了最基本的谍报常识。毫

1935年，纳粹德国为一战中"倒霉"的德国间谍汉斯·洛迪的纪念碑举行揭幕仪式。

无疑问,"英格利斯"是个间谍。洛迪进入英国才几个月,白白忙乎了一阵,一无所获就被捕了,后接受军事法庭审判,于 1914 年 12 月 6 日被枪决。施太因豪尔一伙已于早些时候落网,随着洛迪被处死,德国在英国的情报活动就此崩溃,一蹶不振。

业余间谍

就在德国对外情报工作接二连三出现灾难时,英国新成立的军情六处开展了一系列成功行动,这得益于英国最重要的资源:才华横溢的业余间谍。其中有一位很不像间谍的间谍——一位轻言细语的英国护士,后来对战争进程产生了重大影响。护士名叫艾迪丝·卡维尔(Edith Cavell),在布鲁塞尔贝克特尔医学研究所(Berkendael Institute)工作。她是 1914 年德国入侵比利时后,英国在那里招募的第一批特工之一。德国占领后她没有撤离。贝克特尔当时已成为红十字会医院,收治法国、英国和比利时伤兵。

但是,医院也被用来掩护军人。其中大部分为被德军的攻势切断了退路的英国人。比利时的一个地下组织与英国情报部门合作展开了一项行动,暗中将这些士兵送到中立国荷兰。卡维尔不知疲倦地与该组织合作,伪造文件,将 200 名士兵送出比利时。后来,地下组织内的一个叛徒将行动出卖给德国人。卡维尔等人被捕,她被指控"组织士兵投敌",她毫不畏惧并自豪地承认了这项指控。1915 年 10 月 12 日,她被枪决。

此时,成千上万的人死于战场,比利时的一个普通护士之死,通常不会成为轰动一时的事件。但是,艾迪丝·卡维尔死的时候,英国政府刚好决定要成立一个新机构:战时宣传局(War Propaganda Board)。

宣传作为谍报的一种辅助工具,自《圣经》时代便已存在。但是英国加入了一系列创新,使之变成一件强大的武器。首先,战时宣传局与军方和情报部门协同工作,将两方提供的情报使用到最大效果。其次,战时宣传局招募文学界和学术界的精英，其中包括间谍小说家（作品为《三十九级台阶》[The Thirty-Nine Steps]）约翰·巴肯（John Buchan）和牛津历史学家阿诺德·汤因比（Arnold Toynbee）等人物，组成一流的宣传队伍。再次，也是最重要的一点，它在宣传时注意区分德国军国主义者和德国人民。它申明，战争针对的不是德国人民，而是捍卫人类文明的正义之战，旨在打垮将德国拖入毫无意义战争中邪恶的军国主义者。

威灵顿院（战时宣传局的总部设在威灵顿院大楼，由此得名）第一个巨大成就，就是将卡维尔之死上升为20世纪战争罪行的宣传运动。这一版本中，卡维尔被塑造成完全无辜的仁慈天使，杀害她的人是头戴锥顶盔、脚蹬长筒靴的"野蛮人"，是英国宣传的反面形象。画家受托为卡维尔之死作画，她描绘成一个年轻漂亮的女子（与真实的卡维尔相差颇远，她长相一般，已年过五旬），被绑在刑柱上，一群龇牙咧嘴的野蛮人正要向她开枪。

卡维尔之死的这一版本，只字不提她为英国情报机构所做的工作，而是成为更大规模的宣传战的关键部分，即"比利时遭遇"野蛮的德军蹂躏的叙述。如同英国的其他宣传战一样，人们在这一宣传中也是小心从事，绝不离事实太远。就比利时而言，事实就是德国人因为受到反抗人士的骚扰，实施了多次针对平民的报复行动。这些情况足以让英国人加以放大，描绘成一个被德国铁靴踩踏的国家，文化珍宝被摧毁，人民遭到蹂躏。

英国的宣传行动在各处都激起了涟漪，最为重要的是在美国引起的反响。在那里，英国的宣传已经逐步削弱了美国的中立意愿，成为隐蔽战争的一部分。这场隐蔽行动最终成为一战最为成功的宣传行动之一。这一成功很大程度上利益于另外一名出乎意表的间谍，以及德国情报机构的无能。

1914年秋，皇家海军的盖伊·冈特（Guy Gaunt）上校前往哥伦比亚华盛顿特区，他的官方头衔是英国大使馆海军武官。事实上，其真正任务是领导英国在美国的所有情报行动，包括宣传。因美国对英国战事的关键作用，华盛顿成为英国在全世界最重要的情报目标。首先，英国需要美国工厂生产

艾迪丝·卡维尔，英国护士、间谍，1915年被德国人处死。此次事件为英国人提供了一个绝佳的宣传机会。

的武器，以及美国银行的贷款。其次，英国的关键政策是要让美国站在协约国一边，并将美国拖入战争。再次，德国的情报活动威胁到英国的武器供应渠道，并在竭尽全力阻止美国参战，所以必须要加以遏制。

这对英国的情报工作是一个很复杂的挑战。不到一年工夫，情况就已经表明，冈特无法完成任务。他自高自大、夸夸其谈，深爱谍报戏剧，处事与其说是谨言慎行，不如说是掩耳盗铃。很快，美国政府中无人不知，他是英国情报机构在美国的头目，任务是要把美国拖入欧洲战争。这显然不是完成这一任务需要的谨慎。尽管如此，他在美国高层还是交了一些朋友，包括年轻的海军部部长助理富兰克林·罗斯福（Franklin D. Roosevelt），以及杜勒斯一家。杜勒斯的小儿子艾伦，最爱坐着听冈特讲他在间谍世界的冒险经历。故事虽然精彩，但冈特哗众取宠的举动引得伦敦深感不安。军情六处第一任处长曼斯菲尔德·史密斯－卡明（Mansfield Smith-Cumming）知道，他得换人了。

他选择的替补人选可以说是神来之笔，选了一位真正的英国贵族——威廉·魏斯曼（William Wiseman）。魏斯曼在剑桥读书时是拳击手，家族的男爵封号可追溯到1628年。魏斯曼代表了英国上流社会男子的典型形象，气质安详而高贵。他文质彬彬，表里相得益彰，既是热忱的爱国者，更是精明强干的秘密行动高手。魏斯曼天生就具有这种才能，在1915年卡明录用他之前，从未在情报机构任职。一战爆发时，魏斯曼志愿报名参军，在佛兰德斯吸入毒气，因伤退伍。他急于为战争服务，要求承担重要的工作。卡明被他的热情打动，将他招到军情六处，派他到苏格兰场参加了为期一周的谍报基础课，随即将这位新成员派赴美国，接替冈特。

卡明认定魏斯曼是合适的人选，理由之一是他在国际银行业务方面的经验。魏斯曼曾作为银行家在美国工作过几年。当时他就与美国银行界的高层建立起广泛的联系，因为美国的银行家们难得见到一位英国同行居然能平易近人地对待他们，很是高兴。卡明还知道，魏斯曼喜欢美国。美国政治和文化的复杂、微妙之处，在英国人看来很是神秘莫测，而魏斯曼却对此有准确的把握。

　　1915年10月，魏斯曼来到美国，掩护身份是英国采购委员会主任，负责安排美国对英国的军火销售事宜。卡明认为，这个身份能让魏斯曼有充分的行动自由。魏斯曼立即开始行动，博取有影响力的领袖、政客和政府官员的好感。他把不少精力放在爱德华·豪斯（Edward M. House）上校身上。此人很富有，是得克萨斯有名的政治掮客，为伍德罗·威尔逊（Woodrow Wilson）总统取得民主党提名及在1912年当选，发挥了重要作用。此后，豪斯成为威尔逊最亲密的朋友之一。魏斯曼对自己的这一猎物看得很准。豪斯自高自大、目中无人，以为自己不但是国际关系的专家，而且对其他很多事情也知识渊博。他喜欢高谈阔论，大部分是胡说八道，但魏斯曼却称相当"深刻"。魏斯曼还会刻意寻找机会，称赞豪斯对某些事情的观点。他同豪斯成了好朋友，并进入威尔逊的核心圈子，开始同威尔逊说得上话。魏斯曼为人谨慎，从不多言。威尔逊曾是大学教授，魏斯曼了解他的心理，总是等到恰当的时机，才将自己的论点以学术分析形式阐述出来。魏斯曼的论点归纳起

盖伊·冈特上校（中）。一战期间英国情报机构在美负责人，因口无遮拦、自吹自擂而被卡明召回

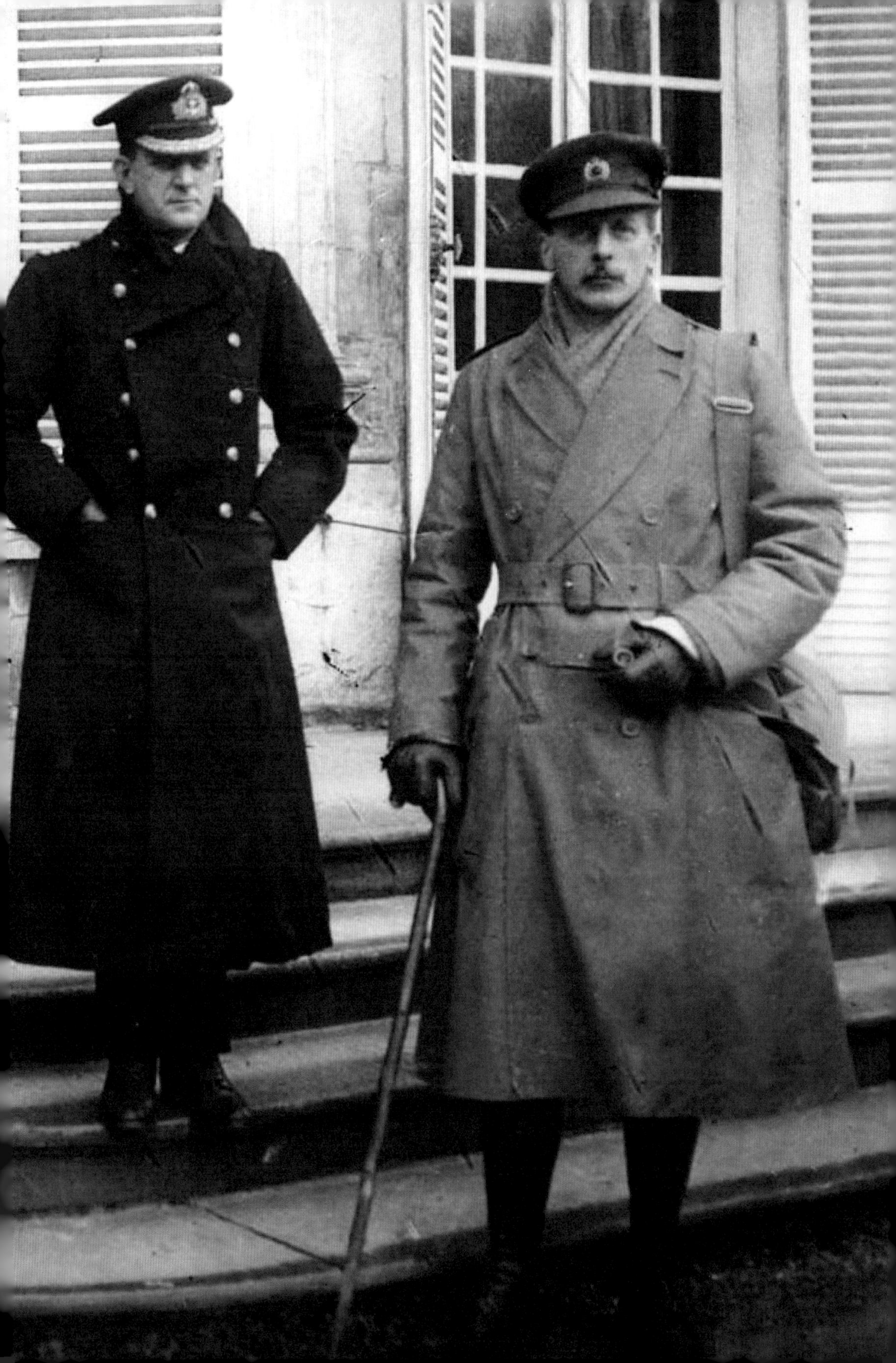

来不外乎是，德国军国主义对整个西方世界构成了威胁，而这一威胁对美国关系重大。德国军国主义如果取胜，就意味着威尔逊所希望的欧洲民主和自决将不复存在。

令魏斯曼庆幸的是，德国情报机构在美国显示出惊人的愚蠢，开展了一系列灾难性的行动，起到的作用只有一个，为英国的宣传运动提供最有杀伤力的印证。德国最严重的错误是决定在美国本土，破坏英国武器供应渠道。除了向欧洲运送武器的货船上放置炸弹外，还制造了多起场面惊人的爆炸。其中之一是炸毁了纽约和新泽西之间，东河中一处名为"黑汤姆"（Black Tom）的弹药储存点，这个存储点存放着等待运往欧洲的大批弹药。爆炸声波横扫三个州，曼哈顿的窗户被震碎，自由女神像也被震坏。

劳而无功

显然，德国情报机构没有事先计划好破坏行动。首先，这种破坏并没有实际作用。美国制造商获得保险支票后，马上开始生产更多的枪支弹药。武器渠道给制造商带来巨额利润，更不消说这中间创造的工作岗位，所以多少次破坏行动也无法使之中断。美国人想保持中立，但正如美国老话所说："生意归生意。"其次，破坏行动不可能赢得美国民意的支持。想到外国间谍在自己的国家到处横行搞破坏，没有哪个美国人能容忍这样的行为。

这些破坏行动导致了意想不到的后果，对德国情报机构非常不利。魏斯曼意识到，德国人的所作所为，已经让美国人坐立不安。美国的情报机构规模较小，分成两大部分：美国陆军军事信息局（Military Information Division，MID）和美国特勤局（Secret Service，当时负责针对外国在美情报活动开展反谍报工作）。魏斯曼与两个机构的首脑建立了密切关系，主动提供自己掌握的所有与破坏行动有关的德国间谍的情报，帮助特勤局识别出一个德国低级外交官,后者被认为是德国大使馆与破坏分子之间的联络人。他的这一举动组织取得了良好回报。

特勤局开始密切监视这位驻纽约的外交官。一天,他带着公文箱乘坐地铁时睡着了,后来突然醒来,发现自己已经到站。他从座位上一跃而起,匆匆离开,却忘了拿公文箱。跟踪他的特工急不可待地捡起来,发现里面的文件内容简直就是重磅炸弹,文件详细列出德国的破坏行动计划和宣传计划。德国外交官怒气冲冲,要求取回"外交文件"。美国在归还之前复印了文件,魏斯曼还将文件内容透露给他熟识的几大报纸的出版人。

将文件内容披露给报界,也是英国在美国广泛宣传行动的一部分,此举严重打击了德国人旨在让美国保持中立的努力。魏斯曼一直将在美国宣传行动的领导权牢牢控制在自己手里。他的理由是,美国情况特殊,绝非远在伦敦的宣传专家所能理解。事实上,魏斯曼就是他自己的宣传专家,他将伦敦炮制的材料改编,使之能在美国发挥作用。德国人还干了更多的蠢事,尤其是决定挑起无限制潜艇战,直接威胁到美国海员的生命,这些蠢事帮了魏斯曼的大忙。1915 年,"卢西塔尼亚"号(*Lusitania*)沉没,1498 名乘客和海员丧生,其中有好几百人是美国人,包括阿尔弗雷德·范德堡(Alfred Vanderbilt)。这又给了魏斯曼一个黄金机会,通过大张旗鼓的宣传,沉船事件被认为是德国军国主义者蓄意滥杀无辜的行为,而非德国潜艇艇长的失误(事实如此)。美国民意对德国的支持就此瓦解。

最后一击来自德国另一个也是最后一个错误。1914 年 8 月 4 日,即英国向德国宣战的那天。早上天色阴沉,英国"电信"号(*Telconia*)放缆船离开停泊港,悄悄驶向德国海岸某处。它放下抓斗,在接下来的一个小时里,将连接德国和美国的电报线拉上来切断。正如英国人所愿,此后德国与美国的通信只能依靠柏林郊外的一座大功率电台收发。英国人开始截获电台信号,收到的信息如潮水般涌来,不过全部加密。接下来的事情显然就是要破译这些加密通信,但这是一道难题。

难就难在英国曾经称雄世界的破译能力,如今已经退化。由于一战前

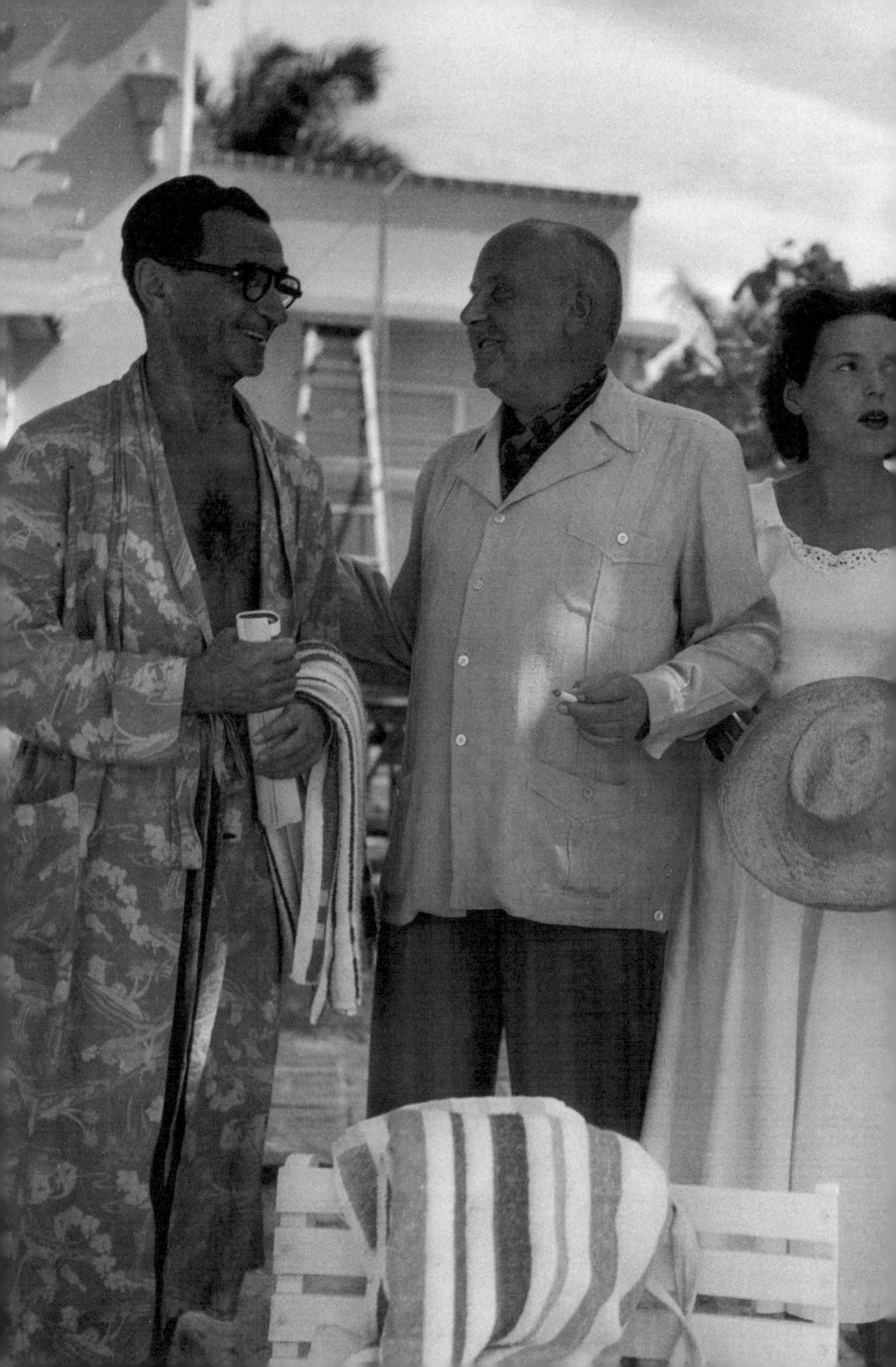

大部分重要的军事通信都与海军的电报有关（英国最先在战舰上装备无线电通信设备），密码工作交由英国皇家海军的海军情报处（Naval Intelligence Division，NID）负责。任务交给一个叫"40号房间"（Room 40）的秘密机构，得名于该机构在海军部大厦的办公室房间号码。机构负责人是威廉·霍尔（William Hall）上尉（后升为海军上将）。他看到办公室堆满了截获的德国电报，而处理电文的密码分析员少之又少，认为当务之急是尽快物色更多密码分析员。但是，哪里去找？

霍尔自己对海军通信颇为了解，但对密码分析知之甚少，少到以为能做出纵横字谜题的人就能成为出色的密码分析员。这听起来是个很不靠谱的想法，但结果他是对的。一天，在和海军同僚、海军教育部主任（Director of Naval Education）阿尔弗雷德·尤因（Alfred Ewing）聊天时，尤因偶然提到，自己特别钟情纵横填字谜题，越难越好。霍尔马上说服他加入"40号房间"。尤因又录用了其他一些纵横字

1955年，威廉·魏斯曼爵士（左二）及其夫人在牙买加的合影。很少有人知道，他在一战期间是英国的间谍首脑。

谜发烧友。短短几个月后，霍尔就有了一批一流的密码分析员，他们轻而易举地掌握了密码和编码的相关知识。

他们在密码分析方面取得了一系列重大胜利，特别是破译了袭击商船的德国舰队通信所用的海军密码，最终导致了这一舰队的覆灭。不过，1917年初，有一件可以说是密码界"原子弹"的电文落到他们手里。这使魏斯曼最大的目标得以实现，说服美国站在英国一边加入了战争。

相当长一段时间里，霍尔的团队一直在设法破译他们所称的"0075代码"（Code 0075），那是德国级别最高、最难破译的密码，主要用于传递敏感的外交电文。这种代码使用约1万组数字替代随机的单词和短语。由于极其复杂，德国人认为它非常安全，但"40号房间"却成功破译。1917年1月17日早晨，霍尔最优秀的密码分析员之一奈杰尔·德·格雷（Nigel de Gray）走进霍尔的办公室，问道："你想让美国加入战争吗？"然后递给他一份破译的文件，是德国外交部长阿瑟·齐默曼（Arthur Zimmermann）发给其驻美大使冯·伯恩斯托夫（J.H. von Bernstorff）的电报。霍尔读过内容后非常吃惊，因为电报通知伯恩斯托夫，德国决定开展无限制潜艇战，此举将迫使英国屈服，与美国交战也不可避免。电报还告诉伯恩斯托夫，德国计划提议与墨西哥结盟。作为对支持德国战事的回报，墨西哥将得到1847年墨美战争后失去的领土。

德·格雷催促霍尔马上将电文发布，毫无疑问，美国总统一旦知晓电报内容，一定会对德国宣战。"你们以为自己干了一件非常困难的工作，"霍尔回答说，"但是别忘了，我必须利用好你们给我的情报，而这要困难得多。"他说得没错。公布这份电报不是那么简单。第一，这会暴露英国已经破译了德国最高等级的密码，导致德国立刻更改密码，从而让英国丧失一大宝贵的情报优势。第二，英国必须让美国人相信，这不是为了把他们赶上战场而伪造的电报。第三，美国人会推测，既然英国人能破译难度如此高的密码，那他们可能也在监控美国的高级别加密通信。

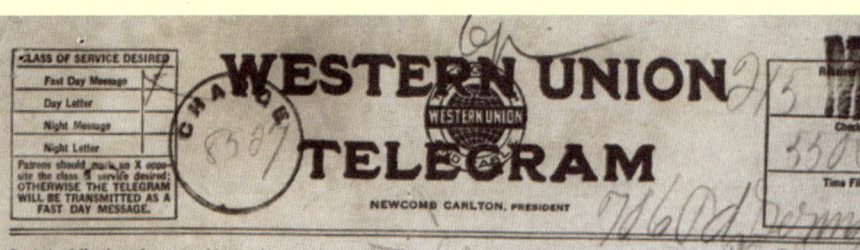

WESTERN UNION TELEGRAM

via Galveston
JAN 19 1917

GERMAN LEGATION
MEXICO CITY

130	13042	13401	8501	115	3528	416	17214	6491	11310
18147	18222	21560	10247	11518	23677	13605	3494	14936	
98092	5905	11311	10392	10371	0302	21290	5161	39695	
23571	17504	11269	18276	18101	0317	0228	17694	4473	
23284	22200	19452	21589	67893	5569	13918	8958	12137	
1333	4725	4458	5905	17166	13851	4458	17149	14471	6706
13850	12224	6929	14991	7382	15857	67893	14218	36477	
5870	17553	67893	5870	5454	16102	15217	22801	17138	
21001	17388	7446	23638	18222	6719	14331	15021	23845	
3156	23552	22096	21604	4797	9497	22464	20855	4377	
23610	18140	22260	5905	13347	20420	39689	13732	20667	
6929	5275	18507	52262	1340	22049	13339	11265	22295	
10439	14814	4178	6992	8784	7632	7357	6926	52262	11267
21100	21272	9346	9559	22464	15874	18502	18500	15857	
2188	5376	7381	98092	16127	13486	9350	9220	76036	14219
5144	2831	17920	11347	17142	11264	7667	7762	15099	9110
10482	97556	3569	3670						

BERNSTORFF.

Charge German Embassy.

著名的"齐默曼电报"。这一电报的破译导致美国参加第一次世界大战，开始对德作战。

破译密码

难题最后得以解决。英国得知，冯·伯恩斯托夫按惯例把齐默曼电报的内容抄送了一份给德国驻墨西哥大使。不过他犯了一个严重错误，使用了很低级别的密码。在美国特工的配合下，英国人潜入德国驻墨西哥大使馆，窃取了冯·伯恩斯托夫电报的副本。霍尔团队很快破译了电报（这算不了什么，因为他们有原件），然后将这个版本交给威尔逊总统。

威尔逊总统勃然大怒。5月1日，媒体发布"齐默曼电报"后，公众同样怒火中烧。报纸还加上如何从墨西哥城的一个小偷那里得到这份电文的童话故事。齐默曼显然不明白，为什么美国人如此愤怒，他公开承认了电报的真实性，使其对德国更加不利。几个星期以后，威尔逊告诉魏斯曼，自己将请求国会同意对德宣战，听得魏斯曼心花怒放。

到了这一步，魏斯曼可以为这次成功的秘密使命而感到自豪。他实现了一度认为无法实现的事情，促使美国参战，从而为协约国的胜利提供了切实的保障。不过他也坦承，是德国人的错误使自己的工作容易了许多。从根本上说，这些错误可以归咎于德国情报机构，它自始至终没有能提供关于美国真实情况的最基本认知。历史为这些错误开出了高价。

魏斯曼的工作还有一项成就，在英美两国情报机构之间建立起牢固的纽带。在二战及其后的岁月里，这种关系还将起到关键的作用。英国情报机构另一项重大成功的长期影响却更加复杂，主要是因为没有理会一位最出色的业余间谍发出的警告。

如果要评选曾经招募过的完美间谍的话，格特鲁德·贝尔（Gertrude Belk）当之无愧；她是20世纪了不起的女性之一，能说流利的阿拉伯语、波斯语、希伯来语、土耳其语，还有其他很多方言。她在牛津大学近代史专业拔得头筹，随后成为知名的阿拉伯地区探险家，而当时普遍认为，阿拉伯地区很是神秘。1914年，英国外交部情报机构将她列进了业余间谍名单时，她已在中东地区旅行超过2.5万英里（约4万公里），其中有700天是在骆驼背上度过的。这一地区在地图上是一大空白，贝尔对它却了如指掌。她特意不与酋长们，而是要和普通的阿拉伯部落成员待在一起。用她的话说："要和住在羊皮帐篷里的人交往。"因此，她极其熟悉中东的风土人情，包括占领中东的土耳其人在内。英国情报机构最感兴趣的是奥斯曼帝国的土耳其统治者：他们会不会与德国结盟？如果结盟，对英国在中东的关键利益会构成什么威胁？如果英国与土耳其开战，阿拉伯各部落会做何反应？

为了回答这些问题，英国外交部招募了一批熟悉中东地区情况的人，成立了一个新机构——阿拉伯局（Arab Bureau）。阿拉伯局总部设在开罗，将所有在中东地区搜集到的情报进行汇总。贝尔是局里的明星特工，永远不知疲倦，为了充分利用自己多年积累的阿拉伯线人搜集情报，她几乎常年都处于行动中。

贝尔对土耳其的军事部署和计划了如指掌，同时也掌握了阿拉伯人的参战计划，而后一点是更为关键的情报。在她众多情报线人中，有一个由定居巴勒斯坦的犹太复国主义者组成的间谍团体。土耳其在其中东帝国的军事架构的关键，正是这些犹太复国主义者。

由于贝尔知识渊博，还兼职为英军服务。英国军事情报机构对苏伊士运河特别在意。丢掉这一关键水道是不可想象的，所以任何与土耳其对苏伊士运河的军事威胁有关的情报都是重中之重。贝尔预测，土耳其会与德国结盟参战，并且会在某个时候威胁苏伊士运河。不过她也指出，土耳其的兵力分散，缺少现代武器。

英国军事情报机构发现，贝尔的情报非常宝贵，因此授予她英军少校的头衔。不过，她与将领们的意见并不完全一致，分歧主要集中于阿拉伯的问题上。贝尔指出，大多数阿拉伯人鄙视压迫他们的土耳其人，欢迎任何能使他们摆脱奴役的帮助。令她气愤的是，英军对阿拉伯人的评估带有种族歧视。英军认为，阿拉伯人只是一帮肮脏的野蛮人，氏族和部落四分五裂，过

格特鲁德·贝尔,英国情报机构在中东的明星特工。她制订了利用"阿拉伯起义"削弱奥斯曼帝国的计划。

于松散，没什么用处。

贝尔没有因为英军的这种态度而气馁。她制订了大胆的秘密行动计划，规模比英国情报机构尝试过的任何行动都要大。这一计划主张组织阿拉伯人开展大规模的游击战。有了英国的武器和支持，阿拉伯人可以纵横驰骋于沙漠地区，利用自己出色的机动性切断铁路，将土耳其人隔离在军营。当英军在土耳其领土展开进攻时，阿拉伯游击队会在土耳其人的后方行动，充当英军的耳目，同时切断土耳其人的通信，使土耳其军的各分队失去联系，陷入绝境。贝尔的计划采用了西班牙游击战模式。在拿破仑战争期间，这一模式对于在伊比利亚半岛击败法军起了关键性作用。贝尔注意到，对于主张利用受压迫西班牙人的想法，英军将领们一开始强烈批评，他们认为西班牙人是无知的农民，没有能力与拿破仑大军团作战。所幸威灵顿公爵力排众议，采纳了贝尔的计划。

贝尔坚持不懈，加上她在高级军官中的名声，终于削弱了反对力量，使自己的计划得到批准。至于这位后来被称为"阿拉伯起义"（Arab Revolt）的领导者，贝尔早就心中有数。该领导者就是费萨尔·伊本-侯赛因（Amir Faisal ibn-Hussain），是阿拉伯最大的哈桑王族首领，也是贝尔最重要的情报线人之一。下一步就是要任命一位英国联络官，负责监督英国对阿拉伯人供应武器的渠道，担任费萨尔的军事顾问。贝尔在阿拉伯局人员中反复挑选，最后做出一个英明的抉择：考古学家兼业余间谍T.E.劳伦斯（T. E. Lawrence）上校。

"阿拉伯的劳伦斯"取得的巨大成功，连贝尔也始料未及，但对"阿拉伯起义"之外的局势，她却看明白了。她看到黑暗的岁月即将到来，而这是英国情报机构不愿明白的景象。她坚持认为，英国为胜利所陶醉，误读了战后的现实，将战败后的中东奥斯曼帝国当成一块生日蛋糕，任由胜利者瓜分。战争释放了阿拉伯民族主义的强大力量，现在再也不可能将它压制回去。她预言，这一力量终将横扫中东。这一地区的自然资源对欧洲的工业至关重要，这一点已经得到证明。以此为动能，奋起反抗的阿拉伯人总有一天会反抗那些曾经抑制其民族自决权的列强们。她警告说，英国对巴勒斯坦的虚伪安排，一方面是对犹太复国主义者的空头承诺，另一方面是向阿拉伯民族主义者的虚假保证，但英国却无意兑现，这颗迟早要爆炸的定时炸弹，会造成巨大的灾难。

可是，英国情报机构再也不想倾听这位明星特工的话了。此时中东被武断地瓜分为欧洲的地缘政治势力范围，阿拉伯人的向往被彻底忽略。贝尔和劳伦斯一样，都对战后中东发生的情况深恶痛绝，因此其结局都是悲剧性的。与英国情报机构的偏见做斗争使贝尔心力交瘁，她所热爱的沙漠大地上正在发生的一切令她心灰意冷。1926年7月12日，她自杀身亡。

第一次世界大战中，交战各国在情报方面只取得了为数不多的成就，"阿拉伯起义"是其中之一，除此以外几乎没有什么成功的记录。无论在战略层面还是在战术层面，情报机构都错失了重要情报，未能深入了解敌人；更为严重的是，都没有理解全面战争的性质。俄国革命就体现出各国目光短浅的普遍现象，所有情报机构都没注意到俄国革命的情报。

俄国革命爆发后，英国外交部给莫斯科大使馆发了一份紧急电报，要求解释为什么在俄国局势动荡不安、政府摇摇欲坠的情况下，当地情报机构却未预见这一事件，以及这一切意味着什么。大使馆回电，无须担心，革命不是什么"严重的事件"。德国情报机构也没有预见到俄国革命，却很快想方设法地火上浇油，安排将俄国的政治流亡者弗拉基米尔·列宁送回俄国。对这一举动，德国人终将追悔莫及。

著名的"阿拉伯的劳伦斯",英国间谍。他实施了格特鲁德·贝尔援助"阿拉伯起义"的计划。

黎明之眼：玛塔·哈里

1917年秋季的一天，天气异常温暖。两个持枪的士兵押送一个女人进法庭。这时，所有人都盯着这个矮胖的女人。她身着皱巴巴的灰色囚服，开庭之前连续几个星期的单独监禁让她的脸色苍白。她坐进被告席，冷静地看了看组成军事法庭的7名法国高级军官，他们将决定她的命运。

"玛格丽特·齐勒（Margareta Zelle），"主审军官开始拖长声调，宣读长长的起诉书："你被指控从事危害法国安全的谍报活动。"他花了20分钟才读完全部控罪，罗列的谍报事项触目惊心。时间开始于战争爆发之初，内容涉及一大批军事和外交机密。宣读完毕时，一个史上最伟大间谍的形象被勾勒出来，这个女子导致了法国一连串的军事灾难，差点改变了战争进程。但是，这些罪名几乎没有一条是真的。

事实上，起诉书中的罪名只有一条是真的：玛格丽特·齐勒是为德国工作的间谍，但是她并不出色，应当说是相当无用。实际上，她并没有对法国造成损害。至于攻势失败，成千上万名法军士兵丧生，西线陷入可怕的僵局，几代欧洲人同时战死，这些都与她无关。

玛格丽特·齐勒的案件与事实无关。她的艺名玛塔·哈里（Mata Hari）更广为人知。之所以起诉她，一是因为这么做符合权术；二是因为她是徒有虚名的超级间谍。这一虚名被流行报刊上的虚假故事无限夸大，她被描述成一个让人无法抵抗的致命美女间谍，以其惊人的性爱技巧，从法国最高统帅部的将军们那里，获取了法国的重大机密。

法国在军事上的失败，本来是由于政治和军事上的领导无方造成的，现在可以归罪于玛塔·哈里这个所谓的超级间谍了。众所周知，用桃色事件解释世上的大部分事情，这种阴谋论最合法国公众的口味。因此，法国公众立刻相信了官方的说法，玛塔·哈里的传说由此诞生。这个传说将玛塔·哈里描绘成历史上最伟大、最美丽、最神秘的间谍，然而事实则要平淡得多。

真实故事

玛格丽特·齐勒出生于荷兰的一个中产家庭，18岁时与一位苏格兰船长私奔。这位船长是个酒鬼，在1901年抛弃了她。生活无着无落的齐勒想出一个好主意。她曾陪前夫前往荷属东印度（现在的印度尼西亚）参观寺庙，看过优雅的寺庙舞女跳舞。她自称是爪哇最伟大的寺庙舞女的女儿，名叫玛塔·哈里（爪哇语意为"黎明之眼"）。她还编造说，母亲教了她一些"秘不外传的寺庙色情舞蹈"，并开始在欧洲各地的晚会上表演这些"舞蹈"，成了轰动一时的人物。在一个公众场合难见裸体的年代，齐勒身着自己设计的服装上台，边跳边脱，跳最后几个动作的时候全裸，将晚会推至高潮。

齐勒又开始从事报酬丰厚的第二职业：欧洲上层高官的交际花。其中一位客人是柏林警察局局长，他还同时负责反情报工作。1914年第一次世界大战爆发后，他突发奇想，将齐勒招揽为间谍。此人认为，既然她与法国的军界和政界人物有所往来，通过密切接触，她就可以从这些人那里获得大量宝贵的情报。不过，事情进展并非如此。

齐勒不是很聪明。得到德国情报机构的经费，她在法国生活富裕，周旋于有权有势的圈子。不过，她没有搜集到多少有用的情报，一点点情报她也会弄得十分混乱。

德国情报机构没有放弃，派她到欧洲其他地方（包括西班牙）执行任务。她的上级特工包括一名年轻的德国海军上尉，名叫威廉·卡纳里斯（Whilhelm Canaris），后来成为纳粹情报组织阿勃维尔（Abwehr）的局长。齐勒所有的任务都以失败告终。

齐勒搜集情报全无技巧，法国反情报机构很快就猜测到她是德国间谍。

海军上将威廉·卡纳里斯，二战时德国情报机构阿勃维尔的首脑，在第一次世界大战时是玛塔·哈里的上级联络员。

1916年，他们最重要的情报眼线提供了确凿证据。说来奇怪，这位情报眼线竟是埃菲尔铁塔。战争爆发前，法国人本来要拆除埃菲尔铁塔，但他们碰巧发现，塔顶的电台侦察设备可以接收周围数百公里的无线电信号，尤其是德国的信号。铁塔因此被保留，战争爆发后，法国开始利用它秘密搜集德国的无线电通信。法国密码分析员破译了一份截获的电报，内容是关于代号为"H21"的间谍活动。细节表明，"H21"就是玛塔·哈里。

法国人决定将她转变成双面间谍。他们告诉她，如果同意为法国刺探德国情报，可以饶她一命。为了考验她的忠诚，他们故意把在布鲁塞尔活动的6名法国间谍的名字透露给他。就是这个考验让她露馅。两个星期内，6

第九章　铿锵玫瑰

打扮成舞女玛塔·哈里的玛格丽特·齐勒。她被描述为情报高手，其实却是一个完全失败的德国间谍。

人都被德国反情报机构抓捕，其中 1 人遭处决。毫无疑问，是玛塔·哈里把他们出卖给了德国人。她确实是双面间谍，但两方面都不信任她。1917 年，德国人断定她已没有任何价值，又派她到法国执行一项新任务。在向驻外情报网通报她的新任务时，德国人使用了一套他们知道法国已经破译的密码。法国人推断出德国人抛弃了她，但意识到虽然她作为间谍已经没有用处，作为替罪羊却是大有作用。

此后发生的一切都是早已安排好的。"我是妓女，没错。"她绝望地告诉军事法庭，"但从来不是叛徒！"她昔日的情人们纷纷请求对她从宽发落，但军事法庭无视这些，最终判处玛塔·哈里有罪，处以死刑。1917 年 10 月 17 日清晨，她被行刑队枪决，从此成为间谍史上的不朽传奇。

1905 年，明信片上的埃菲尔铁塔。塔顶的无线电设备可以侦察到数百公里外的德国信号。

第十章 红色乐团
CHAPTER 10

上图：克格勃的徽章"剑与盾"。克格勃后来发展成为世界上最大、同时或许也是最声名远扬的情报机构。

1917年12月29日清晨，有人用力敲响了斯莫尔尼贵族女子学院（Smolny Institute for the Daughters of Noblemen）的大门，学院看门人赶紧前去开门。他跑下富丽堂皇的楼梯，穿过用大理石装潢的门厅时，虽然情知不可能，可还是暗自希望，只盼是那些富家小姐们又回来了，兴许已经准备好在彼得格勒（前圣彼得堡）的这所女子精修学校继续深造。

不过，他心里知道这是不可能的。那些女孩已经离开，再也不会回来了。两个月前，布尔什维克革命横扫俄国，所到之处旧秩序被打得稀烂。打那时起，学院的女孩们就跟随她们富裕的家庭一起逃之夭夭了。"各位先生，对不起，"他对站在门口的几个人说，"学院暂时关门了。"

"你错了。"其中一个瘦削、留着山羊胡子的人说。这一行人从看门人身边径直走进了大楼。说话的人从衣袋里掏出了一张叠起来的纸,拿给他看。显然这是新的革命政府发布的某种正式文件。它宣布,斯莫尔尼学院从此成为全俄肃反委员会(Combating Counterrevolution, Speculation, Sabotage and Misconduct in Office)总部。

"我还没听说过这么个机构。"看守说。"你会的,我可以保证。"山羊胡子回答道,"同志,你在这儿的工作结束了。压迫者阶级不会回来了。从现在起,这座大楼只用于开展最重要的革命工作。下午两点前你必须搬走。"

红色黎明

就这样,费利克斯·埃德蒙多维奇·捷尔任斯基(Feliks Edmundovich Dzerzhinsky)开始履行他拯救俄国革命的使命。他非凡的职业生涯由此发轫,最终将他造就成间谍史上最著名的间谍大师之一。他创建和塑造了世界上规模最大、最为成功的间谍机构。不过,这一机构后来变成了一笔极为麻烦的"遗产"。

弗拉基米尔·列宁喜欢称捷尔任斯基为"钢铁费利克斯",这个绰号极为贴切。捷尔任斯基1877年生于一个富有的波兰贵族家庭,但他背叛了自

费利克斯·捷尔任斯基，契卡（Cheka，即"全俄肃反委员会"，俄文首字母的缩写）的首脑，苏联情报先驱，被誉为20世纪最著名的间谍大师。

己的家族，在 20 岁还是大学生时，就加入了社会革命党（SRP）。社会革命党是一个马克思主义政党，旨在推翻现有秩序，这自然引起奥克拉纳（沙皇俄国情报机构）的注意，后者力图消灭该党。社会革命党被迫转入地下，捷尔任斯基作为党的各个单位与国外流亡者之间的信使，对秘密世界有了最初的工作经验。他多次被奥克拉纳逮捕，青年时代大部分在西伯利亚监狱度过，在煤矿上劳改，因此染上了肺结核，终生不曾治愈。

也正是这样的经历，造就了列宁所欣赏的捷尔任斯基：坚定、刚毅、冷酷无情，彻底献身于革命事业。当然，他能成为独特的人物，还有一些其他的气质：极其聪明，头脑清醒，对谍报工作颇有天赋，具有秘密警察的特质。恰恰是他人格中的这一方面，吸引了列宁对这个瘦削、留山羊胡子、经常猛咳到吐血的人的兴趣。1903 年，列宁第一次见到捷尔任斯基时，布尔什维克党与社会革命党分裂，正处于危急时刻。捷尔任斯基站在列宁的布尔什维克一边，令后者很是感激。

列宁慧眼识人，立即与这位同自己非常相似的波兰革命者结成同盟。他们成了挚友，列宁了解他这位新朋友的心理，知道捷尔任斯基只着迷一件事，就是推翻沙皇俄国，取得革命胜利，最终夺取全世界。捷尔任斯基则在列宁身上看到能够取得革命胜利的不二人选，从那时起，他将自己的生命奉献给了列宁，对列宁忠贞不贰。

"当时，权力就放在街上，等着我们去捡。"谈起 1917 年布尔什维克革命，列宁经常这么说。实际上，当时的政变是一次冒险的赌博，危机四伏，捷尔任斯基是革命成功的最大功臣。革命前几个月，列宁任命捷尔任斯基担任安全小组委员会（Security Subcommittee）负责人，命他确保布尔什维克党成功夺取权力。捷尔任斯基只有几十个人、几辆破车，要完成这个任务，看起来绝无可能。那时，布尔什维克运动还没成气候，而运动的敌人则包括：当时当权的亚历山大·克伦斯基（Alexander Kerensky）临时政府，社会革命党反对派（人数多于布尔什维克），还有形形色色的反布尔什维克派别。这三股势力的每一股，或是三股合一，都能够一举扑灭布尔什维克的政变。

捷尔任斯基行动果断、迅速。他下令将所有的奥克拉纳成员抓捕，并告诉他们要么支持布尔什维克，要么就进监狱。在解决了奥克拉纳的问题之后，捷尔任斯基的手下立刻夺取了所有的通信部门：邮政、电报、电话以及私人通信机构。一切"非布尔什维克分子"禁止使用这些通信渠道，所以列宁发动政变时，他的敌人，尤其是克伦斯基临时政府毫不知情。切断通信还为列宁争取到宝贵的时间，使他在对手发动反向政变之前巩固了自己的权力。

夺取权力是一回事，守住权力则完全是另一回事。掌握权力后遇到的困难，比政变本身的困难还要多。俄国与德国仍在交战，大片土地被德国占领，俄军士气低落，在对德作战中伤亡惨重。此外，还有一支大规模的反布尔什维克军队（称为"白军"），誓要推翻列宁的革命政府。更危险的是，由于列宁声称要让俄国撤出战争，使得英法两国深感不安。有迹象表明，两国可能会支持白军。

列宁交给捷尔任斯基一项新任务：打败俄国革命的敌人，巩固布尔什维克在全俄的权力。1917年12月上旬，捷尔任斯基创建了一个机构，该机构后来以契卡的名称广为人知。创建之时，名头很响亮，但资源并不丰富。捷尔任斯基麾下总共只有130人，其中大多数是他硬拉进来的奥克拉纳成员。对这些曾经的压迫者，捷尔任斯基当然不怎么信任，他留用这些人，是因为俄国当时没有多少共产党员具有契卡所需的知识和内部安全技能。仅有的其他资产就是6辆旧车，以及位于彼得格勒（前圣彼得堡）原女子学院的新总部。

但是，契卡有一位王牌特工：费利克斯·捷尔任斯基。捷尔任斯基虽重病在身，却有惊人的精力。他招募了成千上万名社会底层人士，分配到各级契卡中；这些人大多没读过多少书，属于俄国的社会渣滓。捷尔任斯基告诉他们，他们将是布尔什维克政权的"剑和盾"。换言之，他们要遍布全俄国，围捕"革命的敌人"。按照列宁的定义，"革命的敌人"就是以任何方式对抗其政府的人。这些被视为反对者的人，要么被打入大牢，要么被就地处死，后一种情况更为常见。他们的家属会收到简短的通知：契卡查明某人进行了"反革命活动"（不说究竟是什么活动），已被处决。

捷尔任斯基公开宣称："我们主张有组织的恐怖。"短短两年内，他的机构处决了 5 万多人，监禁了 10 万人。其间契卡的组织规模扩大了几百倍。位于女子学院的总部很快就无法满足需要了，于是迁往莫斯科卢比扬卡（Lubyanka）大街一栋大得多的大楼。这栋楼原本属于一家保险公司，重新装修之后，在里面修建了一座监狱。这里很快就成为全国最为臭名昭著的地方，成千上万的公民进入这栋楼后，再也不见踪影。在三楼的一间小办公室里，饱受咳嗽折磨的捷尔任斯基，在一盏简陋的大功率电灯下，每天工作长达 20 小时，埋头阅读文件和档案。隔不多久就会有人送来一大沓死刑执行令，他连名字都懒得看就签署文件。

到 1918 年上半年，契卡已经发展到超过 10 万人，其中还有少数女性。加上在各地的线人，契卡牢牢掌握着布尔什维克控制的俄国领土。捷尔任斯基建立起一个极权国家，在一个饱受内战和外来干涉困扰的国度，这是一项了不起的成就。而对付外来干涉，就成为他接下来关注的焦点。

捷尔任斯基认为，外来干涉成为布尔什维克当局最大的威胁。布尔什维克当局计划与德国就和平协议展开谈判。英、法、美三国由于担心一旦签订和约，就会使近百万德军腾出手在西线作战，因此它们向俄国派出军队。三国派兵的主要借口是，保护协约国运到俄国的军事物资免落入德国之手。当然，协约国暗中计划动摇并推翻列宁的政权，扶植会继续对德作战的白军。三国派兵正是这一计划的一部分。1917 年 11 月，英国把他们最优秀的业余间谍萨默塞特·毛姆派到俄国，协助临时政府首脑亚历山大·克伦斯基开展宣传战，激励俄国人继续战斗。克伦斯基告诉他：太迟了，俄国军队再也不想打仗了。

这时，捷尔任斯基又展示了他另一项间谍才能：反间谍行动。他从愿意为革命事业效力的前奥克拉纳成员中，招募了最优秀的反情报特务，组成新的部门，专门对付刚刚出现在俄国境内的协约国情报活动。他还寻找了一名副手来专门负责反间谍行动。结果在自己身边找到了合适人选，此人就是他安排在莫斯科地区搜寻"反革命分子"的主要人物之一。他的名字叫雅科夫·彼得斯（Jakov Peters），一位有英国背景和英国妻子的拉脱维亚革命者。

第二幕

1903 年，因为从事革命活动，触怒了奥克拉纳，彼得斯于是逃到英国，在英国成为熨衣工，并加入了一个无政府主义团体。该团体曾试图实施一起珠宝抢劫案，结果行动失败，引发枪战，导致 4 名警察丧生。彼得斯因参与抢劫被起诉，但被判无罪。该审判以英国法律史上最著名的不在场证明而闻名：他辩称，案发时他正在家制作捕鼠器。布尔什维克革命爆发后，彼得斯前往俄国，主动要求为捷尔任斯基效力。虽然彼得斯既没有受过情报方面的训练，也没有反谍报经验，但在追捕白军派遣到莫斯科的间谍过程中，他很快展现了自己的才华。这使捷尔任斯基确信，彼得斯就是负责反谍报工作的最佳人选。

捷尔任斯基和彼得斯很快就掌握了协约国行动的总体情况。行动以英国和法国大使馆为基地，领导者是英国外交官罗伯特·布鲁斯·洛克哈特（Robert Bruce Lockhart）。有一批俄国人被发展成间谍，其中不少是由军情六处的资深特务西德尼·赖利（Sidney Reilly）发展的。赖利出生于俄国，后来他成为契卡重点关注的人物。

捷尔任斯基及其副手彼得斯决定，将那些俄国间谍定为最佳进攻点。彼得斯发现，有两个为布鲁斯·洛克哈特工作的英国武官，在招募特工时非常疏忽大意。于是，他们安排负责列宁警卫工作的拉脱维亚部队指挥官接触这两个武官。这位指挥官是一名上校，他向布鲁斯透露，他的部队对革命深感失望，已准备叛变。

小说家萨默塞特·毛姆，英国业余间谍中最著名的人物。

上校表演得惟妙惟肖，其实他是在为捷尔任斯基工作。英国人果然上当，赖利带着120万卢布现身，准备资助"反布尔什维克政变"。胜负已定，此后发生的一切都纯属残棋。通过渗透，契卡打入了协约国活动的内部。紧接着就是大规模的收网抓捕。有几个英国特工设法逃出了俄国，其中包括赖利，他后被缺席判处死刑。捷尔仁斯基决心抓到赖利。几年后，通过契卡的第一次重要的境外谍报行动，代号为"信任行动"组织的完美谍报圈套，捷尔任斯基终于如愿以偿。

"信任行动"背后是一个很大手笔的计划：虚构一个不存在的反布尔什维克的俄国地下组织，借此达到双重目的，即一方面骗取境外白俄（指反对苏维埃政权的俄国人）流亡者和西方情报机构的支持，另一方面争取将西方情报机构的特工引入契卡的掌控之中。这场间谍博弈的开局始于1921年，一名已被捷尔仁斯基招募到共产主义阵营的前沙俄官员前往欧洲，联络了几位以前在俄国认识的熟人。他声称，自己现在是布尔什维克政府的一名官员，但私底下依然效忠沙皇的事业。他发现有很多人与他的看法相同，大家共同成立名为"信任行动"的地下组织。他们一步一步将这个组织发展成一个分布广泛的影子政府，随时准备推翻列宁政权。捷尔任斯基知道，白俄流亡者和西方情报机构肯定会怀疑，所以他步步为营。他的特工既不轻易许诺，也不急于提出要求，只是邀请流亡团体派出代表，自行去俄国考察。

此后发生的事情堪称间谍戏剧。流亡团体派的代表到达俄国后，每一步都被"信任行动"组织的特工牵着鼻子走。整个过程都让他们印象深刻。"信任行动"组织的特工帮代表们偷越国境，走的是只有特工们专属的秘密穿越点。一进入俄国，每一站都有"信任行动"组织成员接送，他们的行动精确得像时钟一样，还有完整的接头暗号、最高标准的保卫措施。最后一场表演在莫斯科附近的树林深处的一幢别墅里，与"信任行动"组织的高层领导会面，讨论在俄国复辟帝制的宏伟计划。更令流亡人士惊喜的是，"信任行动"组织还成立了一个地下教会，无视布尔什维克政府对宗教的禁令，依然举行东正教的仪式。

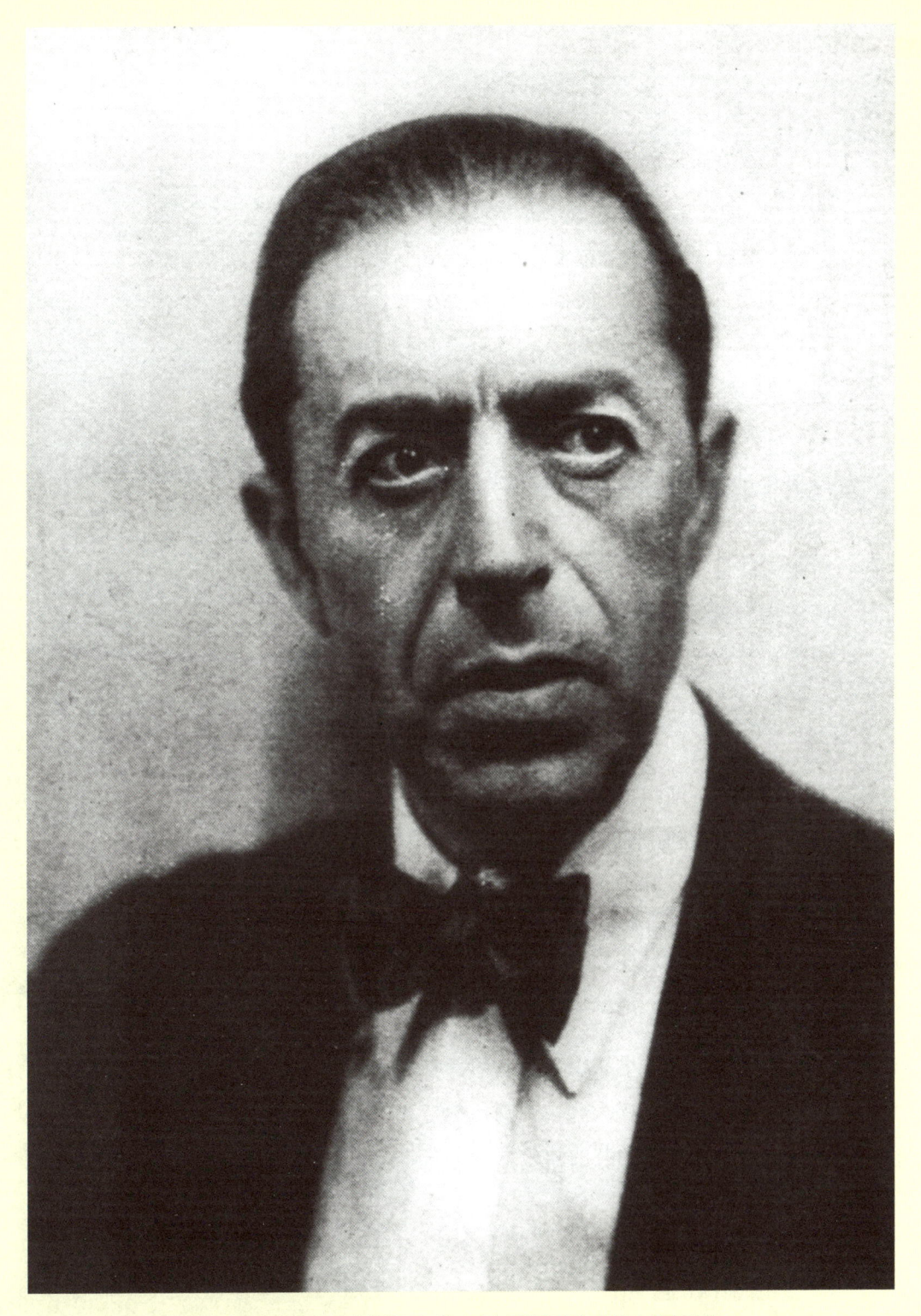

西德尼·赖利，这位具有传奇色彩的英国间谍，致力于推翻布尔什维克革命政府。

代表们回去后提交的报告引起了很大反响。此后，又有其他代表相继前去访问。很快，一切怀疑都烟消云散："信任行动"组织毫无疑问确实存在。在"信任行动"组织的安排下，一名重要流亡人士的兄弟"大胆越狱"，这件事将最后一丝疑虑也打消了。不少流亡者是西方情报机构的间谍，他们的所见所闻，很快就传到这些机构的上层。后者开始时也将信将疑，在看到流亡者来回穿梭国境线，亲身见证这一地下运动的惊人规模和深度之后，这些人的疑虑也消除了。包括英国在内的六个国家的情报机构，都在"信任行动"组织成员中发展了间谍。一条俄国情报的河流不断流向西方，在一系列虚假消息中，有报告称列宁已经决定放弃世界革命的目标，转而专注于发展俄国经济。"信任行动"组织的报告还将俄军描述得很强大，事实上远非如此。

捷尔任斯基最早认识到，这场精心策划的骗局无法支撑太久。否则，参与的特工数以百计，伪装的角色从俄国东

乌里茨基（Moises Uritsky），捷尔任斯基的对外情报总管，为苏联成功的对外间谍行动打下了基础。

第十章　红色乐团

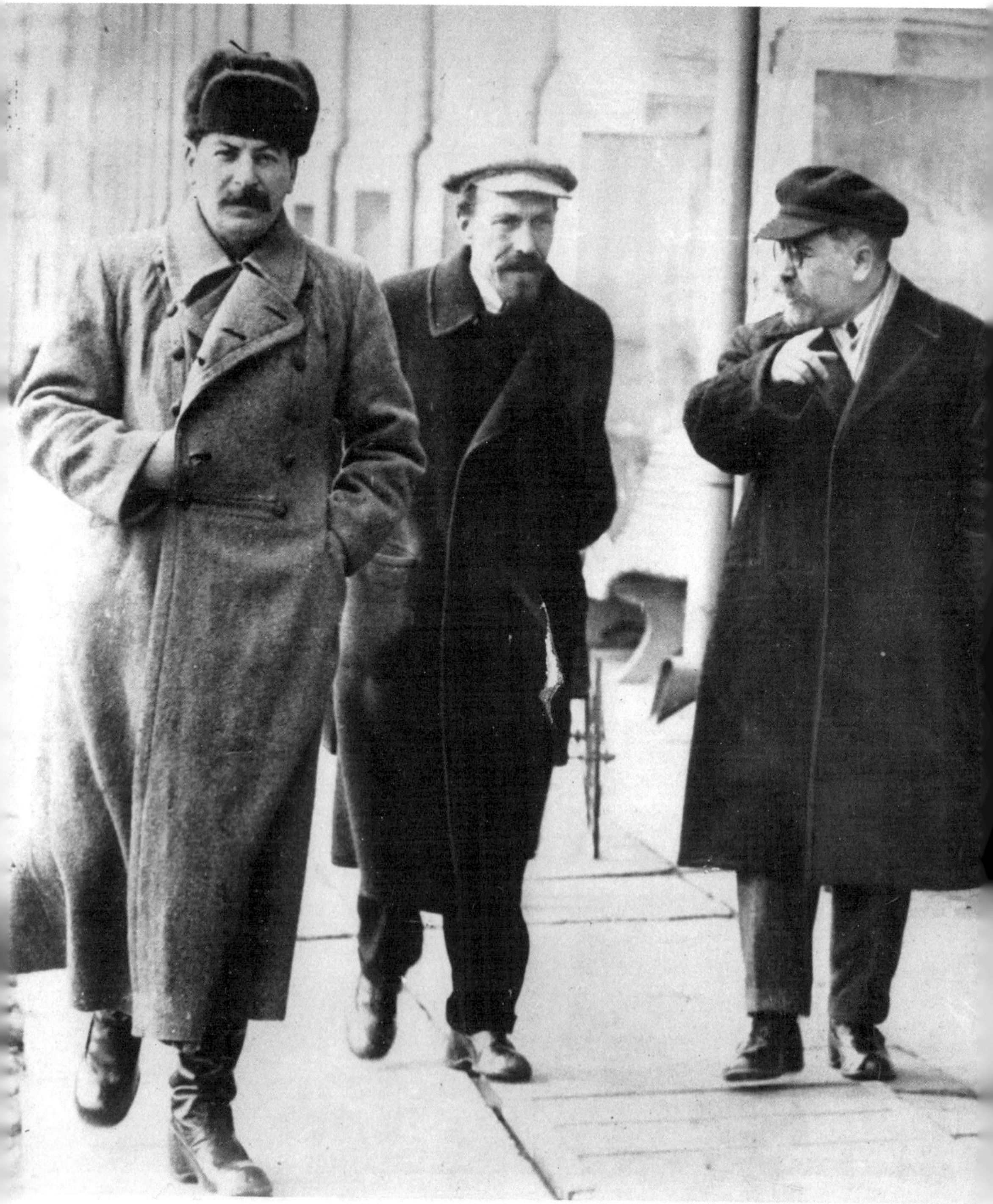

正教牧师到边境线的蛇头，一应俱全，说不定什么时候出现失误，从而暴露整个行动。捷尔任斯基和彼得斯希望，在这样的事情发生之前，要将他们的两个主要目标诱捕。一个是西德尼·赖利，他在1918年摧毁协约国秘密行动网中侥幸逃脱。另一个是鲍里斯·萨温科夫（Boris Savinkov），他是流亡者中布尔什维克政权最危险的敌人，当时以巴黎为其大本营。契卡知道，赖利和萨温科夫关系密切，他们之间的良好关系表明，赖利可能会把军情六处的资金提供给萨温科夫（其实并没有）。萨温科夫是老牌社会主义革命家、社会革命党的领导人。该党还有大量顽固分子活跃在俄国境内，捷尔任斯基誓要铲除这一潜在的内部威胁。只要赖利和萨温科夫还在契卡的控制范围之外活动，他们始终是一种威胁。

在一个国家里居然有这么大规模的反布尔什维克组织，萨温科夫一直心存疑虑，所以即使在流亡者们向他报告了他们

1925年，在苏联共产党内权力逐渐上升的约瑟夫·斯大林（左），与其他三位主要领导人在一起。自左至右：李可夫（Rykov）、加米涅夫（Kamenev）和季诺维也夫（Zinoviev）。这三人后来均被处死，使苏联情报网被彻底破坏。

亲眼所见的种种奇迹之后，他还是迟迟不愿前往俄国。不过，捷尔仁斯基了解他的猎物。很快，自高自大的萨温科夫就听到传闻，说"信任行动"组织的领导层对他很是推崇，迫切想与他会面。然而，他们到西方来实在太过冒险，要是萨温科夫能到俄国就好了……

萨温科夫上钩了，完全相信了这个谎言。1923年，"信任行动"组织的两个"向导"护送他越过国境后，马上给他戴上手铐，迅速押至卢比扬卡。萨温科夫知道不可能有好下场，但显然希望向流亡人士及好朋友西德尼·赖利发出警报："信任行动"是一场骗局。在被押往审讯室的路上，他找到机会。趁着看守一时没有注意，他从四楼的一扇窗户一跃而下。

然而，他的死并没有起到作用。到现在都没有人知道，对"信任行动"是骗局的明确警示信号，为什么赖利没有在意，他仍然决定前往苏联，亲眼看看这个地下组织是否真的像许多流亡人士说的那样卓有成效。赖利的俄国之行，究竟是受军情六处的派遣，还是纯属个人决定，仍有争议。不管怎么说，反正赖利到达俄国时，"信任行动"组织为他安排了一场盛大的欢迎会，甚至提供了一张邮票给他，让他给妻子寄了一封信表示一切正常，"信任行动"组织真的存在。可是，就在他把信投进邮筒的那一刹那，契卡就逮捕了他。在吐出所知的一切情报之后，他被处决。

契卡打算把这场骗局继续下去，于是让"信任行动"组织散布消息，萨温科夫和赖利被边防军杀害，因为他们没有采用适当的安全步骤，过境时没有"信任行动"组织的向导陪同。这一招本来可以起作用，但波兰情报机构的一位资深警官怀疑，他从"信任行动"组织得到的关于苏联军事实力的情报是伪造的。1924年年初，他进行了深入的分析，把"信任行动"组织提供的信息，与他自己的特工核实的事实加以对比，发现两者对不上号。结论足以打破幻想：他从"信任行动"组织得到的每一份情报都是假的。他立刻向其他情报机构发出警报，与"信任行动"组织的一切接触这才终止。但是，破坏已经造成。在差不多三年的时间里，西方情报机构所有的苏联情报，都来源于"信任行动"组织。流亡者运动遭到渗透，苏联新政权的两个最危险的敌人被消灭了。更主要的是，苏联政权得到了宝贵的时间，巩固了权力，排除了一切外来干涉。在取得一生中最伟大的胜利之后，捷尔任斯基去世了。多年来让他身体备受煎熬的顽疾，最终在他49岁的时候要了他的命。不过，在有生之年，他还是见证了契卡从几个人、几辆车，发展成为一支拥有几十万雇员的庞大组织，成为有史以来最庞大的谍报机构。

严密的组织

契卡体现了谍报机构的创新，它把对外情报与反情报合为一体，成为国家手中强有力的工具。捷尔任斯基去世时，契卡被改名为国家政治保安总局，其俄语缩写OGPU更为知名。（这是苏联情报机构一系列名称变更的开端，最终演变为举世闻名的克格勃）。

无论名称如何变化，苏联情报机构始终遵循捷尔任斯基奠定的模式运行。苏联情报机构有一套无所不在的内部安全机制，主要内容是：（1）边防机构全面控制出入苏联的人员流动；（2）针对所有苏联公民的内部护照系统；（3）遍布每个街区和工厂的线人网络；（4）对所有媒体的严格监管；（5）对外国人的严密监视，以及（6）对所有高级军官和行政官员的严格审查。契卡成立之初，捷尔任斯基不得不依赖一些前奥克拉纳特工，他后来逐步清除了这些人，代之以新成立的谍报学校的毕业生。学校借鉴了由"博士小姐"所创立的一套体系。

在对外情报方面，捷尔任斯基在契卡的发展初期就认识到，最重要的特工人才来自共产国际的培训学校。共产国际是世界各国共产党的组织，由苏联一手控制。世界各地都有共产主义者被选送到学校接受培训。在不少学生所在的国家，共产党没有合法地位，必须严格以地下组织形式活动。为把他们培养成党务工作者，学校主要教授地下工作基本技能，如建立组织、秘密通信、伪造身份，等等。

在成千上万来苏联参加共产国际培训的共产党员中，契卡挑选出精英补充自己的队伍。这种招募方式有几大优势。第一，这些共产主义者献身于共产主义事业，不仅政治上可靠，而且不计报酬。第二，更大的优势在于，他们来自世界不同国家、不同种族。比如，把一个土生土长的俄国人培养成美国人，就必须让他能说地道的美国俚语，在美国独特的文化环境中如鱼得水。但招募美国共产主义者，这些问题就得以解决。

捷尔任斯基对契卡发展的另一大贡献，就是他对契卡高级管理人员的招募，完全基于才能。他不需要官僚主义者，要的是有创造力、会思考的人。他想要的间谍主管必须本能地知道，资源部署在哪里能发挥最大效用，最关键的目标何在；能在反情报风声吃紧时，及时撤回重要情报来源；识别哪些间谍或特工已经变节，提供假情报。多位优秀的契卡管理人员，诸如雅科夫·彼得斯和阿尔图尔·阿图佐夫（Artur Artuzov）等明星间谍，就是这样招募的。前者是捷尔任斯基出色的反谍报得力干将；而后者的功劳在于，为苏联情报机构建立起第一个大规模的海外情报网。

令捷尔任斯基遗憾的是，他招募的另一个王牌，本以为终将继他之后成为契卡头目的得意门生，后来竟脱离了他的掌控。他的名字叫丘济斯·彼得里斯（Peter Kyuzis），是一个狂热的拉脱维亚共产主义革命者。以扬·别尔津（Jan Berzin）的化名载入间谍史册。捷尔任斯基于1920年招募了别尔津，将他分配到契卡的登记处。契卡的第一次境外情报行动就是由该处负责监督的。

捷尔任斯基没有想到，这位31岁的新手刚刚入职，就对他的上级组织的对外情报方式提出意见。别尔津批评说，契卡从国外共产主义者中招募的大多数人，警察和反情报机构早已熟知。他指出，任何活动积极的共产主义者，即便经过良好的训练，也会因其过于显眼而难以在情报工作方面有所建树。他还批评捷尔任斯基的谍报学校，教授的内容过于浅薄。例如，在西欧执行任务的间谍需要更加老练、世故，能够优雅自如地出入上流社会的文化活动或社交场合，因为那种地方才是大多数的谍报目标（例如：政府高官和资深官僚）之所在。

捷尔任斯基从不反感内部批评（他倾向于在契卡上层营造一种协作氛围），不过，别尔津直率无礼的性格，令捷尔任斯基有些恼火。两人的隔阂日渐加深，这时又有另一人加入这场微妙的戏剧——红军首领列夫·托洛茨基（Leon Trotsky）。托洛茨基的主要政治对手是一位正在快速上升的布尔什维克领袖，名叫约瑟夫·斯大林。契卡人数以几何级数的增长，引起了托洛茨基的忧虑。他担心，契卡在斯大林手里会被滥用。

为与之抗衡，托洛茨基组建了红军第四部（后改名为格鲁乌[GRU]），这也是苏联的第一个军事情报机构。为充实这一机构，托洛茨基任用了一批有情报潜质的军官，还设法寻找任何在契卡不得志、愿意投奔红军第四部的人。别尔津同意加入，条件是得由他独立管理格鲁乌，不受干涉。托洛茨基毫不犹豫答应，因为他本人对情报事务一无所知，很乐意由别尔津自行其是。

获得充分自由后，别尔津建立了一个相当符合自己预想的情报机构。他首先建立了一所第四部间谍培训学校，课程设置比契卡严格得多。别尔津亲自监督所有训练细节，仔细评估学生在特定的国外环境中执行任务的能力。他讨厌繁文缛节，很快就和许多素质不错的特工成了好朋友；他年纪不大，但因为长相显老，他们都亲切地称他为 starik，俄语中是"老头"的意思。

只有那些别尔津认为已经准备就绪的学生，才能从学校毕业，即便表现最突出的学生也不例外。正是这种对细节的高度注重，培养出谍报史上一批最伟大的间谍。这些人的出身背景截然不同，包括波兰皮匠、德国家庭妇女、荷兰古董商。但他们都有一个共同点：都是热忱奉献的共产主义者。别尔津确信，这是间谍应付工作环境压力唯一的先决条件；在他们的工作环境里，哪怕最微小的错误，都会将他们推进刑讯室，或者被枪决。别尔津经常向学生们讲，优秀间谍的标准，首先是要忠于共产主义，然后是三个关键的性格特征："冷静的头脑，炽热的内心，钢铁般的意志。"

别尔津认为，欧洲和远东对苏联的未来至关重要，计划派遣他最优秀的毕业生前往。他高瞻远瞩地断定，重新崛起的德国和军国主义日本，是苏联面临的两大主要威胁。他相信，格鲁乌在这两个地方建起广泛的情报网至关重要，可以像雷达一样提供早期预警，揭露任何威胁苏联的迹象。一旦发生战争，这些网络已经部署到位，从而避免在战时组建情报网的重重困难。别尔津从间谍学校的毕业生中所选的两个人，完美实现了她的期许，堪称训练有素的间谍的典范。

"我之所以成为共产主义者，因为我是犹太人。"勒巴·东布（Leiba Domb）经常用这句话解释自己为何把一生都献给一种意识形态，因为他确信这种意识形态能使东欧被压迫的犹太人得到解放。1925年他19岁，在出生国波兰的一家皮革厂工作。在当时为波共工作的工人中间，他是一个积极分子、煽动者。1928年，因"开展革命活动"被捕，之后他被勒令出境。他前往巴勒斯坦，在那里再次被英国当局驱逐出境，最终到达法国。

在共产主义世界里，东布因出色的组织能力而闻名，所以法共吸收他入党，负责管理法共的犹太移民工人分部。他表现不错，被选送去莫斯科的共产国际培训学校——少数民族大学读书。所有参加这种培训的学生，都需经国家政治保安总局（契卡改组后的机构）审查。有间谍天赋的人都会被挑选出来，接受招募。东布的档案被标注为有潜力的候选人。但在国家政治保安总局招募他之前，别尔津在共产国际的一个朋友向他提及这位很有潜力的波兰共产党人，他于是先行一步。

东布和别尔津一见如故，惺惺相惜。事后证明，东布是别尔津招到的最了不起的人才之一。东布身材矮胖，盛气凌人，争强好胜，大有一种为达目的不惜以头撞墙的架势。他还展现出一种大无畏的气概。别尔津还听说，东布曾经公开挑战他认为不正确的人物和教条，这是难得的品行。从很大程度上，他反映了别尔津自己的性格，这是两人一拍即合的原因之一。另一个原因是，别尔津意识到，东布是一个真正的情报奇才。多年的地下工作经历，磨砺了他的谍报技能。别尔津将东布派往法国参与一个小型间谍网的工作，化名为利奥波德·特雷伯（Leopold Trepper），这个名字后来谱写了一段谍报传奇。这时的工作主要是积累情报行动方面的实际经验，并为别尔津为这位明星学生设计的更重要角色做好准备：情报站长（rezident）。

解决方案

在苏联的情报活动中，情报站长扮演了非常重要的角色。他不但要监督情报网的日常工作，还要选择目标，管理间谍，负责发往莫斯科前的最终情报。就特雷伯而言，别尔津为他规划了更重要的任务：组织并监督一个大型情报网，最终覆盖整个欧洲大陆。目标是纳粹德国新政权。别尔津认为，必须重新思考苏联在德国的情报活动。

国家政治保安总局和格鲁乌都依赖德共党员作为间谍。但别尔津正确地预见到，德共会被宣布为非法组织并成为残酷摧毁的对象（事实证明他是对的）。在德国试图重建情报网（特别是利用那些盖世太保熟知的当地共产党员），是注定要失败的。别尔津提出，解决方案就是在周边国家建立情报网，将德国包围起来，将触角伸向德国与其他国家的所有可能发生的联系。该情报网也要在德国招募非共产党人士作为情报资产。

1939年5月，别尔津让特雷伯开始行动。一个名叫让·吉尔伯特（Jean Gilbert）的加拿大商人出现在布鲁塞尔，接管了一个名为西梅斯科（Simexco）的公司（由格鲁乌出资），公司专门生产雨衣。它在巴黎设立了一家分公司，也是格鲁乌的据点。从表面上看，吉尔伯特（其实就是利奥波德·特雷伯）是一个不知疲倦的商人，穿梭于欧洲各地，积极拓展业务。其实他是在积极招募间谍。短短几个月，他就有了200多名间谍，将他们组织成几个互相独立的情报小组。其中一个小组就在纳粹德国境内，由12名在政府工作的秘密反纳粹人士组成。

在特雷伯忙于组建欧洲网络时，别尔津将注意力转移到远东。此时苏联在远东正处理一次大的情报失利。这一失利与德国、日本和意大利的"钢

利奥波德·特雷伯,他组织并领导了二战时期苏联在欧洲的情报网——著名的"红色乐团"。

铁条约"（Pact of Steel）有关。由于这一条约，苏联有可能同时面对东西两个方向的敌对大国，这是莫斯科最担心的噩梦。直到条约公布之后，苏联才得知三国结盟的事情。这次严重的情报失误，导致了格鲁乌和内务部（NKVD，国家政治保安总局之后的机构）驻东京的站长被召回（因此次失职，后均遭处决）。

问题在于，日本是一个受严格控制的极权国家，很难开展情报工作。别尔津决定，格鲁乌不惜一切代价，必须在日本建立可靠的情报网。最为重要的是，如果德国从西面，日本从东面入侵苏联的话，情报网必须就此提供早期预警。这样的任务需要一个特别的间谍，别尔津对人选已经胸有成竹，他就是理查德·佐尔格（Richard Sorge）。他是别尔津的又一个学生，由别尔津亲手栽培，最终成了间谍史上不朽的人物。

有人说，出生于德国的佐尔格，血液里流淌的是对共产主义的坚定信念。他的祖父曾是卡尔·马克思的私人秘书。佐尔格在儿童时代开始读的前几本书中，就包括《资本论》。一战爆发时，他入伍德国军队，两次负伤，康复期间都如饥似渴地阅读共产主义书籍。一战结束时，他已经成为狂热的共产主义者，是德共登记在册的党员。此后的经历与苏联的很多情报特工一样：为党工作。上级认为他能干大事，派他去共产国际在莫斯科的学校，后来把他招募为间谍。佐尔格是别尔津发掘的。在别尔津看来，他注定会成为顶级间谍。

从别尔津的培训学校毕业之后，佐尔格以高超的技艺完成了一系列谍报任务。成绩令别尔津确信，佐尔格就是在远东地区建立情报网的理想人选。1930年，佐尔格被任命为格鲁乌驻中国的情报站长，总部设在上海。他化名威廉·约翰逊（William Johnson），伪装成记者开展行动。他没有辜负别尔津的信任，很快就在中国各地建起多个情报网。其间他还向莫斯科提供了一些重要情报，比如他预先示警，蒋介石将右倾，以及共产党领导人毛泽东的权力日益增大。他还发出警报，德国将放弃与中国的长期盟友关系，转而接近日本。但是，格鲁乌和内务部在日本情报站的站长，都对此不以为然。

1945年，美国生产的小型录音设备，是微型录音器的先驱。微型录音器的出现，使电子窃听无处不在。

受命在日本建立情报网后,佐尔格再次改头换面,这次他伪装成狂热的纳粹记者。不知为何,德国当局没有留意到他的共产党员背景,任命他为几家报纸的驻日记者。有了这一掩护,佐尔格前往东京建立情报网。他首先利用自己在中国招募的几名日本间谍,在他们的帮助下,又招募了其他线人。他们有一个共同目标:打败正将日本引向灾难的日本军国主义者。最终,佐尔格建立了一个由 20 名线人组成的情报网,还有两位德国出生的格鲁乌特工,负责管理运行情报网的通信设备。

为了做好准备,佐尔格将自己融入日本的语言和文化里,深入研究了上千本关于日本历史和政治的书籍。各种情报从线人那里不断涌入,佐尔格的大功率电台也活跃起来,向西发送大量情报。佐尔格知道,这样的大功率电台可能引起日本反情报机构的注意。于是他把电台安装在一艘帆船上面,让帆船不断移动,以防对方定位。

大量谍报通信开始流入莫斯科附近的格鲁乌通信中心,佐尔格的通信也汇入其中。大多数情报来自欧洲,包括一些从瑞士的阿尔卑斯山区发来的清晰信号。这些信号来自特雷伯与别尔津合作建立的小规模、辅助性的行动,设在瑞士,由亚历山大·拉多(Alexander Rado)负责。拉多是匈牙利共产党员,老牌格鲁乌特工,他以新闻社为掩护,搜集全欧洲的情报。拉多的情报人员中,有不少是别尔津的另一个明星学生招募的。这个学生名叫鲁特·库钦斯基(Ruth Kuczynski)。她的化名很多,最爱用维尔纳(Werner)。维尔纳曾在中国跟着佐尔格学习间谍技能,佐尔格在给别尔津的报告中,盛赞维尔纳表现出谍报方面的出色才能。佐尔格的推荐让别尔津确信,维尔纳是负责特雷伯情报网英国分部的理想人选。

维尔纳的第一个任务,就是为拉多情报网物色顶级报务员。她招募的对象是英国老兵,主要是那些曾在西班牙内战中为共和军作战的共产党人。最终,她找到了最优秀的报务员亚历山大·艾伦·富特(Alexander Alan Foote)。富特的加入,完善了拉多情报网的最后一环。网络总部设在瑞士阿尔卑斯山脉一座 3600 英尺(约 1100 米)高山顶上的农舍里。这是一个

理查德·佐尔格。德国共产党员,格鲁乌间谍,曾成功渗透进日本政府。

开展谍报活动的绝佳地点。农舍与世隔绝，只有一条路可通，车只能开到半英里（约 800 米）以外。山顶视野开阔，可以远眺数公里，是设立电台的理想地点。当富特安装好电台，发出"CZWRX 呼叫莫斯科中心"的信号时，在 1000 多英里（约 1600 公里）之外的格鲁乌通信总部，清晰接收到这一信号。

除了富特发送的信号之外，很快又有其他信号汇入，其中包括特雷伯的电台信号，他的主发射台设在布鲁塞尔一栋房屋顶层。欧洲其他地方也有信号发出，它们来自苏联另一个情报机构：内务部。所有这些通信都没有逃过德国反情报机构的注意。他们意识到，通信量如此之大，且全部加密，只可能是一种情况：有一个或者多个情报网在运作。德国人很喜欢用音乐词语比喻谍报组织，他们把这些电台集体命名为 Rote Kapelle，意为"红色乐团"。苏联这场伟大的情报攻势，就以这个称谓而载入间谍史册。

东方与西方

与格鲁乌一样，内务部也关注德国和日本。但两者的相似之处也仅限于此。从列夫·托洛茨基建立红军第四部时起，两个机构就是互为强劲的对手，相互间的竞争困扰了苏联情报工作多年。双方经常为某一情报资产的"归属权"而争得不可开交。例如，内务部正试图招募美国国务院名叫阿尔杰·希斯（Alger Hiss）的年轻官员，却被告知，此人已是格鲁乌的情报人员。随着苏联情报史上最具争议的人物之一拉夫连季·贝利亚（Lavrenti Beria）——权力攀升，两个机构的对立更加尖锐了。

贝利亚是一名来自格鲁吉亚的共产主义革命者，他在反对沙皇的地下斗争中，曾和另一位来自格鲁吉亚的革命者斯大林一起工作。1919 年，他被费利克斯·捷尔任斯基招募，以高超的技巧完成了几起境外任务，在 1930 年成为内务部对外情报部门的头目。他还与斯大林建立起亲密的友谊和紧密的工作伙伴关系。在斯大林巩固权力的过程中，贝利亚也步步高升。1938年，斯大林任命他为内务部的首领。贝利亚把对外情报事务交给副手，自己则主要负责斯大林的肃反运动。

受贝利亚迫害的人中，包括他痛恨的扬·别尔津。主要因为这位格鲁乌首脑当时在西班牙担任共和军顾问，居然胆大包天，指责内务部在西班牙胡作非为。接到要他回莫斯科"接受询问"的命令时，别尔津明白其中的含义。他的助手们都劝他逃跑，但别尔津拒绝，因为他是忠诚的共产党员。"他们可以在这里枪毙我，也可以在那边枪毙我。"于是他动身回莫斯科。结果在抵达后不到一小时，被抓起来送到卢比扬卡被枪毙。

苏联肃反运动还肃清了内务部的许多成员。事实上，内务部有1373名特工被捕，被指控为"帝国主义间谍"，其中153人遭到处决，其余被送到古拉格劳改营（苏联的劳改政治犯集中营）。另有6000名特工被解雇。这一疯狂举动源于斯大林的臆想，他认为，那些曾在境外工作的苏联情报人员（或者仅仅因为是这种人的朋友），都已被西方情报机构收买。此举将苏联情报精英一网打尽。受害人中包括伊格纳茨·赖斯（Ignace Reiss），这位杰出的招募高手负责管理内务部在西欧的情报网。赖斯拒绝回莫斯科，苏联当局竟派遣行刑队处决他。瓦尔特·克里维斯基（Walter Krivitsky）是格鲁乌在阿姆斯特丹的大型情报网的负责人，以古董商为掩护身份开展工作，他也拒绝了召回令。不过，与他的朋友赖斯不同，他设法逃到美国。同样，内务部驻西班牙的主管亚历山大·奥罗夫（Alexander Orlov）也成功逃到美国。

苏联情报机构的很多优秀特工都消失了，包括两名在英国开展出色情报行动的特工。阿诺德·多伊奇（Arnold Deutsch）和西奥多·马利（Theodore Maly）都是捷尔任斯基在外国共产党员中，招募的首批从事谍报工作的资深间谍。多伊奇（原为奥地利学者）和马利（原为匈牙利牧师）都献身于共产主义，他们还具有受过良好教育的欧洲人那种风采和练达，社会经验丰富，正好适合从事复杂的招募工作。没有人知道，是谁最先想出渗透英国政府的

拉夫连季·贝利亚，苏联内务部首脑，该组织是克格勃前身。

办法。他们没有通过传统方法招募政府官员,而是设置"谍报定时炸弹"。

苏联内务部的分析是,英国权贵选拔范围很是狭窄:几乎所有的成员都来自牛津和剑桥的毕业生。招募工作集中在两所学校中有前途的学生中,尤其是那些具有合适政治倾向的学生。内务部的两位招募者技巧高超,工作方法微妙。潜在对象一般会被告知,自己被看中"与法西斯主义做斗争",或者是诸如此类的模糊说法。绝口不提"苏联内务部""苏联情报机构"或者"间谍"之类的字眼。一旦招募成功,就告诉这些人,他们的真正价值在未来某个时刻会体现,当他们担任政府职务,能够提供重要消息时。

多伊奇和马利完全发挥了自己的作用。他们对待新

1935年,苏联情报部门的宣传天才威利·明曾伯格(左起第三人),主持门面组织"反法西斯大会"的一次会议。

第十章　红色乐团

招募的人员如朋友，摒弃了间谍工作中的传统手段，例如密码和暗号。与传统不同，他们招募的情报人员的价值，要在多年之后才能显现出来。但是，多伊奇和马利的成功超出任何人的想象。在1939年被从内务部的队伍中肃反之前，他们的招募工作已经取得了非凡的成绩，翘楚便是"剑桥五人帮"。他们是来自牛津和剑桥的5个年轻人，日后成为谍报史上最具破坏性的间谍：安东尼·布朗特（Anthony Blunt）、金·菲尔比（Kim Philby）、盖伊·伯吉斯（Guy Burgess）、唐纳德·麦克林（Donald Maclean）、约翰·凯恩克罗斯（John Cairncross）。

内务部的肃反运动还摧毁了一位宣传艺术方面的真正天才——威利·明曾伯格（Willi Muenzenberg），他发明了现代谍报的一项重要手段——门面组织（front group）。这个不修边幅的德国共产党员是捷尔任斯基最早招募的人员之一。对如何利用通信革命——电影、大众书籍和报纸杂志推进共产主义事业，明曾伯格想法颇多。他主张，共产主义思想可以巧妙隐藏在诸如"世界和平"一类的模糊概念中。

明曾伯格还建议将宣传当成一种谍报工具，这是他通过研究英国在一战期间宣传行动的成功而得出的想法。不过，明曾伯格更进一步，提出了门面组织。简言之，就是利用当地的情报人员，组建表面合法的政治或文化组织，由苏联情报部门秘密提供资金。该组织一方面可以破坏目标国家的政策，同时能够扩大苏联的利益。内务部认为很有道理，提供了启动资金，授权他按自己的意见处置一切。

此举成为历史上最成功的间谍行动之一。明曾伯格精力无穷，他建起了一个庞大的宣传帝国，包括日报、画报（周刊）、十余种杂志、一家制片厂。明曾伯格成功的秘诀是宣传内容的可信度。他和他的宣传专家团队巧妙地将事实与谎言结合起来，隐藏其中的共产主义来源。

明曾伯格的最大成就是《希特勒暴政褐皮书》（The Brown Book of Hitler Terror），此书现在仍是历史上公认的最卓越宣传案例。表面上看，此书是对1933年国会纵火案"客观"调查的成果，而进行调查的是一个门面组织的人。褐皮书的结论是，纵火的是希特勒和纳粹分子，目的是为他们在德国压制公民自由的行为合理化。书中巧妙地歪曲事实，用一个由明曾伯格拼凑起来的调查委员会来引人注目，由一些不明真相的知名人士（明曾伯格称之为"旅伴"）组成，使调查结果更加可信。这一行动大获成功，对纳粹德国损害很大，使得千百万人相信，国会纵火是纳粹的阴谋。

明曾伯格后来又组建了数十个其他门面组织，打着"世界和平""结束杀伤性武器"等名义，实则推进苏维埃事业。然而，就在他达到巅峰成功时，斯大林出于只有他自己才知道的原因，决定铲除这位宣传大师。明曾伯格不仅拒绝返回莫斯科受死，还发表了一封公开信，指责斯大林的独裁行为。不久后，他被发现吊死在一棵树上，死因"显系自杀"。

内务部的特工们在如此众多的同伴被处死或监禁的情况下，其对共产主义的深刻信念依然没有动摇。以鲁特·维尔纳为例，她的想法清楚体现了内务部特工们普遍的想法，即党的利益高于一切。她嫁给了一位德共党员兼内务部特工汉布格尔（Hamburger）。一天，他被押到卢比扬卡，被指控为"英国间谍"并被处决。在被告知丈夫的遭遇后，维尔纳平静地回答说，既然他是"人民的敌人"，那就死有余辜。她肯定知道，自己的丈夫绝非英国间谍。苏联情报机构经过肃反之后，不仅得以存续，还能蓬勃发展，其原因就在于这样坚定的信念。另一方面的原因则在于对手的薄弱，特别是德国情报机构的薄弱。

后起之秀

纳粹德国的情报机构诞生于 1931 年 6 月 14 日清晨。那天，刚刚成立的希特勒的近卫军团——党卫军，其中有名狂热的队员莱恩哈特·海德里希（Reinhard Heydrich），前往慕尼黑附近的一个养鸡场。养鸡场的主人是党卫军领导人海因里希·希姆莱（Heinrich Himmler），他想看海德里希是否适合领导一个新建的纳粹情报机构——帝国保安部（Sicherheitsdienst, SD）。海德里希到达后，希姆莱给他20分钟来为这个新机构草拟一份运行计划。

海德里希左右为难。他对情报机构的组建和运作一无所知，但又不想暴露自己的无知，从而危及在党卫军的前途。幸运的是，希姆莱对情报工作同样一窍不通，所以当海德里希从自己看过的间谍电影和小说中，列出一些他认为的现代情报机构的组织框架，写成大纲交给希姆莱时，后者立刻大声叫好，当场任命海德里希为帝国保安部主管。

此时在柏林，威廉·卡纳里斯，这个曾在一战中略微接触过谍报的海军军官，也被叫去面见其上司。上司任命卡纳里斯为德国主要军事情报机构阿勃维尔的局长。卡纳里斯对情报工作的掌握也不怎么可靠，他马上招募有经验的军官来管理阿勃维尔。他招募的都是同自己相似的狂热爱国者，对纳粹日渐增大的权力既鄙视，又惧怕。这些人和卡纳里斯本应成为纳粹政权的耳目，后来却竭尽所能，一起致力于摧毁纳粹政权。

这些充满矛盾的德国情报机构现在会合在一起，拼凑成了一个摇摇欲坠的机构，在相互怀疑、反感的环境中运作。其结果是不可避免的情报混乱。在二战爆发前，德国没有能够对其潜在的敌人形成最基本的认识。德国情报机构的这种两雄并立的情况是一个重要原因，而另一个更重要的因素，则是其元首对于情报的怪异态度。

希特勒似乎认为，他本人就是自己的情报机构，坚信自己天上地下无所不知；对情报是采纳还是拒绝，全看其是否与自己的先入之见相符。他还有将情报和政治相混淆的坏习惯，经常命令德国情报机构不得在某一国家开展任何谍报行动，以免破坏他的某种安排。在由于某种原因开局不利后，他又下令马上开始相关行动。这样根本无法有效从事情报活动，德国情报机构在英国遇到的问题，就是一个典型例证。

希特勒对于英国问题犹豫不决。他有时认为，两国能够达到某种瓜分世界的安排，有时又认为英国是自己最危险的敌人，必须将其消灭。这种摇

英国东海岸战前早期修建的雷达塔,引起德国情报机构的极大兴趣。

德国的 LZ-130 型齐柏林飞艇。这是世界上最早的空中电子情报平台，但它却未能发现英国雷达的秘密。

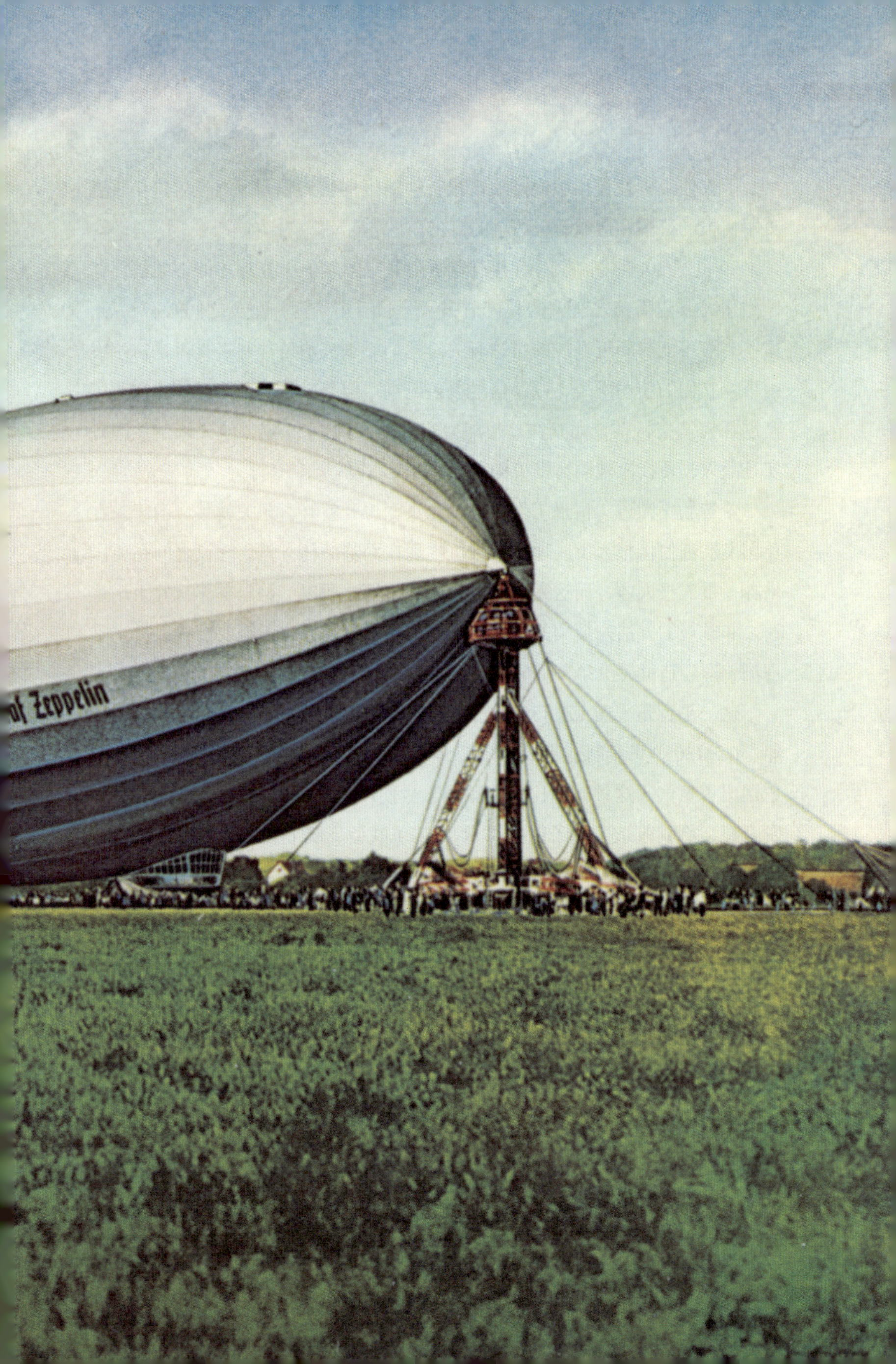
af Zeppelin

摆，不仅使负责在英国境内开展情报行动的机构受到限制，而且对迫切需要英军情报的德军，造成了更严重的打击。

20世纪30年代，英国沿着不列颠东海岸建起了一些神秘的钢架塔，德国空军尤其急需与之有关的具体情报。德国空军认为，德英之间必有一战，这些高塔可能与新近发展的雷达有关。他们必须搞清楚这些塔是否是雷达发射塔，它们的使用频率，以及信号覆盖范围。但是，希特勒已经禁止在英国开展任何情报行动，尤其在慕尼黑协定期间。到1939年，他又认定英国确实是敌人，便授权德国情报机构在英国开始行动。

希特勒不知道，情报工作不像水龙头，想开就开，想关就关。由于未在英国发展任何情报人员，德国情报机构现在面临的任务是，一夜之间在英国培养一批谍报人才，而这完全是不可能的事情。所以，德国空军只好采用快速、非常规的办法来搜集关于钢架塔的情报，这种办法不需要情报人员亲临现场，即建造世界上第一个电子情报（electronic intelligence，Elint）平台。

这一平台是一艘LZ-130型飞艇，它是命途多舛的"兴登堡"号的姊妹船。LZ-130型飞艇制造于1938年，本来设计为民用班机，由于美国拒绝向德国出售氦气（这种气体比"兴登堡"号使用的氢气更安全），德国空军突发奇想，将其改造为电子情报平台。LZ-130型飞艇上装满了各种电子侦察设备，于1939年5月受命开始"表演飞行"和"试飞"，航线总是巧妙地包括不列颠东海岸在内。

飞艇奇怪的飞行路线引起了英国空军部的注意。他们合理得出结论，德国人在窥探英国空军最大的技术秘密：雷达。这一怀疑后来得到证实，因为每次试飞，飞艇都会靠近不列颠海岸。英国采取了简单的应对措施：每当飞艇靠近时，就关掉塔上的发射装置。结果，LZ-130型飞艇的行动彻底失败；德国空军在一年后的不列颠之战中，为此付出了惨重代价。英国雷达能够远距离侦测到德国飞机的队形，为数量处于劣势的英国战斗机部队导航，使其发挥最大的战术效用。

英国人假定LZ-130型飞艇携带了一些电子侦察设备，但只是猜测而

1907年，军情六处首任主管曼斯菲尔德·史密斯-卡明（左），同其航海心腹在一起。

已，因为英国情报机构并不是很了解德国的雷达发展情况，对德国军事电子设备总体情况也知之甚少。这只是二战前英国情报体系整体视野狭隘的一部分。导致这一局限的原因，与官方忽视，尤其是预算不足，关系极大。

军情六处作为英国的主要对外情报机构，在一战结束时以某种辉煌的姿态画上句号。很大程度上，这是由于首任主管曼斯菲尔德·史密斯-卡明的魄力。选他担任此职，主要是因为他在一战前开展过一些业余的间谍活动。他伪装成一个体格魁伟的德国徒步旅行者，在德国乡间四处游历。不过，他不可能获得多少有用的情报，因为其一句德语都不会说。此外，他还因为自制力极强而为人称道。据传，他飙车成瘾，终于有一天翻车失控，他被压在车底，腿被压断了。他从口袋里掏出一把刀，切断自己的大腿脱困。

对军情六处在美洲和中东的成就，还有战时在荷兰、比利时的稍逊一筹

二战前位于爱沙尼亚和苏联之间的边境检查站。1941年，毫无警觉的苏联边防军在此处被击溃。

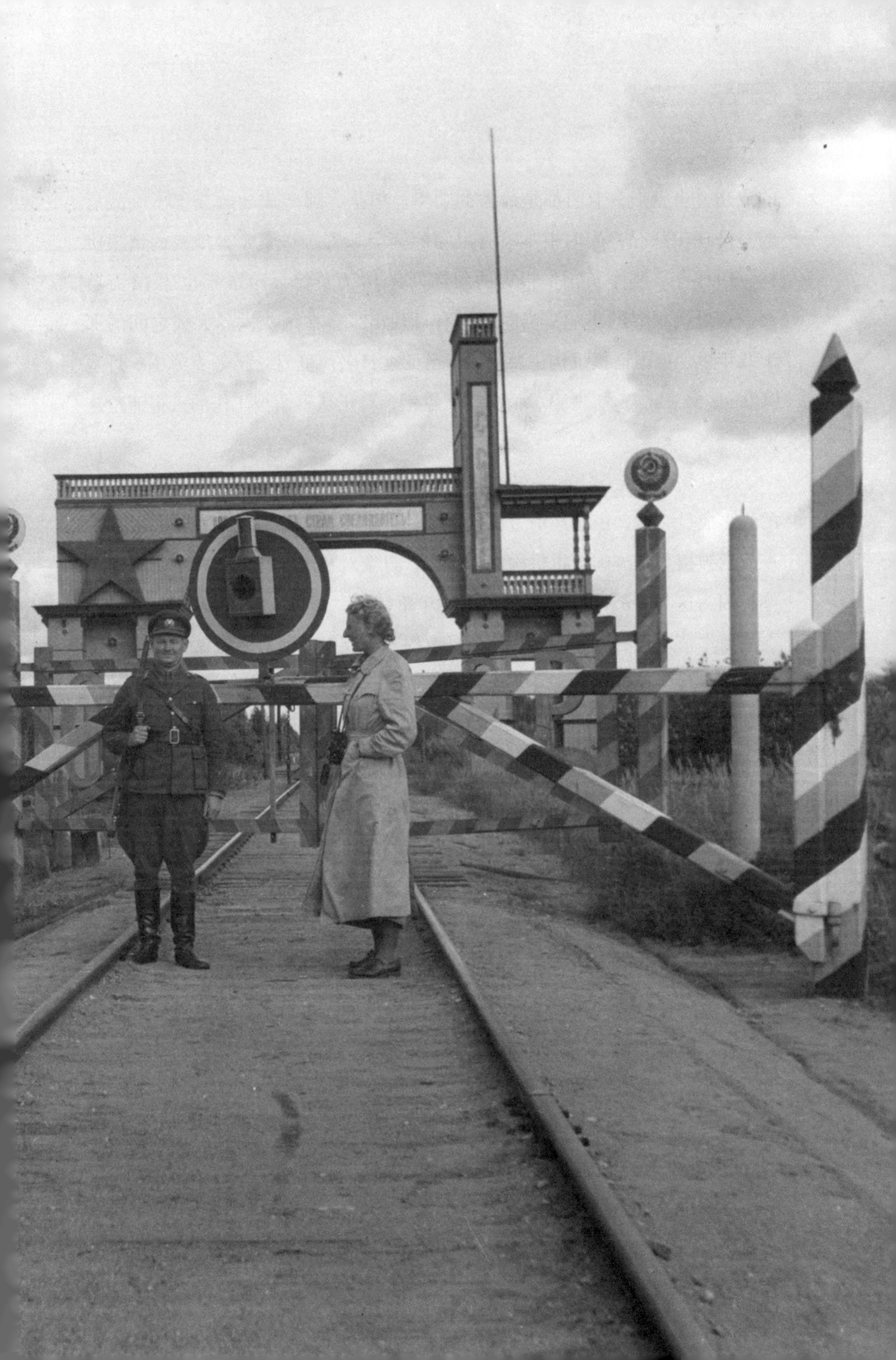

的成功，史密斯-卡明都是最大的功臣。但是，那些成功改变不了一战后的经济现实状况，当时根本没有足够的资金来支持一个颇具规模的情报机构。1921年，整个英国情报界的预算只有10万英镑，1935年也才18万英镑。这对情报界的影响，当时并没有显现出来。在两次世界大战之间的那十几年里，英国情报机构主要是靠自己的往日名声度日。正如克劳德·丹塞（Claude M. Dansey）所言，情况越来越糟，真正从事情报工作的人很清楚这一点。

丹塞曾是一名军官，一战期间为英国情报机构效力。同战后军情六处的许多成员一样，由于经历过谍报生活，丹塞发现自己对此上瘾。同很多在一战后被招募到英国情报机构的人一样，丹塞对枯燥乏味的企业生活感到厌倦，因为这与一战期间的刺激和钩心斗角相比，真是太淡而无味了。不过，在战后军情六处的所见所闻，却令丹塞提不起兴趣。所有情报站站长都隶属于英国的大使馆，伪装成护照检查官。由于这种掩护手段多年来已成惯例，因此几乎人人皆知。丹塞于1929年被派到罗马时发现，连最不起眼的出租车司机，都知道谁是军情六处的情报站站长。

更有甚者，除了简短的谍报基础知识课程之外，军情六处给予特工的培训很少，甚至谈不上培训。新入职的特工到任后，直接派往各地，收到的指令都很模糊，让他们搜集目标国家的政治、军事、工业、经济以及高层社交丑闻方面的情报。如果有人询问应当如何完成任务，上级则告诉他们到时自会想出办法。军情六处的薪酬很低，当特工绝无致富的可能性。被派往海外的特工至少有一部分花销得自掏腰包。正因如此，军情六处更倾向于录用退役军官，因为他们可依靠退休金过日子。军情六处对新特工几乎不加审查，主要靠人脉关系来判定特工人选是否"合适"。

所有这一切令丹塞极度担忧。所以，当在军情六处的职位上升之后（二战时他是六处的副主任），他着手成立了一个与军情六处平行的机构，以便在军情六处酿成灾难时作为替补。他坚信，这一灾难肯定会发生。丹塞认为，一旦开战，军情六处的情报站站长和他们手下那些大多能力低下的特工们，都会立即被一网打尽。他设计的解决方案是，招募一批必须与英国情报机构没有已知联系、但要能够接触到有用信息的情报人士。丹塞将这一团体命名为"Z组织"（Z Organization）。该组织最终招募了近300名不属于军情六处的情报人员，他们能接触到不同种类的情报。

代价

丹塞的业余间谍名册中有各式各样的情报人员，有与国外工业界往来密切的工业家，也有报社记者。对这些人的工作，丹塞有严格的要求：眼观六路，耳听八方，收集一切有意思的情报，无论如何不起眼；在国外，绝对不写笔记、不拍照片。丹塞个人情报网录用的这些人都符合他的两个关键标准：深厚的爱国情怀，热爱谍报工作带来的刺激感。

同军情六处一样，英国的内部安全机构军情五处也因资金不足而困难重重。1930年，军情五处总共只有13个全职人员，负责打击国间谍活动以及共产党等内部威胁。军情五处的人员大多是退役军官，靠退休金生活，军情五处只能提供少量补助。所以，军情五处人员素质普通不高。他们倾向于只关注军事方面的反谍报工作，例如，他们一门心思都用在"共产党宣传"对于军队的影响上面，而对苏联内务部和格鲁乌已经建起多个遍布全英国的情报网，正在把英国的秘密透露给莫斯科一事，军情五处毫不知情。

无论是军情六处，还是军情五处，本来都可以争取到更多政府资金的支持和更优秀的人员，但他们都犯了一个致命错误——涉足政治领域，而这恰恰是情报机构最不应该触碰的领域。1924年，最严重的事件发生了，当时报纸上满是刺目的标题，披露所谓"季诺维也夫信件"事件，一时轰动了全英国。据说，那是一封共产国际领导人季诺维也夫写给英国共产党的信，指示后者开展颠覆活动，摧毁英国军队；报道披露信件是由英国情报机构截获的。这封信可谓名副其实的政治炸弹，在最终导致拉姆齐·麦克唐纳（Ramsay

莫斯科卢比扬卡监狱的房间。在斯大林的肃反运动期间，苏联情报机构的大批特工因被指控为"西方间谍"，关押于此。

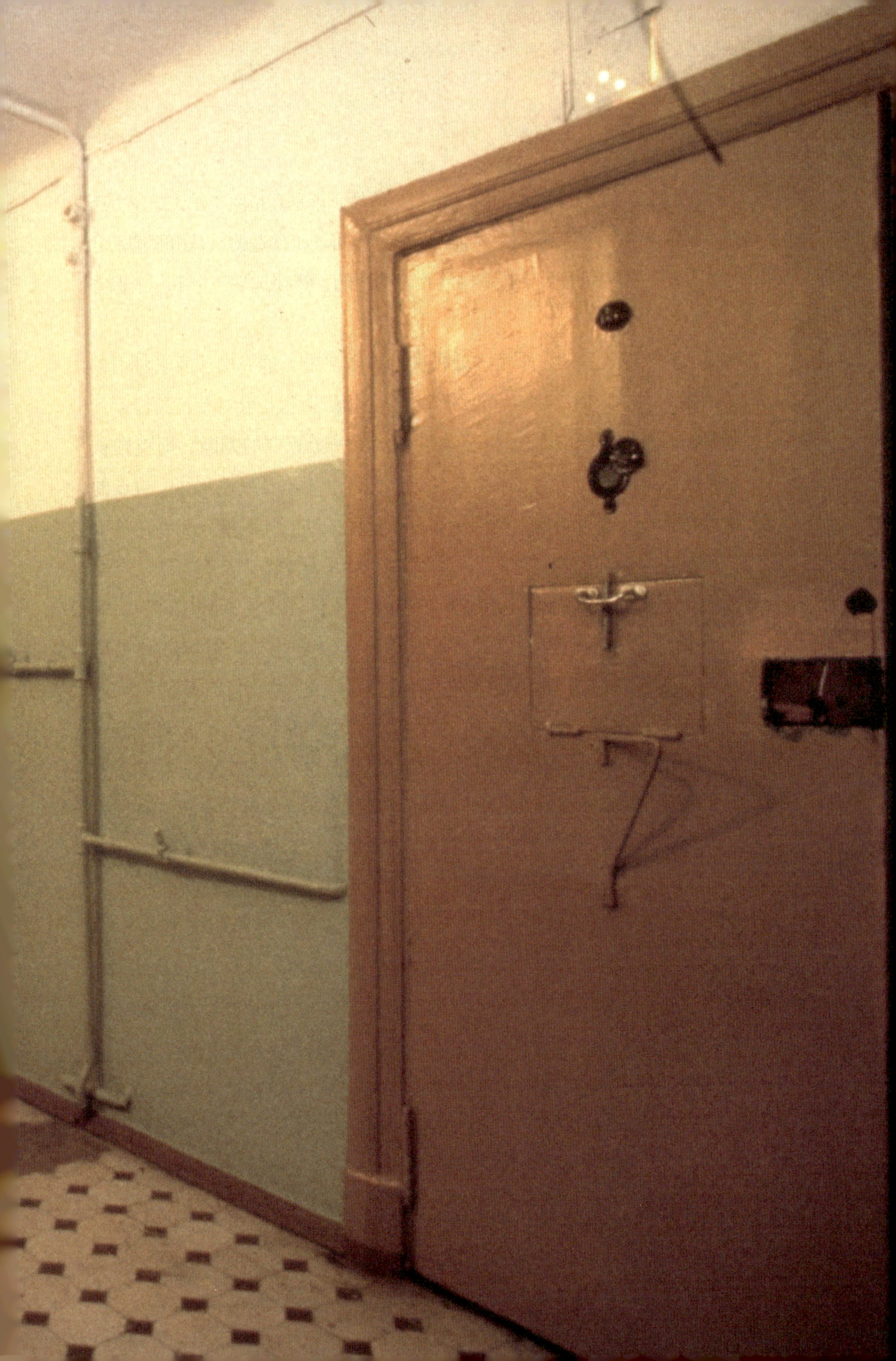

MacDonald）的工党政府下台起了关键作用。信件究竟是真是假（季诺维也夫否认写过这封信），至今仍有争议。从证据上看，信可能是伪造的，是由军情六处和军情五处的一些高级官员支持俄国流亡者伪造的，意在选举产生出一个保守党政府。

20世纪30年代后期，军情六处再次卷入政治中，这一次涉及它对纳粹德国的情报判断。张伯伦政府奉行绥靖政策，相信谈判是应对希特勒侵略重最佳处理办法。在情报方面，绥靖政策隐含了一个重要的判断，即英国认为，希特勒强大的军事实力，使得与他达成和解变得不可或缺。这一观点的一个重要支撑，就是英国以为德国空军有数量庞大的轰炸机群，能够在数小时内将英国炸成一片废墟。这一观点深深植根于民意中。大众媒体连续发表刊登文章，夸大其词地谈论现代轰炸机的毁灭性打击；此外一部根据H. G. 威尔斯（H. G. Wells）的小说《未来世界》（Things to Come）改编的科幻电影更是推波助澜，该电影描绘了轰炸机投下毒气弹，摧毁整座城市人口的场景。

军情六处对德国空军知之甚少，但他们迎合政府的政治需求，政府想听什么就说什么：以德国空军轰炸机的实力，如果开战，足以给英国造成可怕的损害，因为英国皇家空军没有阻挡德国轰炸机的资源。事实上，德国空军根本没有此种实力，却极力希望各国以为它有实力，不遗余力地吹嘘德国轰炸机如何如何庞大。军情六处正是把这些吹嘘当成事实予以传递。

同样的夸张说法也被灌输给了另一个情报机构，美国陆军军事信息处。传送信息者是一个出乎意料的间谍，著名的"孤鹰"查尔斯·林德柏格（Charles Lindbergh），他是单人飞越大西洋的第一人。1938年，德国帝国元帅、空军司令赫尔曼·戈林（Hermann Goering）邀请他去参观德国重获生机的航空业。林德柏格自愿向美国驻柏林武官杜鲁门·史密斯上校主动请缨提供情报。史密斯急于就德国空军日益增强的实力搜集情报，林德柏格恰好有理想的机会。德国人显得特别希望给这位著名的英雄留下深刻印象，并影响美国的公众意见，将所有的一切都展示给林德柏格看。林德柏格做得比史密斯的预期还要好。他略显羞涩，谦和友善，赢得了无数德国人的喜欢，德国人对他大开绿灯，甚至让他试驾最新式飞机。

这简直是一次难以置信的情报机会，但是，林德柏格将他看到的一切都通过政治立场加以过滤。林德柏格是一个坚定的孤立主义者，一心想使美国远离欧洲战争，所以他对德国人让他看到的那些虚张声势的东西，尤其是关于庞大的轰炸机群的吹嘘，完全不加分辨，全盘信以为真。林德柏格最终得出结论，假若开战，面对如此强大的军队，英国毫无胜算，几小时内就会失败，美国没有理由介入一场注定在几小时就会失败的战争。

史密斯把林德柏格的情报原样转交给美国陆军军事信息处，后者又同样不加分析转给了美国陆军航空兵部队。陆军航空兵部队本来就认为，要赢得下一场战争，只能依靠战略轰炸——当然是美国的战略轰炸；林德柏格的情报是对这一信念的肯定，他们当然很是欢迎。二战前夕，美国情报界规模小，结构分散，资金不足，而且盛行这样的本位主义。

20世纪30年代，美国陆军军事信息处总共只有66个人，大多数人没有受过正式训练。大多数时候，他们都只是整理美国来自世界各地武官的消息。可是，武官们同样也缺乏情报方面的训练，也同样苦于预算限制。其中大多数人之所以被委派为武官，只是由于出身于富裕家庭，能够自掏腰包履职。美国海军的海军情报局（ONI）也是依靠武官。但海军的武官与陆军一样，获得职位是由于经济能力，而非情报搜集能力。国务院情报部门（State Department Intelligence）是美国三驾情报马车之一，情报来源是大使提交给不同"办公桌"（Desk）的报告，每个"办公桌"代表世界一个特定地域。美国情报工作的唯一亮点是它的密码分析能力，分属陆军和海军。在密码分析领域，美国起步晚，在一战期间才开始涉足，但工作人员兢兢业业，尽管经费紧张，薪资微薄，一战后美国的密码技术却一直处于一流的水平。

1939年，当战争阴云出现在欧洲和远东时，美国情报界对即将到来的灾难视若无睹。美国情报机构在海外几乎没有耳目，所以认识不到已经危机四伏。英国的情况也差不多。而与此同时，超过3.6万名苏联特工以及情报人员正在向莫斯科源源不断地输送情报，而德国的情报机构也部署了7500名特工和情报人员。

单单从数字上看，这是一场不对称的情报战争。但是，还有另一个更微妙的因素在起作用，并将证明至关重要。1937年5月17日，苏联内务部特工向莫斯科送达一则极为重大的情报：希特勒向其高级军官进行了一次秘密简报，宣布了他入侵苏联的长期计划。报告被立即递交到斯大林手里，他在下半页处轻蔑批示了几个字："英国挑拨！需彻查！"

真是想象不出，还有什么比这样的反应更打击士气。但是，除了少数例外，苏联情报机构依然坚持不懈地搜集情报。只有对信仰根深蒂固的献身精神才能解释，为什么成千上万的苏联特工和情报人员，会在他们为之献身的制度似乎已经被某种失去理智的东西控制时，还是一如既往地忠诚。

这种忠诚的表现不可思议。对斯大林抓捕的5000多名特工，他们的朋友和同事非常清楚，这些牺牲品不是所谓的"英国情报机构的长期特工""法西斯主义破坏者"或者"伪装的帝国主义害虫"。但是，他们一句话也没说，眼睁睁地看着同伴被拖往卢比扬卡监狱，惨遭贝利亚的"流水线"酷刑的折磨，最终承认贝利亚安在这些人头上的罪名。他们知道，那些被当作英国、美国和德国的间谍处决的153人中，没有一个人罪有应得。那些被怀疑为"国外间谍"、从苏联情报人员名册中剔除并流放到苏联腹地深处的6000多名特工，也都是无辜的。

二战是苏联历史上遇到的最严重的威胁。事实证明，苏联情报人员对这一政权无限的忠诚，对于将苏联从这一威胁中拯救出来，起了决定性的作用。

棒球捕手：业余间谍

20 世纪 30 年代，在极权国家建立的臭名昭著的秘密警察机构中，日本宪兵队（Kempei Tai）占据一席之地。它以日常的暴行、酷刑地牢，对日本各阶层无所不在的监视，以及严格的保安措施而声名狼藉，把日本变成了极权国家，国外情报机构几乎无法渗透。宪兵队还因为其顽强彻底的行事风格而著称，哪怕是最细微的谍报活动，也逃不过宪兵队上万名特工和数千名线人的注意。

因此，1934 年一名业余美国间谍智胜宪兵队的事件，才更显得出人意料。当年 11 月，宪兵队照常执行公务，审查职业棒球大联盟的一支全明星队到日本巡回赛的日程。但失误之处在于，负责这项工作的几个特工没有一个是棒球迷。

因此，这些特工并不奇怪，为什么莫里斯（莫）·贝格（Morris [Moe] Berg），效力于华盛顿参议员队的一个二流捕手，竟然可以与巴比·鲁斯（Babe Ruth）和卢·格里克（Lou Gehrig）这样的巨星一起出现在明星队。宪兵队特工没有起疑，他们完全不知道，贝格的入选只有一个原因，那就是美国海军情报局秘密接触过大联盟，将他塞进了参赛人员名单。其实贝格是美国海军情报局的间谍。

11 月 29 日，贝格对队友们说，自己觉得不适，不能同他们一起参加下午在东京北部一座球场举行的表演赛。等队友们离开后，贝格离开酒店，前往附近的圣路加国际医院。他手捧鲜花，用近乎完美的日语打听，他的"好朋友"、一位美国外交官正在医院待产的夫人病房号。得知是在 7 楼后，他走进一部电梯，却没在 7 楼停下。

贝格乘坐电梯直到顶楼，然后由消防通道进入医院的楼顶，这是当时

莫·贝格，大联盟棒球捕手以及美国间谍，他的双重生活相当精彩。

东京最高的建筑物之一。在楼顶，他从外套里拿出一部小型的电影摄影机。在接下来的 1 小时里，他慢慢环拍了整座城市，重点拍摄工业设施和停泊在东京湾的日本战舰。随后，他将鲜花和摄影机藏在外套里，离开了医院。再晚些时候，正当美国全明星队以 23：5 战胜日本全明星队时（鲁斯还跑出一个巨型本垒打），在繁忙东京的街头，贝格与一位美国外交官擦身而过，把胶卷传给了后者。

8 年后，照片发挥了巨大作用，为美国突袭东京提供了核心目标的情报。空袭东京极大地动摇了日本的士气。在后来 B-29 燃烧弹轰炸东京时，这些照片成了目标档案的一部分。轰炸摧毁了半个东京城，超过 10 万人遇难。

往事揭秘

贝格于 1972 年去世。数年之后，他不为人知的间谍生涯才被人所知。他于 1932 年被招募为间谍，东京的谍报活动，只不过是多次间谍活动的其中一次。贝格从未受过任何正规训练，他完全是出于爱国而从事谍报工作。因此他属于情报界行话称为"业余间谍"的特殊类别，这个称谓用来描述那些自告奋勇为国家当间谍的人；还有那些能接触到重要的外国情报，甘愿无偿提供情报的人。

20 世纪 30 年代可以说是业余间谍的黄金时代。由于经济困难，许多国家的情报机构预算锐减，爱国的业余间谍正好帮忙填补了不足。他们由各色人等组成，其中有工业家、著名小说家、电影制片人、商人、牧师、时装模特、运动员，等等。他们都怀有爱国热情，并愿意承受危机四伏的谍报世界中的各种风险。

在这些形形色色的业余间谍中，贝格的经历无疑是最引人入胜的。无论从哪个角度看，贝格都是一个异类。他是普林斯顿的高才生，大学生棒球队的明星球员，后被招入职业棒球大联盟。他在棒球队只是属于水平一般的普通球员,但始终是棒球界的八卦话题。在这个以缺乏知识分子而闻名的行业里,贝格能流利地说12种语言("但用哪一种语言他都无法打好棒球",他的一位队友曾酸溜溜地评论过)。往返比赛途中的每一次间歇,他都用来阅读书籍、学术杂志和报纸。有时他同队友讲话时,还会冒出拉丁语或梵语,搞得大家莫名其妙。队友们完全不知道,这个古怪的捕手在1932年就成了业余间谍。一到休赛期,贝格就不见踪影,有时消失数周,对外宣称在"国外度假"。

"珍珠港事件"之后,贝格加入美国战略情报局,终于成为正式间谍(1952年,他又加入了战略情报局的后继机构中央情报局)。但大部分业余间谍宁愿保持业余身份,或者干脆结束间谍生涯,因为二战期间情报机构的扩张,减少了对业余帮助的需求。另一位名气更大的美国业余间谍欧内斯特·海明威,在二战期间就选择保留业余身份。然而,他的业余间谍生涯带有些滑稽色彩。

海明威在30年代周游世界各国时,就已经是业余间谍,并为海军情报局效力。1941年,海明威在古巴居住,同美国大使斯普路尔·布来登(Spruille Braden)成为好朋友。古巴当时有很多西班牙共和派的流亡者,其中不少是这位著名小说家的酒友、钓友。布来登糊里糊涂地同意了海明威的一个莫名其妙的建议。海明威声称,轴心国间谍"第五纵队"(fifth column)在古巴潜伏,他计划利用自己的西班牙朋友,将这些间谍打探出来。他还说,这些间谍正把商业船队的情报,提供给在周围海域那些虎视眈眈的德国潜艇。这些说法已经够离奇了,海明威还说动布来登同意了他的另一项计划。他打算把自己的渔船开到据称潜艇密布的水域上,再由他船上那些上了年纪的前回力球手,将炸药投进浮出水面的德国潜艇的瞭望塔。联邦调查局局长J.埃德加·胡佛本来就看不起海明威,在得知这些无稽之谈后,大为震惊,于是迫使国务院终止了海明威的业余间谍行动。

胡佛知道还有其他一些业余间谍,但这些人聚集在一个与富兰克林·罗斯福总统有密切联系的影子组织中,胡佛认为属于政治上的敏感地带,不愿牵扯得太深。这个组织叫"房间"——得名于曼哈顿的奢侈公寓。他们定期在这里聚会，交换情报。这些美国企业界的精英有一个共同的信念：纳粹德国和日本帝国一定会在将来某个时候与美国开战，对美国构成严重威胁。因此，必须就这两个威胁尽可能多地搜集情报，以确保美国做好准备。这些人都是罗斯福的朋友，后者对情报如饥似渴。然而美国的情报机构支离破碎，经费奇缺，情报恰恰是他们无力提供的东西。

　　这一业余间谍小组里，有好几名成员的企业职务使他们能够接触到

西班牙内战时期，欧内斯特·海明威（右）刚刚开始自己的间谍生涯。

顶级情报。其中一位是大通银行董事长温斯洛普·奥尔德里奇（Winthrop Aldrich）。大通银行是世界最大的金融机构之一，分支机构遍布全球，与外国银行的关系很深厚。奥尔德里奇只需要拿起电话，就可以动用大通银行庞大的资源，追踪德国和日本的金融状况。"房间"组织的另一位重要成员是罗斯福的挚友文森·阿斯特（Vincent Astor）。罗斯福总统虽然没有参加阿斯特在太平洋的长途航行，却很喜欢乘坐这位金融家的游艇去兜风。

电影制片人亚历山大·科尔达，英国情报机构的业余间谍志愿者。

在太平洋长途航行时，阿斯特会往来于日本的管制地带，打探军事扩张的迹象。阿斯特作为业余间谍的真正价值，在于他是西联电报公司的董事。外国驻美使馆使用西联公司的设施发送外交电报，在阿斯特的安排之下，西联公司把外交电报抄送给美国的密码破译机构。

"房间"的成员基本上是亲英人士，所以他们与英国情报机构建立了秘密联络。英国情报机构本身也有业余间谍，分别属于两个独立的组织。一个被非正式地称为"温斯顿小圈子"（Winston's Circle），他们是一群显赫的商人，与温斯顿·丘吉尔一样，对英国的绥靖政策忧心忡忡，认为一定会导致英国在没有准备的情况下与纳粹德国开战的灾难。

另一组织在人数上要多一些，他们为Z组织工作。Z组织是与军情六处平行的谍报机构，组建它是为了替补军情六处已有的情报网。Z组织的创建者是军情六处的副主任克劳德·丹塞，他坚信业余间谍能够比军情六处的正规间谍更有作为，因为反情报机构不知这些业余间谍。丹塞集合起一批各异的业余间谍，其中一名出人意料的特工因为间谍工作而获得了勋爵头衔。

他名叫亚历山大·科尔达（Alexander Korda），真名叫凯尔纳（Kellner），原籍匈牙利，是一名制片人、导演，1932年由丹塞招募为业余间谍。在军情六处的暗中资助下，科尔达成立了伦敦电影公司。利用这个公司的"勘景"名义，他跑遍了世界各地。德国反情报机构没有怀疑，他去的地方偏巧都是德国边境线一带的敏感地区。

不过，科尔达的真正贡献是他通过其拍摄的电影，改善美国观众眼中英国的形象，削弱孤立主义情绪。这是由威廉·斯蒂芬森（William Stephenson）的英国安全协调局（British Security Coordination, BSC）开展秘密行动的一部分。1940年年底，依靠军情六处的部分资助，科尔达拍摄了《汉密尔顿夫人》（*That Hamilton Woman*），这部爱情片讲述了霍拉肖·纳尔逊海军上将及其情妇汉密尔顿夫人的故事，由劳伦斯·奥利弗（Laurence Olivier）和费雯·丽（Viven Leigh）分别扮演男女主角。影片创造了票房奇迹，更为重要的是，影片传递了一条微妙但不容忽视的宣传信息，浓缩在奥利弗所扮演的角色的台词里："绝不能同独裁者讲和，必须摧毁他们，消灭他们！"在影片中，奥利弗指的是拿破仑，但观众全都清楚，对应的显然是希特勒。

第十一章
CHAPTER 11 东风，有雨

上图：二战期间截获的一份无线电信号记录。通信情报在二战中得到了全面发展，成为作战的关键因素之一。

1942年11月25日拂晓，随着一阵猛烈的炮火，进攻开始了。在超过100英里（约160公里）的战线上，苏军的2352辆坦克和81.7万名士兵冲向德军在苏联中部勒热夫镇附近的突出部。这是一次规模巨大、雄心勃勃的钳形攻势，意在打断入侵苏联德军的脊梁。北翼的钳形攻势代号"火星行动"（Operation Mars），要摧毁的是德国第九集团军。南翼的钳形行动代号为"天王星行动"（Operation Uranus），目标是要摧毁在斯大林格勒的德国第六集团军。

　　格奥尔基·朱可夫元帅（Marshal Georgi Zhukov）是苏军最优秀的指挥官，曾在一年前击败了莫斯科城下的德军，他相信自己筹划的行动能够成功，主要是因为德国人根本不可能事先得知行动计划。与苏军其他所有的行动一样，"火星行动"的保密措施之严密，堪称全球无与伦比。

"火星行动"

苏联内务部特别小组在队伍后方巡查，防范敌方间谍，同时追捕本国逃兵，逃兵一般会被就地枪决。还有更专业的内务部分队，监督所有的无线电通信，实行严格的标准确保任何细微的差错，都不会被敌方的监听人员利用。给通信加密所用的密钥每天更换，防止敌方的密码分析员破译。另外，还有一支内务部的特别分队，负责监听敌人的无线电通信，寻找线索，分析德国人是否发现即将来临的这场风暴的蛛丝马迹。朱可夫的情报官员告诉他，毫无疑问，"火星行动"的消息一点都没有泄露。苏联一旦出击，德国人将会措手不及。

尽管行动的保密程度如此之高，但当行动开始大约 48 小时以后，朱可夫从前线指挥员那里接到了令人不安的消息，令他倍感震惊。他们报告，德国人显然知道苏军会来。他们的反坦克炮集中打击苏联坦克推进的主线，在步兵的攻击方向上，修建了大规模战地工事。德军炮火点对点地精确打击苏军兵力集结点，表明事先掌握了情报。事实上，德国人似乎了解苏联整个行动计划。

战斗在继续推进，朱可夫收到了更加忧心的消息。尽管苏军在兵力和物资上都有很大优势，但德国人顽强坚守阵地，令苏军伤亡惨重。在一个只有 4 英里（约 6400 米）的战区上，短短两天就有 400 辆苏军坦克被击

苏军的 T-34 坦克，世界上最优秀的坦克。但德国情报机构未能事先掌握这一技术情报，一时相当狼狈。

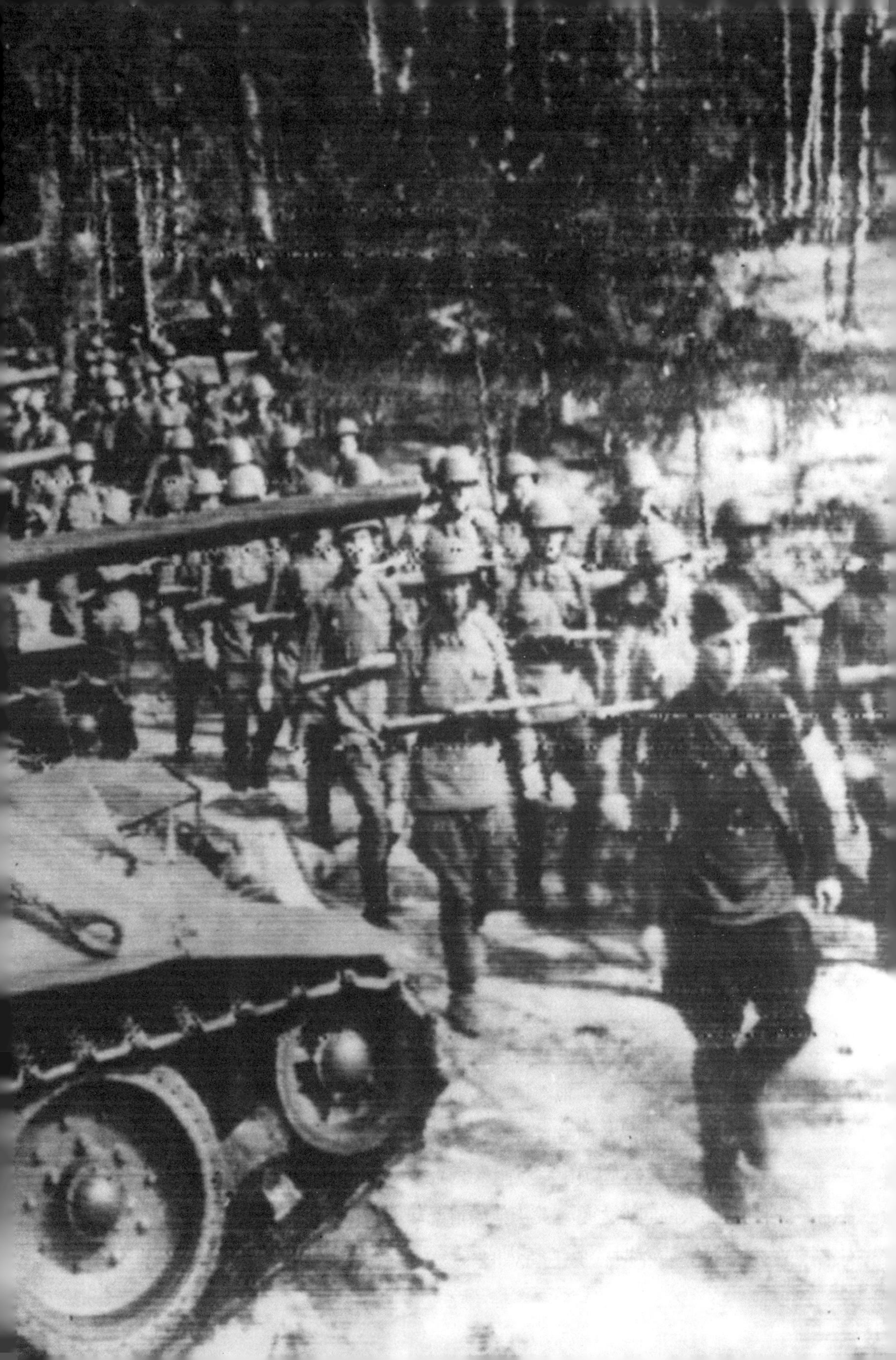

毁。朱可夫不为所动，下令继续进攻，但无论苏军采取什么措施，都以失败告终，主要由于德国人预判到苏军的每一步。在遭受35万名人员伤亡并损失超过1700辆坦克后，朱可夫只好放弃。余下的人员和装备又撤回了苏军战线。

朱可夫召集参谋人员做战后分析，复盘行动为什么会出现如此巨大的差错，特别是德国人显然掌握很多情报。就在朱可夫忙于分析时，在遥远的西方，在德国情报机构阿勃维尔的东方前线指挥部，人们开了香槟酒，庆祝开战以来最大的情报胜利。正是因为有苏联最高统帅部间谍提供的情报，勒热夫大捷（Rzhev victory）才成为可能。阿勃维尔给这位间谍的代号是"海涅"，大家不断举杯向这位间谍致敬。

德国人怎么会知道他要进攻，朱可夫一直未能找出原因；他是二战中最伟大的将军之一，但勒热夫的灾难成了战绩污点。如此程度的军事灾难，本应该对他的前途造成严重的影响，好在他的南翼钳形攻势取得了辉煌成功，分散了北面灾难的注意力。另外，朱可夫弄不明白，不管是斯大林，还是苏联最高统帅部的其他成员，都没有为勒热夫发生的事情责怪他。莫名其妙的是，对于德国人如何得知行动情况，他们好像也没有兴趣去查个明白。

双面间谍

他们无动于衷是有原因的。实际上，内务部是故意把"火星行动"泄露给德国人，斯大林对此一清二楚。"海涅"是一名苏联间谍，靠着这成千上万具本国士兵的尸首，他在德国人那里的信誉得以小心地建立起来。这是一个巨大的情报骗局的前奏，最终，这一圈套终将导致德军在东线的溃败。

"海涅"真名亚历山大·迪米亚诺夫（Alexander Demyanov），他是二战时期最伟大的间谍之一，关于他的情况却披露得不多。他出生于一个显赫的白俄家庭，青年时代成了狂热的共产主义者。1929年，迪米亚诺夫加入了国家政治保安总局。由于他的出身背景，几年后他被派去渗透到白俄流亡者中间，摸清他们与德国情报机构之间可能的联系。众所周知，德国人喜欢从白俄流亡者中招募，因为这些以俄语为母语的线人可以渗透到苏联。国家政治保安总局为迪米亚诺夫的这次任务做了周密安排，让他到莫斯科一家电影制片厂任电器工程师，这使他得以进入苏联文化圈。国家政治保安总局知道，德国人喜欢在那里寻找可能的合适人选。

迪米亚诺夫很有心机，凡是他觉得德国人能听到自己言谈的场合，就设法提到他对白俄的情感，以及他对斯大林高压政权的反感。只用了几个星期，德国就上钩了。他被邀请到了阿勃维尔的一间安全屋，在那里他更加坦率地谈到了自己对苏联政府的仇恨和想要推翻这一政权的愿望。他还更进一步说，他是某个名为"皇位"组织的成员，这是一个极为秘密的白俄地下组织，只要得到外部支持，这个组织就能够发动政变把共产党赶下台。德国人听得聚精会神，他们显然从未听说过20年前发生的"信任行动"。迪米亚诺夫立即被招募为线人，德国人保证，一旦白俄发动政变，迪米亚诺夫和他的朋友都能担任政府要职，当然，政府将是强烈亲德的。

这次会晤没有产生什么结果，因为仅仅几周之后，在1941年6月，德国便入侵了苏联。德国间谍机构忙于其他事务，忘记了他们的白俄线人。这年12月，莫斯科郊外发生一件奇怪的事情。一天早晨，一位名叫亚历山大·迪米亚诺夫的红军士兵越过前线，声称自己是逃兵，并且有"重要消息"要告诉德国情报机构。德国人知道，苏联人时常派人假装逃兵越过前线，主动要求成为情报线人（在德国人那里获取一些情报后，一旦派他们返回苏联，他们就会再逃回去），所以迪米亚诺夫一开始遭到怀疑。但是，他的坚持最终使他被逐级送到阿勃维尔的主要情报站。情报站核查了迪米亚诺夫，发现原来他是6个月前刚被录用的那名线人。

为了确定他是否还是以前那位反苏的白俄分子，迪米亚诺夫经历了一次严酷的忠诚度测试。他被带进一个房间，按要求在靠窗的地方坐下，回答关于他日后在苏联后方以德国情报线人身份工作的问题。房间外面，德国人将

苏联战俘。在二战的头几个月,德军抓获了将近 400 万苏联战俘。由于斯大林拒绝相信情报机构提供的关于即将发生入侵的情报,导致苏联军队措手不及。

四名被俘的游击队员剥光了衣服，五花大绑，用铁棍抽打。在这些人被殴打致死的过程中，德国人仔细观察迪米亚诺夫对惨叫声的反应。他完全无动于衷。通过测试以后，迪米亚诺夫被告知，他将被安插到苏联后方，随身携带一部电台，通过电台报告苏军的部署以及前线部署的情报。他当然求之不得，立刻同意了。一个星期后，他深入离前线大约 200 英里（约 320 公里）的苏联领土。

就在迪米亚诺夫降落时，苏联所谓"修道院行动"（Operation Monastery）正进行得热火朝天。他被自己真正的主人内务部接管，开始了一场双面间谍的游戏。在这场游戏中，苏联人表现出炉火纯青的技巧。几天之后，"海涅"开始发送关于苏军部队的战术情报；德国人高兴地发现，这些消息都很准确。根据这些消息，德国人得以多次击败苏联军队。数以千计的红军士兵被故意牺牲，目的是要德国人相信他们的线人完全可靠。德国人完全相信这一点，他们根本没有考虑，有可能是苏联人在给他们下圈套，苏联人牺牲了成千上万人的性命，为的只是帮一个双面间谍建立信誉。

几个月下来，由于情报准确，在德国情报机构的眼中，"海涅"成为东线最重要的线人。内务部采取了下一步关键行动，利用"海涅"去诱捕更大的猎物。1942 年年底，迪米亚诺夫给德国上司发去激动人心的消息。因为有电器工程师的背景，他被苏军的通信学校录取，并已得知自己将成为苏军最高统帅部首席无线电操作员。可以理解，德国人接到这一消息后欣喜若狂，因为这意味着，他们现在有了一位无与伦比的线人，苏联最高统帅部下达给部队的所有重要信息，都将由此人负责处理。

很快，"海涅"就提供了重大情报，提供了苏联进攻勒热夫的详尽计划。结果德军大获全胜，阿勃维尔对这位明星线人彻底信任了。不过，少数德国情报官员开始产生疑问。苏联内务部的反情报机构以行事彻底著称，其无线电侦察行动也很有名，"海涅"发送了那么多信号，为什么没有被发现？还有，这次让他得到彻底信任的勒热夫行动，也有些蹊跷。而且，"海涅"的消息给苏军造成的伤亡多达 35 万人，但奇怪的是，既然能接触到全部类似的高级别消息，关于在南翼部署的斯大林格勒行动，他却没有听到任何风声。这些怀疑全被德国否决，"海涅"继续向德国提供着"十足真金"的情报。

　　1943年夏天，连德国情报机构里最热切支持"海涅"的人，也感到了些许不安。此时德军打算大举进攻库尔斯克突出部，而"海涅"报告，防守此地的红军预备队都是步兵，机动性很差。结果，预备队都是坦克师，他们摧毁了德军装甲部队。德国的重大失败，导致德军在东线丧失了进攻能力。尽管质疑增加，德国人依然信任"海涅"，因此最终付出了代价。1944年初，他报告了苏联即将大规模进攻德国在巴尔干地区的南方集团军群（Army Group South）的细节。德国人从其他军群调集部队，加强了对南部的防御。1944年7月，苏联发起进攻，但不是针对南面，而是中央集团军群（Army Group Center）。苏军在德军防线撕开了一个宽达250英里（约400公里）的缺口，一举消灭德军45万人。

真相大白

　　德国人终于明白，他们的超级间谍"海涅"一直都是苏联内务部安插的线人，但一切都太迟了。破坏已经造成。灾难的原因，至少有一部分在于德国情报机构过于轻信，未能在迪米亚诺夫刚刚露出双面特工的迹象时，就对他进行深入、客观的分析。当然也必须承认，苏联内务部表现出极大的耐心和技巧，二战期间这一最伟大的双面特工行动，才得以成功。

　　这次胜利充满了可怕的讽刺，就在获胜前不久，发生了历史上一场最糟糕的情报灾难，对于这一灾难，庞大的苏联情报网络是无可指责的。但他们上级的所作所为，则是另一回事。纳粹德国即将入侵苏联，约瑟夫·斯大林在接到相关的详细、明确的情报后，却坚决不相信，个中原因，依然是历史上的难解之谜。

1941 年 6 月 22 日，当超过 100 万德国军人连同成千上万架飞机、坦克开进苏联时，苏联空军的飞机没有伪装，部队没有处于防御状态。更有甚者，苏联部队接到明确指令，如遇任何入侵军队，除非得到莫斯科的直接命令，否则不许开火。这一不抵抗的命令，出自斯大林本人。在此之前，利奥波德·特雷伯报告，德军正从法国向波苏边境大规模移动；理查德·佐尔格从东京发回报告说，希特勒已经决定入侵行动定于 6 月份的下半月；还有，内务部在德国的一名关键线人在 6 月 19 日报告，德国的入侵将于 6 月 22 日凌晨 3 点钟开始（误差只有半小时）。尽管有上述一切，斯大林却还是下达了不抵抗命令。

最后，还有来自温斯顿·丘吉尔的强烈暗示。1941 年 3 月 29 日，英国的超级密码破译行动向丘吉尔报告，有三支德国装甲师和两支机动化师，已经移动到波兰克拉科夫——显然不是为了入侵英国。在不暴露超级本身这个大秘密的情况下，丘吉尔告诉斯大林，有一个"可靠来源"，透露了德军的上述动向，显然对苏联有影响。斯大林将丘吉尔的消息斥为"挑拨"，丢在一边置之不理。

相比之下，斯大林接到自己的情报组织的情报时反应更加激烈。他讥笑佐尔格的情报毫无用处，因为"他在窑子里花的时间太多了"。他坚持认为，特雷伯"应该被送回他老娘肚子里"。他还要求把报告德国打算入侵苏联的内务部线人"抓起来惩处"，因为此人向莫斯科发送了"可疑的、误导性的消息"。格鲁乌和内务部的头目们对斯大林一贯奴颜婢膝，迎合他的偏见，助长了他这种盲目罔顾事实的态度。在提交特雷伯和佐尔格的报告时，格鲁乌在文件的封面附加几句话提醒斯大林：报告的情况虽然引人关注，但也有可能是"英国人的挑拨"。内务部的报告也有类似的附加说明，贝利亚甚至在德国入侵的前一晚还肉麻地祝贺斯大林，说对他坚持不被"虚假消息"欺骗，苏联人民将永远感激他。

因为这些"虚假报告"，苏联特工多次受到斯大林的严厉批评。但是，正如以前在肃反运动中那么多朋友和同僚被屠杀时，他们仍然愿意坚守岗

苏军的攻击分队，正攻打斯大林格勒的德军据点。在苏联情报机构的一场大规模的欺骗行动支持下，苏军在斯大林格勒取得了关键性胜利。

位，即便明知是真实情报却被盲目拒绝，也没有使他们丧失斗志。当德国的"巴巴罗萨行动"打击了一个毫无准备的国家时，可以想象苏联特工们是多么痛心。他们及其线人冒着生命危险搜集到的情报，本来能够拯救苏联，却被置之不理。但是，他们对事业的坚定信念没有动摇，马上又投入工作，加倍努力地搜集情报，因为现在敌方情报比任何时候都更为生死攸关。他们很清楚，他们的努力无异于把绞索往自己的脖子上套。因为搜集的情报越多，他们的电台发报时间就越长，就越容易暴露给德国反情报机构高效的电台定位装备。

首先暴露的是特雷伯的行动。为了发送特工们搜集的大量情报，他的电台每次都要发报数小时，使德国电台定位专家很容易定位电台位置。1942年，德国人确定了他在布鲁塞尔主发报机的位置，突袭了电台所在地，抓捕了特雷伯情报网的四个成员，包括电台操作员。就在突袭发生时，特雷伯来到了房子前。他反应敏捷，伪装成一个愚笨的兔子商贩，于是被轰走了。他转入地下，但后来在巴黎被捕。在此期间，在布鲁塞尔被捕的人受到残酷拷打，逼迫他们供出其他间谍。在此后的几个月里，德国人攻破了整个情报网络，逮捕了数百人。

同样，内务部的网络也被各个击破，因为电台长时间开机。配备特别设备的侦察车搭载技术人员，在发现秘密电台信号的地方巡逻，用三角定位信号的方式确定特殊的地点或者公寓大楼。之后便是简单的挨家挨户搜查，直到找到发报机为止。要成功找到发报机，主要靠的是发报机长时间持续工作。格鲁乌和内务部都清楚这一点，其电台操作员接受过培训，尽可能缩短发报时间，仅持续几分钟，以防电台被定位。这一方法在多年的确成功扰乱了电台定位行动，但自从"巴巴罗萨行动"之后，电台操作员必须发送大量的情报，他们别无选择，只好长时间保持发报，有时甚至长达数小时。

与特雷伯一样，佐尔格及其间谍网也因长时间发报而暴露。与其他间谍网一样，"巴巴罗萨行动"之后，佐尔格向莫斯科发送了大量情报。他的发报机是机动的，但在实际传输时必须处在一个固定地点，最终导致日本宪兵

在关键的库尔斯克战役中,一支苏军正在向德军发动攻击。得益于苏联间谍,德军在此役中战败。

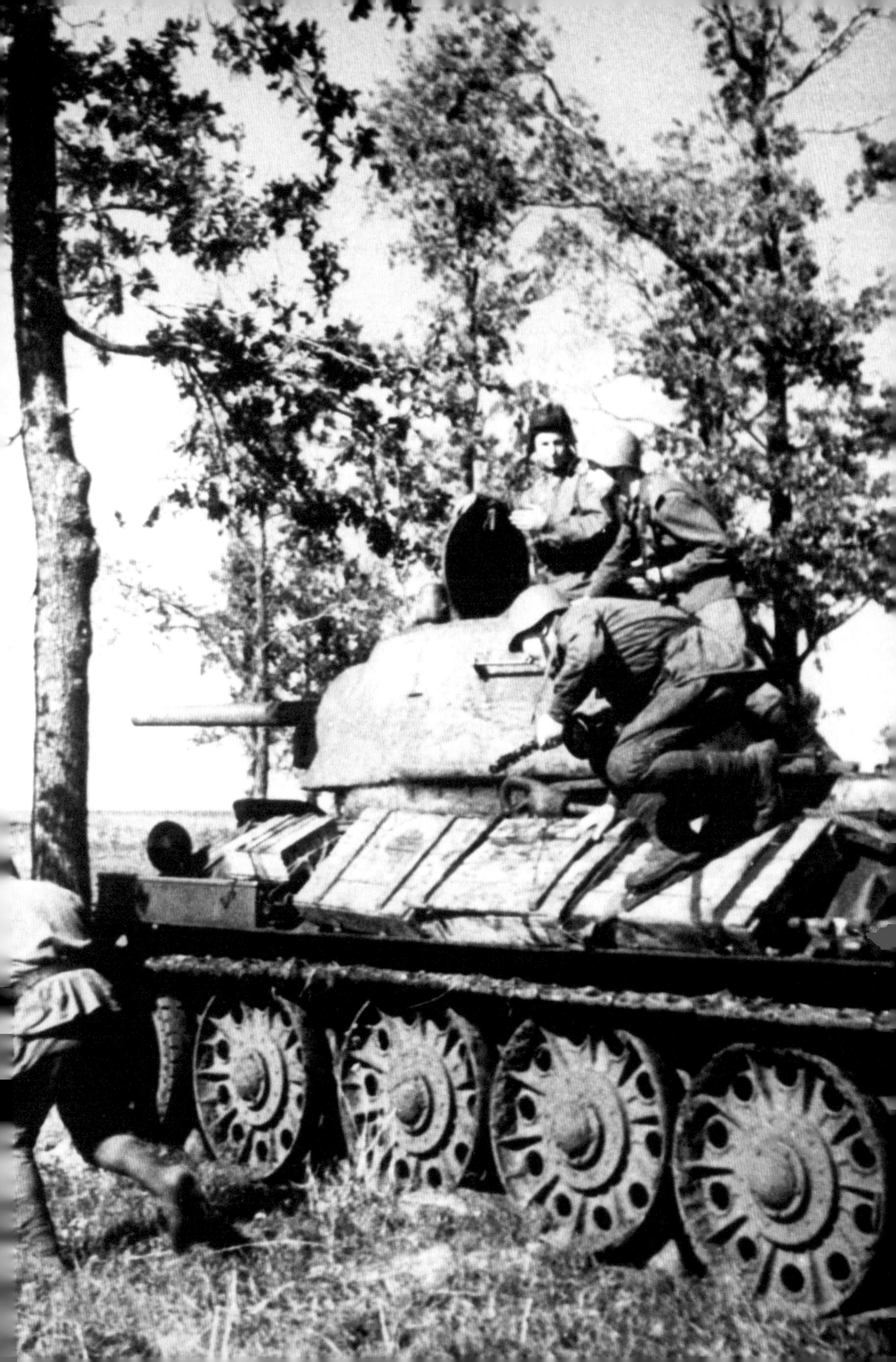

队反情报部门的电台定位专家锁定发报机的大致位置。就在确定发报机的具体位置时，宪兵队取得了一次意外突破。他们逮捕了日本地下共产党的领导人。他在酷刑之下供出，有几个日共党员被一个大型的苏联间谍网录用。这些人又被捕并受到酷刑，最终他们把宪兵队引向了佐尔格。1941年佐尔格被捕，被捕前他发出了谍报史上最重要的情报之一。

这份情报告诉莫斯科，日本政府决定不按希特勒的要求攻打苏联，而是计划向南进军，获取生产生活的原材料。斯大林这次终于决定相信他的明星间谍发回的消息，这对苏联的未来极为幸运。在苏联远东地区，原本部署了数十万西伯利亚部队，以阻挡可能出现的日本入侵。现在这些部队被迅速调往西边，恰巧赶在莫斯科就要落入德国之手时到达，成功挽救了莫斯科。

到1943年，苏联在欧洲的大型情报网中，只有"红色乐团"的瑞士站依然幸存。因为瑞士站有三部电台，德国反情报机构把它称为"三红"（Rote Drei）组织。德国反情报机构正确地判断，以瑞士为基地的活动为莫斯科搜集了堆积如山的情报，因为他们的电台每天要发报13小时以上。德国人向瑞士施加了巨大的外交压力，要求关闭电台，逮捕间谍网成员。瑞士人承诺照办，但一直装成心有余而力不足的样子。德国人明白，这种敷衍的态度表明，瑞士人是在当两面派，一方面允许纳粹随意使用瑞士的银行，以及瑞士作为中立国的其他便利条件，但同时也在为打败德国出力，比如允许苏联间谍网发送大量情报到莫斯科。

如果知道接下来的事，德国人对"三红"组织会更加不安。这个间谍网幸运得到了一个主动上门的间谍，这个安静斯文的人声称可以接触到纳粹德国最核心的秘密，包括全部军事行动计划。间谍网领导人、资深格鲁乌特工亚历山大·拉多给他起了"露西"这个化名。他以这个名字作为传奇间谍被载入了间谍史册。当然，其实他或许并不是什么传奇间谍。

"露西"的真名是鲁道夫·罗斯勒（Rudolf Roessler），他是一位反纳粹的德国移民，于1933年纳粹掌权时逃到瑞士。他在洛桑经营一份倾向自由的天主教杂志，里面尽是些深奥的教义和政治言论。对于间谍来说，他并不是一个好的情报来源；但当他接触"三红"组织的一名关键线人时，主动要求提供消息，他自称拥有可靠渠道，可以接触德国高级指挥机构的最高级别情报。据罗斯勒说，依然有身处顶级军事职位的反纳粹人士，在向他秘密提供高等级情报。他称他的线人为"维特"（Werther，潜伏在德国军方指挥机构的线人）、"泰迪"（Teddy，潜伏在陆军指挥机构的线人）、"奥尔加"（Olga，潜伏在外交部的线人）以及"斐迪南"（Ferdinand，潜伏在空军指挥机构的线人）。罗斯勒说，这些线人通过在他们的日常通信里"附加"消息的方法，向他传递高级情报。

"三红"组织的首席电台操作员、英国线人亚历山大·富特发现，罗斯勒的"附加"一说，在技术上是不可能的。这就引出一个问题：罗斯勒实际上是如何接收情报的？拉多也被搞糊涂了，但苏联正处于最危险的时刻，他急需情报，所以决定在罗斯勒身上试试运气。格鲁乌也同意了。不过罗斯勒向"三红"组织提供情报的条件是决不透露自己线人的真实身份。按照正常的规定，这种条件本来是不可接受的。不知道线人的身份（特别是罗斯勒声称的高级别线人），如果罗斯勒是德国人的特工，德国人通过他送来虚假消息，格鲁乌就容易受骗。因此，莫斯科中心命令拉多先试用罗斯勒，判明他的消息是否准确。

罗斯勒传递的情报，让拉多和格鲁乌喜出望外：这些详细且震撼揭露的情报，显然来自德国最高指挥机构。内容包括下达给主力部队的实际行动命令，而且他通常早于这些部队收到消息。罗斯勒的情报都是最新的，都是"热腾腾刚出炉的"。他向"三红"组织提供了希特勒关于东线部署的实际命令，还有德国阿勃维尔关于苏军的报告。经过最为详细的交叉核实，罗斯勒的情报是正确的。格鲁乌急于让这只金鹅继续下蛋，就不再强求他透露线人的身份。

1943年，瑞士人终于端掉了"三红"组织，关闭其发报机装置，将拉多、富特以及其他人投入监狱。罗斯勒转入地下活动。巧合的是，瑞士人采取行动时，苏联人正好在东线取得优势，不再迫切需要罗斯勒提供高级情报。不管怎么说，随着"三红"组织的结束，留下了一个引人入胜的谍报之谜：罗斯勒的线人究竟是谁？这永远都将是一个谜，因为罗斯勒直到1964年去世时也没有透露，或者说他们是否真的确有其人。其中一种说法是，他只不过是换一种途径，一种苏联能够接受的形式，转达了英国超级的破译密文。

情报失误

"露西"代表了苏联在经历初期的军事灾难后，借助于其情报服务重振雄风，这在很大程度上要归功于苏联情报机构。另外两个国家，美国和英国各自能从初期的军事灾难中恢复，也要在很大程度上感谢情报机构。然而，其中一场灾难——"珍珠港事件"，一直是谍报方面的典型失误。

珍珠港的美国海军基地于1919年建立，从那时起，它存在的根本前提是：美国及其太平洋对手日本之间必有一战。虽然修建基地的本意是为一支防止日本侵略的前置海上力量提供场地，但美国海军对这一基地却一直不太满意。因为珍珠港依赖一条长达3000英里（约4800公里）的补给线，只有一条狭窄的进出水道（在遭到攻击时很容易被封锁），所有船只、燃料储备和维修设施全部集中在一个相对狭小的区域。这意味着，攻击停泊在珍珠港里的太平洋舰队的船只，就像是瓮中捉鳖。珍珠港作战的假设条件是舰队提前得知敌军来袭，能够及时驶离拥挤的泊位，开到外海迎敌。

但是，要使上述假设条件成立，对基地面临的威胁必须要有好的预警情报，而这恰好是美国当时缺乏的东西。美国的情报机构分散，规模也小，常年缺乏经费，对日本缺乏深入了解。更重要的是，日本正在打造强大的军事机器，意欲何为，美国的情报机构对此完全是两眼一抹黑。1931年，日本入侵中国东北，几年后又进攻中国内陆，这些事实可以算是部分回答了上述问题。但仍留下了一个很大的问题：面对在太平洋的头号敌人美国，日本做何打算？

日本的安保措施严密，美国无法渗透，只好从周边观察、监听。海军情报局使用"海波"电台监听站，搜索日本海军的电台信号，确定海军船只的位置。美国军事陆军信息局负责窃听在夏威夷和其他地方的日本机构的电话，而海军情报局有一个叫作Op-20-G的部门，则负责破译日本帝国海军的行动密码。最后还有一个方面，是美国最伟大的情报资源，一个由陆军进行的密码破译行动，掌握了日本最高级的"紫密"（PURPLE，即紫色密码）。不幸的是，"紫密"对于了解日本的军事情况用处有限，因为被破译的只是外交通信。

1941年11月下旬，美国松散的情报体系全部崩溃，美国局势雪上加霜。日本此时已经决定，要通过征服南太平洋，攫取自己急需的自然资源。日方行动的第一步，是派出一支拥有四艘航空母舰的特混舰队，突袭珍珠港的美国太平洋舰队。美国诸多情报机构都未能发现日本的意图，因为日本对每个部门将会采取的措施都了如指掌。

海军情报局的监听站一无所获，因为日本特混舰队在严格的无线电静默状态下行驶在太平洋上。Op-20-G无法破译日本海军主要用于部署战舰的密码JN-25，因为日本在进攻珍珠港的特混舰队出发前，突然几次变更密码。破译的"紫密"消息，美国本以为会随时给他们提供关于日本重大军事动向的预警，却对珍珠港只字未提，因为日本最高指挥机构对日本外交官保密有关计划。军事情报局对日本商人和外交官的监听没有发现任何情况，因为他们不知道即将发生的进攻。

最后，美国在日本本土唯一的情报耳目——美国大使馆的武官们也瞎了；或者说，被愚弄了。日本人知道，由于美国无法在日本发展任何线人，美国武官们只能亲自出马获取情报资源。也就是说，他们的所见所闻就是情报。日本人还知道，武官用一种简单的方法来判定日本舰队是否有船只离港——在主要的日本海军基地周围，察看自由出入的水兵人数。

如果看到大量水兵，就说明船只在港；如果只有少数水兵，那就是船已开走。日本让数千名士兵穿上水兵制服，在主要港口转悠。美国武官们得出结论，

1941年12月7日,日本飞机攻击珍珠港后,美国"亚利桑那"号战列舰遭到轰炸,燃起大火。美国情报机构的一系列失误,导致美国太平洋舰队险遭覆灭。

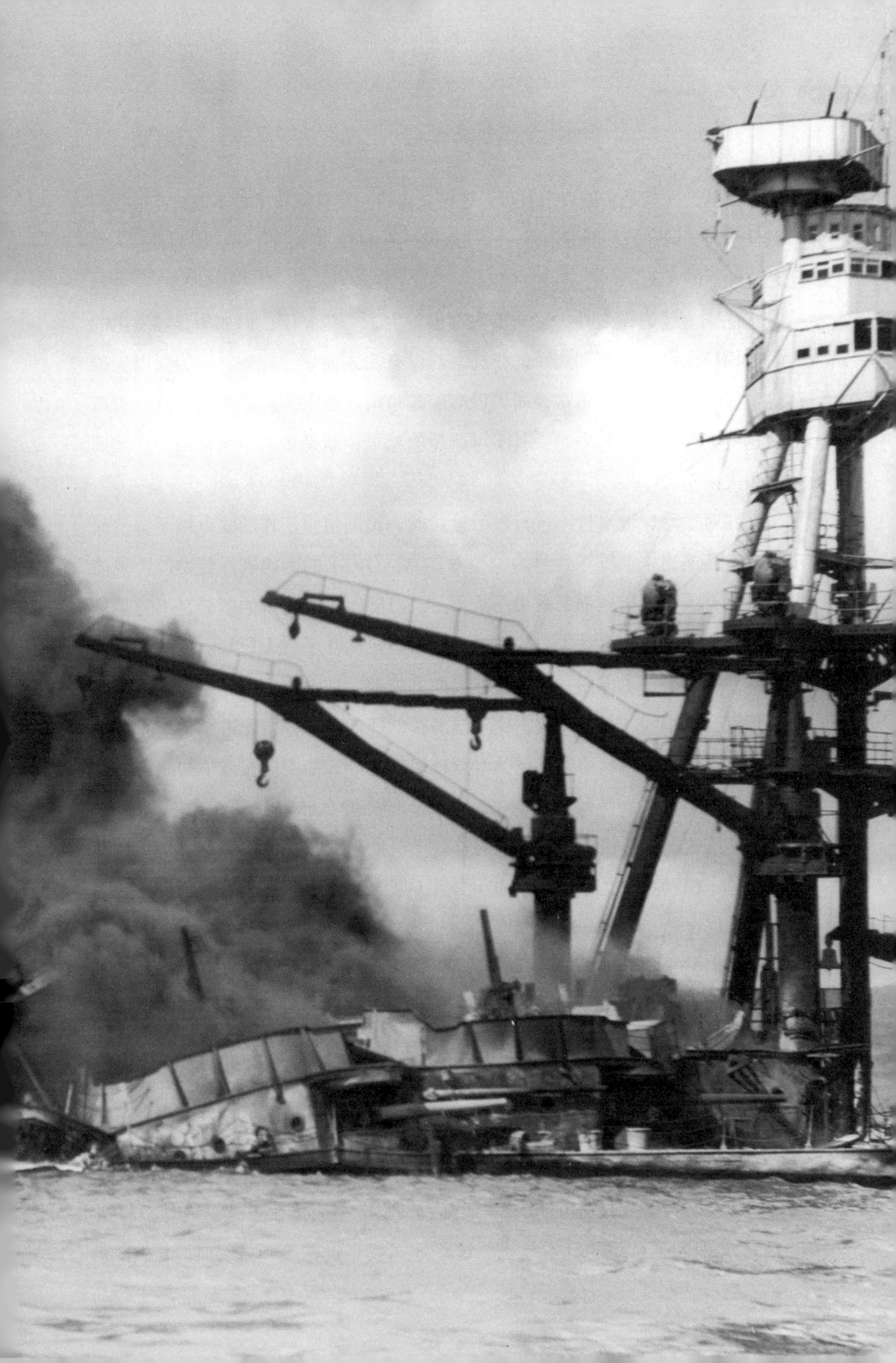

日本舰队，尤其是它的攻击航母，还停在港口。尽管截获了日本通过广播提醒其队伍与美国开战在即的信号——"东风，有雨"，也无济于事，因为没有人知道这句话的含义。

除了上述失误之外，珍珠港内部也发生了一些失误，例如华盛顿发出的警告模棱两可，海军和陆军的指挥官都没有派人侦察。此外，因为误以为珍珠港浅水区无法发射鱼雷，所以没有配备鱼雷拦截网保护停泊的舰队。当所有这些失误都叠加起来时，其不可避免的结果，就是史书中所称的"完美的情报失误"。

在对"珍珠港事件"进行事后检讨时，美国情报工作的缺点被不留情面地一一揭露出来。除了代号为"魔术"（MAGIC）的密码破译行动外，战前美国所有的谍报措施都暴露出严重不足。对随时可能出现的威胁，不管是来自纳粹德国还是来自日本，战前的美国情报机构几乎一无所知。这种盲目也延伸到了军事技术方面，而在技术方面的失败，如美国反坦克炮弹打不穿德国坦克，日本的"长矛"鱼雷比美国海军的任何鱼雷都要先进，日本海军优越的夜晚作战能力，德国优越的潜艇技术，等等，使美国在战争初期伤亡惨重。最危险的失误涉及日本的一款飞机，即三菱 A6M 飞机，美国飞行员称之为"零式"战斗机，因为他们对这款飞机的了解几乎等于零。这是一款设计出色、机动灵活的战斗机，在开战后的头 18 个月里，它在速度和灵活性方面百战百胜，给美军造成严重损失。

美国情报机构没有理由对零式战斗机一无所知。在它出现在珍珠港之前的一年，第一款零式战斗机在中国作战，那里有美国志愿者飞行员，为中国人驾机迎战零式战斗机。他们向华盛顿发回了警报，称日本人投入一款战斗机，比美国的战斗机要先进得多。不知道为何，他们的报告在官僚主义的崎岖小路中消失，零式战斗机在珍珠港的出现，竟然成为美军在技术方面令人震惊的大事。英国情报机构也好不到哪里去。1942 年 4 月 12 日，由于不了解零式战斗机，60 架英国皇家空军战机在飞越锡兰时，碰到了 36 架他们不认识的日本战机。这些零式战斗机在不到 20 分钟里，击落了 27 架英国战机。

美国情报机构得到的惨痛教训，就是必须涉足技术情报领域，而这恰恰是它一直不屑于做的事情，虽然随着战争的到来，军事技术已经加快了发展的步伐。很快，一批又一批技术专家和科学家被招募到特别情报小组，开赴战场。他们收集缴获的敌军武器，拆开研究，寻找其中的弱点，或是任何可以借用来改善美国军事技术的武器。其中一个技术小组解决了零式战斗机的问题。1942 年 6 月，他们得知，有一架零式战斗机在攻击阿留申群岛的荷兰港时，被美军从地面发射的一颗子弹击中，供油管破裂。在飞机漏油的过程中，飞行员试图将飞机降落在附近的一个岛上。他以为降落的地方是一块草地，实际上却是沼泽。飞机降落时翻转，飞行员当场丧命，飞机却基本完好。

美国一个技术情报小组把这架零式战斗机拖出沼泽，将其修复后，通过一系列试飞，对飞机进行了彻底分析。他们发现，零式战斗机有两个致命缺点：一是无法自动封堵油箱（有一种特殊橡胶，与燃油接触后会软化，封住弹洞）；二是飞行员座舱周围没有防护甲，这一点是通过牺牲飞行员的生存机会来减轻重量。技术小组的分析报告被紧急送往格鲁门飞机公司（Grumman Aircraft Corporation）的设计室，美国海军的飞机就是这家公司制造的。公司的设计师们马上着手改良 F6F"地狱猫"战斗机，这款战机当时还处于研制阶段，目标是要超过 A6M 零式战斗机。F6F 地狱猫战斗机投入战斗几个月之后，就将零式战斗机从天空中全部击落。美国曳光弹击穿零式战斗机的油箱，将飞机变成了火球，数千名日本飞行员丧命。

英国人也得到同样的教训，只不过他们走了一条更为艰难的道路。1939 年战争爆发的时候，军情六处处长、皇家空军上校 F. W. 温特博瑟姆（F. M. Winterbotham）得出结论：英国急需科技方面的情报。正是在科技情报方面效率太低，在与德国的较量中，才招致巨大的失败。因为德国是当时世界领先的科技大国。为了弥补这一点，他录用了一位名叫 R.V. 琼斯（R.V. Jones）的 23 岁杰出科学家，授权他组织人员，搜集并分析科技情报，从而就英国的应对措施提出建议。

琼斯劲头十足地投入工作,但他遭遇了来自军情六处旧势力的阻挠,这些人对科技情报不感兴趣。琼斯称他们为"科学文盲",但他坚持推进,终于取得某种程度的突破:他的一份关于德国军事电子技术的报告送达温斯顿·丘吉尔的办公桌上。丘吉尔对报告印象深刻,便索要更多报告,这成琼斯得到高层关照的明确政治信号。琼斯终于如愿以偿,任何可能与德国科技有关的情报都要报送给他。琼斯综合这些情报中的线索,取得了多项技术胜利。其中一项是发现德国人使用一种秘密的电子束,来为在英国上空飞行的德国轰炸机导航(他设计了一种反向电子束去干扰德国电子束);另一项是一种先进的磁铁海雷(他设计了一种轮船消磁技术来应对)。

1943年,琼斯取得最重要的胜利。军情五处在英国一个战俘营的德国高级军官住的房屋里安放了窃听器,一段录音的副本引起琼斯的注意。两个在北非被俘的将军为消磨时光,聊起在德国的家人,还有战争今后的走向。突然,其中一人提到一种"神奇武器"。另外一位将军问,为什么这种武器迟迟不面世?那人回答下一年就能准备就绪,并且"到时就有意思了……射程是无限的"。琼斯把这条线索和其他零星情报放在一起研究,最后推测出德国人已经研制出一种远程轰炸火箭(就是后来的V-2火箭)。

美国和英国都曾因忽视科技情报而付出了惨痛代价。不过,英国人坚持认为,美国人还有一条与此相关的教训没有汲取:科技情报机构必须归于统一的情报机构管理。英国人从来没有明说,但事实上,珍珠港灾难的主要原因是美国情报机构支离破碎。在英国人看来,对于当时即将发生的进攻,存在很多线索,缺少的只是一个集中的美国情报机构,去把这些线索综合起来。

很多美国政府官员,特别是富兰克林·罗斯福总统,甚至在"珍珠港事件"之前就得出同样的结论。但是,事情并不是那么简单。政治敏锐的罗斯福明白,美国人的性格深处,对集中的联邦权力有一种传统的怀疑。按照美国民意来看,集中的联邦情报机构就是"盖世太保",这在美国政治中是一

纳粹德国的秘密"复仇武器"V-2火箭，其秘密被军情六处的科学情报部门发现。

个肮脏的字眼。不过，罗斯福还是希望有一个新的集中的美国情报机构，只是要达到这一目标，他必须小心从事。

　　罗斯福的第一个动作，是在1940年招募了一战英雄、著名律师威廉·多诺万（William O. Donovan）作为特别代表，去英国进行"实情调查"。多诺万是一位显赫的共和党人，这可以保护罗斯福在政治上免遭攻击。但他的任命引起了军事情报机构的不安。他们怀疑总统是在布局，要把多诺万造就成情报沙皇。这一怀疑是正确的，但罗斯福眼前的目标是要回答一个关键的情报问题：英国能否抵御纳粹的大举入侵？

美国情报界，也就是国务院情报机构和军事情报机构，对这个问题有不同的答案。罗斯福驻伦敦大使约瑟夫·肯尼迪（Joseph Kennedy）更加帮不上忙。肯尼迪信奉失败主义，主张绥靖政策，所以他的报告将英国描绘成处于崩溃边缘，就差直接替纳粹说话，力劝罗斯福与希特勒"交易"了。

丘吉尔深知多诺万英国之行的意义，他命令情报部门和军事部门全力配合多诺万。1940年七八月，多诺万在英国访问了3个星期，行程中他看到了一切重要的情况，尤其是英国全面的军事实力。一天，行程达到了高潮，多诺万获得了最为机密的情报，由超级破译的希特勒下达给其高级军事指挥官们的命令，内容是德国入侵英国的"海狮行动"（Operation Sealion）的准备。正如丘吉尔所希望的那样，多诺万唯一得出的结论是：凭借如此强大的情报能力，英国怎么可能失败？

多诺万给罗斯福的报告观点明确。英国人只要能够得到一些物资援助，他们就能坚持下去。多诺万访英两周之后，罗斯福宣布了一项协议，美国向英国提供50艘驱逐舰，以换取加勒比海和西太平洋的英国军事基地的租赁权。几个月后，他说服国会通过了《租借法案》。

"珍珠港事件"以及德国对美国宣战，促使英美两国结成最全面的同盟关系，其中也包括情报领域的结盟。罗斯福为多诺万创建了一个新职位——信息协调员；在这一职位上，他成为英美情报同盟的主要联系人。这个不温不火的职位名称，是在掩盖罗斯福的真实意图，即创立由多诺万领导的美国第一个中央集权的情报机构。但是，来自军事情报机构和J.埃德加·胡佛的联邦调查局（他在该局内部设了情报处）的强大压力，迫使罗斯福没有把任何实权授予多诺万。

尽管如此，罗斯福仍然决心实现自己的目标。1942年年初，他提出一个各方都能勉强接受的妥协方案。首先，一个新的情报机构，美国战略情报局被建立起来，局长正是多诺万。这是一个半独立的军事情报机构，接受美国军方在总体上的松散控制。其他军事情报机构依然保留其职能和责任，联邦调查局则仅限于在拉丁美洲行动。

美国的政治制度可以达成此类妥协，反映出它的高明之处，但这一制度对于组织情报工作并没有多大好处。英国人对此很是气愤，正如他们不厌其烦地指出，设立战略情报局对于解决美国情报机构的松散问题没有起到任何作用。事实证明英国人是对的，因为战略情报局的表现不稳定。罗斯福给多诺万提供了大笔预算，以大规模招募特工。他集中精力在他最了解的美国东部地区活动，招募了大量社会名流，以至于一些军事情报部门嘲笑说，战略情报局的缩写 OSS 实际上应该是"真能社交"（Oh So Social，OSS）这几个字的缩写。多诺万招聘的间谍素质两极化。其中有些是富家子弟，他们对情报工作感兴趣，完全是因为能得到军官职位，既可以避开前线作战的危险，又服了兵役；也有真正有才华的特工，其中包括三位后来的中央情报局局长：威廉·凯西（William Casey）、理查德·赫尔姆斯（Richard Helms）、威廉·科尔比（William Colby）。

后来担任过中央情报总监（DCI，兼任中情局局长）的艾伦·杜勒斯（Allen Dulles），在瑞士伯尔尼情报站负责实施了战略情报局的一次比较成功的任务。杜勒斯在一战期间作为驻瑞士的年轻外交官，积累了一些情报经验。现在他同德国的地下反纳粹人士建立联系，以他们作为情报线人。他所招募的最好的一些人中，有一位名叫弗里茨·科尔贝（Fritz Kolbe），此人是德国外交部的官员，提供了德国最高级别的外交文件。

不过，战略情报局在其他战场没有产生什么影响。在南太平洋的美军司令道格拉斯·麦克阿瑟将军，干脆禁止战略情报局在其辖区开展任何情报行动，他宁可使用自己的情报组织。在欧洲的美军指挥官往往将战略情报局看成一种妨碍，而非情报资源。美军最高司令德怀特·艾森豪威尔将军对战略情报局最多可以说是持中立态度，他认为这个组织缺乏纪律，并且没有提供多少有用的情报。战略情报局在其他行动区域遇到了复杂的政治问题，尤其是在印度和缅甸，他们的特工在那里公开鼓励反殖民的民族主义者，对英国的殖民帝国造成了威胁，令英国人极为紧张。在中南半岛，法国人得知战略情报局招募了一位名叫胡志明的越南民族主义者后，大为不满，因为此人是法国殖民政权最危险的敌人。

多诺万是一位充满活力、精力充沛的间谍首脑，他鄙视繁文缛节，不在意组织规章，并且对此毫不掩饰。各个级别的同事都喜欢他，他也将大部分时间，用于探访边远的情报站，鼓励士气。任何人只要有什么主意，无论听起来如何不切实际，多诺万都会倾听。

多诺万思想开明最明显的例证，就是他为战略情报局招募了很多女性。这与传统的谍报惯例相去甚远，此前虽然偶尔也招募女性作为线人，但极少让她们成为情报机构的在册特工。多诺万不但录用女性特工，还公开表示，战略情报局男女平等。这一政策吸引了大量大学毕业的聪明女性，她们通常没有机会加入那些更为传统的情报机构。

在自愿加入战略情报局的女性中，有一位名叫朱莉娅·查尔德（Julia Child），她是史密斯学院的毕业生，被派往战略情报局驻中国的情报站。据她后来回忆，她本来不会烹饪，后被安排去解决一个看起来很难对付的问题。战略情报局在针对敌方船运的破坏行动中，使用了水下炸药。在鲨鱼经常出没的水域，很多炸药都被好奇的鲨鱼引爆了。查尔德试验各种材料的不同搭配，配出一种驱鲨剂，最后她成功得到一种极为难闻的东西。这个配方极为有效，在放置炸药的附近水域洒上一点，鲨鱼就被驱赶走了。这种配方现在仍在使用。就这样，查尔德开始涉足烹饪，最终使她后来获得了"法国大厨"的威名。

多诺万的其他女性特工中，还有两位了不起的女性，她们证明在危险的谍报世界里，女性在勇气和智力方面，绝不亚于男子。一位是弗吉尼亚·霍尔（Virginia Hall），她出生于巴尔的摩一个富裕的家庭。1938年，她申请进入美国驻外事务处。但是，她的申请遭到拒绝，因为国务院有一项政策，不得雇用接受过截肢手术的人（几年前，霍尔在打猎时发生意外，左腿从膝盖处截肢）。1940年，她正好在巴黎居住，热切希望出力，所以加入了救护队。法国沦陷后，她逃到英国。

由于霍尔的法语流利，被军情六处特别行动部（SOE）录用，成为该部

威廉·多诺万，美国战略情报局局长。该局是美国第一个准中央集权制的情报机构。

第一位女特工。她被派到德军占领的里昂，在那里建立法国抵抗组织，为特别行动部其他特工的到来做准备。这位"瘸腿女士"不知疲倦地工作，自然引起了由克劳斯·巴比（Klaus Barbie）领导的里昂盖世太保的注意。一连几个月，她总能占得先机，盖世太保于是在里昂地区到处张贴印有她照片的通缉海报。她意识到是时候逃跑了。她步行几百公里，翻越比利牛斯山脉，逃往西班牙。虽然假肢引起了严重的麻烦，她不得不忍受剧痛，但最终到达了安全地带。她一到西班牙就向伦敦发报，称"卡斯伯特"（她对假肢的爱称）给她添了可怕的麻烦。军情六处特别行动部总部以为"卡斯伯特"是一位法国抵抗战士，给她拍回这样的电报："如果卡斯伯特很麻烦就清除他。"

美国参战后，霍尔回到伦敦，被战略情报局录用。她空降至法国南部，伪装成老年农妇，组织了武器空投区，同抵抗战士们一起作战，开展摧毁桥梁、让货运列车脱轨等秘密行动，还杀死了数十名德军士兵。战争结束后，她回到巴尔的摩，安静地度过余生，直到1982年去世，享年78岁。她从未谈起自己的谍报生涯，甚至家人也没有提起。她死后，家人在她的保险箱里发现了英国授予她的一枚官佐勋章，还有战略情报局因她的英勇表现给予的各种奖章，都感到十分惊讶。

当霍尔在法国与盖世太保周旋时，多诺万录用的另一位女性特工正在参与一场更大的谍报游戏，以确保盟军进攻北非的计划取得成功。艾米·索普·帕克（Amy Thorpe Pack）出生在美国，是一位英国外交官的妻子，她聪明漂亮、活泼好动，渴望冒险。丈夫单调乏味的外交职位，让她感到非常空虚（丈夫在智利圣地亚哥任职时，她说服海军武官教她使用手枪，此后她就把大使馆变成打靶的场地，为单调的生活注入一点活力）。1937年，她发现间谍活动可以满足她对冒险和刺激的爱好，于是自告奋勇为军情六处效力。

"珍珠港事件"后，她转而为多诺万工作，而多诺万心中正好有一项适合她的任务，即渗透法国维希政权驻华盛顿的大使馆，设法打探其军事密码。美国计划进攻维希政权在北非的领土，因此，获取计划中有关登陆地点维希军队军事力量的情报至关重要。

帕克采取了直截了当的方式。她伪装成亲维希政权的记者，引诱大使馆的新闻参赞帮助她。参赞告诉她，密码保管在大使馆的保险库里，帕克由此想出一个大胆的计划：一天晚上，她假装和她的情人在大使馆里幽会，其间趁机打开一扇窗户。战略情报局的专家进去后，试出保险库密码锁的数字组合，取出密码本，交给待命的团队火速送到附近一间配有摄影室的安全屋。将密码本拍摄完毕后，在大使馆工作人员第二天早晨回来之前放回原处。

到了行动的那天晚上，帕克和她的情人出现在大使馆。她的情人向门卫眨了眨眼，暗示一场"桃色事件"即将发生。他们走进房间，打开窗户。战

朱莉娅·查尔德，战略情报局录用的明星女间谍之一，后因主持电视节目"法国大厨"而闻名。

略情报局的人正要从开着的窗子进去时,帕克听到门卫正朝着他们走来。她急中生智,立刻脱得精光,站在门边。门卫的手电光照到了她,嘟囔着道了歉,迅速退了出去。作为法国人,门卫以为自己打搅了别人的鱼水之欢,那可是千不该万不该的事情。门卫走后,战略情报局的人进来,拿走码本,6小时后又放回了原处。清晨,帕克和她的情人把两人的衣服和头发都弄到乱得恰到好处,在门卫带着会心微笑的注视下,离开了大使馆。英国密码破译员破译了这些密码,几个月后,美军在北非登陆,只用了不到一个小时就解除了维希政权的部队。

多诺万有一项创新,其中并不涉及任何间谍,却是他对情报工作做出的最伟大的贡献。他在战略情报局创立了"研究与分析"的独立分支机构,录用能找到的各个方面的专家。设立这样的部门,在现代的情报组织中已成为标准做法:将情报提交专家评估,由他们分析情报的含义。专家们利用自己的专业技能,去发现特工们可能忽略的情报线索。

法国抵抗组织士兵在学习使用由英国特别行动部提供的斯特恩冲锋枪。

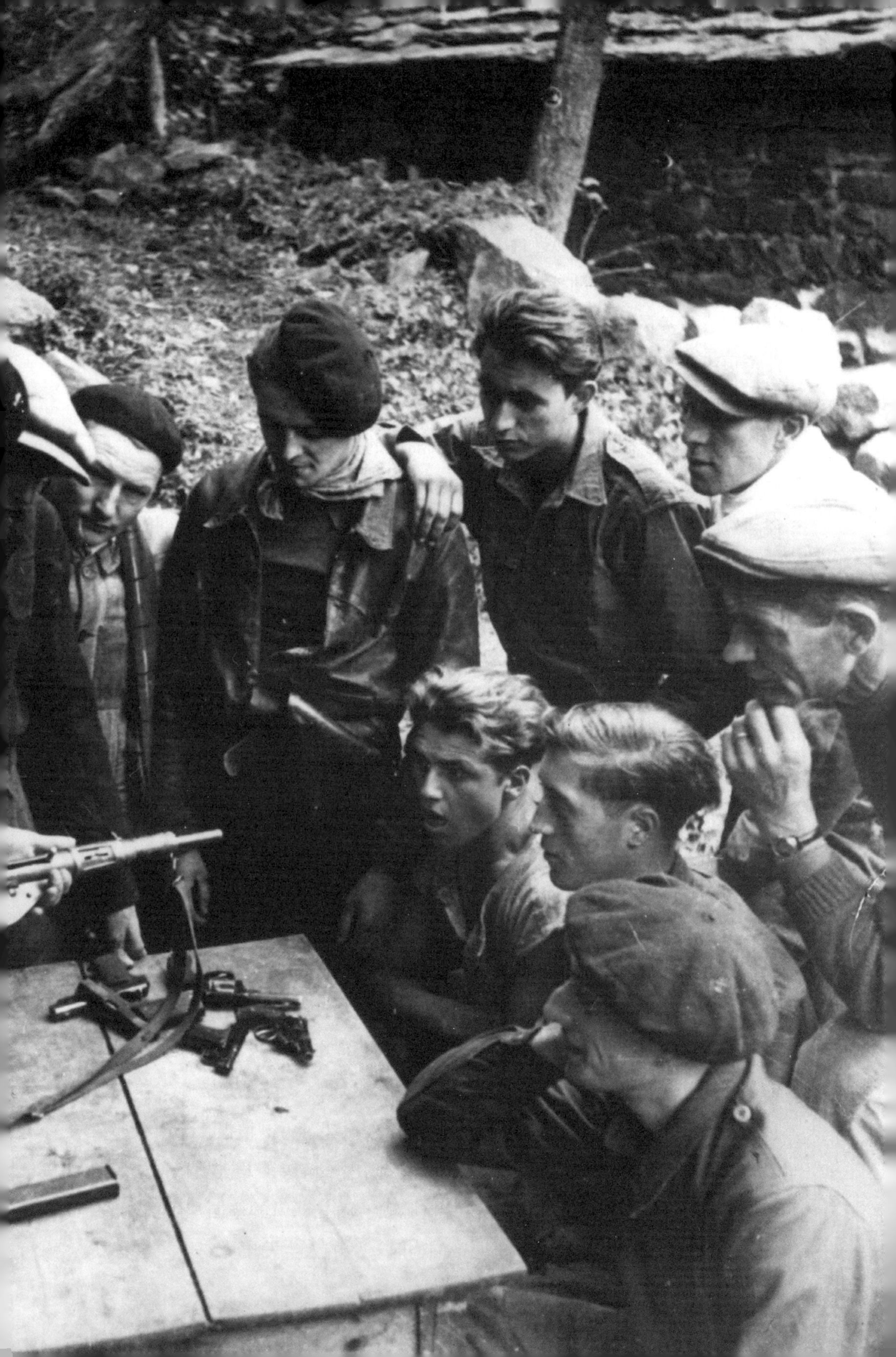

研究与分析机构显著成就之一，是定位德国的合成油厂。为防止美国轰炸机的轰炸，这些工厂都进行了藏匿和伪装。美国空军定位不到这些工厂，于是向战略情报局求助。对纳粹德国这样一个控制严格的极权国家，派人渗透完成任务的办法行不通，所以多诺万把任务交给了研究与分析部门里几位顶级专家，这几位专家是他从美国石油业招募的。他们只用了一个月时间，就成功定位了德国所有的合成油品生产设施。

原来，专家们知道德国铁路对合成油厂的石油收取特别运费。运费根据距离按比例计算。专家们通过分析铁路业战前的利润表，发现里面包括了上述运费收入。通过这些数字，他们就可以精确计算出铁路从提取点到储油设施的运输距离，从而确定工厂的位置。有了这一情报，美国轰炸机便开始轰炸这些工厂，最终让德国的坦克和飞机无油可用。

英国人对多诺万的研究与分析部门印象深刻，但对战略情报局的总体印象就差多了。在英国人看来，战略情报局有太多的特工属于无可救药的业余人士，他们过分积极，带来了无穷的麻烦。另一方面，和军情六处密切接触的战略情报局特工中，很多人也对自己看到的情况印象不佳。对军情六处特别行动部在欧洲的行动，他们尤其不以为然，因为此类行动的成效确实不明显。

最根本的问题在于，旨在"点燃欧洲"（丘吉尔名言）的行动，犯了将破坏活动与情报搜集混为一体的大忌，因为两者是相互矛盾的。炸掉一座大桥，马上就向敌方的反情报部门示警，有特工在此地活动，这种环境就再也不适合搜集情报。更有甚者，很多大好儿女勇敢有余，训练却极为不足，被派出去就是送死。特别行动部几个情报网遭到了德国人的渗透，主要原因就是间谍技艺不堪，无线电通信装置保安措施太差。

多诺万自己以及战略情报局高层的其他人，却对英国情报工作没有那么多的批评。主要原因是，与下层特工不同，高层了解英国几次只有少数人知道的漂亮行动。其中之一是由一位身材肥硕、面孔严肃的德国移民实施的。一天，当遇到克格勃主管威利·明曾伯格时，他的人生发生了变化。

第十一章 东风，有雨

战争爆发的前一年，塞夫顿·德尔默（Sefton Delmer）还是一位记者，他与明曾伯格成了朋友。一天，明曾伯格带他参与了最伟大的一项行动——黑色宣传。可以说，是明曾伯格一手发明了这一技术，建立一个看似由"流亡者"经营，实则受某个情报机构控制的广播电台，用来在目标国家散布不满和动乱。

明曾伯格的杰作就是所谓的"自由之声电台"（Freedom Radio），是由反纳粹的德国人在德国某地（其实是在巴黎）操作的一台大功率广播电台。"自由之声电台"使用德语口语，广播各种流言和言论，主要是攻击纳粹高级官员的各式腐败行为及桃色事件。由于确切的内部消息（由苏联内务部提供），以及评论员的朴实风格，再加上对世界领袖的猛烈抨击（如提到罗斯福的时候说他是一个"半犹太笨蛋"），都进一步提高了电台的可信度。

很多德国人以为"自由之声电台"是真的，电台的评论员也是真的，所以会私下转述听到的精彩片段。德尔默对此深感惊讶，他意识到，在发生战争的情况下，这样的黑色宣传，有可能成为自己国家的一种强大武器。战争爆发后，他得到机会，加入了政治战争执委会（PWE），这是英国情报机构的宣传部门，旨在复制一战时英国在宣传上的成功。

但是，德尔默发现，当时主管政治战争执委会的人，对这种新型电台宣传行动应当如何开展缺乏理解。对德广播用的播音员是移民学者。他们讲的是正规德语，不利于和讲"低级德语"的普通德国人建立联系。此外，还有其他问题使电台的可信度荡然无存：电台传达的基本理念是德国必败，这明显是英国政府的机构，这种观念不受大多数德国人拥护。普通德国人不愿意输掉战争，他们希望早日结束战争。

德尔默对宣传行动开展情况的批评，引起了政治战争执委会其他人员的不满；但他幸运得到了英国情报史上一位最不循规蹈矩人物的注意，此人名叫伊恩·弗莱明（Ian Fleming）。弗莱明出生于显赫家庭，生性不安分守己，厌倦家族的银行生意，于是不顾家族反对，投身新闻行业。要是家人知道弗莱明还兼职给军情六处当业余间谍的话，估计他们还会更加生气。

恰恰是这份兼职，让弗莱明找到了自己一生的归宿：谍报事业。

同其他误打误撞进入间谍行当的人一样，弗莱明发现自己痴迷于秘密世界的刺激和危险。战争爆发前几个月，弗莱明家族的一位世交、海军情报处处长、海军上将约翰·戈弗雷（John Godfrey），将弗莱明招入他的组织。他选择弗莱明，主要是因为弗莱明符合他想要的那一类人的特征：聪明、年轻（弗莱明当时31岁），能够打破思维。戈弗雷任命弗莱明为自己的"首席助理"，要求他为海军情报处构思一些非常规的行动思路，并且是越大胆越好。

在此后的6年中，弗莱明的工作就是利用他那活跃的想象力（这一才能对他战后创作詹姆斯·邦德小说的用处很大）不断构思创意。例如：他建议组建一支特别行动小组，由看似毫不相干的人员组成，深入德国占领区，执

塞夫顿·德尔默，出色的宣传专家，二战时期负责英国情报机构的黑色宣传行动。

行危险的谍报任务；聘用职业窃贼去盗窃德国先进的飞机发动机；聘请保险柜专家潜入外国领事馆窃取密码。当弗莱明见到德尔默，听他说完有关黑色宣传行动的思路后，顿时兴高采烈。戈弗雷也是一样，他利用自己颇有分量的影响力向政治战争执委会施压，允许德尔默实践他的理念。

接下来发生的情况，完全出乎政治战争执委会守旧派的意料。1941年5月，"古斯塔夫·齐格菲一台"（GSI）广播电台利用一台超强发射机，搭上与德国政府官方广播相同的波长，开始广播。听众听到一个自称"老板"（Der Chef）的人，说自己是坚定的普鲁士兵军官，热爱德国，但痛恨纳粹。他还说，他在德国某地建立了秘密电台，打算通过电台"把纳粹的真相告诉德国人民"。"老板"使用口语化的德语，用语辛辣，既鄙视纳粹，也看不上民主国家的领导者，特别是提到丘吉尔时，其用语是"那个肥头大耳、患有梅毒的犹太人"。

听了这样的措辞，很多德国平民百姓相信，"古斯塔夫·齐格菲一台"是真实的。尽管盖世太保千方百计压制它，甚至规定被抓到收听者就处死，但人们还是照样收听，直到1944年德尔默将电台最后关掉为止。到那时，"古斯塔夫·齐格菲一台"通过"老板"对纳粹的腐败和无能的揭露，显著削弱了德国人的士气。

与英国情报机构的其他部门协作，使德尔默的广播特别有效。关于德国内部状况的每一点情报、战俘的口供、侦察照片、中立国外交官和商人的只言片语，都被整合到广播中，所以广播变得绝对可信，连所谓发射机就在德国某地的鬼话也得到了印证。

德尔默的另一项伟大的宣传成就是"大西洋电台"（Radio Atlantic）。对于这一项目来说，情报更是特别重要。"大西洋电台"声称，它是一个秘密短波站，由德国海军人士创办，他们对纳粹政权的腐败行为深恶痛绝。"大西洋电台"用德国潜艇的通信波长播出，电台评论员利用情报中最具煽动性的片段攻击纳粹政权。后来被英国俘虏的德国潜艇水兵们称，从"大西洋电台"上听到，就在士兵们在苏联冻得要死的时候，一位德国高级将领竟然给

伊恩·弗莱明，二战期间英国情报部门各种"损招"的策划者。他后来创作了詹姆斯·邦德这一经典角色和007系列间谍小说。

他的情妇买了一件貂皮大衣；还有纳粹高官们刚刚下令进一步削减普通德国公民每天的食品配额后，就动身参加一场奢侈晚宴。这样的故事严重影响了他们的士气。

"双十"特工网

德尔默偶尔会获得来自超级高度净化的消息，用于他的黑色宣传行动；而英国情报机构的另一项行动，更加充分利用了这条黄金解密河流。事实上，对于这一谍报史上最成功的反谍报行动来说，破译得来的情报就是关键所在。行动的代号为"双十"（DOUBLE CROSS），这确实是一个恰如其分的代号。

1939年战争爆发后不久，一位名叫休·特雷弗－罗珀（Hugh Trevor-Roper）的年轻的牛津学者加入了军情五处，"双十行动"从此开始。他被派去名为"军事通信组"（MI8-C）的分支机构，任务是截获和破译德国情报机构使用的通信密码。特雷弗－罗珀精通德语，每天要花多达18小时研究截获的德国通信密文。1939年圣诞节那天，他终于取得了突破。他发现德国使用一本流行小说《春心未老时》（*Our Hearts Were Young and Gay*）作为码本。

上述发现为军情五处提供了一件最好的反情报武器。它意味着可以准确找出并抓捕德国间谍，将之处决。但是，特雷弗－罗珀对这种传统做法提出了质疑。他认为，能解读到德国的情报通信，就得到了前所未有的机会，可以在抓获德国特工之后，将其变成双面间谍，利用他们发送虚假消息。军情五处的保守派立刻否决了这个想法，他们指出，这种反间计等于是自掘坟墓。因为要想行动成功，必须让德国人相信，他们的间谍发送的是真实的情报。这就意味着，必须把德国人能够核实其真实性的情报，交给当事的间谍。一旦德国人遇到编造的材料，他们马上就会知道，自己的间谍已经被发展为双面间谍,现在是在为敌人工作。此外,把秘密送给德国人,这首先就与逮捕并处决间谍所要达到的目的本身背道而驰。

特雷弗-罗珀坚持认为,这种观点没有远见。他提出,如果英国情报机构中有某种协调机构,让情报界和军界的所有部门都参与进来,仔细炮制出真真假假的大杂烩反馈给德国人,情况将会如何呢?既然军情五处破译了德国的情报通信密文,就能够监视炮制出来的情报,使英国人能够对发出去的情报加以调整。破译德国的通信情报这一优势,还能够让军情五处知道派到英国的德国间谍的身份。

幸运的是,军情五处部分其他官员也得出同样的结论,其中包括迪克·怀特(Dick White),他后来成了军情五处处长,最后当上军情六处处长。全凭坚持不懈的努力,他们终于说服军情五处高层同意,进行一项大胆的实验,由情报和军事部门的重要官员组成委员会,负责炮制情报,以便提供给抓获的间谍及其电台。因为这个委员会极其机密,没有正式的官方名称,所以参与者干脆把它称为"双十委员会",整个行动也就称为"双十行动"。

1944年6月6日,诺曼底登陆滩头阵地的航拍照片。同盟国情报机构一系列精心策划的欺骗行动,令德军在盟军发动进攻时措手不及。

第十一章　东风，有雨

1940年年初，"双十委员会"开始建立，就在此时，很多德国间谍突然涌入。有的被空投到英国，有的则伪装成难民入境。因为英国及时破译了阿勃维尔的密码，后来又有超级的译文，所以不管德国间谍用哪种方法到来，军情五处都在第一时间知道他们的存在，以及他们的任务。后来发展成一套标准流程：一有间谍进入英国，英国就立即逮捕并押送到离伦敦不远的审讯中心——"020号营地"（Camp 020）。间谍在营地会得知一个坏消息：审讯者清楚知道他是谁，任务是什么。他可以选择：合作就能活命，拒绝就挨枪子。毫不奇怪，几乎所有落网的间谍都同意合作，把一切都告诉军情五处，如他们自己的情况，在阿勃维尔上线的情况，以及使用的密码和电台，等等。

真正的游戏现在才开始。双面间谍被交到军情五处的专家手里，以便他们了解间谍的"手法"（fist），也就是每个人敲击摩斯电码键的特有方式。等到军情五处的一位电台操作员，直到把他的手法模仿得一模一样，下一个关键步骤就是与位于汉堡近郊的阿勃维尔主谍报通信中心建立联系。等到汉堡确认信息，表明已经准备好接收间谍报告时，陷阱就激活了。英国方面炮制的虚假情报开始流向德国。

接下来的4年多，140名德国间谍被派往英国，全都落入"双十行动"布下的天罗地网中。此举不但德国的情报行动被彻底挫败，英国人还得到了额外回报。因为事实证明，其中一些双面间谍，包括被发现在其他国家活动的一些德国间谍，可以被用于欺骗行动。在早期的这类间谍中，有一位名叫达斯科·波波夫（Dusko Popov）的南斯拉夫银行家。他是一位享乐主义者，被阿勃维尔招募，在里斯本对英国人开展间谍活动。军情五处很快识破并逮捕他，他被捕后同意成为双面间谍。

经过精心伪装，在德国人眼里，波波夫能够接触英国上层的高级别线人，因此能够接触英军的最高层级。军情五处给他的代号是"三轮车"（TRICYCLE），追求奢侈阔绰生活的波波夫，开始向德国人传递各种炮制的情报信息，内容是在法国陷落后英国军事实力的情况。这些情报足以让德国达斯科·波波夫的身份证件。波波夫的代号是"三轮车",是军情五处"双十行动"的明星特工。

人相信,入侵英国会比他们原来想象的困难得多。

军情五处策反的另一位驻里斯本的德国间谍,是一位名叫璜·普吉·加西亚(Juan Pujol Garca,代号"嘉宝")的西班牙人,他在为1944年诺曼底登陆而开展的欺骗行动中起了关键作用。在几年时间当中,"双十行动"特工网将他塑造成德国情报机构在英国最好的特工,并让德国人相信,此人还在英军中招募了一个线人小组。在1944年6月的关键时刻,"嘉宝"向德国人报告,诺曼底登陆只是佯攻,真正的登陆将发生在加来海峡(Pas de Calais,即多佛海峡,位于法国和英国之间)。在关键的48小时里,希特勒决定推迟增援诺曼底滩头阵地,其中一个重要因素就是捏造的情报起了作用。

"双十行动"特工网的辉煌成功，很大程度上要归因于德国情报机构难以置信的无能。造成这一无能的部分原因是纳粹德国的组织混乱，其情报机构尤其如此。不过，最主要的原因是希特勒自己，他让情报工作受制于他的坏习惯——按照直觉而不是依据分析情报去做出重要决定。德国在英国的情报活动成为这种决策程序的牺牲品。1937年，希特勒明确禁止他的情报机构在英国进行任何间谍活动。当时希特勒确信，他能够与英国达成某种政治妥协。

1940年，希特勒的想法变了，他断定再也不可能达成此类妥协，于是叫来阿勃维尔头目威廉·卡纳里斯，命令他对英国开展谍报行动。卡纳里斯的反应可想而知。几年来都不允许在英国发展一个特工，现在却要他在那里凭空变出一个情报组织。其结果是采用应急计划，招募了数十名志愿者，让

威廉·西伯德（右）和德国阿勃维尔在美国的主要特工费德里克·迪凯纳（Federick Duquesne）在一起。这是中央情报局的一个调查小组暗中拍摄的照片。

他们匆忙参加一场连谍报基本知识都没有涵盖的培训，就把这些人送到英国，不是伪装成难民，就是空投到英国乡村。即使一切顺利，也难以想象这些训练不足的特工能办成多少事。

德国情报机构在美国的行动也同样无能，根本原因几乎相同：希特勒的反复无常。与对英国一样，希特勒对美国也是犹豫不决。他多年禁止德国情报机构在美国从事任何谍报活动，可能由于他想到一战时德国情报机构的破坏活动反而促成了美国参战。随着美国逐渐接近英国，希特勒开始认识到，他对美国巨大的工业能力了解不多。一旦开战，美国工业要用多长时间才能转换为全面战争的生产状态？一旦转变完毕，能够生产多少战争物资？为了回答这些问题，1940年春，希特勒下令对美国发起全面的情报攻势。

德国情报机构不得不再次采取应急计划，实际上它就只能想到一个招募途径，美国庞大的德国移民社区。阿勃维尔成功招募了33名德裔美国人，其中大部分在国防工业里担任低级职位。这算不上什么成就，特别是在当时联邦调查局的反情报能力并不太强的情况下。实际上，联邦调查局认为德国的所有情报工作都是由盖世太保负责的，连阿勃维尔或者帝国保安部都没听说过。然而，还有一个把所有情报发回德国的问题。正是在这件事情上，德国人犯了一个巨大的情报失误。

他们错信了威廉·西伯德（William Sebold），一个在美国生活的德国移民，他真正的姓是德姆波夫斯基（Dembowski），几年前因犯了小罪在德国坐了几年牢。他决心过新的生活，于是伪造了西伯德的假证件，然后移民到了美国，成为美国公民，并成为飞机机械师，开始了中产阶级的生活。

1939年，他回汉堡探望生病的母亲，被盖世太保逮捕。他们让他选择：要么同意当德国间谍，否则盖世太保就通知美国政府，他用假名取得了公民身份。有这一条，他就会被直接驱逐出境。西伯德同意了，他被带到阿勃维尔的培训学校。课程中有无线电通信一项，西伯德在这个科目表现突出。训练结束后，西伯德回到美国，奉命搜集在飞机制造业里的一切情报。

西伯德无意干这种事情。他联系了联邦调查局，该局随即想到一个高明主意，利用他渗透德国在美国的行动，因为他们对此几乎一无所知。联邦调查局取得的成功远超预期。一天，西伯德收到一封信，还有一卷微缩胶卷。信上说，阿勃维尔要彻底改变将从美国搜集的情报传回德国的方式。此前的方式是由信使搭乘从纽约往返不来梅的德国班轮，这种办法实在太慢了。从现在起，将由西伯德负责搜集情报，再用德国人已经在纽约安装的一台大功率发射机，把情报发到德国。情报搜集的工作将在纽约市一栋办公大楼里的一个办事处进行，线人们将前去该办公室，把他们掌握的所有情报交给西伯德。

很难想象还有什么做法比这更违反谍报行业的基本规则，尤其是严重违反了"隔离性"原则。西伯德可以见到阿勃维尔在美国的全部线人，意味着如果他被捕，就会把这些人全部供出，更别提这些人搜集的情报他也全都知道。对联邦调查局来说，这是反情报机构求之不得的事情。西伯德按照要求开办了名为柴油机研究公司的门面组织。线人们隔三岔五走进这一办公室，提交各自的情报，联邦调查局在墙上的镜子后安装了摄像机，并记录一切。

在军方情报机构的协作之下，联邦调查局将这些报告转化成真真假假的大杂烩，然后用西伯德的电台发送出去。联邦调查局将这个游戏持续了16个月之久，直到德国人对从西伯德那里接收的情报越来越怀疑，只能结束行动。1942年1月，联邦调查局收网，一举逮捕了德国阿勃维尔在美国的33名线人，抓获了德国情报机构在美国的头目，德国再也未能从这次打击中恢复。

如果说阿勃维尔的表现很差，那么它的竞争者帝国保安部的表现更糟。从莱因哈德·海德里希创办该机构时开始，帝国保安部就是一个由纳粹意识形态主导的组织，它同时还要无情地消灭其对手阿勃维尔。作为纳粹安全机构的一部分，帝国保安部深度卷入了针对欧洲犹太人的种族屠杀。它的成员主要是卡纳里斯厌恶地称为"绅士杀手"的人，他们大学毕业，却相信为了

温莎公爵（中）持亲纳粹态度，德国情报机构因此制订了绑架计划，企图让他进行公开的广播宣传。

推进纳粹意识形态,可以屠杀数以百万计的人。帝国保安部的情报也多受纳粹意识形态主导,例如它的一份情报郑重其事地报告希特勒,罗斯福的真实名字是"罗森菲尔德"。

帝国保安部的国外行动由瓦尔特·施伦堡(Walter Schellenberg)负责,此人忠于纳粹,虽无情报经验,却自恃为天才的间谍首脑。为了证明这一点,他实施了多项异想天开的行动,但结果只是证明了他有生动的想象力。一项行动是将法国时装设计师可可·香奈儿揽入麾下,显然是希望利用她在时装界的广泛联系搜集情报。这次招募活动自然是失败的,因为对时装界的人来说,接触重要情报的可能性即使不是全无,也是微乎其微的。

施伦堡另一项行动表现得更为缺乏判断力,它名为"威利行动"(Operation Willi),意图利用温莎公爵的亲纳粹态度,在他出访西班牙时将其绑架到德国,让他在德国谴责自己的祖国,敦促以前的臣民投降。施伦堡没有想到,即便温莎公爵同意敦促英国投降,100万英国士兵也不可能仅仅因为前君主如此要求,就真的会放下武器。

没有人比威廉·斯蒂芬森(William Stephenson)更高兴看到德国情报机构的无能表现了。作为英国驻美国的首席间谍,他本来就是足够的麻烦要处理,而不必担心狡猾的德国间谍。官方上,斯蒂芬森是英国安全协调局(British Security Coordination)的负责人,这个听起来无关紧要的机构设在纽约。他于1940年5月到任,任务涉及面很广,可以说,他是受命重现威廉·魏斯曼在一战期间的成就,尤其是要促使美国参战。

斯蒂芬森意识到,要在1940年完成这一任务,比1917时要困难得多。根据民意调查,超过80%的美国人不想卷入欧洲人的战争,这一民众情绪催生了被称为"美国优先"的强大反干涉运动。德国情报机构虽然表现不高明,但它并没有重复自己在一战时期的错误,即通过炸毁美国工厂和破坏美国舰船,激怒美国人。

为了让斯蒂芬森实现其主要目标,英国对他的授权非常宽泛,包括:参与英国所有的情报、反谍报和宣传活动,保卫英国的设施不受德国破坏,以及实施隐蔽行动。不过，他将大部分工作集中在促使美国参战这一主要任务上。为实现这一目标，他最终招募了3000名线人和特工，策划了一项谍报史上任何类似行动都相形见绌的秘密行动。

斯蒂芬森是一位不知疲倦的间谍首脑，他把任何愿意帮忙的人都揽到麾下。比如推理小说作家雷克斯·斯托特（Rex Stout），他撰写的宣传材料发表在瓦尔特·温切尔（Walter Winchell）的专栏里，后者也是斯蒂芬森招募的线人。斯蒂芬森的活动范围还到达了好莱坞，他说服加里·格兰特（Cary Grant）这位英国出生的影星放弃参军，充当自己在电影界的耳目，监视任何表现出右倾倾向、受骗帮助纳粹事业的影星。

"珍珠港事件"的发生，再加上希特勒没有认真思考，就于4天后对美国宣战，最终使斯蒂芬森实现了在美国的首要任务。不过，他在此前进行的隐蔽政治行动，已经成功削弱了孤立主义运动，击退了纳粹意在影响美国、博取同情的任何尝试，甚至在1000多万德裔美国人中也做到了这一点。也许更为重要的是，斯蒂芬森打造了一直维持到今天的英美之间紧密的情报同盟关系。他对此后美国情报机构的结构和路线影响深远。这一成就使他获得了最高平民勋章，他也是第一个获此殊荣的外国人。

不过，他还获得了另一项能够充分肯定他对英国情报工作贡献的荣誉：骑士。"对这一位，"丘吉尔在授予他骑士头衔的建议书中写道，"我由衷地感到亲近和珍惜。"

就这样，在完成使命后，斯蒂芬森的英国安全协调局行动结束了。这一行动将以其代号"无畏"，永远为人铭记。

加里·格兰特。威廉·斯蒂芬森将他录用为间谍，负责监视好莱坞电影圈的亲纳粹人士。

扭转乾坤：破译超级密码

法国的军事情报机构总参二局的人见多识广，但就连他们也从来没有碰到过类似的事情。这位肥胖魁伟的德国人，他们宝贵的情报线人，极为追求花天酒地的生活。他经常在豪华酒店里和妓女们——有时多达四名——先享用奢侈的晚宴，豪饮香槟，接着是马拉松式的狂野性爱，直到天明。作为法国人，他们欣赏这样的床上功夫；但作为情报特工，他们感到害怕。他们规劝他，这样招摇的行为容易引起反情报机构的注意，迟早会导致他被捕。

汉斯·提罗-施密特（Hans Thilo-Schmidt）满不在乎，一如既往。总参二局的人知道，此人不拘泥于道德观念，向来我行我素，唯一的追求就是赚钱。他的这一性格特点，从他成为总参二局线人的那一刻起就很明显。1931年夏天，他走进柏林法国武官的办公室，主动提议背叛祖国。他概略地说了自己掌握的情报后，开出了条件，并拒绝讨价还价。他绝不在德国土地上与法国人见面；双方接触必须由他提议，时间由他定；他只向总参二局的高级官员当面转交情报，见面时间要在周末或节假日（方便他离开德国）；还有，最重要的是，情报必须支付高额报酬。

法国人高兴地同意了所有条件，连最后一条也接受了，因为提罗-施密特是谍报界中的无价之宝，是真金。作为德军最高统帅部的密码员，提罗-施密特能接触到法国视作无价之宝的情报——恩尼格玛密码机，那是为所有德国最机密的通信情报加密的密码机。两年前，总参二局得知，鉴于一战时期的密码灾难，德国已经彻底改变了本国的秘密通信方式。德国人购买了瑞士生产的商用密码机，经过大刀阔斧的改造升级，最终生产出一件技术奇迹，一键就可以生成 2600 万个可能的单词组合。最初截获的恩尼格玛密码机信号证实了法国人最担心的事情，即该密码机产生出来的信息绝对无法被破译。唯一的希望就是总参二局能以某种方式获得这种机器的技术秘密。

这可不是简单的任务。德国人就像保护皇冠明珠一样保护着恩尼格玛密码机。正当法国人对了解恩尼格玛密码机已经绝望时，提罗-施密特走进了他们的圈子。在比利时的一个小村庄，他第一次与法国人秘密会面时，他拿出了恩尼格玛密码机的使用说明书，还有密码机加密系统的一些技术文件。法国情报人员看得目瞪口呆，他们支付了首付款1万美元（约合现在的20万美元）现金。提罗-施密特立即消费了一大笔钱，度过了一个有美酒、美女还有音乐的夜晚。

法国这一情报胜利，很快就使他们第一次接近恩尼格玛密码机。这次胜利只是一条小溪。过些时候，这条小溪会与从波兰、英国和美国这三个国家流出的小溪汇合，变成谍报史上最不寻常的故事。

最重要的密码

事情在上述三个国家的经过各不相同，但有一条共同的线索贯穿其中，就是几位杰出人物同时想到一个新点子：在密码分析方面，一场变革即将发生。密码分析再也不能用传统办法，由聪明人主要靠直觉找路子，以纸和铅笔为工具进行分析。恩尼格玛密码机体现了密码机的霸主地位，这项技术能够一次触键，就生成数以百万计的可能密码组合，令常规的破译方法从此失去了用武之地。解决方案是：密码分析机构必须聘请数学家，他们必须有能力根据密码机生成的信号，推测出机器的转子如何运转的，电线是怎么接的，再根据这些结果复制出密码机。

在波兰，波军情报局密码处悄悄地查阅波兹南大学数学系学生的成绩。他们最终找出20名最优秀的学生。在招聘这些人时，密码处告诉他们，工作极为机密，连对妻子和家人都不能说。马里安·雷耶夫斯基（Marian Rejewski）是他们中耀眼的明星，他是世界上排列组合理论的主要专家之一。

1942年,德国士兵发送由恩尼格玛密码机加密的信息,他们不知道,英国人将会准确破译密电。

由于精通这门深奥的数学分支，他成功推测出恩尼格玛密码机每个转子上的电线布线情况。

在此期间，美国的主要破译人员，陆军安全局（ASA）的威廉·弗里德曼（William F. Friedman）也在招聘全美最优秀的数学家，参与一项"有趣的冒险"。其实就是破译"紫密"，这是日本的主要密码机的代号，而美国已发现日本是自己的敌人。

事后表明，最重要的进展发生在英国。英国最主要的密码机构是政府密码学校（GCCS）。英国为了发起对恩尼格玛密码机的破译攻势，该校开始在牛津和剑桥最好的数学家中物色人才。他们招聘到的明星人物是年轻的剑桥

恩尼格玛密码机。纳粹德国认为其无法被破译，但英国和波兰的破译人员证明其实不然。

第十一章 东风，有雨 437

波兰皮里森林的纪念碑。1933 年，就在此处，波兰密码破译人员把他们复制的恩尼格玛密码机交给了英国军情六处。

毕业生艾伦·图灵（Alan Turing）——他关于"计算机"的早期论文，使他跻身世界一流数学家的行列。

二战爆发后，这四股溪水汇成了一条汹涌澎湃的大江。在波兰和法国陷落后，两国的团队都参加了英国的项目。1941 年，美国与英国之间的秘密情报关系延伸到密码学领域。英国让美国了解他们对恩尼格玛密码机的破译工作，而弗里德曼的行动通过推测日本"紫密"密码机的内部电子系统，成功建造出一台复制品（代号为"魔术"的行动，在密码学上相当于在从未见过某人的情况下克隆此人）。

英国的代号为"超级"的行动，被温斯顿·丘吉尔称为"下金蛋的鹅"，此言不虚。1940 年，超级行动组开始破译出由恩尼格玛密码机发送的高级别信息。德国人完全信任这一机器，这并不奇怪，因为正如艾伦·图灵所计算的那样，从理论上说，一台恩尼格玛密码机能够生成的可能排列数量是 3×10^{114}，这是一个令人震撼的数字。不管这个数字有多大，图灵计算出，它总是有限的。为了攻克它，他需要某种技术，能够把全部可能的排列都整理出来，从而发现恩尼格玛密码机的装置。他的解决方案借用了雷耶夫斯基首先想到的思路，就是用一台大型计算机，对任一给定信息，整理出所有可能的机器排列。雷耶夫斯基借用一种很受欢迎的波兰雪糕牌子，把他的设备命名为"球形甜点"。

为了表达对雷耶夫斯基的敬意，图灵用同样的名字称呼他自己设计的一款更先进，同时也要大得多的设备。这台庞然大物有7英尺（约2.1米）长，6英尺（约1.8米）高，重量超过1吨。机器启动时，它那数以千计的真空管、滑轮和电磁传动装置，就开始"哗啦啦"地工作，响声就像是科学小说里描写的科学怪物。事实上，这是世界上第一台计算机，其基本工作原理与现代计算机如出一辙。它有巨大的内存，用以储存恩尼格玛密码机所有可能的密码组合；由一个程序驱动内存，为截获的密文寻找出相应的密钥。

到1941年年末，超级行动组破译德国通信的速度与德国人的发报速度几乎相同。有时候，真正的收件人还未收到消息时，英国人就已经破译了。德国潜艇对美国到欧洲的漫长海上补给线构成了最大的威胁，所以他们尤其注意德国潜艇。对超级密码分析员有利的是，他们手里有很多德国潜艇的通信：因为德军需要指挥潜在各个区域航行的"狼群"（攻击共同目标的一组潜艇）进攻，而产生大量通信电文。到1943年，由于超级提供的宝贵情报——德国潜艇的秘密，最后，超级成了赢得大西洋海战的决定因素。盟军一直想尽办法来隐瞒这一

杰出的英国数学家艾伦·图灵。他设计了破译恩尼格玛密码机的机器，由此开创了现代计算机时代。

机密。只有当德国人相信，通过恩尼格玛密码机加密的海军通信是安全的，他们才不会改变那套做法。

盟军能够神出鬼没地侦察并摧毁德军潜艇，引起了德国潜艇部队首脑、海军元帅卡尔·邓尼茨（Karl Doenitz）的疑心，他怀疑敌方已经掌握了通信秘密，下令全面调查。结果是，由于恩尼格玛密码机的数学推演能力已经达到极高水平，不存在德国海军通信被破译的可能性。日本的密码员也得出基本相同的结论，他们认为，用于高级外交通信的"紫密"的可能性如此之多，已知的密码分析方法都不可能破译它。他们还提出，如果美国人已经破译了"紫密"，那他们在珍珠港为什么毫无防备？

在这一密码分析中起关键作用的4个人的命运都令人扼腕。战后，马里安·雷耶夫斯基回到波兰，但他发现，新政权并不信任他。他被分配到一个无聊的岗位去监督一家工业企业，终生都没有再同密码打交道。威廉·弗里德曼在破译"紫色密码"的紧张工作期间，得了严重的神经衰弱，他一辈子都纠结一个问题，政府为什么没有利用他的伟大成就，提前预知"珍珠港事件"。至于汉斯·提罗-施密特，正如他的法国上司预想的那样，他花天酒地的生活，终于在1941年招来了盖世太保。审出他所知的一切后，他被枪毙。

命运最为悲惨的是图灵。战后他回到剑桥，回到自己同性恋的私生活中，然而同性恋在英国当时还是重罪。1952年，他因为与一位19岁男子发生性关系而被捕，当局给他的选择是要么坐牢，要么接受专为"治愈"同性恋而设计的激素治疗试验。他决定接受治疗，结果不但引起剧痛，还导致乳房增大。

1954年的一天清晨，因为再也无法忍受痛苦和尴尬，图灵在家中的实验室里调制了一剂氰化物，把它注射到苹果里面，然后咬了一口。几分钟之后他就死去了。连他的母亲在内，总共只有4个人参加了他的葬礼。他死去将近4年后，同性恋在英国合法化。

图灵终将名垂青史，至于不朽，不是因为他在超级行动中的角色，而是因

1943年，德国U-118潜艇浮出水面时，受到一架美国飞机的攻击。在这一年，德国潜艇所用的恩尼格玛密码被破译，盟军取得了决定性优势。

为他更为伟大的贡献，也就是对开创信息时代计算机技术的贡献。在他离世20多年后，两位19岁的美国大学生，在其父母的车库里面，装配出第一台完整的家用计算机。这台机器，以及他们的公司，都叫"苹果"。这间公司的标志是一只被咬过一口的苹果，个中深义，只有少数人才明白。

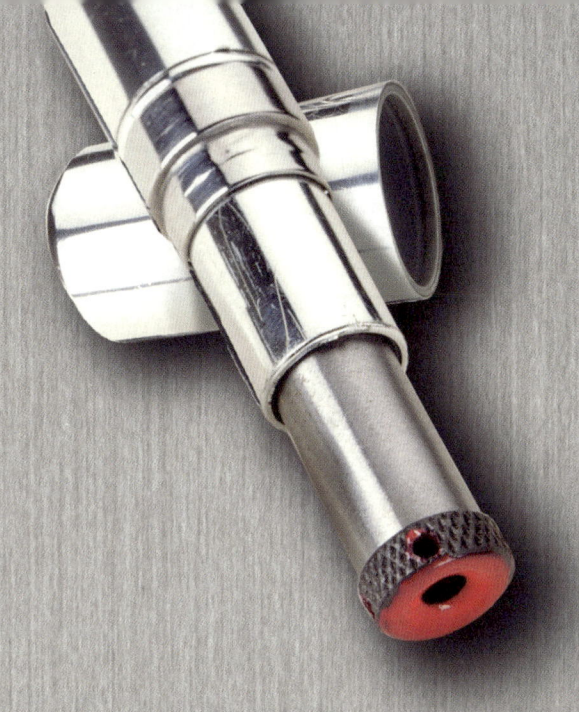

第十二章 "鼹鼠"之战
CHAPTER 12

上图：一支藏匿在口红管里的微型手枪，专为克格勃研制。冷战期间，美苏两国竞相使用新技术，为其特工提供竞争优势。

1967年4月某日清晨，越南民主共和国（北越）情报局的陈文传（Tran van Trung）上校开始执行任务。他仔细观察而发现没有被监视（他判断没有）后，坐进那辆破旧的轿车里，向北行驶。汽车驶出西贡市时，经过了美国大使馆的大楼。陈上校知道，在二楼的中央情报局已经工作了一整夜，整理从越南北部和南部最新搜集到的原始情报。所有数据都会存入他们的电脑，包括伤亡人数、南越政府控制的村庄数量，以及越共控制的国土比例、缴获的敌军物资数量。

第十二章 "鼹鼠"之战

离开西贡市区后，陈上校经过了具有战略意义的边和市空军基地，美军飞往北越、老挝和柬埔寨执行任务的侦察机就从这里起飞。侦察机上的先进相机可以拍摄大量照片，拼成大幅图片，能够显示地面上直径只有几英寸的物体。同时，美国的间谍卫星在高空飞行，其中一些配备相机，可以拍摄出北越的工业设施；另外一些配有先进的电子设备，可以像收集把电台和电话信号，再发送到美国国家安全局予以处理。在基地一栋不太显眼的建筑中，布满了天线，技术人员仔细监听空中电波，试图搜寻北越军用无线电信号。

在西贡西北 20 英里（约 32 公里）的地方，陈上校到了目的地。他把车停在一间屋后别人看不见的地方。就在他下车时，突然有两个人现身。没有说话，他跟随这两个人穿过一片稻田，走到霍博森林边缘。其中有一位男子用棍子在一棵树上敲了一阵。两名携带 AK-47 自动步枪的越共游击队员出现，双方点头示意后，他们带领陈上校走进森林深处。走过一段路后，他们在一棵树桩前停下。一位游击队员把手伸进树桩后边的一堆树叶里，扯开一扇暗门，露出一条隧道的入口。陈上校钻进隧道，打开一支小手电筒。他在里面走了相当长的距离，面前出现了一间灯火通明的大房间，里面挤了十来个人。简短交谈之后，陈上校递上一卷胶卷。

任务已经完成，陈上校原路折返，再赶回西贡。此时胶卷正经过一条曲折的路线被送往河内，首先由信使送到柬埔寨边界的一个越共站点，再由武装警卫带到金边，交给中国情报机构的联系人。后者接着把胶卷空运到中

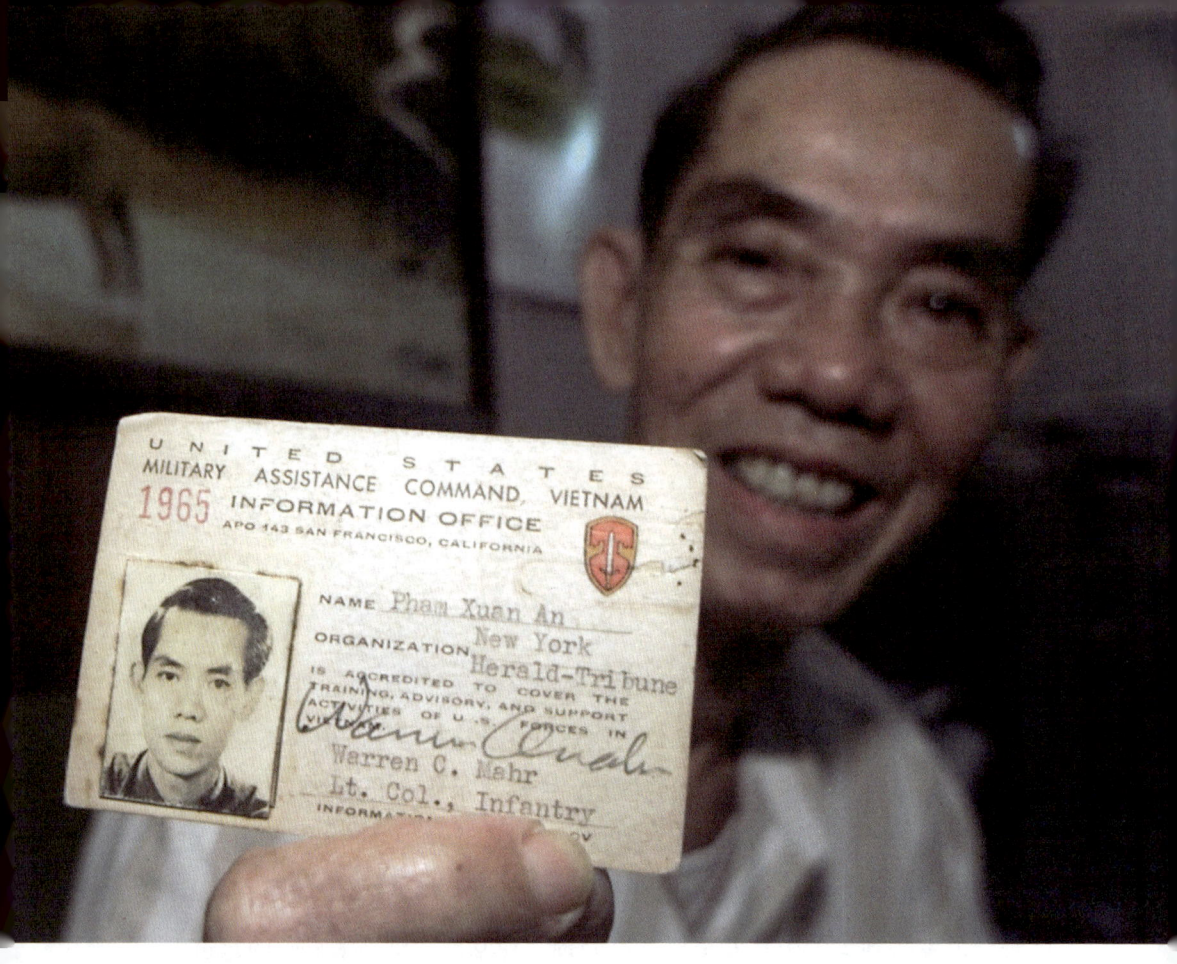

范春安（Pham Xuan An）。他曾在西贡新闻中心工作十余年，为外国新闻记者提供帮助，同时将重要的军事情报送到北越。

国广州，再送到 B1 情报局。胶卷冲洗出来后，出现在人们眼前的是 100 多页情报，都是由陈上校在一台已经有些磨损的赫尔梅斯打字机上打出来，然后再转录到胶卷上。陈上校一个多月来搜集的情报都在这里面，内容应有尽有，如南越政府的内政事务、美国的军事计划，还有美国外交官向国务院报告的情况。

回到西贡后，陈上校继续在新闻中心的工作，担任是翻译、助理，还是多家新闻机构极为灵通的消息来源。对他们来说，他叫范春安，是一个笑眯眯招人喜欢的人，以吸收和记住大量的细节的超凡记忆力著称，这对记者来说是完美的资质，对间谍更是如此。从 1963 年起，他就是报社和电视记者不可或缺的助手。他们之所以聘请他，是因为他与南越政府内部有良好的关系，以及他对越南有极为深入的了解。在越战错综复杂的关系中，他成了一个枢纽人物，外交官、士兵和记者围绕这个枢纽毫无戒备地谈天说地，在此过程中交换了点点滴滴的情报。就像一台录音机，他能把听到的一切都记录下来。晚些时候，他将记忆的一切"提取"出来，整理成情报。每月情报一整理好，他都会重走那条从未出错的路径：从西贡开车到那个小村庄，借口探望年迈的母亲，徒步到森林深处，与情报机构的同僚见面，把胶卷交出去。

同样的事情，范春安一直重复做了12年，没有引起一点怀疑。直到1975年，北越的坦克轰隆隆开进了总统府大院，标志着南越的覆灭，一场旷日持久的战争结束了。范春安照常出现在工作岗位，不过这一次他穿着北越军队的上校军服。胸前挂满了勋章，这是对他间谍工作的奖励，他是国家最宝贵的特工。

范春安的情报行动，成本仅为每星期1.19美元，这是一卷普通胶卷的价钱。至于在范春安工作期间，美国情报机构在越南的花销，没有可靠的定论，但投入了间谍卫星、电脑、分析员、特工，还有成千上万名南越线人，保守估计达到数十亿美元。但这些钱全浪费了。美国在越南的情报工作是巨大的失败。美国情报机构一直无法在北越发展任何线人，一直低估北越与世界上最强大的工业强国作战到底的坚定意志。不可避免，美国情报机构没有事先发现越共的多次重要军事进攻；没有搜集到本该搜集到的情报，却把情报政治化，以迎合决策者们的先入之见。

1967年，范春安正在向北越提交重要情报时，美国总统林登·约翰逊也正要求军界和情报机构，让他看到战事的"真正进展"。军事情报部门识趣地得出结论，在南越作战的越共游击队和北越正规军加在一起，敌军兵力有25万人，与前一年的总数相比，明显下降。这意味着美国的军事行动正在接近传说中的"拐点"，即敌方的伤亡速度已经大于其补充兵员的速度。

中央情报局的分析员吓了一跳。虽然他们对越南了解不多，但会数数。

越战期间，北越修建了大面积的地下隧道，用作通信和补给通道，也用以隐蔽部队，躲开美国的狂轰滥炸。

他们计算出敌军兵力大约有 58 万人，实际上比前一年还增加了。但是，中央情报局局长理查德·赫尔姆斯不愿看到约翰逊的怒火，命令分析员调整数字。结果给约翰逊的报告中，判断敌军兵力为 29 万人，这表明战争真的有了进展。正是以此为基础，约翰逊乐观地宣布，战争取得了实际进展，并且说出了那句著名的"隧道尽头的光明"。

几个月后，越南共产党发动春节攻势，推翻了所有的乐观预期，并证明美国的情报是错误的，这毁掉了美国民意对战争的支持。1968 年 3 月 26 日，约翰逊要求中央情报局的分析员给他进行单独汇报，讲讲越南的"现实"。他给了他们 15 分钟时间。分析员摆脱制约后，终于直言不讳：共产党的兵力被低估了一半，和平计划进行得乱七八糟，对北越的轰炸是一场失败，因为北越会不顾一切继续战斗，哪怕再打 100 年。约翰逊静静听完，一言不发走出了房间。5 天后，他宣布，美国停止轰炸北越，他本人亦无意竞选连任总统。

以色列崛起

越南发生的事情是二战后间谍活动如何演变成规模化运作的完美范例——无论是"大"还是"小"。"大"指以美苏为主的工业强国那些规模巨大、覆盖广泛的情报机构。这些大国吸取二战时的情报灾难的教训，认为避免未来类似灾难的关键是，建立统一的情报机构。这意味着由单一的政府谍报机构，协调管理整个情报体系。为此，各大国投入巨资创建情报机构，他们以为该机构能让他们洞悉敌人的阴谋，对潜在威胁发出预警。他们建立的情报机构，涵盖情报工作的各个方面，包括评估最新军事技术科技专家，将原始情报整理成预测报告的分析团队，遍布世界各地执行任务的特工，以及能够一次培养上百名特工的训练学校，使用最先进技术的大规模密码机构，以及全天候的侦察行动。

查理检查站。这是东西柏林之间的过境点，后成为冷战的标志。负责东柏林一侧检查的是受雇于苏联情报机构的边防军。

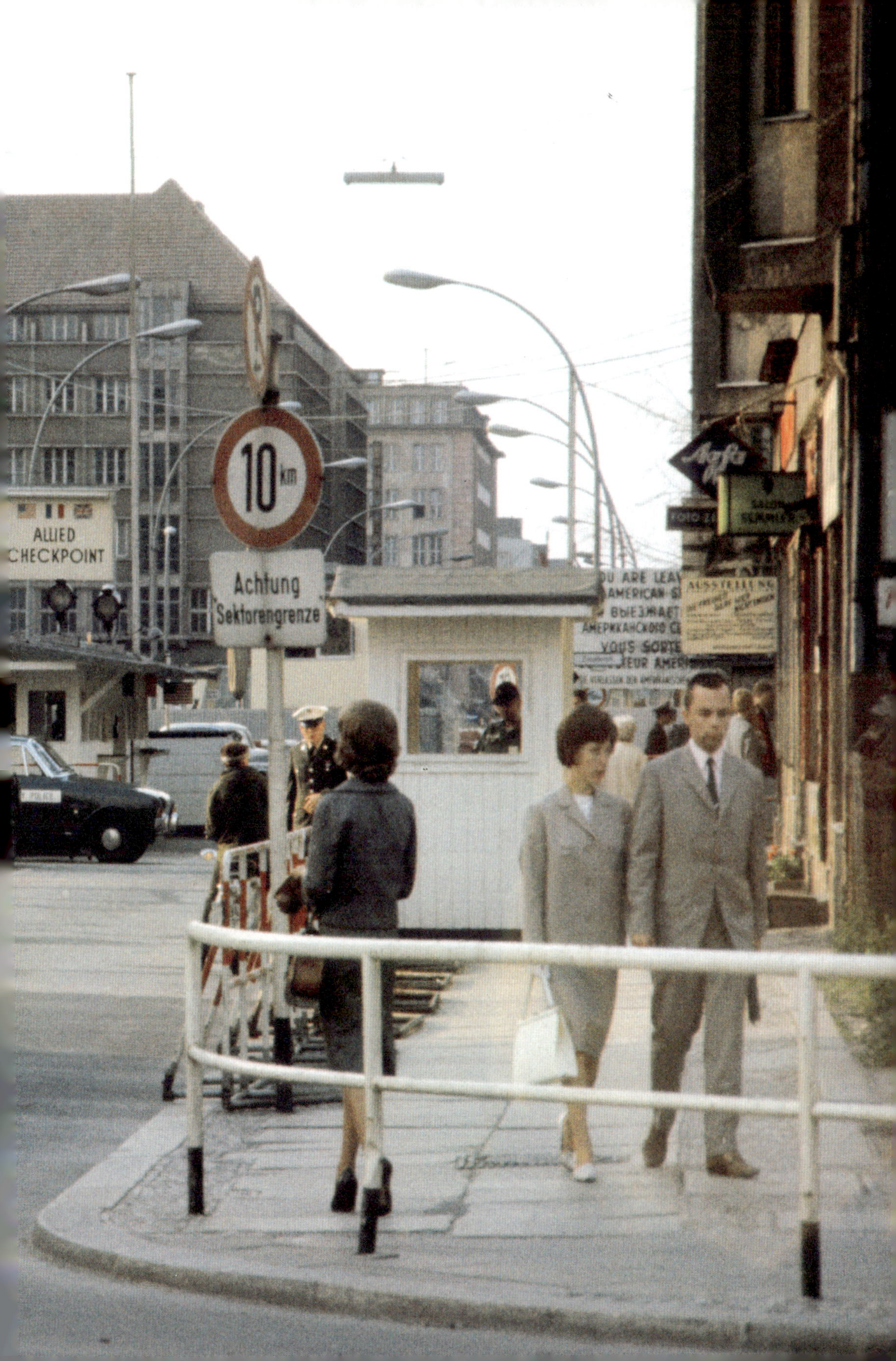
ALLIED
CHECKPOINT
10 km
Achtung
Sektorengrenze

最大的谍报机构是由苏联建立的,该机构在二战结束时有15万名职员。苏联还拥有一支人数与此相同的边防军(传统上苏联情报机构负责执行边防任务),以及成千上万的线人。苏联谍报机构不断扩大,20世纪80年代,当时继承内务部的克格勃有50万名职员,另外有22万人的边防力量。苏联军事情报机构格鲁乌在二战结束时有大约1万名职员。而美国情报机构的人数要少得多,准确数目保密,非官方估计是5万人上下。不过,美国情报机构在密码行动和侦察方面要比苏联投入了更多的资源。

单从规模和覆盖范围判断,似乎苏联和美国情报机构这样的庞然大物应该有决定性优势。但事实证明,恰恰是"小规模"的情报机构执行了最成功的行动。这主要是因为,小机构没有超级大国那样的资源可以投入情报工作,于是被迫把重点放在负担得起的"情报武器"上——人力。小国专注于把他们能够找到的最合适的人才,培养成能够独立行动、在深度伪装中可以从容应对、愿意在极度危险的条件下工作的特工。行动的指导思想很简单:有史以来最伟大的谍报工具不是计算机、间谍卫星或者电子窃听器,而是人力。将这一点发挥得最好的国家,正是世界上最小的国家之一——以色列。

以色列情报机构诞生于巴勒斯坦的犹太复国主义地下斗争中,这正是谍报活动的最佳环境;犹太定居者当时既要与英国托管当局周旋,又要对付周围敌视他们的大批阿拉伯人。犹太复国主义者企图把受到大屠杀威胁的欧洲犹太人,转移到巴勒斯坦的安全地带,这使得局面更为错综复杂。英国托管当局想方设法阻止此事,因为他们担心,这会打破托管区内犹太人和阿拉伯人之间微妙的平衡。为了掌握上述所有情况,犹太复国组织创立了一个名为"沙伊"(Sherut Yediot)的情报机构,并积极在托管政府工作的犹太人公务员中招募特工。

沙伊组织有一项秘密行动,招募出生在巴勒斯坦当地的犹太年轻人,组成一个网络,并由欧洲犹太复国主义地下运动的资深行动人员,对他们进行严格的间谍训练,此举后来产生了深远影响。在沙伊内部,这些人被称为"阿拉伯男孩",因为他们精通阿拉伯语;他们不仅受训在巴勒斯坦活动,还要在阿拉伯国家深度潜伏。1948年,沙伊迎来了最重大的时刻,在全球策划的一系列武器采购行动,在后来以色列建国战争中,对犹太军队起到了至关重要的作用。他们从世界各地的无数线人(包括美国的黑帮头子米奇·科恩[Mickey Cohen]和迈耶·兰斯基[Meyer Lansky])那里获得大量武器,成功突破了英国的封锁线。

以色列决定成立对外情报机构"摩萨德"(Mossad)时,沙伊已经发展了大量线人和训练有素的特工,供摩萨德使用。新机构的领导人都是地下工作的老手,有的已经干了几十年。由于经费有限,所以他们通过谨慎培养特工的办法充实队伍。特工必须符合高标准,具备独立思考,精益求精的谍报技术,在陌生的(通常也是危险的)环境中不露破绽地行动的能力。摩萨德高级领导人都像大手笔的赌徒,敢于冒险进行其他情报机构不敢尝试的大胆行动。虽然并非所有的行动都成功了,但成功的案例堪称惊艳。如绑架纳粹战犯阿道夫·艾希曼,在乌干达营救恐怖分子手中的人质,在埃及偷走一个7吨重的雷达站,还有渗透叙利亚的最高统帅部。摩萨德后来被誉为最出色的人力情报组织,这一声誉实至名归。

甚至连自以为是头号人力情报专家的苏联人也不得不承认,他们经常不如以色列人。维克多·格拉耶夫斯基(Viktor Grayevsky)就是案例之一。他是一位杰出的记者,在波兰共产党和波兰政府中有很多高层线人。1955年,他被克格勃招为间谍。但格拉耶夫斯基没有告诉克格勃,自己的真名是施比尔曼(Spielman),几年前就已成为摩萨德间谍。苏联的反犹太倾向日益严重,格拉耶夫斯基对此非常愤怒,所以设法向克格勃发泄怒气。1956年,他终于得到机会,他的一个波兰共产党线人,在莫斯科参加苏共二十大后回到华沙,报告了一个惊人的秘密:苏联领导人尼基塔·赫鲁晓夫在大会报告中谴责斯大林,并详细列举了斯大林的罪行。格拉耶夫斯基把报告火速交到了其摩萨德联络人(一名以色列外交官)手里,后者马上把它送回了特拉维夫。

摩萨德立刻认识到,将赫鲁晓夫的报告作为宣传武器,干扰全世界的共产党，威力很大。于是，他们把报告交给中央情报局，由后者将报告公之于世。克格勃拼命追查泄密源头，但以失败告终。几年后，格拉耶夫斯基移民以色列，克格勃并未起疑，再次聘用他提供关于以色列政府的情报。他立即报告了摩萨德。摩萨德将计就计，利用他发送假消息。直到1971年，克格勃才最后得知，格拉耶夫斯基是施比尔曼，就是他在多年前给克格勃造成了重大损失。

以色列情报机构最辉煌的时刻出现在1967年，当时约旦、埃及和叙利亚三线作战的噩梦笼罩边境。迫于局势，各国需要的不只是好情报，而是完美的情报。以色列寡不敌众，哪怕是一个错误，都可能导致战败。正如阿曼（Aman，以色列军事情报局）首脑阿伦·亚里夫（Aharon Yariv）告诉他的得力下属那样，只知道埃及空军的数量和能力还不够，"我想知道该死的埃及中士食堂的菜单！"

他的特工真能回答这个问题，还能告诉他，埃及空军的行动时间表，飞机的维修情况，甚至每位飞行员的姓名（在战争爆发的那一天，这些飞行员都收到了以色列发给他们个人的无线电信息，建议他们不要起飞，因为几乎肯定会送命，他们个个听得目瞪口呆）。有了准确的情报，以色列空军只用了两个多小时就消灭了埃及空军，埃及空军的飞机还来不及起飞就几乎被全部摧毁。埃及陆军的表现同样糟糕。以色列人对其实力和行动计划了如指掌，埃及陆军在西奈半岛与以色列军遭遇后一败涂地，原因就在于此。

让这一切成为可能的人，是摩萨德间谍沃尔夫岗·洛兹（Wolfgang Lotz），他数年来一直在埃及工作，掩护身份是一名热衷于养马的德国富商。之所以要有养马这一条，为的是吸引埃及军官，他们原是骑兵，同样爱好此道。洛兹凭借摩萨德丰厚的资金（摩萨德的审计人员称洛兹为"香槟间谍"，因为他需要大量金钱来维持奢侈的掩护身份），他购买了一家大型马场，经常邀请埃及军官做客。洛兹自称曾在二战传奇人物"沙漠之狐"埃尔温·隆美尔（Erwin Rommel）将军麾下效力。隆美尔将军在很多埃及人心目中地位崇高，洛兹借此同埃及军官们往来，逐渐取得他们的信任。洛兹还很注意在谈话中夹杂一些反犹太和反以色列的言论，进一步加深与军官们的关系。没过多久，军官们就开始向这位所谓的沙漠作战专家咨询，他对他们在西奈沙漠与以色列人作战的计划有何高见。

同样的灾难也发生在叙利亚军，摩萨德间谍又一次功不可没。这位间谍名为伊利·科恩（Eli Cohen），是出生于埃及的犹太人，精通阿拉伯语。摩萨德派他前往叙利亚，因为叙利亚是一个严重的军事威胁。以色列人特别关注戈兰高地，这块土地雄踞以色列之北。叙利亚人忙于在高地上修筑掩体，保护大炮阵地。科恩伪装成一位纵情声色的叙利亚富商，经常举办奢侈的晚会，吸引叙利亚政府和军队的精英参加，用重金和美女引诱他们。他与一群叙利亚军队的高官成了密友，后者带他前往戈兰高地，骄傲地向他展示正在修筑的"坚不可摧"的工事。科恩知趣地附和了一些恭维之词，顺便提了一条建议。他对军官们说，戈兰高地气候炎热，让掩体内的守军苦不堪言。他建议在阵地周围种植桉树，遮挡炽热的太阳。叙利亚人采纳了建议，很快就在阵地周围种上了树。

在不久之后爆发的战争中，以色列飞行员和炮兵轻松定位了叙利亚火炮阵地的位置。可悲的是，科恩未能看到自己的伟大胜利，战争爆发前两天，一组苏联电台侦察专家侦测并定位了他的电台。他遭受了可怕的酷刑，后在大马士革的广场上被绞死。

"鼹鼠"

还有另一"小规模"情报机构的成就令人瞩目，即民主德国对外情报机构 HVA（Hauptverwaltung Aufklarung）。该机构的成功在很大程度上要归功于其局长、民主德国最伟大的间谍首脑马库斯·沃尔夫（Markus Wolf）。他的父母都是共产党员，在希特勒和纳粹上台时逃往苏联。他早年大部分时间是在苏联度过，并走上了克格勃标准的职业道路：在共产国际的学校里接受地下工作训练，从学校被招入克格勃，在克格勃的学校经过严格培训后，通过首次执行任务，检验其是否称职。沃尔夫的第一次任务是在1946年伪装成记者，在盟军占领下的德国报道纽伦堡审判。他的表现足够出色，引起克格勃高层的注意。但是，在他们给沃尔夫安排新任务之前，他成功说服前者，对于苏联为民主德国这一新国家设立对外情报机构的事上，自己是领导这一机构的合适人选。1952年，他开展工作，很快展示出独特的谍报才能。

长期以来，沃尔夫一直被视为谍报小说家约翰·勒卡雷（John le Carré）笔下的苏联间谍首脑卡拉的原型。他耐心十足，经常用多年时间把间谍渗透到北约，还有联邦德国政府、军队和情报系统中。他在联邦德国和其他北约国家一度有4000名特工。这些人都过着正常人的生活，直到沃尔夫认为他们已经到了行动的时候。他还参与了民主德国对其公民广泛的监视行动，尤其是对名人的监视。例如奥运滑冰冠军卡特琳娜·维特（Katerina Witt），为防止她叛逃，沃尔夫对她严加监视。

沃尔夫最著名的间谍是巩特尔·纪拉姆（Gunther Guillaume），此人1955年还是民主德国一家出版社的低级职员，沃尔夫当时就认为他是渗透联邦德国政府的理想人选。究竟沃尔夫在纪拉姆身上看中什么不得而知，但他确实取得了瞩目的成就。1956年，纪拉姆同妻子一起"逃到"联邦德国，开了一家小复印店，加入当地的社民党支部，积极参与党务。他因此于1969年被任命为刚刚当选的总理、社民党人威利·勃兰特（Willy Brandt）的初级助理。

终于，在等待了14年之后，沃尔夫让纪拉姆开始活动，此时他已经能够产生投资回报了。纪拉姆成了勃兰特的高级助理，开始接触很多机密文件，并把这些文件都转发到东方。更重要的是，勃兰特开始对纪拉姆推心置腹，分享了更多的机密。1974年，美国国家安全局破译了沃尔夫与纪拉姆的通信密码，他在联邦德国的这一间谍就此暴露，沃尔夫对此颇为沮丧。他们有一次在通信中提到，一位在总理府的高级间谍刚刚生了一个儿子，这恰恰与纪拉姆的情况吻合。不过，截至这一时刻，纪拉姆已经向东部提供了大量高级别情报。

民主德国滑冰冠军卡特琳娜·维特,是该国秘密警察大规模监视行动的目标之一。

沃尔夫与克格勃分享了所有的情报，以及从其他更重要的线人那里搜集到的材料。其中包括"蜂鸟"（TOPAZ），一位在布鲁塞尔北约总部工作的法国线人；联邦德国的德国联邦情报局（BND）苏联处副处长。克格勃对沃尔夫的线人十分感激。因为从1945年开始，克格勃在人员方面遭遇严重问题，而他们是多年来苏联谍报行动的坚实基础。

二战期间，克格勃和格鲁乌在欧洲的情报网遭受了极大破坏。战争结束时，苏联试图重建谍报网，同时在东欧的苏联卫星国建立新的情报机构。对于英国和美国，则无须重建，苏联战前在这两个国家建立的情报网依然完好无损，并且成绩斐然，尤以英国的"剑桥五人帮"为最。在美国仍有300多名特工在活动，包括若干战略情报局成员、两名国务院官员、一名总统助理，以及一名财政部副部长。对苏联二战期间最成功的情报行动，也就是获取美国原子弹项目的秘密，上述情报网至关重要。

苏联在英美两国的情报帝国由多个间谍圈组成，由于两国的情报机构对这一帝国的存在毫不知情，苏联有充分的理由相信，它能继续产生宝贵情报。然而，1945年9月2日早晨，苏联驻加拿大渥太华使馆的24岁密码员伊格尔·古琴科（Igor Gouzenko）拿起报纸，读到了一篇让他目瞪口呆的短文。这篇报道无疑是一次启示，他看到加拿大人民享有的自由，与自己祖国的生活形成了鲜明对比。报道称，一位希腊商人起诉市政府，因为该市新建的一条道路严重影响了他的生意。

古琴科剪下报道，展示给同事们看。他问，一名普通的市民居然起诉政府，这难道不是他们看到的最惊奇的事情吗？这却成了他的失误。一名同事向大使馆的保安小组举报了他。不到24小时，他就被勒令在一周内返回莫斯科，接受"新的任命"。古琴科明白其中的含义，1945年9月5日，他往衣服里藏匿了几百份解密的格鲁乌电报，悄悄离开大使馆，一去不复返。

古琴科的叛逃，使人们得以初窥克格勃和格鲁乌30多年间在北美构建的巨大间谍体系。他随身携带的文件，还为苏联情报机构在原子弹项目方面的谍报活动提供了最初线索。文件揭露了一个在加拿大活动的网络，同时还暗示，加拿大的行动只是一个以美国为中心、规模大得多的行动的组成部分。

克格勃和格鲁乌都想方设法尽力抢救，撤回驻加拿大的间谍，并开始安排转移其最重要的线人。但是，苏联人发现，这就像是想用一桶水浇灭燎原之火，而现在到处都已起火，根本无法扑灭所有火焰。古琴科叛逃后不到两个月，一位名叫伊丽莎白·本特利（Elizabeth Bentley）的女性，走进了联邦调查局在纽约的办公室，抛出了一枚重磅炸弹。在美国政府内部有苏联的一个大型情报间谍网，她是这些人的信使。她向联邦调查局自首的原因比较复杂，但显然不满意在她爱人死后克格勃对待她的方式，她的爱人曾是间谍网搜集情报的协调员。

联邦调查局为了维持与英国情报机构的良好关系，依照惯例向新到任的军情六处华盛顿站站长金·菲尔比通报情况，克格勃由此得知本特利已经叛逃。联邦调查局并不知道，菲尔比是克格勃的间谍；他们多年后才搞清楚，是他将这一坏消息传递给莫斯科。苏联立刻命令所有与本特利有过联系的线人停止间谍活动。此举被认为（事后证明正确），能防止他们被依法起诉，因为政府掌握的只有一位自称是同谋的无从证实的证词。更为重要的是，联邦调查局计划利用本特利作为双面间谍，将情报网一网打尽。由于苏联人反应迅速，这一计划未能成功。

俄国人在管控损失方面取得了一些成功，但另一场大火又引燃了，这一次他们却毫不知情。这场火是由陆军安全局点燃的，该局是当时美国领先的密码破译机构。1944年，该局受命破译苏联的外交通信，从中查看苏联与纳粹德国任何秘密单独媾和的蛛丝马迹。在罗斯福总统看来，这种单方面的和平会使100万德军连同飞机和装甲车，突然扑向西线的盟军。这使德国至少实现军事僵局，重演1918年的情形。当时德国与布尔什维克之间的协议，使德国将成千上万的部队派往西线。

1943年，国务院情报部门提交的一份报告引起了美国的担心。报告称苏联和德国的外交人员在中立国瑞士，就可能达成的和平协议进行了高度机密的谈判。谈判虽没有达成任何结果，但始终存在随时重开谈判的可能性。美国的拦截站点监听德国与日本之间的无线电通信，同时也截获了苏联的通信。只是由于没有理由去破译苏联的通信，所以一直被搁置一边。此时，陆军安全局展开了代号"维诺娜"（Venona）的行动，开始破译苏联密码。

二战期间，莫斯科与驻华盛顿的苏联大使馆以及纽约和圣弗朗西斯科领事馆之间的通信量极大，在第一次查看这些通信时，陆军安全局的密码分析员就大吃一惊。因为即使考虑到处在战争期间，也远超正常外交机构的通信量。唯一合理的解释是苏联人在传输大量情报，这意味着有许多情报来源。密码分析员们开始破译截获的消息，他们遇到了巨大的难关，苏联人使用单次本加密信息。理论上，这意味着通信无法破译，但是，陆军安全局有几位密码分析员不肯放弃。他们注意到，有些消息里面有一些重复内容。这是不可能的事情，因为单次本的核心就是要使密码变得真正随机。

他们仅凭纸和铅笔，深入分析那些消息，居然取得了破译工作的一次重大胜利。他们终于发现，苏联密码员犯了一个天大的错误。他们重复使用了同一个单次本。显然，迫使他们如此马虎从事的原因，可能是由于战时资源的短缺，或是新单次本未能按时运达，又或者是密码员偷懒。苏联为他们的疏忽付出了代价，因为这对于陆军安全局的密码分析员来说，就像是手里有了一把打开密码罐头的刀，开始破译大量情报。

破译结果显示，苏联情报机构招募了数百名美国人，几乎全是共产主义者。结果还显示，原子弹项目已经被苏联情报机构彻底渗透，所有的科技秘密都已泄露，美国政府为此大为震惊。密码分析员们与联邦调查局合作，开始综合各种线索，确定破译消息中提到的线人代号的真实身份。首先确定的人中，有一位是苏联情报机构在"曼哈顿计划"中最重要的线人，移民英国的德国物理学家克劳斯·福克斯（Klaus Fuchs）。在军情五处的一次审讯中，福克斯以为是苏联情报机构中的某人（或许是叛逃者）出卖了自己，于是就招认了。他透露自己在洛斯阿拉莫斯国家实验室工作期间，将情报交给苏联情报机构的一位信使。后来此人的身份被确定，是美国共产党员，长期为克

"剑桥五人帮"其中四人，这些被苏联招募的间谍，经过多年时间，将大量秘密消息从他们在英国政府的职位上传递给苏联。从左上角顺时针：安东尼·布伦特、唐纳德·麦克林、金·菲尔比以及盖伊·伯吉斯。

格勃效力的哈里·戈尔德（Harry Gold）。

福克斯的供述还给联邦调查局带来了一个意外收获：戈尔德面对指认，承认给苏联情报机构在"曼哈顿计划"里工作的另一名间谍当过信使，一位名叫大卫·格林格拉斯（David Greenglass）的机械师。此时联邦调查局意识到，苏联犯下谍报行动的大忌：为两名间谍指派同一人为信使。

苏联情报机构再一次为错误付出了沉重的代价。格林格拉斯招认后，供出另一名线人，他的姐夫尤里乌斯·罗森伯格（Julius Rosenberg，其名字在"维诺娜"破译情报中出现过）。联邦调查局进一步调查得知，罗森伯格与妻子埃塞尔经营着一个间谍网，专门窃取美国的军事技术秘密。在联邦调查局抓捕整个间谍网之前，克格勃及时撤走了两名成员。克格勃撤走人员的第一步是撤到墨西哥，再到苏联。但是罗森伯格夫妇在为逃到墨西哥做准备时被捕，后被定罪，于1953年被处死。

从间谍学角度看，罗森伯格夫妇一案以及后来其他一些同样惊人的案件，其真正意义就在于，在美国引起了一场全面的反共产主义的歇斯底里的情绪。忠诚宣誓、国会调查，还有《史密斯法案》（该法案宣布美国共产党为非法组织），席卷了美国社会的每个角落，所有共产党员及被指控为"同路人"的人都被清除。这种歇斯底里在1954年达到高潮，克格勃几十年来招募并培养的几百名线人全部消失了，美国共产党员十不存一，再也无法找到合适的替代者。

苏联情报机构再次受到重创，是它失去了最为宝贵的间谍：英国的"剑桥五人帮"。同福克斯和罗森伯格夫妇的情况一样，"维诺娜"提供了关键的攻击点。一批破译出来的线索显然与一名备受重视的特工有关，其代号为"荷马"（Homer），联邦调查局和军情五处推测，此人在外交部门高层任职。最后，密码分析员破译了一则消息，提到"荷马"已经从华盛顿的英国大使馆出发前往纽约，与正在待产的妻子团聚。这些细节只与同一个人相符——唐纳德·麦克林，华盛顿英国大使馆的一名初级外交官。

由于菲尔比出手阻挠，逮捕麦克林的计划未能实施，一次有望成功的反谍报行动遭到破坏。菲尔比作为军情六处在美国的头目，美方将有关"维诺娜"的重大机密知会了他，因为破译结果中提到多名英国公民。他设法向克格勃通报了"维诺娜"的破译工作进展，特别是麦克林四周的网正在收紧。克格勃非常担心麦克林可能被捕；因为他的心理状况很差，酗酒严重，这几乎可以肯定是出于双面生活的压力。克格勃担心，麦克林在这种状态下如果遭到审讯，会供出"剑桥五人帮"的其他成员。

为确保菲尔比继续作为间谍（传言他将成为军情六处处长），克格勃决定采取激烈措施。麦克林被捕之前必须转移到苏联。因为麦克林越来越不稳定，克格勃打算让"剑桥五人帮"的另一名间谍盖伊·伯吉斯陪他到欧洲大陆"度假"，让两人设法前去布拉格，麦克林可以从那里前往莫斯科。

这一计划实施得很完美，但只有一点不足：伯吉斯突然自行其是，与麦克林一起前往莫斯科。克格勃此时面临重大的情报灾难，因为美英两国的情报机构会推测，是谁把麦克林即将被捕的消息告诉了他。更糟糕的是，由于伯吉斯的冲动行为，疑点必然指向菲尔比。因为英国人知道，伯吉斯在菲尔比华盛顿的家中住过一段时间，知道两人是好朋友。美国人也已经开始朝同样的路径思考，他们注意到，自从把本特利叛逃一事告知菲尔比后，本特利提到的间谍突然全部消失了。刚刚把"维诺娜"破译结果中的"荷马"已被确认一事知会菲尔比，麦克林就在被捕前抢先一步逃到莫斯科。虽然，从法律上说还没有菲尔比叛国的坚实证据，但无法解释的巧合却已经太多，多到足以让联邦调查局局长沃尔特·比德尔·史密斯（Walter Bedell Smith）将军发电报给军情六处处长："召回菲尔比，否则我们将中断联系。"

就这样，苏联情报机构培养出来的最伟大的间谍，走到了职业生涯的尽头。只差极小的一步，克格勃的间谍就能成为军情六处的首脑。果真如此的话，那真是不可思议的成就，其后果难以想象。菲尔比能言善辩，通过辩解成功脱身。但是1962年，一名克格勃高级官员叛逃到中央情报局，此人熟知菲尔比的间谍生涯。面对军情六处的讯问，菲尔比做了有限度的供认，然后逃往苏联。他后来在莫斯科现身。几年之后，"剑桥五人帮"余下的两名间谍，安东尼·布朗特和约翰·凯恩克罗斯，都因其他叛逃人员的揭露而落网。他们以认罪为交换条件，得以免于追究。其实在很大程度上，这都没什么太大的意义，因为两人在1945年以后就已经停止为克格勃效劳。

苏联情报机构的情报网已经破碎，此时不得不面对重建的任务。这并不简单；因为战后经过内部肃反，苏联已经不再拥有他们所称的"伟大的不法间谍"了——那些在20世纪二三十年代招募间谍、建立二战前情报网的间谍大师。像招募了"剑桥五人帮"的多伊奇和马利这样的人，都在内部肃反中被消灭了。代替他们的是新一代克格勃和格鲁乌管理者，这些年轻人虽完整学习过间谍技术，但全无前辈们的胆识和想象力。新一代苏联情报机构仍在运转，但在建立新的情报网方面成就有限。这项工作后来变得更加困难，因为他们的上级决定，应当尽可能避免在共产党组织中招人，因为这些组织已经被反情报机构广泛渗透（某一时刻，美国共产党的党员人数接近三分之一是联邦调查局的线人）。

就在苏联试图建立新的情报网时，美国情报机构正深陷混乱。1945年，战略情报局局长多诺万将军拟定了一份关于成立新的美国情报机构的计划。多诺万在英国情报机构有两位最亲密的朋友，海军情报局局长戈弗里海军上将和在美国的英国安全协调局负责人威廉·斯蒂芬森，这一计划在很多地方反映了这两人的观点。多诺万吸取英国的经验，建议以一个集中的机构负责所有对外情报，以一个分设的对内安全机构专门负责反情报。对美国情报界而言，多诺万的计划像所谓灌铅的气球一样，要它飞上天，它却肯定是向地下掉。联邦调查局局长J.埃德加·胡佛正力图扩张自己机构的情报范围，他很讨厌这一计划；其他几个军事情报机构也是一样，因为它们也在争取成为对外情报方面的主导力量。

局势急剧恶化，他们还找到了一个刽子手——哈里·杜鲁门总统。他是来自密苏里的民粹主义者，对大型集中的政府机构有根深蒂固的成见。此外，他从多诺万的计划看到了英国的很多痕迹，这对杜鲁门来说更加不可接受。杜鲁门不相信英国人，对多诺万也同样不信任。因此，杜鲁门不但拒绝了多诺万的计划，还解除了他战略情报局局长的职务，并解散战略情报局，代之以所谓的"战略研究小组"（Strategic Studies Unit，SSU）。战略研究小组是一个小规模的组织，由原战略情报局的几十个官员组成，职责模糊不清，经费稀少，从白宫得到的支持也几乎没有。照理说战略研究小组应该搜集国外情报，但它把大部分时间都用于对付联邦调查局和军事情报机构中试图建立情报帝国的人。结果显而易见，搜集不到多少有用的情报。

随着时间的推移，事情越来越明显：这种半吊子的体系不可能有用，尤其是美国面临新的严重威胁。战时与苏联的联盟已经瓦解，两国走上了对立之路，冷战来临。从美国的立场看，苏联是世界上最大的竞争对手，这场新的斗争导致了其迫切需要苏联情报，而这正是美国所没有的。

上述情报匮乏的程度，可以通过发生于1947年的一次交谈集中反映出来。交谈双方是一位空军上将与在战略研究小组的原战略情报局官员。空军对苏联的洲际轰炸机很是担忧，迫切需要知道这些轰炸机从苏联机场起飞时间，只有这样，美国才能准备防卫。空军将领告诉战略研究小组的特工，空军需要有美国间谍在当地，每个间谍都配备远距离电台，负责观察苏联军事机场。看到轰炸机起飞后，他应当马上把消息发报。特工问："我们需要监视多少个具备轰炸能力的机场？""大概2.2万个吧。"上将回答说。

最终，在1947年，《国家安全法》（National Security Act）出台，这是一套激进的解决方案。实际上，法案对美国国家安全结构进行全面改革，以使准备好与苏联的斗争。法案其中一条内容，就是创立美国第一个真正的中央情报组织——中央情报局。该局将专门负责对外情报，禁止在对内情报事务中扮演任何角色。后一职能被交给联邦调查局，联邦调查局只负责反情报工作。中央情报局由局长领导，所有对外情报都要经其之手，并且他是总统在情报事务的首席顾问。

中央情报局一成立，就开始大力招兵买马，吸引了数百名前战略情报局人员。战后，许多前战略情报局成员，都开始了成功的商业生涯。但是，战

约翰·凯恩克罗斯,英国外交官、苏联间谍。美国情报机构破译了其行程细节的密文,导致他身份暴露。

时从事间谍工作的人会沉迷于秘密世界，这在谍报世界时常发生。他们自然非常高兴回到自己热爱的黑色世界，但一进入这个新的情报机构，就必须面临一项艰巨的任务，填补苏联这个巨大的空白。美国情报界没有特工在苏联活动，也没有线人，对苏军的规模和实力没有深入了解，对苏联的意图没有任何头绪，甚至连克里姆林宫内部的情况都不甚了解。

面对如此严重的情报空白，解决办法要么是派特工渗透到苏联内部，要么就是在当地招募间谍。但两种方法都要面对难以克服的障碍。斯大林时代的苏联内部保安机器控制了苏联生活的各个方面。在这样一个国度，连莫斯科的电话号码簿也被认为是机密文件。所有苏联公民无论在上班的地方，还是在住处，都生活在一张告密者的大网里。苏联人必须谨言慎行，因为即使是对政府最温和的批评，也有可能导致自己数年的古拉格集中营生活，那是苏联巨大的监狱劳改机构。苏联不鼓励外国旅游，任何外国人在苏联都会受到全面的监视。苏联是最完美的反情报环境；而对外国情报机构而言，则是最致命的环境。

侦察技术的发展

中央情报局要在苏联建立情报站，显然绝非易事，当然也不是短时间内就能够完成的任务。不过，对情报的需求实在迫切。他们于是想出当时被认为是权宜之计的办法：技术。既然中央情报局无法在苏联内部从事间谍活动，那就从这个大国的外部一窥究竟。

中央情报局首先尝试的是一种十分古老的技术：气球。战后的气象研究发现，自然界存在一种叫作"急流"的高空气流，风向自西向东，高度大约为4.5万英尺（约1.35万米），发生于冬季，风速超过每小时100英里（约160公里）。中央情报局新设立的"科技理事会"想出一个高明的法子。如果设计一种气球，能在这样的条件和高度下飞行，将会如何？要是在气球装上照相机和其他感应设备呢？这样，气球可以被发射到急流中，飞越苏联，通过带有自动快门的照相机拍摄图片。中央情报局秘密研制一款新型间谍气球，最终推出一种两层楼高的气球，用轻质塑料制成，能够在高达8万英尺（约24000米）的高空飞行。其中一些新型气球配有感应设备，可以测量地面原子弹试爆的辐射量；另外一些配有照相机，能够在气球飞越苏联时拍摄图片。

1947年年底，在新墨西哥州白沙试验场，进行了秘密侦察气球的第一次飞行。试飞证明，间谍气球的想法可行，但是有一个没有预想到的副作用。气球升至高空后，气囊会被狂风压扁成碟子形状。因为气球表面涂有一层特殊银色，用来反射太阳光，结果引发了"飞碟"恐慌事件。一次试飞气球在新墨西哥州罗斯韦尔附近坠落。为了掩盖这一秘密项目，一名空军军官忙中出错，将事件说成是"飞碟坠落"。他后来收回了这一说法，但引发的阴谋论一直流传至今。

当侦察气球被发射到急流中飞越苏联，其效果时好时坏。气球不受控制，高空风向多变，所以无法精确拍摄地面上的特定目标。有些气球在完成飞行任务前就在苏联境内坠落（其中一些被飞机拦截，传感器设备被回收）。但是，令中央情报局惊喜的是，气球虽然是从高空拍摄，图片却异常清晰。这一结果证明，如果中央情报局能够设计出某种可以在高空运行且航向可控的装置，他们就将得到一种超出防空范围的理想侦察设备。洛克希德公司杰出的飞机设计师克拉伦斯（凯利）·约翰逊（Clarence［Kelly］Johnson）提供了解决方案。他设计出了一款奇特的飞机，外表像是一只蜻蜓，重量很轻，机翼特别长。飞机名为"2号装置"（Utility Two），通常称之为U-2。

从1955年首次试飞开始，U-2侦察机取得了辉煌的成就。飞机配有由宝丽来公司的艾尔文·兰德（Edwin Land）设计的先进照相机，从苏联周边的秘密基地起飞，执行任务的飞行路线遍及苏联全境。在飞行路径的某些关键点，飞行员启动照相机，拍摄空军基地、核试验场、导弹设施、军港，以

第十二章 "鼹鼠"之战 467

美国空军的"气象研究"气球。气球上装有照相机和侦察设备,在 U-2 侦察机问世之前,就是用这样的气球飞越苏联,执行间谍任务。

及其他任何有情报价值的目标。U-2 侦察机是技术谍报史到当时为止最为伟大的成就。

在 U-2 侦察机进入苏联领空时,虽然其雷达能够发觉,但飞机在 8.5 万英尺(约 2.55 万米)的高空飞行,地空导弹和战斗机都够不着它。不过,德怀特·艾森豪威尔总统明白，雷达和导弹在发展，U-2 侦察机的末日只是时间问题。艾森豪威尔在批准项目时预言说："某一天，一架这样的飞机会被缴获，我们也会因此陷入大麻烦。"结果一语成谶。1960 年 5 月 5 日，一架由弗朗西斯·加里·鲍尔斯驾驶的 U-2 侦察机，被苏联先进的新型地空导弹击中。鲍尔斯跳伞安全着陆，但被抓获并出庭接受审判。

几年之后，约翰逊又设计出另一款新型侦察机，"SR-71 黑鸟"（SR-71 Blackbird）。它可以在 9 万英尺（约 2.7 万米）以上的高空飞行，速度接近三马赫（约为 2300 英里 / 小时，即 3700 公里 / 小时）。"黑鸟"在敏感地带飞进飞出，用侦察设备捕捉雷达和电子信号，用先进的照相机拍摄图片。在 20 世纪

U-2 侦察机飞行员加里·鲍尔斯，1960 年他的飞机在苏联被击落。他因间谍罪被监禁，1962 年通过"交换间谍"行动被遣返美国。

七八十年代，"黑鸟"是世界上最快的飞机，快过任何在空气中飞行的东西。

鲍尔斯被击落时，U-2侦察机的替代计划间谍卫星已经排上日程。苏联在1957年发射了世界上第一颗地球同步卫星，在其后的十年里，卫星技术取得了一日千里的发展。第一代间谍卫星安装带有抓拍图片的照相机；在卫星处于飞行轨道上的某个点时，卫星发出指令，弹射出胶卷盒，再由飞机用特制的网兜接住胶卷盒。随着技术不断进步，间谍卫星已经能够把图像实时传回地面站。

与此同时，一系列高度专业化的卫星相继问世，旨在执行特殊任务。比如检测导弹试验喷出的火焰、核爆的电磁脉冲、雷达工作频率等，还有可以从200英里（约320公里）的太空捕捉电子信号的"雪貂"通信情报卫星。通信情报卫星的发展，终结了最危险的技术情报行动。在此之前，美国空军和英国皇家空军驾驶喷气式轰炸机，故意侵犯苏联领空，以记录地面电子设备的信号。在苏联防空战斗机升空之后，两国的轰炸机加速飞到安全区域。这些侦察机都不配备武器，有些还没有及时飞抵安全地带就被击落，导致几十名飞行员丧生。

至此，卫星成为搜集技术情报的主要手段，人们美其名曰"国家技术手段"。正是用卫星搜集情报的做法，使苏联和美国在谍报竞技场上变得势均力敌。在U-2侦察机和"雪貂"越境飞行的年月，苏联缺乏类似的技术，因为他们在美国周边没有基地。但卫星结束了这一优势。苏联的间谍卫星技术上一直不如美国的间谍卫星先进，但对于美国的军事部署、基地、核武试验和导弹发射设施等，苏联人皆了如指掌，他们的间谍卫星亦都完全能够做得到。

虽然间谍卫星原本的初衷是搜集情报，但双方很快意识到，间谍卫星还可以完成现代情报的基本目标：早期预警。一颗带有监视洲际弹道导弹（ICBM）发射场程序的卫星，能够几乎在发射的同时发出警报。洲际弹道导弹只需要15分钟，就可以到达世界另一侧的目的地，造成热核大浩劫。在一个这样的时代，早期预警生死攸关，现在也依然如此。

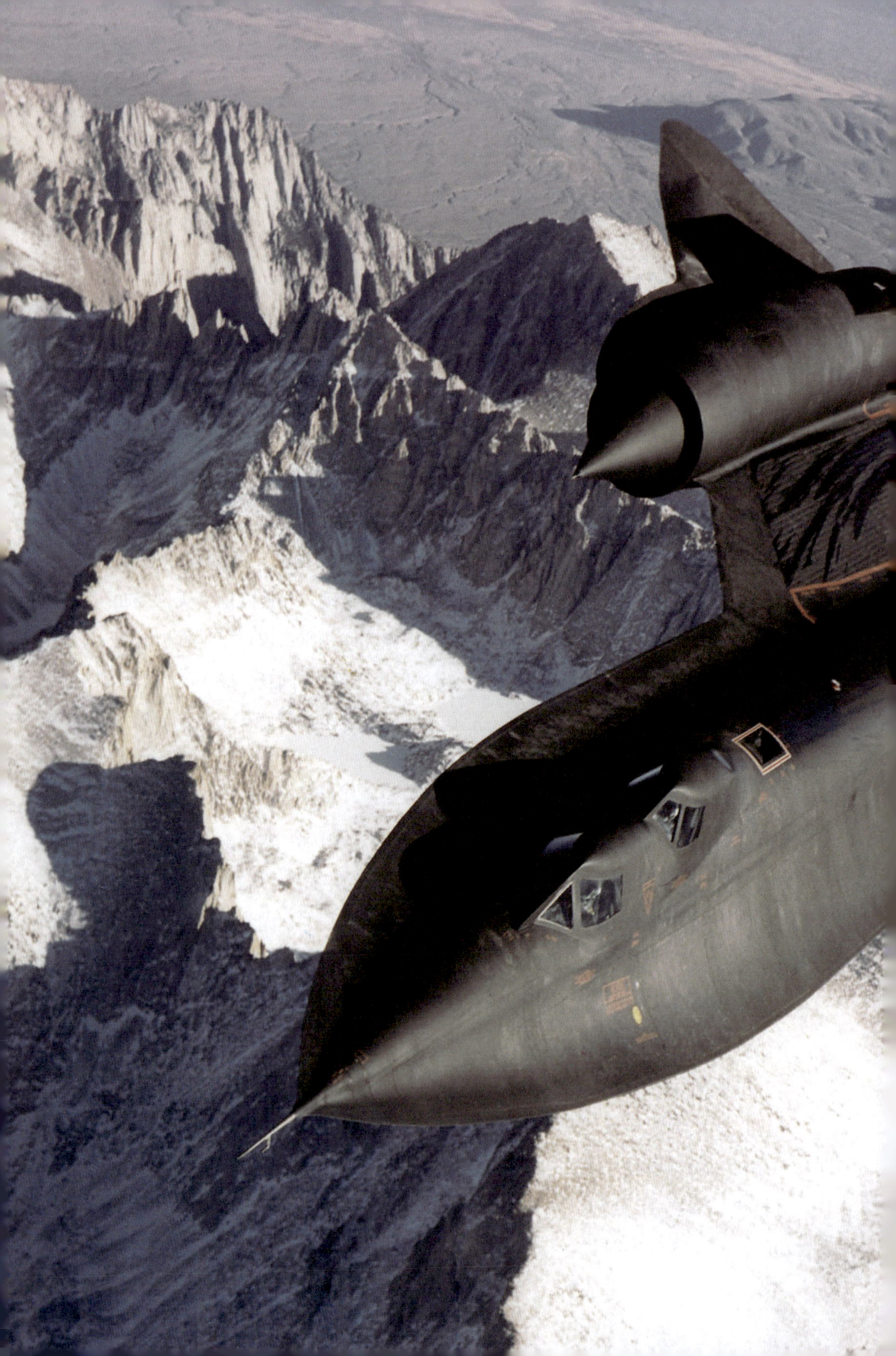

SR-71 黑鸟。一款新型高速侦察机，出自美国人克拉伦斯·约翰逊之手，U-2 侦察机也是由他设计的。

美苏双方都有大量的科技精英，设计出来的间谍卫星，连数百公里之外的本地电话都可以监听得到。对这些精英而言，用于间谍活动的巧妙设备是无穷无尽的。只要任由他们发挥，保证有用不完的预算，他们就能发明各种奇妙的设备来抢占先机。例如一种苏制微型电子窃听器，隐藏在马提尼鸡尾酒中的橄榄里（只有喝酒的那位想嚼橄榄，才能发现）。中央情报局有一项行动，专门窃听苏联高官坐豪车上班时的无线电通话（女按摩师奥尔加的迷人魅力是他们最喜欢讨论的话题）。还有克格勃的一项行动，是在美国驻莫斯科大使馆的打字机里装窃听器，实时传送每一次击键声。美国海军情报

苏联渔船不仅捕鱼，还使用高科技的侦察设备截获美国海军的通信信号。

局则有一项行动，利用特别改装的美国核潜艇，窃听鄂霍次克海海底的通信电缆。克格勃间谍有一种藏在口红管里面的手枪，将火力隐蔽到了极致。一些苏联拖网渔船看起来没有异样，但其实里面装有电子设备，用以截获美国海军的通信信号。一条贯穿东西柏林的隧道用来窃听苏联的电话线。苏联驻圣弗兰西斯科领事馆所用的一台复印机上，被偷偷放入一台微型照相机，能将复印的每一页都传送出去。

苏联小学生向美国驻莫斯科大使馆赠送了一件木制的美国国徽复制品。克格勃居然在里面藏匿了窃听器。谍报行动的特色，就是在大使馆装窃听器，这需要做得巧妙无比。例如，1970年，苏联在伦敦的贸易代表处扩建时，军情五处趁水泥还没变硬时，在柱子里安装了窃听器。几年之后，中央情报局更进一步，当时在华盛顿修建新的苏联大使馆，他们使用直径只有0.01英寸（约0.25毫米）的微型钻头，在空心砖里植入超微窃听器。

以科技为重点，技术占用情报机构的大部分预算，促成了两种截然不同的情报策略之间的持续争论，一种是"人力派"，一种是"技术派"。直到现在，争论依然激烈，人和机器谁才是获取情报的最佳方法。技术派一直主张，人类天生就不可靠，因为容易受到偏见的影响，会犯错误。还有最主要的一条，就是难以判断某个情报来源是否已经被渗透，或者成为双面间谍。

技术派经常拿古巴导弹危机作为科技优于人类的例证。古巴危机始于1961年，当时逃离古巴的难民报告，他们居住在古巴时，夜里经常被重型卡车的声音吵醒。卡车装的是又大又长的圆柱形东西，上面盖有防水帆布。大小和形状与苏联的中程核导弹的特征吻合。

中央情报局在佛罗里达州难民中心的工作人员记录了上述说法。这些工作人员负责深入采访难民，了解他们可能知道的情报。有人还称，看到晚上有奇怪的货物从古巴港口运到乡村。工作人员感到事态严重，因为他们听到的说法很一致。他们确信，苏联的导弹正在运抵古巴。中央情报局的高层否定了这一结论。他们认为难民因痛恨卡斯特罗，才编造了故事。另外，对苏联来说，在古巴安装导弹是一种疯狂的行为，因为苏联很清楚，美国面对这样一个离他们的海岸只有90英里（约144公里）远的威胁会做何反应。

技术派指出，关于苏联在古巴安装导弹一事，无可争辩的证据并非来自当地间谍，也不是难民们未经证实的报告，而是来自U-2侦察机。苏联一直否认他们把导弹运到了古巴，直到U-2侦察机拍摄的照片揭示了他们的谎言。他们再次否认运送了喷气式战斗机到古巴，科技又一次证明了他们是骗子，因为U-2拍摄的照片显示，停泊在古巴港口的苏联货轮上，人们正在卸下大型货箱。中央情报局的"坑道学家"，即苏联军事专家，知道苏军如何将拆卸后的飞机部件装箱发运，他们能够确定那些货箱里装有喷气式战斗机部件。最后，当苏联同意撤走导弹时，又是通过空中拍摄侦察技术，确定导弹的确已经被移走，用商船运回了苏联。

人力派反驳到，事实是美国情报机构是通过一名人类间谍奥列格·潘科夫斯基（Oleg Penkovsky），来辨明关于在古巴有苏联导弹的报告的真实性。潘科夫斯基是格鲁乌的一位导弹专家，他在危机发生前一年多，主动要求为军情六处和中央情报局效力，理由是无法认同苏联的制度。潘科夫斯基是西方情报机构在"铁幕"背后有过的最大资产之一，他提供了两条关键的情报。第一条是导弹部署的技术细节，使中央情报局能够发现导弹发射场。第二条是苏联导弹的精确尺寸和技术能力。关于后一点，潘科夫斯基透露，苏联导弹存在诸多技术问题，数量也远比苏联对外宣称的少。这些消息对危机的解决起了关键作用，因为美国知道能够迫使苏联就范。在这场核牌局里，美国人知道，莫斯科拿的是一手烂牌。

一般说来，美国人倾向于采用技术策略来搜集情报。这不奇怪，因为情报机构通常会反映出本国的优势所在，而美国在技术领域占有绝对优势。另一方面，苏联在人力情报行动方面一直占有优势，苏联情报界也以此为工作重点。苏联力图回到"剑桥五人帮"的辉煌时代，聚焦新一代大学生来开展招募工作，希望得到未来的"菲尔比"和"麦克林"。他们主要关注就读于莫斯科帕特里斯·卢蒙巴大学（俄罗斯人民友谊大学）的学生，他们最终会进入政府机构，晋升到能够接触重要情报的职位。中央情报局也有同样的想法，他们从美国各类大学录取的大量外国学生中招募间谍。该局利用愿意合作的教授们物色人选，告诉他们哪些学生合适，可能愿意接受招募。

还有一类人力情报行动，涉及招募马上能派上用场的间谍。所有主要的

克格勃在窃听方面无所不用其极，在苏联小学生送给美国驻莫斯科大使馆的美国国徽复制品中，植入了窃听器。

情报机构都花大力气渗透其他竞争对手，认真寻找可以下手的蛛丝马迹，如政治不满、严重经济困难、性怪癖（最好是恋童癖），还有仕途困难。克格勃特别擅长所谓的"蜜罐行动"，就是使用经过特别训练的男特工（"渡鸦"）和女特工（"燕子"），引诱目标成其好事，克格勃特工则会把颠鸾倒凤的情景拍摄下来。然后要挟目标选择：同我们合作，否则承受照片带来的后果。这一技术用处有限，由于受到要挟而背叛自己的国家，这是谁都不乐意的事情。此外，有时候会适得其反。例如，有一位已婚的法国外交官，在得知自己与几个"燕子"鬼混时被拍了照，他反而要求获取照片，向他那显然很通情达理的夫人炫耀自己勇猛的雄风。

　　从总体上判断，冷战期间的招募成果与投入的努力不相称，因为招募的线人中，很少有人能够提供高级别的情报。但也有少数例外，比如美国国家安全局在20世纪80年代招募的瑞士一家密码机生产厂的高管，伊拉

美国空中侦察图片，证明苏联在古巴部署了中程导弹。

中程弹道导弹 2 号发射场

圣克里斯托瓦尔
1962.11.1

导弹战备帐

原发射阵地

油料挂车

导弹战备帐篷原址

克政府是该厂的客户之一。这些亲美的高管同意美国人在运往巴格达的机器中设置"后门",在机器的电脑芯片中隐藏一些接入点。从那时起,国家安全局就能了解密码机的内部工作原理,使破译密码变得轻而易举。

因为美国人能够读取萨达姆·侯赛因(Saddam Hussein)和伊拉克最高指挥部发出的所有高级军事通信,他们得到了意外的收获。他们从破译的通信信息中得知,苏联向伊拉克秘密提供了先进的电子设备,以干扰美国的全球定位系统(GPS)。对美国而言,全球定位卫星是军事导航和部队部署的

```
My dear friends:
    I write this in some haste on Tues evening, 1 September. I
am afraid that the signal HILL is not well-thought-out;
thewooden post is often damp and mildewed -- discolored --
and thepencil mark I made on the morning of 19 August does not
appear tohave been observed. After making the signal at HILL with
pencil atabout 0700 on 19 August, I placed the drop at GROUND
about 1600that same day. I was worried about the visibility of
the signaland waited until daylight of 20 August to check to see
if it hadbeen erased -- it did not appear to have been erased,
and Iretrieved my package (which included documents!) later that
day.Unfortunately, I left Washington for a vacation trip
toCalifornia on 21 August, returning on 30 August. I will signal
HILL on Weds morning, 2 September, but this timeusing chalk
instead of pencil. If my package is not retrievedduring the
evening of 2 September, I will return to the old, SMILE, signal
site to mark it on 4 September and put my package down
thatafternoon. In any case, I'll keep trying until you get it.
Given the shortness of time before our next meeting, I amputting
a note on the package which I hope will cause the peoplehere to
send you a telegram confirming my intent to make ourscheduled
meeting on 5/6 October. Best regards, K
```

奥尔德里奇·艾姆斯给其克格勃上级的密信。他背叛中央情报局,转投克格勃门下。联邦调查局的反情报特工在对艾姆斯产生怀疑后,在情报秘密传递点找到了这些密信。

一项关键技术。有了破译的情报，军事技术人员确认了干扰设备的位置。在1991年攻打伊拉克的"沙漠风暴行动"（Operation Desert Storm）中，在第一个晚上美国飞机就使用激光制导炸弹炸毁了这些设备。此后，空中打击得到了不受干扰的全球定位系统导航，摧毁了伊拉克的军事设备。

事实证明，最有价值的间谍几乎都是自行投靠。这些人决心背叛自己的国家，通常是出于金钱欲望，或者政治不满情绪。情报机构必须小心辨别自行投靠者不是诱饵，即被特意派来冒充愿意合作的线人的特工，实际上却是为了散播假消息。诱饵是特别棘手的问题，因为任何情报机构都不想由于贸然判断自行投靠者不真实，而将可能很有价值的间谍拒之门外。

解决上述问题的办法在于：由经过特别训练的特工小组，专门处理自行投靠者。通常的程序是进行多项"真实性测试"，要求自行投靠者提交秘密文件或消息，交由专家决定是否真实。如果专家认为材料属实，处理此事的人就进入下一阶段，设定一套办法，让自行投靠者提交更多的材料。苏联情报机构喜欢把办法搞得很烦琐，通常包括"秘密传递点情报"，外加多重安全检查。

自行投靠克格勃的人中，特别有价值的有中央情报局特工奥尔德里奇·艾姆斯（Aldrich Ames），他出卖了中央情报局在苏联的20多名间谍；以及国家安全局的分析员罗纳德·佩尔顿（Ronald Pelton），他出卖了该局窃听海底电缆的行动。此外还有杰弗里·普莱姆（Geoffrey Prime），他是英国破译机构政府通信总部（GCHQ）的雇员，透露了该机构破译苏联密码的成功程度；以及联邦调查局反情报部门的主管特工罗伯特·汉森（Robert Hansson），他把中央情报局在苏联的线人名单交给了克格勃。中央情报局的成功案例除潘科夫斯基之外，还包括格鲁乌的高级官员德米特里·波利亚科夫（Dimitri Polyakov）将军，他在长达26年里，一直提供格鲁乌特工的身份，以及苏联的军事机密。军情六处有一位厉害的投靠者，名叫奥列格·戈迪维斯基（Oleg Gordievsky），他是克格勃的高级官员，曾在伦敦潜伏。

对投靠者而言，最大的威胁是叛逃者。同其他间谍一样，叛逃者的动

对克格勃和中央情报局而言，像奥尔德里奇·艾姆斯这种自行投靠的宝贵情报线人要小心行事，确定他不是双面间谍。

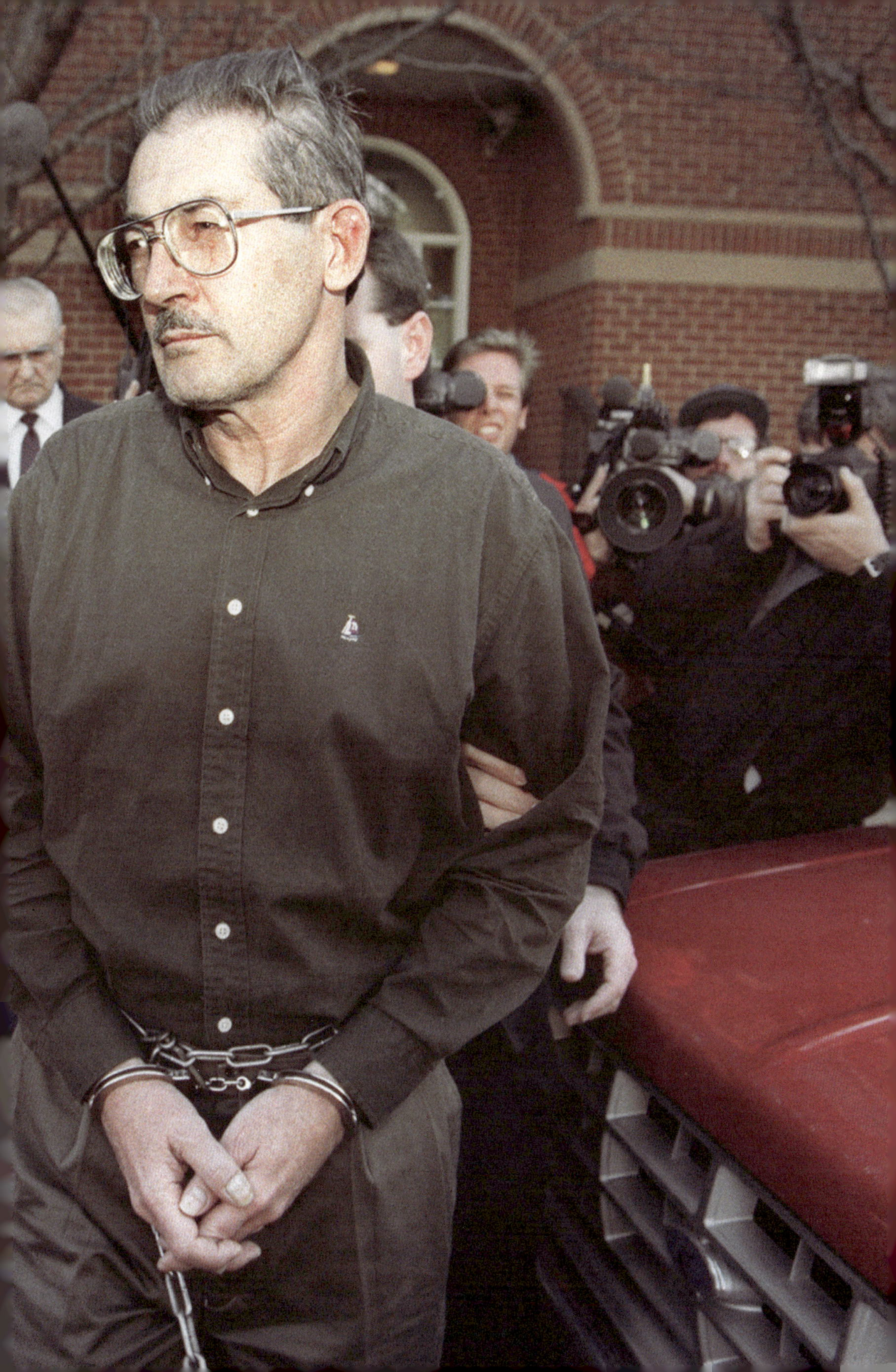

机因人而异。有时是不能升职，例如克格勃官员安托利·戈里钦（Anatoli Golitsin），他自视甚高，在得知上级并不赏识自己之后，于1962年叛逃到中央情报局。另外一些人则因为对政治失望，例如苏联外交官阿尔卡季·舍甫琴科（Arkady Shevchenko），在目睹苏联高层的严重腐败之后，确信必须消灭苏联的制度才能挽救国家。还有一些人叛逃则是为了活命，例如20世纪30年代格鲁乌西欧行动负责人瓦尔特·克里维茨基（Walter Krivitsky），在得知自己会遭受肃反后，叛逃到了美国。

在大多数情况下，叛逃者都在某个情报机构工作，他们叛逃时通常会带上足够的情报，要么是书面情报，要么是他们脑子里记住的东西。他们可以利用这些情报，在另一方谋取一个好职位。情报包括他们所知道的间谍身份，这一点几乎没有例外。这些名字是叛逃者手中的王牌，他们会出牌以提高自己在新团队中的价值。1962年，安托利·戈里钦叛逃到中央情报局后，立即打出手中的王牌——揭露金·菲尔比是克格勃间谍。在此之前，一位名叫米哈伊尔·哥仑涅夫斯基（Mikhail Goleniewski）的波兰情报人员叛逃，他告诉军情六处，乔治·布莱克（George Blake）是一名克格勃间谍。布莱克和其他几十名间谍都得到惨痛的教训，即间谍们永远不可能确知，与他共事的特工会不会有朝一日叛逃，出卖自己。

尽管有了各种新技术，所有谍报游戏都要用到《圣经》时代就已经应用于间谍活动的标准技术：反情报，间谍的招募，以及亘古不变的钱和性这两个动机。这些技术古代亚述国王的间谍就很熟悉，现代工业国家庞大的情报官僚机构也同样明白。不过，与古代相比，现代情报技术确有不同之处，情报机构作为隐蔽战争的先锋兵。

隐蔽战争是冷战现实情况的产物。核僵局使得大国之间的常规战争变得无法想象，所以斗争转入地下，变成一场在全世界争夺影响力和霸主地位的战斗。美国的公开政策是遏制，要将共产主义遏制在"铁幕"后面，并最终将之推翻。解决政治难题的传统办法是军事行动，遏制和推翻共产主义用的不是军事行动，而是其他一切用于颠覆的武器：宣传、政局破坏、经济战、

第十二章 "鼹鼠"之战 483

联邦调查局特工罗伯特·汉森。这是他在 1955 年纪念自己为联邦调查局工作 20 周年的仪式上，为取乐摆拍的罪犯照片。讽刺的是，他是一名克格勃"鼹鼠"，数年后被捕，这张照片就像是一场预演。

贿赂和虚假情报。

二战之后，克格勃在东欧的行动，为如何打隐蔽战争提供了范例。在开战之前，苏联人就把来自东欧的流亡共产党人组成了事实上的影子政府，做好进入并掌权的准备。随着苏军横扫东欧，大批克格勃官员尾随而至，与他们同行的还有影子政府。接下来的事情，是克格勃在多个国家重复使用的模式。

一开始是宣传行动，目的在于让公众相信，战后成立的联合政府里，到处都是"叛徒"和"战犯"。接着是一连串的罢工和"自发的示威游行"，要求由共产党人出任内阁要职（特别是内政部部长）。在逐渐接管内部保卫机构之后，开始逮捕"纳粹同谋""卖国贼"和"战犯"，同时向联合政府的其他机构渗透，最终从内部摧毁联合政府，代之以影子政府。

中央情报局的隐蔽行动士兵，借鉴了上述技法，用于颠覆他们的上级认

军情六处特工在苏联用作电子情报秘密传递点的假石头，用它来接收线人的报告。

为对美国国家安全有害的政府，如危地马拉、伊朗（在伊朗的行动由英国情报机构实施）、印尼、尼加拉瓜和智利。在美国政府看来，此类隐蔽行动好就好在既能达到想要的效果，又无须公开卷入其中。美国实际上是在与他国作战，却无须顾及请求国会批准宣战之类的宪法规定。

关键的问题是隐蔽战争不能隐蔽很久，正如中央情报局的一名特工所说，"你不可能用一条手绢，把一头河马藏起来"。此外，早期隐蔽行动的成功，特别是在尼加拉瓜和伊朗的成功，导致美国人认为，隐蔽行动既容易实施又花费不多，可以解决他们所有的外交难题。他们从古巴猪湾学到了一课，隐蔽行动没有那么简单。猪湾是一场灾难，此后由于国会要求监督，隐蔽行动逐渐终止。克格勃在隐蔽行动方面也有过惨痛教训。阿富汗的惨败说明，在匈牙利、捷克斯洛伐克和罗马尼亚等国家有效的技法，在一个完全不同类型的社会里无法奏效。

二战之后的谍报，由美苏两国的情报机构主宰。对他们而言，逐渐放弃隐蔽行动，标志着一种回归传统谍报的倾向。美国人着重于他们在搜集技术情报方面的实力，苏联则把重点放在人力情报上，但总体上说，双方只有零星的成功，两国都遭受了一系列情报灾难。苏联情报机构由于依赖不可靠的线人，严重误判了阿富汗局势，导致苏联陷入一场毫无结果的军事干涉。美国在越南遭受了与此不相上下的情报灾难；后来又与英国情报机构一起，在伊拉克遭受了另一场灾难，局面只能说是一塌糊涂。

不过最诡异的是，冷战期间最大的情报失误，乃是一件意义深远的事件，尽管它即将发生的迹象堆积如山，美苏两国的情报机构却都没有预见到，即冷战的结束。苏联解体是冷战结束的一部分，苏联情报机构拥有成千上万的特工，又是监控该国民意的内部安全机器，却对此毫无察觉。克格勃没有认识到，它如此努力支撑的制度正在从内部聚爆。中央情报局虽然有价值数十亿美元的间谍卫星，有成千上万的特工，触角遍及世界每个角落，也未能看到这种崩溃的迹象。

1991年，俄罗斯人民拆除了竖立在克格勃总部附近的卢比扬卡广场上的费利克斯·捷尔任斯基塑像，这实际上是他们对克格勃决定性的终审判决。不管中央情报局的价值如何，美国人民倒是没有把中央情报局总部前的内森·黑尔塑像拆掉。

尽管如此，中央情报局以及美国的其他情报机构，在美国公众心里并没有太好的名声。在一定程度上，公众对该局评价不高是源于美国人特有的倾向，他们把情报机构看成一种投资函数。很多美国人认为，在任何问题（教育、福利、环境）上，只要投入的钱足够多，就应该确保有好的结果，否则就是使用这些钱的人有问题。所以，把数以十亿计的税款投资到像中央情报局这样的机构里，应该生产出极有价值的情报。然而，事情并非如此。特别是在美国的政治背景下，情报工作是一个复杂的过程，从人性的脆弱到总统政治，所有影响因素都会在其中扮演重要的角色。

在伊拉克的灾难，是上述过程的最好例证。美国在伊拉克的情报失误，源于发生在 1991 年的一次早期失败，当时中央情报局和军事情报局发现，他们没有察觉伊拉克的原子弹项目，距离试验一枚实用弹头只有 18 个月。大约 12 年后，美国情报机构认为，侯赛因正在积极重建在"沙漠风暴"中被摧毁的原子弹项目，其主要原因就在于此。

政治也扮演了重要角色，乔治·布什总统最亲密的顾问们，以副总统迪克·切尼为首，都坚持认为伊拉克已经设法制造了大量大规模杀伤性武器。他们对此深信不疑，对中央情报局的审慎很不耐烦。切尼和国防部长唐纳德·拉姆斯菲尔德认为，中央情报局对反侯赛因的伊拉克流亡者关于大规模杀伤性武器的警报，持故意怀疑态度，所以他们建立了自己的情报小组。该小组告诉他们想听到的：伊拉克确实正在进行大规模杀伤性武器项目（结果证明这是错误的），侯赛因与"基地"组织是盟友（这又是错误的）。这些耸人听闻的情报，为美国先发制人、发动打击提供了充分的理由。

本杰明·迪斯雷利（Benjamin Disraeli）在另一语境中所说的，正好可以用在这里，他说："这比犯罪还要糟糕，这简直是一个愚蠢的错误。"

追寻钋：原子情报

1939年1月6日，在深奥的核物理学界发生了一件事，推动了科学史上最具戏剧性、最致命的发展，同时也在情报界点燃了一把火，其影响一直持续至今。

从表面上看，这件事稀松平常。两位杰出的德国化学家在德国著名的物理学杂志《自然科学》上发表了一篇论文。该杂志是全世界科学家们的必读刊物。论文内容是一次实验，两位化学家在实验中用中子轰击铀原子核，产生了神秘的结果。两位化学家对发生的事情不十分理解，而各地的物理学家们却都很清楚，德国人已经实现了核裂变。这一消息意义重大，因为原子核一旦分裂，会释放巨大的能量。一系列这样的反应，像链条一样依次发生，会产生前所未有的毁灭性力量。换言之，这可能就是终极武器。

熟悉科学杂志那种漫长出版周期的人，会觉得《自然科学》这篇论文发表的时间有点奇怪。实验的时间是1938年年底，两位科学家向杂志提交论文的时间是当年的12月22日，仅仅15天后，论文就发表了，这样匆忙发表论文是前所未有的事情。这怎么可能呢？因为一名间谍安排了这一切。这位间谍明白，纳粹迟早会认识到这个简单实验的真正意义，并着手将它转化为核武器项目。

匆忙发表两位化学家的论文，可以给世界敲响警钟：纳粹德国已经实现了核裂变，其余不必多言。这位间谍的名字是保罗·罗斯鲍德（Paul Rosbaud），他是施普林格出版社的科学顾问。该社出版一系列科学读物，其中包括《自然科学》。罗斯鲍德是一位反纳粹人士，几乎同德国的每一位杰出的科学家都是朋友。一年前，军情六处招募他为间谍，要其关注德国科学对希特勒的战争努力所做的贡献。他后来成了二战期间最重要的间谍之一，在接下来的7年，他向军情六处提供了能找到的纳粹德国每一项科学机密，特别是纳粹德国的原子弹项目。

罗斯鲍德为军情六处做的第一件大事，就是抢先纳粹一步，迅速公布了原子裂变实验。而在德国，对一切具有军事意义的科学，纳粹都会毫无例外地禁止公开谈论。他的行动引起一场制造原子弹的科学竞赛。与此同时，也引发了全世界情报机构争相寻找——并且在可能的时候窃取他们确信是"重大机密"的情报。

共有10多家情报机构展开了原子情报的工作，苏联情报机构投入的人力物力最多。内务部（克格勃的前身）和格鲁乌（军事情报机构）都把原子情报列入了他们最优先的项目。为了代号"巨大行动"（Operation Enormoz）的任务，两者都选派了顶尖特工。其中大多数被派往苏联情报的首要目标美国。苏联正确推测出，美国是最有可能发展出原子武器的国家。他们集中寻找以任何方式参与"曼哈顿计划"的共产党人，该计划是规模巨大的美国原子弹项目的代号。

"巨大行动"招募了一批线人，但讽刺的是，最有价值的线人居然是一位主动投靠者——克劳斯·福克斯。他是从德国移民英国的物理学家，恰好又是一名狂热的共产党人。英国早期发展原子弹项目的代号为"合金管计划"（Tube Alloys Project），福克斯于1941年加入该计划。不知何故，当时针对人员的安保审查，并没有发现他是共产党人。福克斯自告奋勇为格鲁乌服务，格鲁乌不但得知了英国这一计划的终极机密，还有意想不到的收获：英美两国的原子弹项目合并后，福克斯又被派去参加"曼哈顿计划"。福克斯把知道的关于美国原子弹项目的一切情报都泄露了，这些宝贵的情报，使苏联在发展自己的原子弹过程中，缩短了5至10年。

"巨大行动"是苏联情报机构最高的成就。这一行动的成功，反衬出美国的原子情报能力是何等糟糕。美国的原子情报分别由几个部门实施，几乎没有科学家参与。这几个部门得出的结论是，苏联还需要60年才能发展

第十二章 "鼹鼠"之战 489

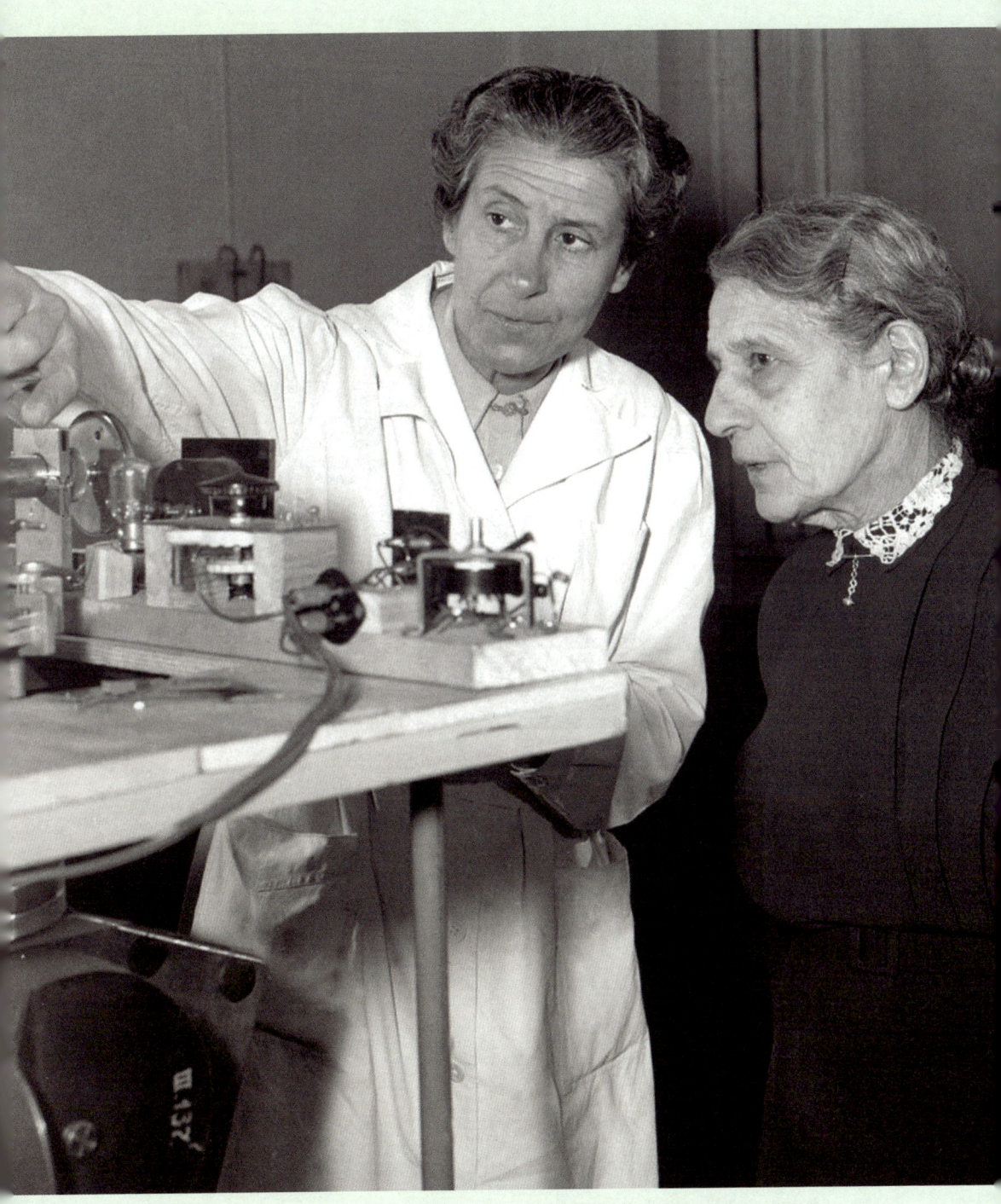

从德国移民的科学家莉泽·迈特纳（Lise Meitner，右）提醒科学界，德国发现了核裂变。

克劳斯·福克斯，渗透到英美两国原子弹项目中的德国物理学家，将两国项目的详细资料交给了苏联。

出核武器（其实苏联的核物理学相当先进），美国可以垄断铀资源（其实苏联有约8.4万吨铀储量），可以保持独有的"原子之谜"（核裂变已经不是秘密），以及纳粹很快可以造出原子弹（无视军情六处的相关情报：他们在1943年从罗斯鲍德那里获悉，德国制造原子弹失败了）。

鉴于上述严重的情报失误，中央情报局在1947年成立后，采取了完全不同的策略。这个新机构设立了科技处，专门从事科技情报事务，人员都受过高级训练，能读懂科学文献。其最优先的事务就是核武器——谁拥有核武器，在何处发展，其技术水平如何，以及其他许多关键的情报。为了得到这些情报，他们采用了最先进的情报硬件，包括专用的间谍卫星。此类卫星配备了专门设计的电子设备，用来侦察和测量核武器项目的蛛丝马迹。

不过，中央情报局在付出代价后认识到，技术无论如何先进，都有巨大的局限性。1973年，一架SR-71黑鸟间谍侦察机被派去核实关于以色列秘密核武器项目的传言，飞机从位于内盖夫沙漠的以色列主要核研究设施上空飞过，从8万英尺（约2.4万米）的高空拍摄了特别清晰的侦察照片，连停车场里汽车的车牌都很清楚。不过，它无法看到设施的地下深处。在那里，以色列人避开外人的眼睛，修建了全套核武器研制厂。直到1986年，一位心怀不满的以色列核技术人员公布相关情况之后，美国人才知道这个巨大的地下秘密。

从那以后，更多的问题出现了。小一些的核国家已经学会通过隐蔽（一

1945年7月16日，世界上第一颗原子弹在新墨西哥州爆炸。这本是一项绝密计划的辉煌时刻，可惜对苏联来说却毫无秘密可言。

般是在地下）自己的核武器发展项目，以及分散项目的其他组成部分，使之难以察觉，从而逃避侦察。国际上对核武器材料特别是浓缩铀的控制，已经证明没有效果，主要是因为情报机构已经发现，要追踪所有核武器材料，几乎不可能。

　　出现上述情报盲点的主要原因是，像在伊朗和朝鲜这样的世界角落，对那些做核决定的小而紧密的圈子，缺乏能够洞察的线人；或者换言之，世界迫切需要另一位保罗·罗斯鲍德。

第十三章
CHAPTER 13 反恐战争

上图：打火机的玄机：其中暗藏高像素微型照相机。

老人一身宽大飘逸的黑色长袍，正是尼扎里·伊斯马仪派（后称尼扎里派）信徒的打扮。大约是觉得自己还被怀疑能否言信行果，他决定直截了当挑明这一问题。他问法兰克骑士的首领香巴尼伯爵亨利，是否怀疑他的死士能够杀死想要除掉的当地阿拉伯酋长？

1197年冬季的一天，两人正站在尼扎里派的城堡前面。亨利没有马上回答。拉希德丁·锡南（Rashideddin Sinan）是尼扎里派的最高领袖，他已经觉察到，这个身材高大、披挂整齐的欧洲人对他确保暗杀绝对成功的说法将信将疑，对他所说的暗杀方式尤其不信。亨利这样略一踌躇，证实了拉希德丁的预感。拉希德丁承诺，暗杀会在下个星期五清真寺晚祷时分发生。他的手下会接近酋长，在数百名信众以及酋长的保镖眼前，一刀捅进酋长的心脏。刺客不打算逃跑，他将毫不犹豫地为行刺行为受死。

"恕我直言,"亨利说,"我确实不明白,真要把这事安排成保镖当场杀死刺客吗?要是他们打算抓住他呢……"

不等亨利把话说完,拉希德丁一听就明白了。"尼扎里派的人没有一个人会在酷刑之下屈服,不管是什么酷刑。告诉你吧,我的一位下属在杀死阿勒颇和摩苏尔的埃米尔波素奇之后被抓住,他们明确说,抓他的目的就是要折磨他。但他们肢解他的时候,他哼都没哼一声;把他的双眼用烧红的铁烫爆时,他也没有发出半点声音。不要怀疑我们对事业的忠诚,哪怕面对无法形容的痛楚和死亡。"

亨利似乎还没有被完全折服,于是拉希德丁安排了一场表演。他招呼站在城堡角楼上的一个人,向他打了一个向下的手势。角楼里的那个人没有一点迟疑,一跃而下,摔死在亨利脚下。还没等惊愕不已的亨利从这一场景带来的巨大震撼中恢复过来,拉希德丁又对站在另一个角楼里的人打了同样的手势。那人同样即刻跳楼摔死。

尼扎里派的忠诚,此时已表现得淋漓尽致。交易随即达成。拉希德丁的教派将杀死当地的阿拉伯头目,类似的谋杀还将进行多次,目的是扩大十字军对近东的控制,以换取十字军支持尼扎里派对其他阿拉伯派系的战争。几天之后,正如拉希德丁所言,在清真寺要开始祈祷时,他的一名信徒走向预定目标,将匕首刺进了目标的胸膛,当即毙命。信徒冷静地站在原处,手里握着血淋淋的凶器,等着酋长的保镖把自己剁碎。

在亨利和十字军士兵看来，"圣地"好像有数不清的阿拉伯派系在相互攻战，尼扎里派不过是其中之一。派系之多，足以令十字军糊涂，但重要的是至少有一派愿意支持他们。他们并未花太多时间去了解尼扎里派。这是最奇怪的一个派系，也是最可怕的。该派有数百名自杀死士，他们的疯狂使得十字军的宗教狂热情绪也相形见绌。没有一个十字军士兵，不管他对促使欧洲人来到中东的使命多么忠诚，会因为领袖有此指令就从高楼上一跃而下。也不会有一个十字军士兵会置必死无疑或残酷折磨于不顾，在众目睽睽之下实施一项行刺任务。

对十字军来说，将尼扎里派引为同盟，只不过是一桩基于利害关系的权宜之计。他们没有认识到，自己与之结盟的是人类冲突史上的一种全新的、可怕的力量。阿拉伯人称他们为"Ashishi"，欧洲语言中的刺客（Assassin）一词即由此而来。

632年，伊斯兰教发生重大分裂，分成逊尼派和什叶派，其影响一直持续至今。尼扎里派就产生于那次分裂之后。1088年前后，一位名叫哈桑·萨巴赫（Hasan Sabbah）的什叶派领袖，出于至今都不是很清楚的原因，脱离什叶派成立了自己的派系——尼扎里·伊斯马仪派。哈桑宣称他的组织才是伊斯兰唯一的"忠实信徒"，开始打击其他派系。然而，他没有采用已经在阿拉伯世界肆虐数百年之久的武装冲突，而是发起了一场完全不同的、前所未有的战争方式，不折不扣的恐怖行动。

哈桑开始招募志同道合的人组成核心团队。他们转移到阿拉姆特的一座偏僻的大山里（位于现在伊朗境内），在那里建起了一座自给自足的城市，四周修筑了城墙。哈桑的追随者们迁居到这个与世隔绝的小天地，创立了神权政体国家，以哈桑为最高精神领袖和军事统帅。他还在自己之下组建了由三个层级构成的体系。最高层是他的助手，称为"大传道师"，每位"大传道师"负责一个特定地区。接下来是"宣传师"，其职责包括招募新信徒。最低层就是这个运动的走卒，称为"义侠"。这些人是该运动的真正力量所在，因为正是他们通过行刺在整个伊斯兰世界造成了恐慌。

"义侠"的招募来源是那些年龄在12到20岁、表现出参加哈桑特殊训练课程所需的宗教激情的青年男子。这些人被分成小组，带到阿拉姆特哈桑总部所在的城堡。哈桑会在那里给他们上一堂高强度的宗教课，通常持续数小时之久，相当于鼓励他们完成其"神圣使命"的动员讲话。至于"神圣使命"到底是什么则语焉不详。讲话结束时，会给每人服下一剂饮品。此后他们就会沉睡，因为饮品中加入了大麻。

就在沉睡状态下，他们被抬进城堡的中心。这些新兵醒来时，会发现所在之地是美不胜收的馨香花园，其美丽程度足以令他们只能相信自己身处某种梦境之中。只见池塘星罗，花木繁盛。又有如云美女前来相伴，带他们去到桌旁，桌上尽是美酒佳肴，脂奶甘蜜。又带他们去软床上吃喝、歇息。一连多个小时，都是这样放纵口腹之欲，极尽云雨之欢。天将破晓时又是一轮美酒，这时的酒中放有大麻，会让他们重入梦乡。大梦醒来，不见美人香草，他们已被抬回城堡中原来的处所，再次看到哈桑。此时他说，他们刚才体验了极乐世界，在完成"神圣使命"之后，这个极乐世界就是对他们的奖赏。至于是何使命，还是含糊其词。

真正的训练就开始了。在此后的几个月里，新兵们每天要接受12小时的严格培训，既要灌输宗教教义，也要讲解谍报方法，还要传授杀人技艺。要通过培训，教会他们如何乔装打扮，如何混入敌人的城市，如何展开侦察以熟悉目标人物的习惯和行踪，如何伪装成其他教派的信徒；还要教会他们如何使用匕首，如何能够在瞬间大力刺入受害者的心脏。

在培训结束之时，新兵终于得知，哈桑最初所说的"神圣使命"，就是要暗杀他认定的"邪恶之徒"或"亵渎安拉的人"。他们还明白，自己相当于11世纪的人肉炸弹，因为培训他们只是为了一次任务，有去无回。他们需只用匕首完成暗杀（避免误伤无辜），行刺地点越是大庭广众越好，一般是清真寺。大功告成后，他们就死在保镖或死者暴怒的支持者手里。

万一被俘，他们就应当在折磨中死去，绝口不提阿拉姆特、哈桑、尼扎里派，或是拷打他们的人想知道的任何事情。不会有人前来营救他们。他们

在伊拉克，一次人肉炸弹引爆后的惨状。宗教狂热分子经常独自或以小团伙行动，甘愿为自己的信念赴死，他们所造成的生命和财产损失是情报机构难以提前发现和防范的。

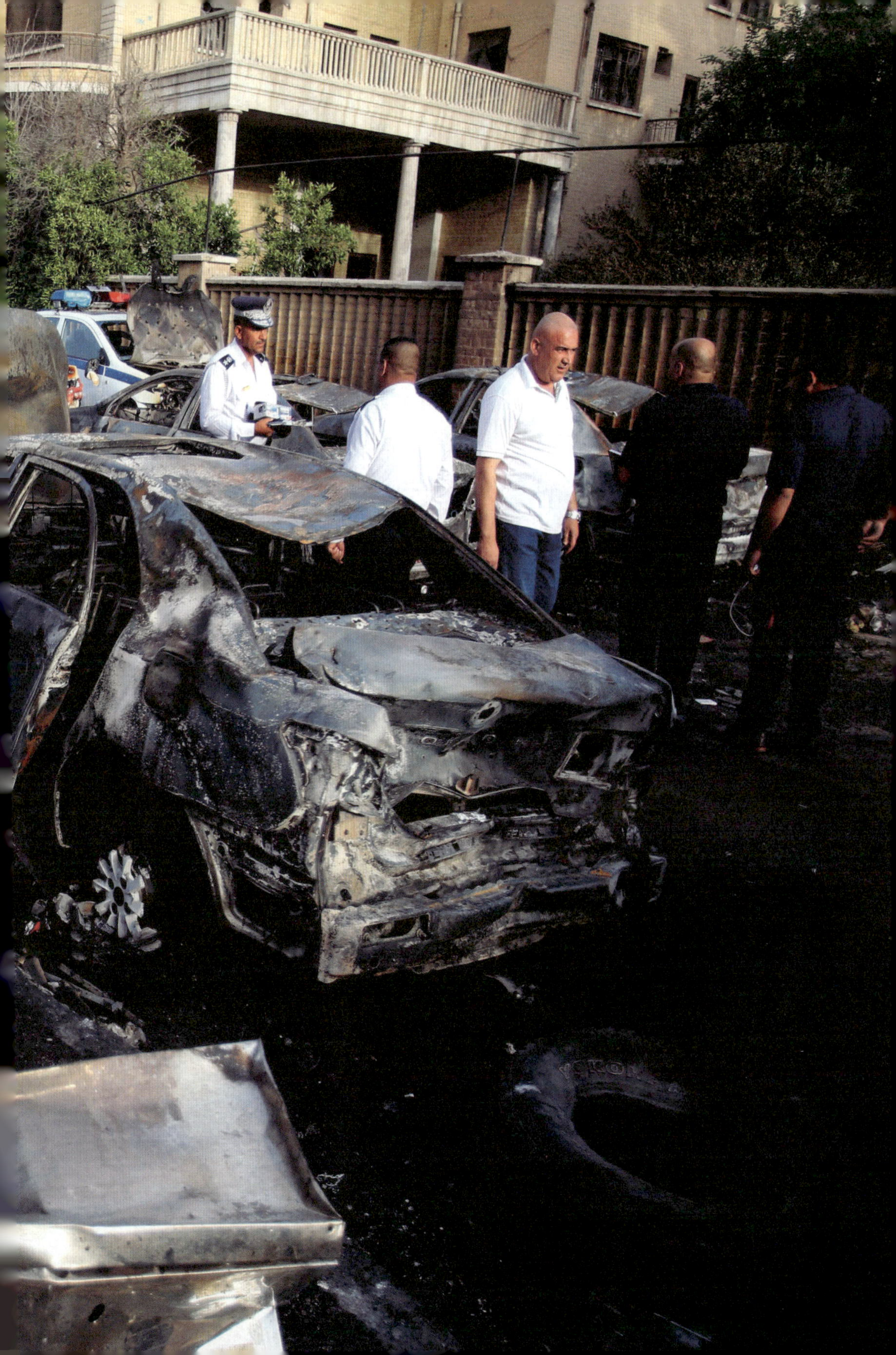

被告知，他们的死乃是殉教。得到的奖赏是在馨香花园的极乐世界里永恒的天界生活，在那里他们会得到安拉的眷顾，福寿无极，安逸奢华，有不尽的佳肴美酒，无数的如花美眷，以消永日。最为重要的是，他们的忠诚必须是绝对的、不假思索的，要心甘情愿服从哈桑的命令。在他们心目中，他就是上帝的使者。

1092年春，刺客们首次出击。塞尔柱苏丹国首相尼扎姆·穆勒克是阿拉伯世界最杰出的人物之一，一天早上他从自己的宫殿出来时遇刺身亡。刺客没有逃跑，被首相的保镖砍死。此后，发生了针对整个中东的君主、宗教领袖、将军和大臣一连串类似的暗杀行动，使阿拉伯世界陷入恐慌。连扩充保镖人数，在凶手攻击前严加缉拿等措施也无济于事。很快所有人都明白了，哈桑强烈谴责其他教派是异端邪说，是安拉的敌人，凡他指名道姓谴责过的人都被暗杀了，这两者之间必有关联。不过，谁都没有充分的证据。这倒并不奇怪，因为没有任何一个刺客透露过半点哈桑教派的事情。

哈桑在1124年死去，他的教派却在新人领导下继续壮大。更有甚者，到1140年，尼扎里派在叙利亚北部建立了一个事实上的独立国家，还有多个分支，分布于现在的伊朗和伊拉克各地。该派的培训规模也扩大了，培养出数以百计的自杀恐怖分子，一时似乎无人能够阻止他们。令局势雪上加霜的是，在十字军侵入"圣地"时，尼扎里派的新领袖拉希德丁从中看到了机会，可以让他在消灭竞争教派领袖的勾当中找到盟友。当然，一旦盟友失去价值，就要狠下重手，拉希德丁在这一点上从来不含糊。

按照与亨利达成的协议，拉希德丁的杀手们除掉了一批阿拉伯领袖。不过，十字军想要一个人的命，杀手们却未能成功，那就是萨拉丁——阿拉伯人富有魅力的领袖、十字军最危险的敌人。两次行刺萨拉丁的行动都功败垂成，其中一次造成了重伤。他以严谨的保安措施躲过了后续多次暗杀，包括睡觉时在衣服下面穿上甲胄，在只有狭窄楼梯可通的高塔里睡觉，安排卫兵把守楼梯。

1272年，刺客派的恐怖统治最后终结了。不是被他们在阿拉伯世界的敌人终结，而是因为有一个未知的危险悄然而至，那就是蒙古人。一支蒙古大军扫荡了阿拉姆特和刺客派的其他据点。极个别幸存者流落四方，尼扎里派从此一蹶不振。不过，这个组织的血腥行径余音不灭，居然在千载之下激起回响。新一代恐怖分子重拾尼扎里派的指导思想和行事技巧，引发了一场新的恐怖战争。可悲的是，由于各国情报机构集体无所作为，致使新一波恐怖浪潮更为血腥。

恐怖主义

刺客派被打垮后的数百年间，恐怖主义不再被用作战争手段和治国策略。主要是因为战争本身已经正规化，有详细的规则管制战争行为。1848年，革命在遭到当时的统治寡头长年压制之后横扫欧洲，使上述情况发生变化。革命催生了整整一代政治激进分子，他们得出结论，政治上的受压迫者要实现其渴望的全面变革，唯一的途径就是直接攻击并消灭那些寡头。正如他们主张的，无数人民被吃人的资本主义控制，与资本主义联系在一起的是统治寡头，他们无须对人民负责，而人民则无论如何都只有极少甚至是完全没有政治权力。

欧洲和亚洲大多由王朝统治，印度的统治者则是一个远在天边的女王。这些地方的人民要实现变革，反抗由大型军队和内部安全高压机构支撑的庞然大物，似乎没有任何希望。马克思和其他一些理论家拿出了自己对这一问题的答案，但在那些不受欢迎的激进派看来，这些答案是漫长的渐进式变革，不一定能奏效。激进分子提出，通过直接的暴力行动，使统治阶层的庞然大物从内部解体，才是当务之急。统治阶层一旦瓦解，人民就能够乘虚而入夺取权力。

德国激进分子卡尔·海茵岑（Karl Heinzen）总结了上述观点，对1848年的革命者未能表现出足够的决断和无情提出批评。他指出，革命者需要的，乃是压迫者和被压迫者之间的一种平衡器。他说，这一平衡器就是恐怖：使用现代技术创造出来的武器，特别是炸药，来制造恐怖。他颇有远见地预言，为了推翻压迫政权，恐怖分子有朝一日会使用火箭、毒气；更可怕的是还可能使用生物武器（用于食品投毒）。

无政府主义者是19世纪和20世纪早期主要的恐怖组织，海茵岑的理论成为他们的指导观念。无政府主义者的主要信条是，不彻底摧毁现存的政治和社会秩序，就不可能取得政治变革。但是，由于缺乏海茵岑提倡的那些武器，他们转而采用一种在自己能力范围内的方法：暗杀。

他们最喜欢的方法就是在统治者公开露面时将其杀死，认为这些暴力行动可动摇一个政府并加速其崩溃。于是，欧洲发生了一系列暗杀浪潮：法国总统玛利－弗朗索瓦·萨迪·卡诺（Marie-Francois Carnot，1894年遇害）、西班牙首相卡诺瓦斯·德

德国无政府主义者约翰尼·莫斯特（Johann Most）因煽动叛乱在英国受审。

第十三章　反恐战争

尔·卡斯蒂略（Antonio Cánovas del Castillo，1897年遇害）、奥地利伊丽莎白皇后（1898年遇害）、意大利国王亨伯特（Humbert，1900年遇害）、美国总统威廉·麦金莱（William McKinley，1901年遇害），以及葡萄牙国王卡洛斯及其王储（1908年遇害）。刺客们手持手枪或利刃，堪称那个时代的"人肉炸弹"，因为他们必须距离目标很近，根本没有逃脱的机会。

无论多么轰动，暗杀并没有取得无政府主义者追求的效果——导致现存政治结构解体。这一失败遭到一位无政府主义运动最突出人物约翰尼·莫斯特的严厉批评，这名德国激进分子或许可以被称作"现代恐怖主义之父"。据说，面目丑陋与心灵险恶结合于一体的典范当数他为最。

在儿童时代，莫斯特因下巴严重发炎经历了一次修复手术。手术失败，导致脸的下半部分变形，如同某种怪异的面具，他后来一直以浓密的胡须遮掩。他出生于一个赤贫的破碎家庭，稍大后在一家装订厂当学徒，每日在极为恶劣的条件下，工作12小时才能挣到几美分。因为相貌丑陋屡遭嘲笑，已经使莫斯特痛恨这个世界，工作的艰辛遭遇更令他怒不可遏，政治上也因而变得激进。他不满社会主义运动所倡导的渐进式改良，于是加入了无政府主义者的队伍。

莫斯特极具演说天赋，文笔激烈如火，很快就成为无政府主义运动中最令人瞩目也最受仰慕的人物之一。他在一系列演讲和文章中发泄了对现行政治制度的仇恨，表露出他的满腔怒火。"暴力万岁！"他在出生地德国的一份无政府主义报纸的一篇社论中大声疾呼，"让我们共同努力，争取有一天，对所有那些对人民被奴役、遭剥削、受苦受难负责的人，都将遭到袭击。"

莫斯特开始发展出一整套全新的恐怖理论，他将其概括为"行动宣传"。莫斯特指出，改良主义运动的基本想法是通过耐心、有组织的宣传工作，发动群众反抗压迫者。但是，被压迫的人民已经做好了革命准备，需要的只是小规模的忠诚奉献的激进分子群体去领导他们。这些激进分子要通过恐怖手段去领导，因为现存制度本质上是野蛮的，必须以野蛮的手段去摧毁。莫斯特称，只是把统治者杀死还不够，必须使用"炸药和毒药，烈火和利剑"，全方位向政权本身发起攻击。这样的"行动宣传"，旨在压迫者中制造混乱，鼓励人民夺取权力。莫斯特主张，媒体是恐怖宣传的一个重要部分。恐怖行动本身要越轰动越好，同时要展开尽可能广泛的宣传，以利于激起社会动荡。

莫斯特提倡使用的恐怖行动工具之一是信件炸弹或包裹炸弹，以便在被打开时发生爆炸。莫斯特指出，这种装置能够只花很低成本就引发最大的恐怖效果，整个邮政系统都将被彻底搅乱，因为当局不得不检查大量的信件和包裹，才能把带有爆炸物的包裹找出并拆除。更令人不寒而栗的是，莫斯特提倡无差别轰炸，目标是他称为"那一万人"的达官显贵和大亨。恐怖分子无须在意什么无辜的牺牲品之类的观念，因为只有最为轰动的手段才能成功地反抗严刑峻法、实力强大的敌人。最好的办法就是在有"那一万人"聚集的场合，例如大型集会、教堂仪式和社交活动中，引爆威力强劲的炸弹。如果在此过程中也杀死了许多无辜的人，那是为了更高尚的目标而付出的代价。

这种思想使莫斯特成为世界上最臭名昭著的无政府主义者。（他是约瑟夫·康拉德的经典小说《秘密特工》中无政府主义者"容特"的原型。）他创办的报纸《自由报》成为拥有最多读者的无政府主义出版物。对采用莫斯特鼓吹的手段进行的恐怖暴力行动，《自由报》总是连篇累牍地加以讴歌。莫斯特出版了一本影响最大的小册子，全面罗列了恐怖暴力的各种手段，书名叫《革命战争的科学：硝化甘油、炸药、火棉、雷酸汞盐、炸弹引信以及毒药等使用手册》。该手册于1885年出版，每册售价为10美分。多年之后，20世纪60年代，美国极左的反战学生运动在他们自己的恐怖手册《无政府主义的烹饪指南》(*The Anarchist Cookbook*) 中，借用了莫斯特的小册子大量内容。《无政府主义的烹饪指南》售出近百万册。

莫斯特的小册子是在他1882年移民美国后出版的。因为鼓吹暴力，他先后被德国和英国短期监禁。但在美国宪法第一修正案的保护下，他那本

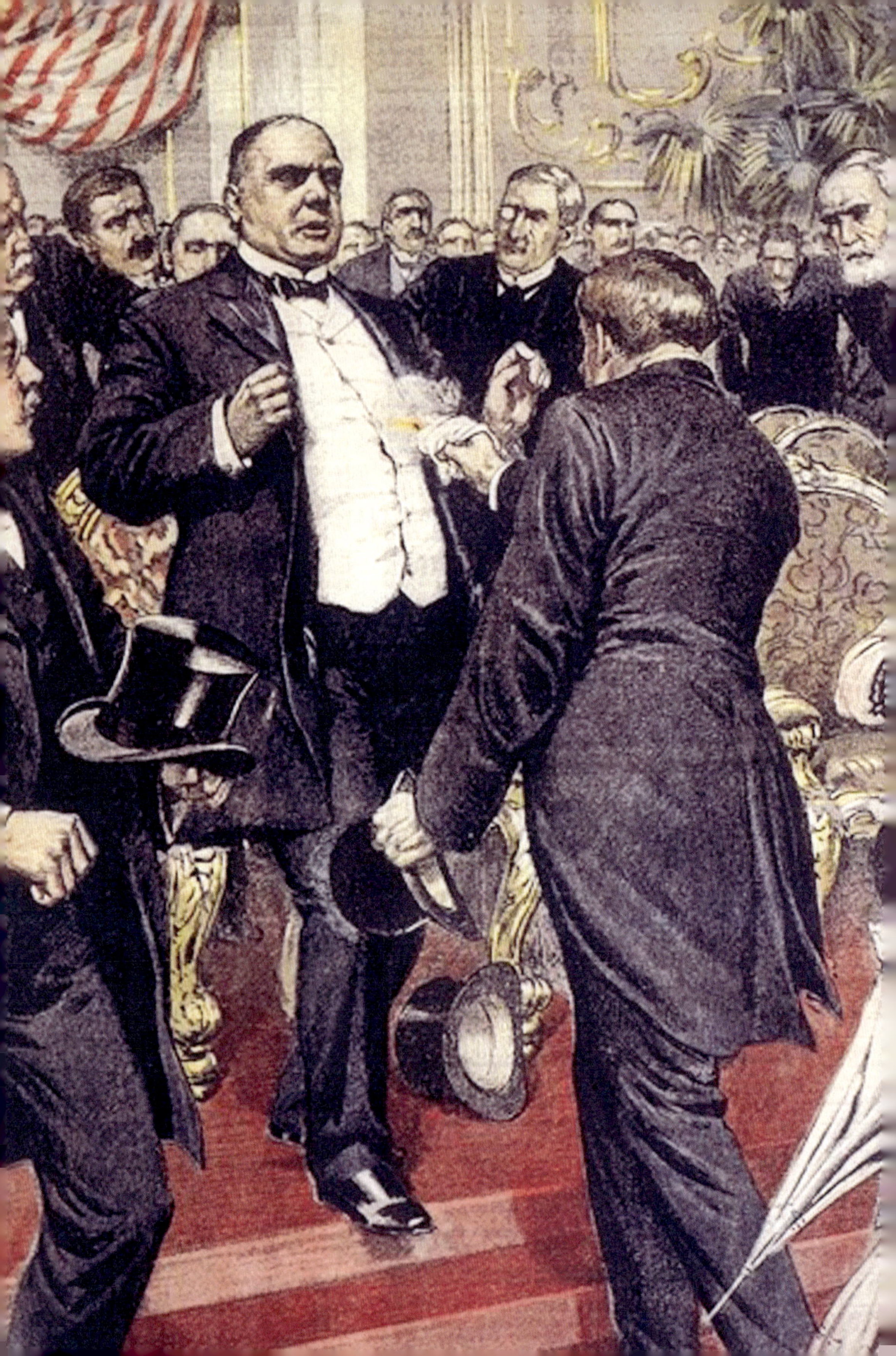

煽动性的小册子被视为言论自由，他得以继续办他那份同样具有煽动性的《自由报》。虽然当时的漫画家们讽刺他为典型的无政府主义者，一个浓须大眼的形象，一手拿炸弹，一手持利刃，但政府没有为难过他，因为他从未干过任何公然违法的事情。

1886 年 5 月 3 日，这种情况发生了急剧变化。那天，8 万人在芝加哥草市广场集会，抗议警察在两天前杀害了两名罢工的工人。虽然由芝加哥的无政府主义者组织，但抗议开始时是和平的，直到一支 200 人的警察队伍跑来要求抗议人群解散。就在此时，有人向警察队伍扔了颗炸弹，炸死 7 名警察，炸伤 70 名。警察向人群开火，打死 7 名抗议者，打伤 60 人。虽然从未确切证实投弹者是谁，但最终有 8 名芝加哥最知名的无政府主义者被起诉，其中 4 人被绞死，1 人在狱中自杀，其余 3 人被判处了很长刑期。莫斯特的小册子被认为是挑动无政府主义攻击的因素之一，他因此发现原来美国对言论自由的容忍突然有了限度。"草市事件"之后，莫斯特因为在《自由报》上发表称颂无政府主义者杀死警察的文章，终于锒铛入狱，罪名是"破坏和平"。

各州对"草市事件"反应强烈，都匆匆通过新的法案，限制工会和言论自由。这充分证明莫斯特极为严重地误读了美国民众心理。公众把无政府主

1901 年，美国总统威廉姆·麦金莱在布法罗展览会期间被一名无政府主义者暗杀。

义者的理想与暴力联系在一起，他们认为莫斯特是杀人放火的疯子，难以与其产生任何共鸣。美国人对两个方向的极端都不喜欢，这是美国政治的一条根本真理，莫斯特作为欧洲人完全没有领悟其中真谛。

美国的大多数无政府主义者都出生于欧洲，他们同莫斯特一样，都误读了美国政治文化。他们坚持所谓"行动宣传"，例如暗杀麦金莱总统，炸弹袭击华尔街，炸毁报社，结果只能是激起公愤，为政府通过严刑峻法彻底摧毁无政府主义运动提供法律依据。以在联邦各州最为倾向自由的纽约州为例，该州通过了《动乱法》，明确声明任何支持无政府主义的议论和行为非法。到1914年，无政府主义在政治运动中的影响力已经在美国消亡。

吸取教训

虽然美国无政府主义者没有领会到错误理解政治局势的严重性，但在塞尔维亚却有一些人理解了这一点。这种理解把他们引向了一个关键结论。恐怖手段是秘密政治战中的重要武器，但不能任由没有组织的无政府主义者或者任何类似的人去乱用；必须把恐怖手段置于情报机构的控制之下，由情报机构运用恐怖手段作为不均衡斗争中的均衡器。对这些人而言，不均衡斗争的典型例子是小小的塞尔维亚对抗强大的奥匈帝国。由此产生了一种世界历史上全新的可怕事物——国家支持的恐怖主义。塞尔维亚人完全没有料到，这将引发一场世界大战。

1911年5月9日，一小群塞尔维亚大臣和军官在贝尔格莱德秘密开会，成立了名为"不统一毋宁死"（Ujedinfenje ili Smrt）的恐怖组织（更为人所知的名称是"黑手社"，得名于这一组织在波斯尼亚一些墙上所画的标志）。目的在于要给奥匈帝国造成尽可能大的损害，后者几个月前吞并了相邻的巴尔干省份波斯尼亚和黑塞哥维那，激怒了寻求独立的波斯尼亚民族主义者。

这次会议计划招募最激进的波斯尼亚民族主义者组成恐怖组织，发起一场地下战争反抗奥匈帝国的占领。方法包括宣传、谋杀与奥匈帝国合作的波斯尼亚人、破坏占领者的政权、暗杀奥匈帝国官员。

负责这一地下组织的人是德拉古廷·迪米特里耶维奇（Dragutin Dimitrijevic）上校，他是塞尔维亚军总参谋部的情报主管。迪米特里耶维奇是一名忠诚的塞尔维亚民族主义者，痛恨奥地利人。在1912年到1913年巴尔干战争期间，他组织恐怖团队对抗土耳其人，积累了隐蔽战争的经验。这段经历告诉他，由情报机构暗中指导和支持的恐怖主义，是对抗资源远占优势的敌人的宝贵武器，只是必须满足一定的条件。这些条件包括：避免伤害无辜平民，决不能实施损害公众支持的恐怖行动，要小心隐藏恐怖主义与官方支持者之间的任何联系。

从本质上说，"不统一毋宁死"组织促成了塞尔维亚对奥匈帝国的一场不宣而战的战争。一连串破坏行动、枪击事件和全面动乱把波斯尼亚带到了崩溃的边缘，奥地利人怀疑有人确实在与他们开战，而最有嫌疑的就是塞尔维亚。奥地利人愈加愤怒，一次又一次提出外交抗议，塞尔维亚人都断然否认，一口咬定波斯尼亚的恐怖主义行动都是当地的民族主义者所为，是对奥地利人残暴占领的反应。塞尔维亚人所说的至少有一部分是真的。为了应对一种内部的安全威胁，奥地利人采用了更加高压的手段，但这只会激起公众更加支持反抗人士。这是占领者政权经常会犯的典型错误。

到1914年，波斯尼亚和黑塞哥维那处于动荡状态。为了结束骚动，奥地利人决定采取一项戏剧性的行动。奥匈帝国的皇位继承人斐迪南大公，将在暮春的某个时候被派往这个动荡不安的地区，进行一次国事访问。他将向波斯尼亚人许诺，将采用一种和解与改革的"新政策"结束动乱。斐迪南以倾向自由著称，反对奥地利严酷的占领政策，他可以成为"新政策"的象征。他的出现也是对塞尔维亚一个含蓄的警告，表明奥匈帝国将不惜采用任何手段，维持对波斯尼亚和黑塞哥维那的控制。

迪米特里耶维奇构思了一个应对计划，反映出这一隐蔽战争陡然升

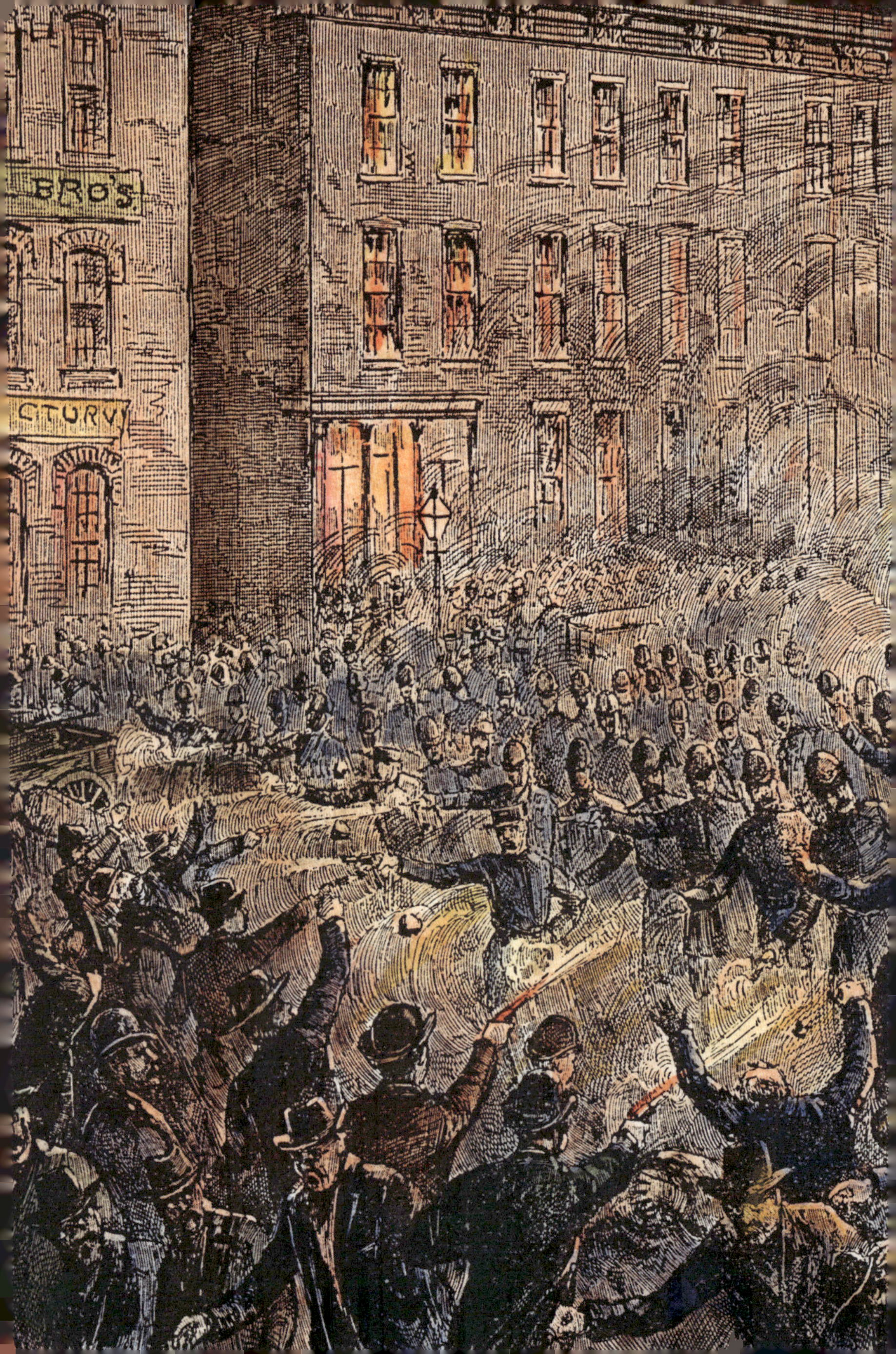
BRO'S
CTURY

1886年，芝加哥草市广场骚乱。起因是一颗炸弹炸死了7名警察，于是警察报复，枪杀了7名抗议者。

级：暗杀斐迪南。迪米特里耶维奇认为，这一戏剧性的行动将迫使奥地利人将其在波斯尼亚实施的高压行动进一步升级，从而引发全面的起义。有很多波斯尼亚人生活在塞尔维亚首都，于是他派出自己最优秀的特工，潜伏在贝尔格莱德热闹的咖啡店里，寻找愿意加盟的波斯尼亚人。他找到了三名年轻的高中学生：加夫里若·普林西普（Gavrilo Princip）、内德利克·查布里诺维奇（Nedjilko Cabrinovic）、特里夫科·格拉贝日（Trifko Grabez）。他们都具有这一行动所需的狂热情绪，甘愿为这一行动送命。如果被捕，他们会吞下氰化物胶囊，以防被审讯。他们为事业不惜一死的原因之一是三人都患上了肺结核，这在当时是不治之症。他们被告知，塞尔维亚会否认了解他们的任何情况，官方会称他们都是自行决定行刺的狂热分子；如果他们被捕，没有人会设法营救他们。

三人被带到塞尔维亚境内一处由塞尔维亚军队管理的秘密训练基地，在那里学习了投掷炸弹和使用手枪的技巧。6月初，他们通过迪米特里耶维奇建立的交通线偷渡进入波

1934年，南斯拉夫国王亚历山大访问法国期间，在马赛被一名克罗地亚恐怖分子暗杀。刺客被警察当场打死。

第十三章　反恐战争　513

斯尼亚。他们伪装成当地学生，在萨拉热窝安顿，等待着猎物出现。

行刺计划很简单。报纸已经公开报道，斐迪南及妻子苏菲将于6月28日抵达萨拉热窝。他们将立即乘坐敞篷车前去视察军队在城郊的演习，估计到达时会有大批热烈欢迎的市民，瞻仰大公夫妇的风采。车队要经过与米利亚茨卡河平行的阿佩尔码头大街。暗杀成员分布在沿线的各个点上，每人都携带一颗炸弹、一把手枪。当斐迪南车辆出现时，离他最近的人就投掷炸弹。如果炸弹没有成功，他就用手枪射击斐迪南，然后自杀。

上午10时刚过，斐迪南的敞篷车慢慢驶向阿佩尔码头大街。汽车靠近查布里诺维奇时，他从上衣里掏出一枚炸弹扔了出去。就在最后一刹那，斐迪南看到了向他飞来的炸弹。他用手臂将它挡了出去，炸弹在街上爆炸，有十来名围观者受伤。查布里诺维奇马上吞下氰化物胶囊并跳入河中。他发现跳进去的地方，河水只有1英尺（约0.3米）深。更糟糕的是氰化物胶囊显然药力不足，因为吞下去后引起他一阵反胃呕吐，而就在此时他被众人抓住了。

这时，斐迪南的车加速开过了格拉贝日埋伏的地点，不知为何，他没有任何举动。斐迪南的车继续开到市政厅，在那里举行了欢迎仪式，就像什么都没有发生过一样。斐迪南的工作人员请求他取消当天余下的行程，但他坚持进行下一项活动，去一家博物馆参观。他和苏菲再次坐上汽车，打算再开回阿佩尔码头大街。然而，命运发生了奇怪的转折。斐迪南的司机错误地把车开进了弗朗兹·约瑟夫大街（Franz Josef Street）。他突然意识到走错了路，于是猛踩一脚刹车，准备倒车。这一下把车停在了一个食品店正前方，不早不迟就在这一刻，普林西普刚好在这家店里吃三明治。

普林西普先前看到了查布里诺维奇的炸弹，认为暗杀已经失败，于是走去食品店吃东西，心里盘算着下一步计划。现在，他简直不敢相信自己的运气：暗杀目标就坐在一辆离他只有几步远的车里。他从口袋掏出手枪，跨前一步，向车里开了两枪。一枪击中了斐迪南的脖子，一枪打进了苏菲的腹部。普林西普调转枪口对准自己，还没能扣动扳机，就被一大群人制服了。

大公夫妇被紧急送往医院，但在途中失血而死。

普林西普和查布里诺维奇信守诺言，入狱后坚称暗杀完全是他们自己的主意，历经一连串马拉松式的审讯后仍不改口。他们也不承认有第三个同谋，也就是在边境上就被当成"嫌疑人物"拘留过的格拉贝日。不过这一切都无关紧要，奥匈帝国急于同塞尔维亚一决高下，认定可以用斐迪南被谋杀一事作为摊牌的理由。奥地利人选择了一条强硬的路线，虽然没有证据，他们还是直截了当地指责暗杀是塞尔维亚策划的。他们要求塞尔维亚人交出迪米特里耶维奇和其他一些塞尔维亚军官，指控他们是阴谋暗杀大公的"教唆犯"，而且还是"不统一毋宁死"恐怖组织背后的"操纵者"。奥地利人的最后通牒点燃了欧洲国家间微妙的结盟关系这一火药桶，就在斐迪南死后几个星期，欧洲历史上最可怕的战争爆发了。这场熊熊大火将奥匈帝国和塞尔维亚王国都烧成了灰烬。

萨拉热窝的两次枪击引发了一场巨大的灾难，这不仅是由国家支持的恐怖主义的失败，它也是一次更大的情报失误。最重要的是，塞尔维亚人根本不屑于了解奥匈帝国对皇位继承人遇刺会做何反应，这与谋杀波斯尼亚的合作者和占领省份的当地官员相比，事态明显升级了。至于奥地利人，他们完全没有认识到，在 6 月 28 日把大公派赴波斯尼亚，是对塞尔维亚人的巨大侮辱，势必加剧原本十分动荡的局势。塞尔维亚人称这一天为"维多万"（Vidounan），在 1389 年这一天，旧塞尔维亚王国被土耳其人征服。塞尔维亚人视其为庄严的国耻纪念日。

奥地利人的另一个情报失误就是大公访问的安保措施。奥地利情报机构曾事先发现一些模糊的迹象，表明可能存在一个在大公访问期间将其谋杀的阴谋，但迹象不够具体，并没有引起大公的重视。很多人都知道，斐迪南向来对安保之事大大咧咧，对自己的安全满不在乎。有了这种无所谓的态度，奥地利情报机构对所有提到可能有暗杀图谋的情报都一笑置之，并没有采取任何措施。1914 年 6 月 28 日，整个萨拉热窝城只有区区 120 名警察执勤，任何一名警察都没有接到过要注意防范暗杀图谋的指示。

加夫里若·普林西普因于 1914 年谋杀斐迪南大公被判有罪。此次事件引发了第一次世界大战。他虽逃脱了死刑，但被判处长期监禁。

对那些直接牵涉暗杀行动的人，历史让其付出了极端的代价。因为奥地利法律禁止处死任何未满 20 岁的人，三名刺客都躲过了死刑，但被处长期监禁。欧洲突然陷入战争之后，他们的名字和所作所为都被遗忘了。几年后他们全都因为肺结核而病死狱中，几乎没有人留意。塞尔维亚情报头目迪米特里耶维奇上校启动了暗杀计划，他被普遍认为应该对这场摧毁塞尔维亚王国的灾难性战争负有最大责任。作为完美的替罪羊，他于 1917 年被捕并枪决，理由是阴谋反对国家之类含糊其词的指控。与他派往萨拉热窝的三名刺客一样，他的结局也没有引起关注，因为有重要得多的大事，这个世界根本无法分神。

不管塞尔维亚的国家恐怖主义对世界历史产生了何种意想不到的影响，它证明了这一概念的有效性。这个结论在中东深深地扎下了根，并将在世界这一片地方造成大浩劫。

孤注一掷

1942 年春，一些埃及军官在开罗一个房间秘密会晤，讨论令人无法想象的事情：英国在中东的失利；埃及的自由独立；埃及控制苏伊士运河；阿拉伯民族主义者在整个地区取得胜利，让阿拉伯重现 14 世纪的辉煌……西边几百公里之外的酣战，激发了这些宏伟的目标。德国埃尔温·隆美尔将军率领的非洲军团，取得了对英军令人瞩目的大捷。隆美尔的部队已经越过埃及边境，全开罗的埃及人都悄悄准备了纳粹旗，打算在德国人胜利那天挂出来。

然而，隆美尔横扫埃及并占领苏伊士运河的宏伟计划没有实现，因为他的部队在阿拉曼的一个小铁路交叉口被英国人打败。随着隆美尔的失败，埃及又回到原状：一个以英国为宗主国的半独立王国，由脑满肠肥、骄奢淫逸的君主法鲁克国王统治。苏伊士运河纵贯埃及，就像是这个国家的一条巨大的伤口，运河向过往船只收费得到的收入，只有极少数流进埃及穷人手中。但是，上述战事种下了一粒种子：强大的英国不是不可战胜的，埃及确有机会摆脱英国。

但如何摆脱这种桎梏呢？1942 年开会的 10 名埃及军官认识到，同英军开战是鲁莽行为。英国在埃及驻有重兵，有绝对的制空权和制海权，在埃及各地有十几个大型军事基地。当时，埃及军队只不过是充当英军附庸，无力挑战依然处于世界主要军事大国之列的英国。此外，为了保住在战略上极为重要的苏伊士运河的控制权，英国人无所不用其极，埃及人对此有切肤之痛。

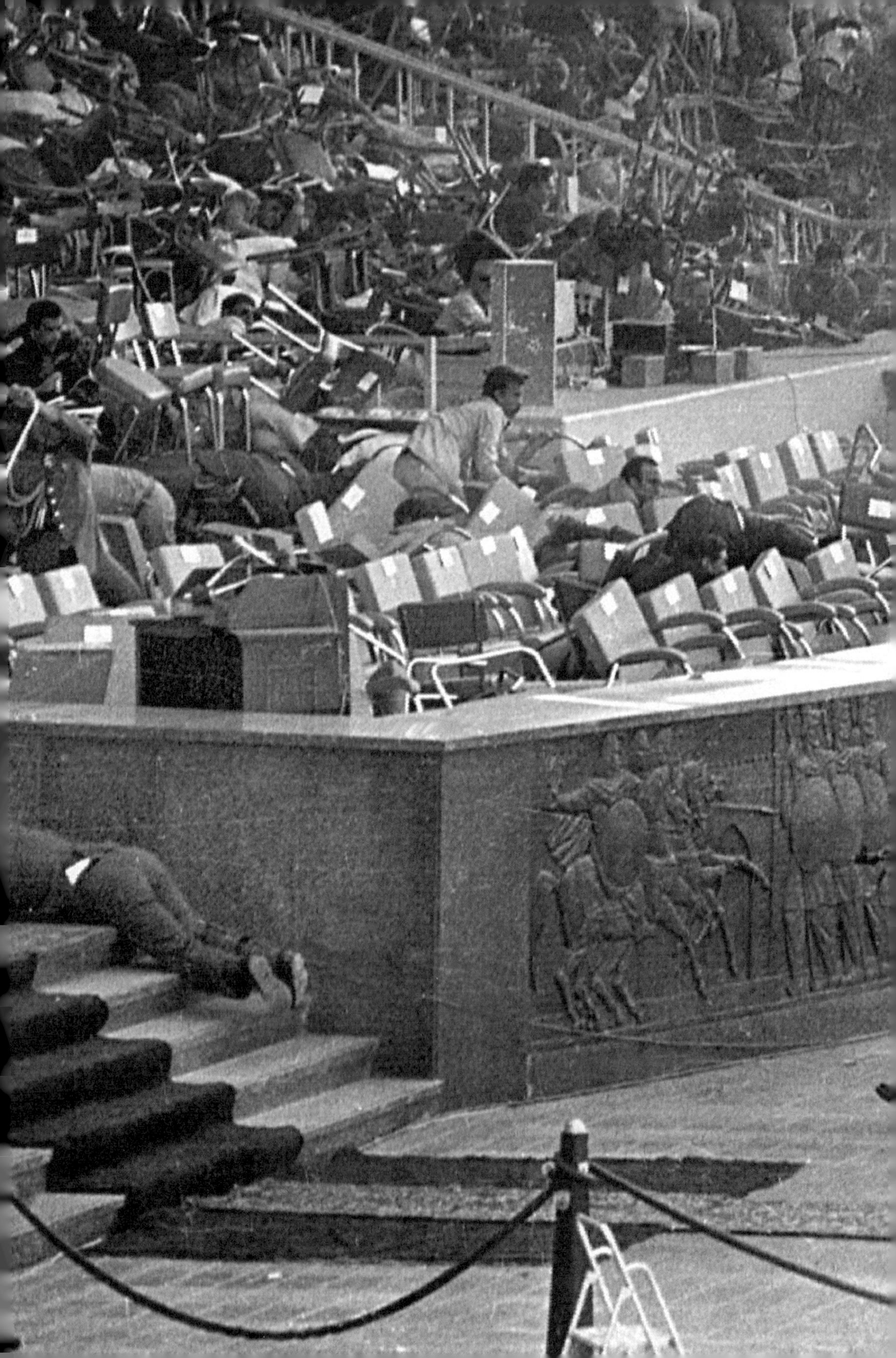

1981年，埃及总统安瓦尔·萨达特在阅兵时遭到宗教极端主义分子行刺。

与会的埃及军官把此运动组织取名为"自由军官"（Free Officers），其领导人是贾迈勒·阿卜杜勒·纳赛尔（Gamal Abdel Nassser）上校，他为人机智，极富感染力，其主要干将安瓦尔·萨达特（Anwar Sadat）是一名英姿勃勃的军官。"自由军官"组织认为，埃及通往彻底独立的最佳途径是隐蔽战争，动摇、推翻埃及的君主制政权。埃及的宗教激进主义者痛恨法鲁克国王及其腐败的政府，认为他们"渎神"。宗教激进主义者想在埃及建立伊斯兰神权国家，纳赛尔不赞同他们的目标，但他觉得不妨利用这些宗教极端分子作为盟友，当然只是权宜之计。

极端分子组成了"穆斯林兄弟会"（简称穆兄会）的松散联盟，他们对纳赛尔在1952年取得成功起了重要作用。为了取胜，纳赛尔用尽了隐蔽战争的所有工具：罢工、暴动、选择性暗杀、扰乱政府，还有恐怖行动。但是，穆兄会要是以为由纳赛尔领导的新埃及能使他们离自己的梦想近了一点的话，那他们就要失望了。纳赛尔是一个世俗的阿拉伯人，对穆兄会开一些空头支票，只是因为当时宗教激进主义有助于他推翻现存制度。现在穆兄会已经没有用处，他对这一团体的目标也就失去了兴趣。他不让穆兄会在政府中扮演任何角色，这令后者怒不可遏。他们出手还击，企图暗杀纳赛尔。暗杀行动失败，引发了一场对这个政教合一组织的镇压。纳赛尔现在认为，该组织已经对他的统治构成了威胁。数以千计的穆兄会成员被投进监狱，在狱中遭到纳赛尔的秘密警察残酷折磨。那些侥幸逃脱镇压的人逃亡到其他阿拉伯国家，又在当地建立新的穆兄会组织。

穆兄会由此产生了分裂。其中一派因在纳赛尔那里的惨痛经历而变得极端，并且落入了狂热分子的手中。这些狂热分子坚信，必须发起一场不折不扣的"圣战"，消灭一切他们认为对其"纯洁的"目标构成障碍的人和事，例如西方的影响，纳赛尔之流的世俗阿拉伯人，以及相信伊斯兰世界可以与非伊斯兰世界共存的"妥协分子"。他们把穆兄会的另一派视为"妥协分子"，后者相对温和，对纳赛尔的继任者安瓦尔·萨达特的和平姿态有所回应。温和派与政府达成了某种默契：穆兄会可以在埃及活动，享有一切权利，包括可以控制宗教学校，但条件是穆兄会不在埃及政治中扮演任何角色。但在激进派看来，这样的妥协简直是奇耻大辱。他们通过1981年对萨达特的行刺，强烈表达了自己的不满。

激进派此时已经成为极端阵线中最具影响力的组织，其核心是那些在埃及受过牢狱之灾后幸存的穆兄会成员，残酷的折磨把他们磨炼成决心把自身意志强加于他人的激进分子。其中一位名叫阿卜杜勒·拉赫曼教长（Sheik Rahman），他策划了1993年世贸中心爆炸行动。另一位是艾曼·扎瓦希里（Ayman al-Zawahari），他后来成为仅次于奥萨马·本·拉登的二号人物。他们的全部心思都集中于彻底摧毁在他们看来妨害伊斯兰纯洁性的事物：西方国家的影响，尤其是西方文化；巴勒斯坦的"犹太复国主义入侵者"；侵蚀伊斯兰教的现代主义思潮；阿拉伯国家中安于受西方金钱诱惑的腐化统治者。

如何才能彻底摧毁上述事物呢？答案就是恐怖活动，就是以小敌大的传统武器。宗教激进分子转向历史，从中寻找他们可以模仿的恐怖战争，特别是那些在只有极小成功机会情况下，实现政治变革的恐怖行动。这类的例子有不少。其一是日本的黑龙会，这是一个极右组织，在二战前的数十年间通过暗杀恐吓日本政客中的温和派，为军国主义者接掌政权铺平了道路。另一个例子是克罗地亚分裂主义组织，该组织发起了针对南斯拉夫长达70年的恐怖战争，包括在1934年暗杀亚历山大国王。讽刺的是，最有借鉴意义的例子是美国和以色列开展的恐怖行动，这两个国家是宗教激进分子的死敌。

全球性事件

1865年春，在美国南方邦联垮台后，6个邦联军士兵回到了他们在田纳西州的家中。按照要求，他们必须做的第一件事情就是宣誓效忠美国，大多数南方人都认为这样做是为了恶心他们。他们的世界被打了个底朝天，接下

现在，美国的三K党规模缩小，但其在历史上的"成功"表明：一不小心，恐怖主义就会死灰复燃。

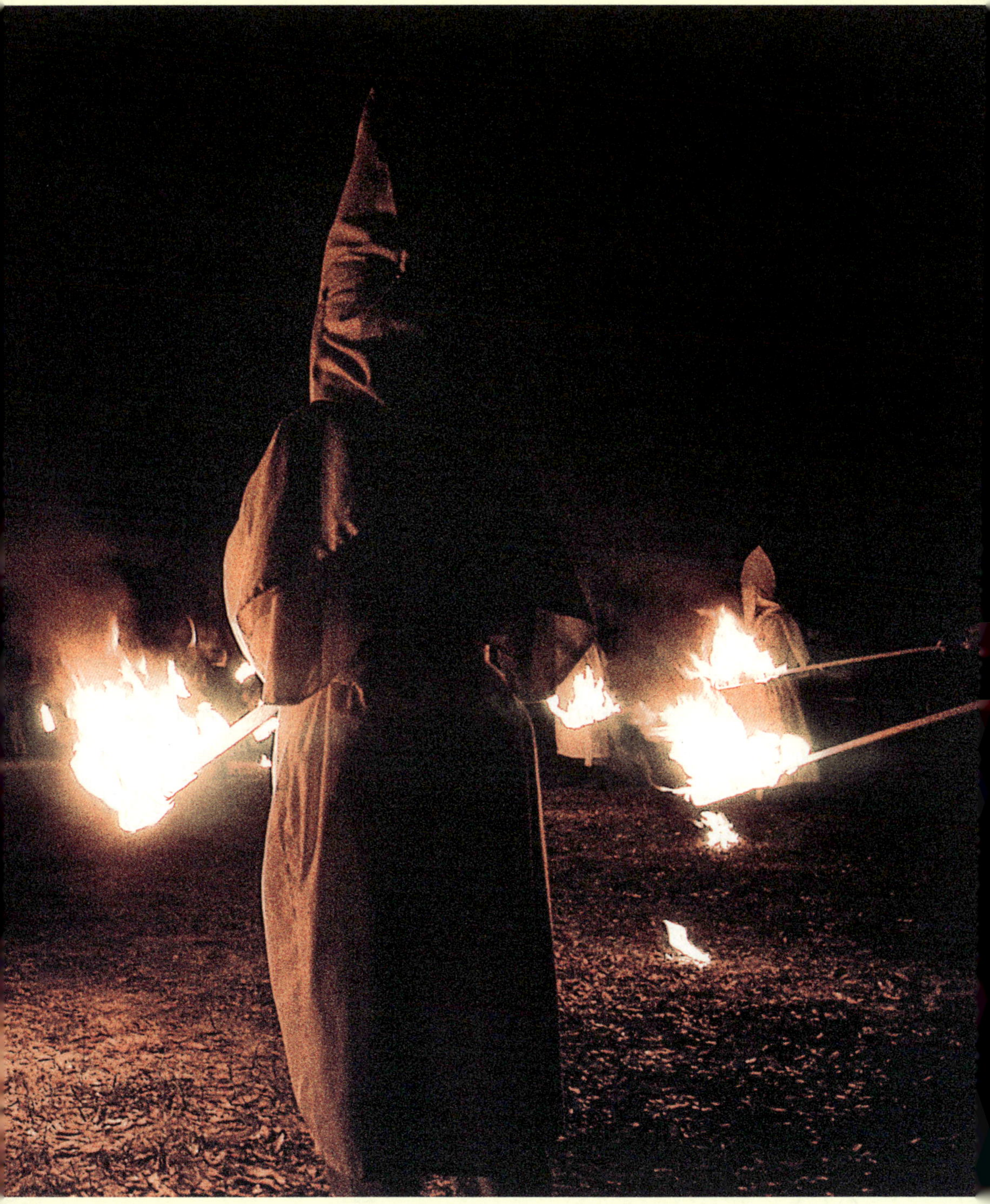

来还有更多令他们震惊的事情：在乡村巡逻的联邦部队强制推行重建计划；刚刚解放的黑奴居然登记投票；种植园被划分成小块分给以前的奴隶；州政府掌权的官员都是"外来户"（在南方被占各州政府任职的北方人）、黑人和"地痞"（投靠北方的南方人）。

看到这一切，这6名南方士兵深感厌恶。某天晚上他们聚在一起，成立了"三K党"（Ku Klux Klan）。这是美国的第一个恐怖组织，它奉行简单的信条：通过恐怖活动摧毁重建计划。最初的恐怖活动是头戴面粉袋制成的罩子遮脸，骑马骚扰黑人，他们称之为"夜骑"行动。接下来就是直截了当的暴力。他们冲散黑人的集会，焚烧学校和教堂，杀害当地的司法行政官和联邦支持者。到1867年，三K党从初期的6名创始成员发展到了数百人，他们依托分布在全田纳西州各地的"巢穴"开展活动。同年4月，三K党所有分支在纳什维尔秘密集会，推选前邦联骑兵将军纳坦·贝德福德·弗雷斯特（Nathan Bedford Forrest，此人在内战前靠买卖奴隶致富）为统一的三K党最高领袖，准备在南方各州建立分支。组织扩大后的三K党聚焦于1868年的美国大选。

这次选举对三K党极为重要，因为被解放后的奴隶将第一次在各州和全美的选举中投票。三K党的目标是恐吓黑人和"地痞"不要投票，以便于当地南方人当选，以通过阻挠重建计划的地方法律。在南方各地爆发了大量恐怖活动，对黑人、"地痞"、联邦支持者以及那些正在试图执行《第十四号修正案》的势单力薄的联邦士兵来说，三K党搞得他们苦不堪言。这次恐怖战役取得了成功。虽然南方人鄙视的人尤里西斯·格兰特当选总统，但三K党成功把超过10万名新登记的黑人选民从选举中撵走。三K党的支持者赢得南方各州中几乎全部的州级及以下各级的职位。这些人立即起草各种实质上否认黑人公民权的法律。后来花了86年时间，再加上马丁·路德·金领导的一场群众运动，才最终废除了这些法律。

进入20世纪后，三K党分裂成不同派别，在强大的联邦打压下最终垮台了。

在1948年之前，巴勒斯坦发生的事情，也带来了同样的教训。所有犹太复国主义者都有一个共同的梦想：在巴勒斯坦建立犹太人自己的国家。但激进派系坚决主张，复国运动能够实现梦想的唯一道路就是武力。英国政府以其中东外交政策的总体目标为由，禁止犹太人移居巴勒斯坦。与其他犹太复国主义者一样，激进分子对此非常不满。激进分子认为，只要英国人更加关心的是与阿拉伯人的关系（其实是阿拉伯石油），就不能指望他们会准许犹太人向巴勒斯坦移民，更不用说建立犹太国家。

不过，用武力将英国人赶走，这个目标远远超过了犹太复国主义者控制的那些散兵游勇的能力。英国在巴勒斯坦的占领具有一个关键弱点，那就是由于英国的民主体制，此举必须任由舆论评说。一旦英国人民得出维持占领的代价将得不偿失的结论，占领就必须结束。激进分子由此推论，解决的办法就是提高占领的代价，直至占领者无法承受。要价的方式就是恐怖行动。

他们的恐怖行动主要由两个组织严密的恐怖团体实施。大的一个是由梅纳赫姆·贝京（Menachem Begin，后来曾任以色列总理）领导的伊尔贡军事组织，这是一个暴力的极端分子团体，其成员主要是巴勒斯坦的犹太定居者同阿拉伯人长期地下斗争的老兵。另一团体是斯特恩帮，成员也是地下斗争老兵，领导人之一是伊扎克·沙米尔（Yitzhak Shamir，后也曾任以色列总理）。

这两个团体中都有一些成员是欧洲犹太人长期地下斗争的老兵，其中有些人还曾经是欧洲犹太人最激进团体纳卡姆（Nakam）的成员。二战后，纳卡姆一度试图杀死盟军监狱中关押的大量纳粹党卫军成员，为欧洲600万犹太人之死复仇。在一次行动中，纳卡姆特工在几千名党卫军俘虏的面包里投毒，造成数十人死亡。在另一次未能成功的行动中，他们试图在纽伦堡市供水系统里投毒，旨在把纽伦堡审判中的所有战犯都毒死。还有一次行动，是由曾在二战中与英国人并肩作战的犹太旅中几个退役士兵实施的，专门针对参与过谋杀的前党卫军成员，他们最终杀死了约200名党卫军成员。

阿拉巴马州伯明翰的一处建筑，被三K党在针对马丁·路德·金民权运动的恐怖行动中摧毁。

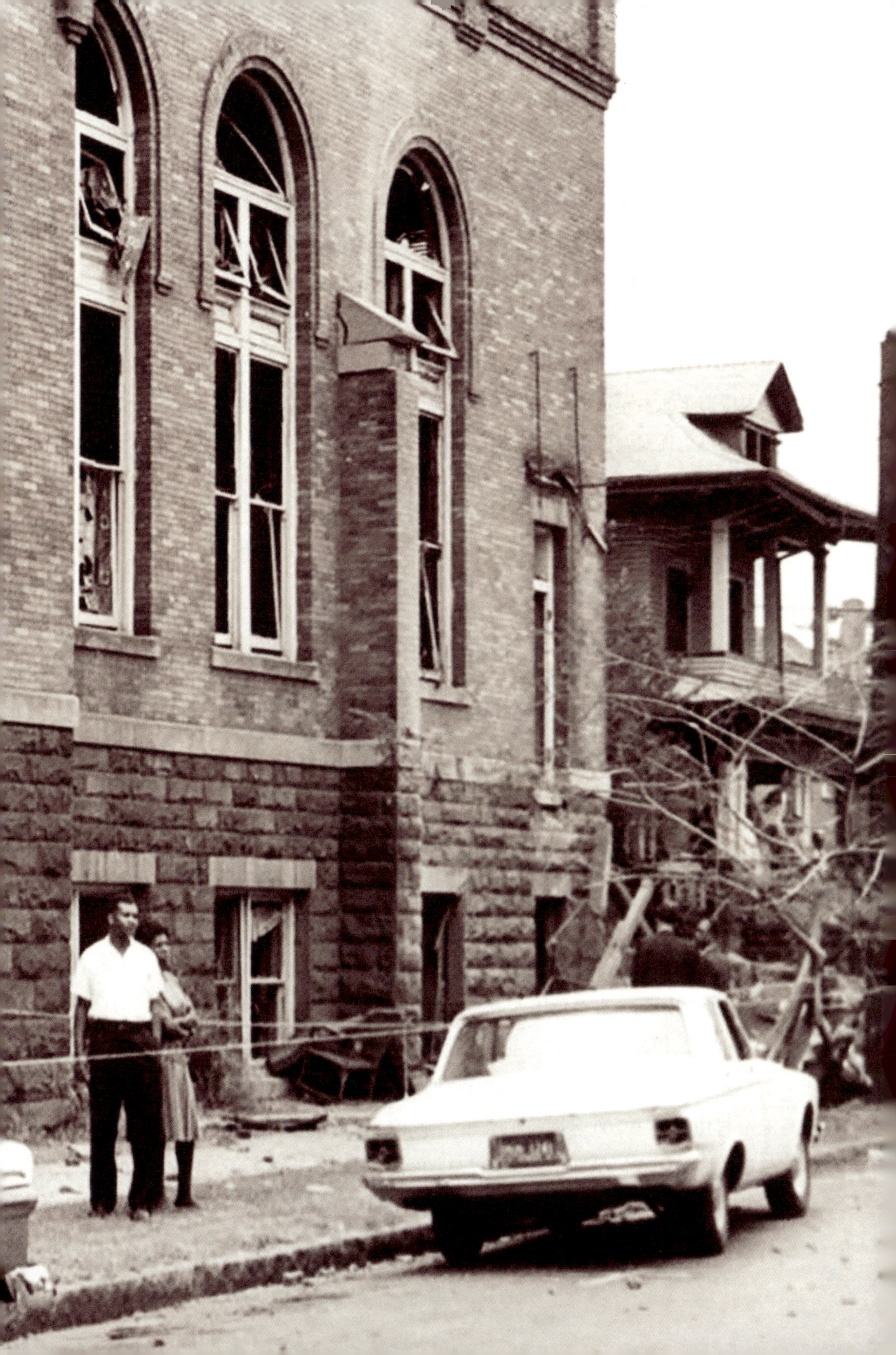

1946年9月9日,伊尔贡的一名特工将手榴弹投到特拉维夫一栋房子的阳台上,炸死了军情六处在巴勒斯坦的负责人德斯蒙德·多兰(Desmond Doran),标志恐怖战争从此开始。多兰参与了军情六处针对地下犹太复国主义者的行动,这令伊尔贡和斯特恩帮无法容忍。6个星期之后,伊尔贡又传递出另一个信号。他们在罗马的英国大使馆大门前放了两箱炸弹,炸毁了使馆大楼的正面,军情六处驻罗马情报站站长死里逃生。罗马的英国大使馆一直积极阻止犹太人移民巴勒斯坦。

关键根源

虽然英国人竭尽全力,还是既无法阻挡非法移民的浪潮(单单在1945至1947年,就有超过7.3万犹太人偷渡到巴勒斯坦),也无力招架犹太复国主义恐怖行动。在反侦察和反渗透方面,伊尔贡军事组织和斯特恩帮都是驾轻就熟的高手。此外,他们在行动中采用严格的蜂巢结构,使得渗透成为基本上不可能的事情。最重要的是,虽然犹太复国主义运动否认与恐怖分子有关,但实际上他们得到了组织高层的默许。理由很简单,因为伊尔贡军事组织和斯特恩帮有助于实现犹太复国主义者的主要目标:将英国人赶出巴勒斯坦。

伊尔贡和斯特恩帮得出结论,达成这一目标的最好办法是流更多的血,毁坏更多的财产,直至英国人最终认定不值得付出那样的代价。结果还真的就是这样。伊尔贡和斯特恩帮的一系列行动,震惊了英国人民。例如,为了报复一个伊尔贡恐怖分子被执行死刑,他们谋杀了两个英国士兵;在德尔亚辛村庄杀害了200名阿拉伯人;暗杀福克·贝纳多特(Folke Bernadotte)伯爵(联合国在巴勒斯坦的调解人),以及炸毁耶路撒冷的大卫王饭店并造成几百人死亡。英国人终于认识到,保有这块托管地的代价实在是太高了。1948年5月14日,英国终于认输,宣布将撤出巴勒斯坦托管地。

伊尔贡和斯特恩帮的成功，体现了这个世纪后来的所有恐怖行动都遵循的一条主要真理：在一方一无所有，而另一方应有尽有的斗争中，恐怖行动是一无所有一方完美的武器，有时也是唯一的武器。但是，使用这一武器时要区分对象，这一附加的警告并未被所有人掌握。那些没有学好这一课的人中就包括巴勒斯坦人。

将恐怖行动作为无法处理的政治问题的解决方案，巴勒斯坦人的境况就是经典代表：他们背井离乡，民族前途被阻断，全世界没有人关心他们的苦难，以及一个以色列这样的死敌。巴勒斯坦人得出结论，他们的问题没有军事解决方案，阿拉伯人在三次战争中都被以色列击败就已经证明这一点。与以色列优越的军事力量正面交锋无异于自杀，剩下的唯一选择就是恐怖行动。恐怖行动能引起世界对巴勒斯坦人苦难的关注，而且正如犹太复国主义者在多年前英国托管时期所做的，可以用恐怖把以色列政策的代价拉到一个高点上，迫使它接受巴勒斯坦建国诉求的合法性。

从一开始，巴勒斯坦人对其恐怖活动应当达到的目标就有分歧。亚西尔·阿拉法特和一些巴勒斯坦领导人心中有一个较为有限的目标，即争取国际承认，迫使以色列接受在被占领土上建立巴勒斯坦民族国家的现实。但另一更为激进的派别坚信，关键是要彻底摧毁以色列，将所有犹太人赶出巴勒斯坦，以巴勒斯坦国代替以色列国。

这一分歧带给巴勒斯坦人无穷无尽的问题，因为他们开始用上述两种态度开展恐怖行动。那些同情巴勒斯坦的人，本来可能会接受直接针对以色列目标的恐怖行动。但是，有些轰动一时的恐怖行动，诸如劫持并炸毁与以色列并无明确关联的民航飞机，劫持意大利"阿基里·劳罗"号游轮（还杀害了一名坐轮椅的犹太老人），还有在1972年慕尼黑奥运会时绑架以色列运动员，这些行动看不出与巴勒斯坦人的愿望有何关系。这样的恐怖行动将巴勒斯坦人的形象变成了国际罪犯，而非真正的民族解放运动。

巴勒斯坦领导人一再强调，那些以巴勒斯坦人为名开展的恐怖行动，都是激进派"未经许可"的行为，但没有人相信他们的话。总体来说，巴勒斯坦人的恐怖行动只能说是失败的，因为他们没有达成建立独立的巴勒斯坦国的目标。通向这个目标的进步不是通过恐怖取得的，而是由于占领区的巴勒斯坦人自发的大规模暴动，使以色列无法维持在西岸的据点。

参与巴勒斯坦人恐怖行动的那些更加激进的学生中，有整整一代新的阿拉伯激进分子，他们与穆兄会及其他激进分子有很深的渊源。驱动他们的是一种宗教狂热的世界观，他们认为，世界被世俗主义和西方文化广泛影响污染，已经腐化得无可救药。以色列的存在只是问题的一部分，现代主义的罪恶才是真正的问题。他们的解决方案是彻底摧毁这样的世界，代之以一种"纯洁"的超级文明，不受西方邪恶思想的污染。这种文明将会建立在14世纪前后的伊斯兰文明基础之上，那是他们眼中伊斯兰文明的最后一个黄金时代。

两名联邦德国警察穿过大楼屋顶，解救在慕尼黑被劫持的参加奥运会的以色列运动员。

第十三章　反恐战争

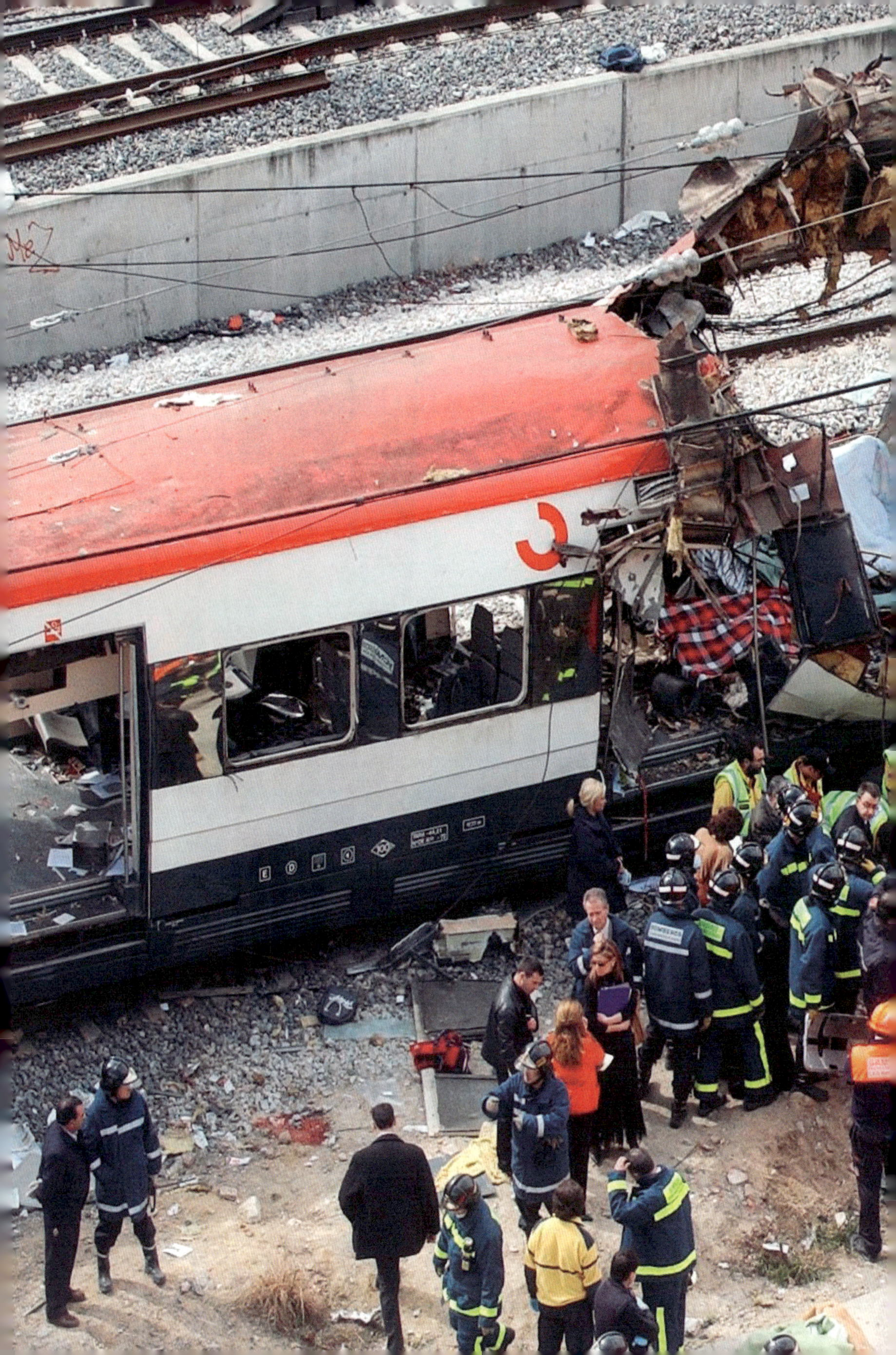

2004年，西班牙马德里，一列往返市郊的火车被恐怖分子炸毁。

激进主义威胁

由此产生的是一个松散的宗教极端主义恐怖团体联盟，团结在摧毁西方影响这一共同目标之下。带头的是其中最富有、组织最严密的"基地"组织，由奥萨马·本·拉登创立。拉登是一位富有的沙特阿拉伯建筑承包商之子，他在苏联占领阿富汗期间同其作战，在此过程中参加了激进的政治活动。在阿富汗有一个大型训练营，用于为反苏战争训练其他国家的宗教好战分子，名称就是"基地"。后来，这一名称被用以称呼曾在此受训的所有好战分子，以及从这个"基地"发展起来的笼统组织。

本·拉登投入大量金钱和精力，纠集涌入阿富汗同苏联异教徒作战的宗教极端分子，建立了新的"圣战"运动。就其核心而言，"基地"组织基本上是一个赞同瓦哈比派学说的逊尼派暴力组织。瓦哈比派信奉一套激进的教条。它宣称，一切不信奉其解释的人都是"异教徒"，必须将其消灭。它的目标是消除西方对阿拉伯世界的一切影响，控制耶路撒冷并将其改造成专属于穆斯林的城市。

1996年，迫于美国的压力，本·拉登被逐出苏丹，他及其"基地"组织到阿富汗重整旗鼓。后来，他在那里设立了多个训练营，世界各地的宗教好战分子都前去参加培训课程。

1998年2月23日，本·拉登和艾曼·扎瓦希里与其他一些宗教好战团体分子一起，事实上向美国和整个西方世界宣战，号召全世界所有穆斯林"杀死美国人及其盟友，不管是平民还是军人"。同年，"基地"组织实施其第一次主要的恐怖袭击，在美国驻非洲东部的两个大使馆制造爆炸，造成超300人死亡。作为回应，美国轰炸了"基地"组织在阿富汗的一个训练营。轰炸不仅没有炸死任何好战分子，而且还使本·拉登及其盟友相信，美国已经害怕了。他们的想法也不无道理：既然美国人对一场恐怖袭击的回应不过是轰炸了一些空房子，显然他们害怕进一步激怒恐怖分子。

1995年，美国俄克拉荷马州政府办公大楼，被右翼恐怖分子炸毁。

就在此时，历史上最大的情报失误之一开始出现。由于在好战分子中没有任何线人，加之完全没有真正理解恐怖袭击究竟是什么事情，中央情报局和其他西方情报机构偏向于低估本·拉登和"基地"组织的威胁。普遍的观点是，基地组织也就是又一个宗教恐怖团体，其危险几乎全部限于对美国海外机构的攻击。美国情报部门的注意力放在搜集大型正规组织上，此类组织有官僚架构，也有通信系统可供截获。对那些由小型独立的单位构成、使用低技术交流方式的恐怖组织，美国情报部门很不适应。

"基地"组织接着实施了一次大场面的炸弹攻击，这次的目标是在也门的美国军舰"科尔"号。美国在情报上的盲目使其一点都不知道有恐怖网络在也门活动，也不了解有一个在全世界大规模招募人肉炸弹的行动（尽管在阿拉伯世界似乎人人都知道此事）。

更严重的后果是，对"基地"组织下一步的致命行动，美国一无所知。他们要攻击美国本土，这种恐怖袭击在历史上前所未有。2001年9月11日，四架民航班机在空中被劫持。两架被人肉炸弹开着撞向世界贸易中心，造成3000多人死亡，中心的两栋大厦垮塌。第三架也由人肉炸弹驾驶，撞入了五角大楼。第四架飞机的目标显然是白宫或者国会大楼，在乘客试图制服劫机者后，飞机在宾夕法尼亚州坠毁。

这就是"9·11事件"，它带来的震撼使美国

第十三章　反恐战争　537

2004年，俄罗斯一所学校被车臣分裂主义者炸毁后，变成了废墟。

1984年，在保守党大会期间，"爱尔兰共和军"在布莱登格兰德酒店制造了爆炸，这是他们最为轰动的恐怖袭击之一。

一辆伦敦双层巴士扭曲的残骸。2005年,恐怖分子在伦敦的交通系统放置了四枚炸弹,其中一枚炸毁了这辆巴士。

及其盟友终于采取了激烈行动,军事入侵阿富汗,摧毁塔利班政权,因为它支持本·拉登和"基地"组织,给他们提供藏身之所。"基地"这个恐怖组织本身也是要摧毁的目标。这些目的大体都实现了,本·拉登的组织也损失惨重。但是,此后的情况表明,"基地"组织还远未被击败。事实上,它那些五花八门的成员和关联团伙,还在组织大规模恐怖袭击方面表现出很强的能力,最为轰动的就是2006年6月对伦敦交通设施的炸弹袭击。

伊拉克是"基地"组织死灰复燃的一个突出例子。在2003年美国和英国入侵伊拉克期间,"基地"组织帮助并整合当地的抵抗力量,与美英联军和正在组建中的政府作战。"基地"组织用两次令人瞩目的恐怖行动宣示了

2001年9月11日,"基地"组织劫持两架民航班机,撞向位于纽约的世界贸易中心,此举实际上是向美国宣战。

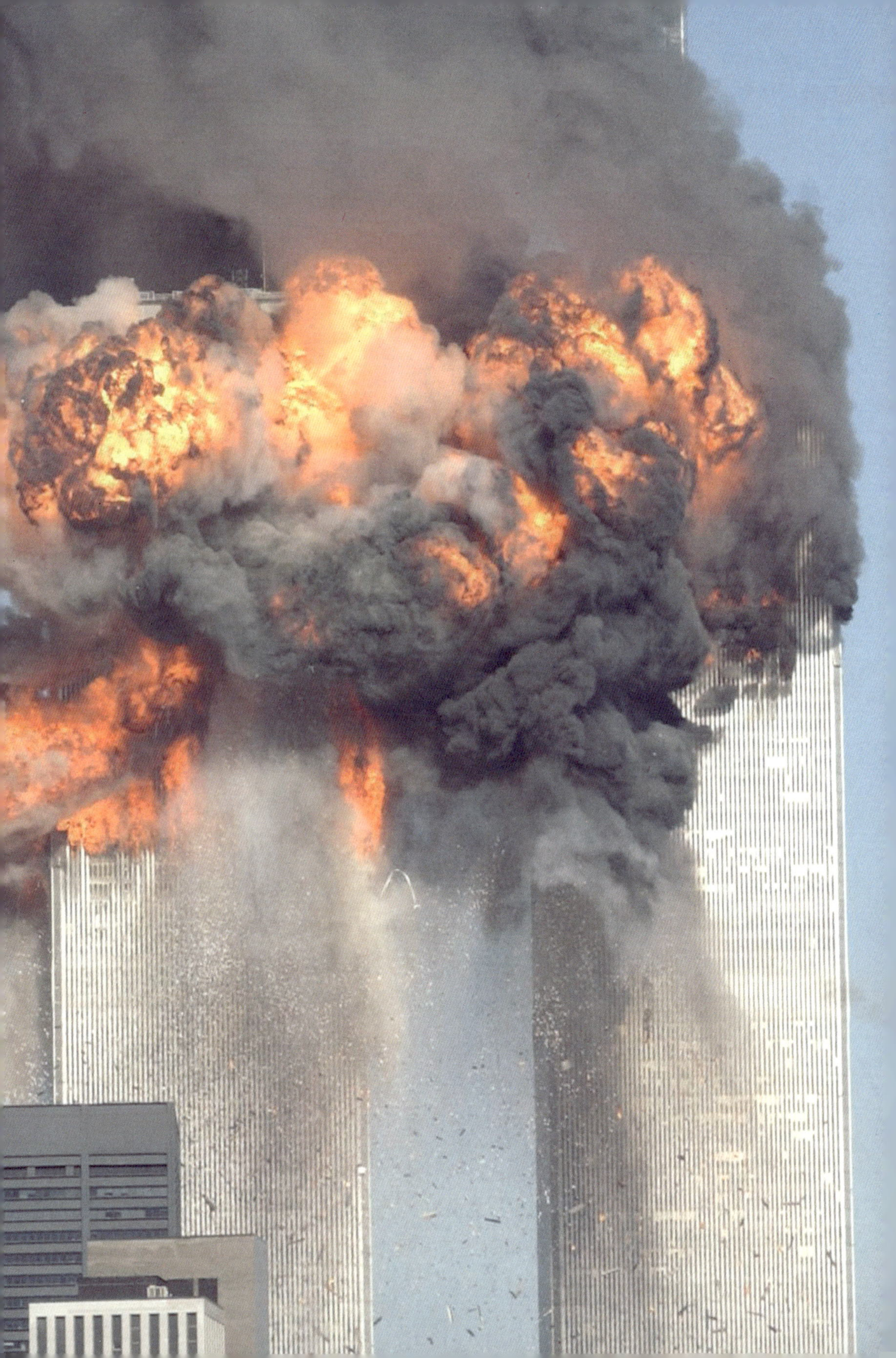

其存在：先是炸毁了联合国在巴格达的办事处，接着通过自杀式炸弹袭击，摧毁了红十字会办事处。此后，"基地"组织接管费卢杰市，作为其主要的总部。2004年，美军在经过大规模的进攻并付出重大伤亡后，才把基地组织从此地赶走。"基地"组织被赶出费卢杰后突然恢复了活力，因为它得到了阿布·穆萨布·扎卡维的支援。这是约旦的一名恐怖分子，他宣布效忠本·拉登，声称要将美国人和英国人逐出伊拉克。扎卡维在2006年的一次美军空袭中被击毙，但他的同伙在很大程度上成功地挑起了逊尼派和什叶派之间的冲突，冲突在伊拉克大部分地方造成了剧烈动荡。

未来的难题

"基地"组织不断变换新伪装和新形态，对西方情报机构造成了巨大威胁。在很大程度上，西方情报机构未能成功应对这一威胁。最大的失败就发生在伊拉克，那里简直就是一系列情报失误的坟墓。最初的错误是普遍认为伊拉克拥有大规模杀伤性武器，果真如此的话那就是最为严重的威胁，因为萨达姆在两伊战争中对伊朗人和少数民族库尔德人，都使用过化学武器。由于在伊拉克境内缺少线人，加之过度相信伊拉克流亡人士的一面之词，对流亡人士的报告未加核实。这导致了一个致命的决定，认为只有大规模军事入侵伊拉克才能解决这一问题，错误地设想在推翻独裁政权后，伊拉克受过教育的中产阶级可以组成开明、温和的领导层。

但是，美英两国情报机构都没有想明白，到2003年，伊拉克作为一个凝聚的社会已经散架了。长达数十年的压迫，已经教会伊拉克人各自关心自己的家人，只效忠于所属的部落或次部落。情报分析员们受过的训练是处理可以量化的实实在在的技术数据，他们毫不理会文化和社会之类的变量。其结果就是，他们没有发现这样一个事实：伊拉克社会中的温和力量已经被一个野蛮的独裁政权消灭了。特别是美国解散伊拉克军队这一重大失误之后，没有开明的中产阶级像凤凰涅槃一样等待着在权力真空中崛起。

这就意味着美英两国士兵现在是占领者而不是解放者。填补权力真空的是伊玛目们，他们宣称西方士兵是所有穆斯林都必须抵抗的"异教徒"。虽然自从现代恐怖主义兴起以来，情报失误就是一个常年谈论的主题，但还有另一个更为麻烦的方面。它涉及的是一个根本问题：西方社会在与激进社会作战的过程中，究竟应该走多远？

这个问题不容易回答。有这样一种说法：要同恐怖主义作战，就必须授予政府全面、前所未有的权力，监视和调查公民。虽然对此说法有很大的疑虑，但在"反恐战争"的名义下，西方国家已经接受了一定程度的国家控制和对公民权的收紧。对另外一件事也很有疑虑，那就是授权给安全机构开展反恐战争，包括刑讯，通过"引渡飞行"藏匿恐怖嫌犯以剥夺其诉讼权，以及未经任何证明或起诉就监禁被认为是恐怖分子的人。

上述难题必须在某个时刻得到解决，因为一个民主国家如何处理情报事务，在很大程度上反映了真民主状况。西方国家的中心难题是，没有安全的自由是无用的，但谁都不想要没有自由的安全。这个难题已经变得难上加难，因为西方国家坚持认为，要对付恐怖主义，唯一真正有效的武器就是先发制人，也就是要发现可能的恐怖主义源头，密切监视产生恐怖分子的地区，以及身份突出的潜在恐怖分子。而要成功地做到先发制人，就需要把情报变成全面监控。这种窥探公民私生活的行径，是西方国家最为厌恶的（对公民自由的威胁也最大）。

提高安全度从来都要以减少自由为代价，因为没有其他办法能够实现社会对恐怖主义的免疫。政府减少公民自由的理由是，公民只要守法，就无须害怕加强监控，这是反对暴政的传统论据。但将其作为离开传统的"清晰可见的危险"标准，以作为全面监控国家公民的私生活的论据，这是站不住脚的。用它作为当代反恐行动的理由更为令人不安，也越发站不住脚：例如"法外引渡"（长期羁押恐怖分子而不移交司法部门），使用酷刑以搜集小型恐怖主义组织的情报。

奥萨马·本·拉登，"基地"组织的头目。这个宗教激进主义恐怖组织，实施了对世界贸易中心袭击行动和其他恐怖活动。

监控时代

2004年，美国前总统克林顿心脏病发作，被紧急送往纽约长老会医院。他的特勤局警卫去医院的行政办公室，采取了一项在他们看来非常重要的安保措施：使用化名为克林顿办理入院手续。

这种做法似乎有些奇怪，毕竟克林顿一眼就能被认出来，并且他入住的是单独的套间，几乎不存在被暗杀的危险。不过，特勤局的警卫们担心的并不是他的人身安全，而是他的身份信息，这是在信息时代更为重要的东西。他们清楚，成千上万的黑客已经在攻击医院的电脑，试图打开克林顿的医疗记录。还有多名医院员工也在做同样的事情，因为他们知道，拿到这些记录，他们就可以从八卦小报那里挣到六位数的报酬。

特勤局的办法成功了。克林顿的医疗记录没有被窥探。但是，就在同一时段，还有多位非黑客人员，有权合法接触这位前总统生命中最私密的医疗细节。这些人包括来自全世界的心脏病专家，他们收到咨询请求，要就如何最好地为克林顿实施心脏手术提出意见，所以他们把他的医疗细节下载到自己的电脑，以便远程诊断。还包括他的健康保险公司的职员，他们下载同样的信息，以便承保他们将向医院支付的金额。此外还有为他抓药的药剂师，为他将最近一次治疗细节存入记录中的医院官员。

这一事件很有启发性，它表明现代信息技术已经成为一把双刃剑。技术极大地便捷了日常生活，但它也提供了跟踪和控制公民的手段。这一技术是一种前所未有的工具，对间谍活动意义巨大。

一切都始于微芯片在20世纪60年代的发展。当时没有引起注意，因为很少有人预见到，这项技术创新会产生如此巨大的变革。有了微芯片，人们就可以开发出功能强大、能够储存并瞬间读取大量数据的计算机。对于很多政府工作而言,例如收税,还有每月准备数以百万计的退休金支票,计算机简直是天赐的礼物。不过,它也隐含了一种危险。一切储存在电脑中的数据,如学习成绩、兵役记录、犯罪记录、信用调查、就业档案,都可以被检索。政府以提高效率之名搜集的资料,都可以供政府行其他目的之实。仅仅用一个单独的身份标签(在美国最常用的是社保账号),政府只需要敲击计算机键盘,就可以任意创建档案。

简单一句话,个人隐私现在在很大程度上已经成为陈年旧事。我们生活在一个监控社会,哪怕是一桩普通的交易,都有可能使人们的生活招致入侵。使用银行卡,持卡人的银行账户就会受到一次计算机核查,以确定余额是否充足。信用卡里的微芯片会把使用者的身份信息(如地址等)和信用评分告诉计算机。到高档商店购物,到银行去办任何一件鸡毛蒜皮的事情,都

美国国家安全局的徽章。该局在反恐战争中的角色,令人对宪法中的自由问题产生怀疑。

有全程录像和监控镜头。去赌场试试手气,哪怕是在一台使用25美分筹码的老虎机前,也有隐蔽镜头监视。赌场发给赌客的"回馈卡"里会有电脑芯片,芯片会告诉赌场,赌客花了多少钱,玩过哪些游戏。赌场会用这些信息,确定提供哪种类型的免费优惠(例如免费酒店住房),引诱赌客再次光临。在很多城市,例如伦敦,都有监控录像镜头,协助警察监控犯罪高发区域。

有人在监控你

几乎所有现代监控技术,在开始时都是用作一种谍报工具,高速计算机更是如此。例如,美国国家安全局及其主要伙伴英国政府通信总部,都搜集了大量通信情报。为了处理这些通信情报,才有了政府资助,研发了最早的高速计算机。这两家机构都是从二战中成功的密码破译工作上发展起来的。但是,战后的通信爆炸时代,如远程打字、传真机、微波中继电话系统、电脑对电脑数据传输等等,很快就超出处理通信能力。于是,高速计算机应运而生,这一工具在当时提供了搜集更多通信情报的机会。这种潜能在1971年的某日清晨达到了顶峰。那个早上苏联人注意到,一颗新的

一名机场安检人员查看行李的X光影像。

英国政府通信总部在北约克郡截听全欧洲电子信号的截听站。

美国国税局一个处理中心的神经中枢,存储的数据涉及数以百万计的纳税人。

美国间谍卫星正飞越苏联。卫星（美国称之为"大鸟"）的代号为"六角形"（Hexagon），长 55 英尺（约 16.5 米）长、重达 15 吨。由于它的运行高度较低，处于 90 英里（约 144 公里）高的地球同步轨道上，苏联人认为卫星的设计用途是拍摄地面目标。

事实正是如此。这颗卫星配备两个先进的镜头，能够从 100 英里（约 160 公里）的高空分辨小到直径只有 8 英寸（约 0.2 米）的物体。但苏联人不知道，"大鸟"上还配有先进的电子侦察设备，能够记录活动范围内的所有电子信号，包括本地电话。两年之后，一名中央情报局的特工找到克格勃，向他们兜售美国间谍卫星机密，苏联人这才如梦方醒，原来"大鸟"窃听了他们所有的通信。

"大鸟"以及更为先进的新一代电子侦察卫星搜集到的情报，都连接到一个由碟式卫星跟踪天线和雷达天线罩构成的巨大的天线群，这个天线群位于英国哈罗盖特附近的英国政府通信总部；同时还连接到美国国家航空航天局在马里兰州米德港的类似天线群。要处理由"大鸟"一类的卫星搜集到的大量电子数据，高速计算机不可或缺，特别是具有称为"分辨能力"的高速计算机。这是另一项创新，与家用计算机的"搜索"功能相似。这项技术能够通过程序让计算机在海量的数据之中，搜索一则特定的信息，如一个单词、一个短语、一个名字，并且在数秒钟内提取出来。举例来说，假设美国情报机构想了解在彼得罗夫斯克核试验场发展新式核弹头的情况，他们把从苏联搜集到的电子情报，输入一台专门选择任何带有彼得罗夫斯克信息的计算机，就可能查出线索，显示有特别的技术设备发运到试验场，或者是派遣专家到试验场的命令，等等。

上述发展给通信情报带来了革命性变化，但同时也有两个严重的副作用，这种副作用到今天都还是问题。第一个副作用是拥有这种技术能力的国家，特别是美英两国，无法抵御诱惑。能够搜集到全球每一条电子信号，意味着在得到大量重要情报的同时，也收到了大量不应作为情报的信息。问题是后一类东西中包括了普通公民和持不同政见者的通信。在 20 世纪

现代机场安检体系生动体现了各国政府对公民实施系统性情报监控的广泛维度。

60年代，美国国家航空航天局就未能抵御诱惑，窃听了访问北越的美国反战人士的通信。

第二个副作用更为严重，是在"9·11事件"之后不久出现的。反恐战争需要通信情报，因为通信情报的目标就是各恐怖组织之间的通信。与冷战时期只有少数几个固定目标不同，现在存在多个层次的多方通信，包括移动电话。为了取得通信情报，通信情报的搜集已经扩大到所有种类的电子通信，搜集了海量数据供计算机搜索。

还有一项专门行动，是搜索电子银行记录和国际转账信息，以寻找恐怖资金的动向。这叫"数据挖掘"(data mining)。这样的行动，在法律上的副作用不胜枚举。在美国尤其如此，因为这给了政府无限的权力，随意攫取所有美国公民的私人通信和各种记录，武断地决定多少公民成为此项行动的目标。

　　为了安全和反恐，普通公民愿意牺牲多少个人自由，还有待观察。为了能够乘坐飞机，他们已经接受了对其公民权的诸多限制：行李检查，金属探测器，X光"虚拟搜身"，还有红外探测器扫描可疑爆炸物品。不过，只有当他们被问及是否接受一项许多专家都认为不可避免的措施时，真正的考验才会到来：全国性的防伪身份证，里面的芯片包罗持有人的医疗记录、个人信息、驾驶记录，以及犯罪记录。就连乔治·奥威尔在他最悲观的时刻，也不曾设想过这样的场景。

第十四章 网络间谍
CHAPTER 14

上图："捕食者"无人机，是当前网络间谍和远程作战时代的一个缩影。

1991年1月17日，夜幕降临之际，伊拉克全国各地计算机中的电子间谍被悄然启用，准备配合美国为首的联军雷达网、导弹部队和指挥中心，以便联军发动必将降临的攻击。这次海湾战争，是人类首次将网络间谍技术用于实战。

开战前，美国中央情报局派特工将伊拉克从法国购买的防空系统设备装上含有计算机病毒的芯片。美军在临近战略空袭时，遥控激活病毒，致使伊拉克防空指挥中心主计算机程序错乱，防空系统失灵。于是，在战争的第一阶段，出现了这样的戏剧性场景：当成百上千架联军飞机入侵伊拉克领空时，伊拉克的地空导弹哑火，飞机居然还没有升空。

美国总统老布什（George H. W. Bush）要求伊拉克结束对科威特的占领，他所宣布的最后期限已经到了，但萨达姆·侯赛因拒不从命。此时此刻，毫无疑问，美国及其盟国即将倾尽全力，向这位伊拉克总统的政权发动进攻。

全球首屈一指的军事强国即将发动进攻，但这位伊拉克独裁者却不以为意。"战斗之母"（mother of all battles，这是他对"海湾战争"的称谓）必将为伊拉克带来胜利，或者至少进入僵局，让敌人伤亡惨重，让他们在无奈中妥协，接受和平。

萨达姆的乐观是情有可原的。苏联提供了大量武器，派遣了数百名军事顾问作为援助，还提供了苏联最新的军事技术。在这些因素的推动下，几十年来伊拉克穷兵黩武，打造出全球排名第四的庞大军队，以及能够媲美前三的先进军事技术。此外，这个政权的军队隐身于绝对保密之中，笼罩在极其庞大的国内安全体系之下——他们还很喜欢自吹自擂，声称哪怕一只落单的蟑螂都难逃其法眼。

但萨达姆不知道的是，就在2月的那个晚上，数百名美国间谍在伊拉克境内忙个不停，造就了情报史上一次令人震惊的胜利。

战斗是从伊拉克和沙特阿拉伯边境打响的。边境地区部署了许多最先进的雷达哨所，它们呈链状分布，在防空导弹和防空高炮等部队的保护下，随时可以在联军战机临近之际，向巴格达发出预警。突然，8架美国Ah-

毫不起眼的计算机芯片改变间谍活动的开展方式。在它问世之前的若干年内，这一切还都是不可想象的事情。

64"阿帕奇"直升机径直闯入，没有被雷达发现。它们俯冲而来，发射"地狱火"导弹，精确摧毁了所有雷达站。接着，精确制导导弹发动空袭，彻底消灭了伊拉克的导弹部队。最后，30毫米口径火炮开炮，消灭了防空部队的装备和人员。短短4分钟，伊拉克的防空系统就被撕开一个宽达20英里的大口子。900余架联军战机从这个缺口鱼贯而入，在接下来的38天里，将伊拉克的军事机器撕得粉碎。这些战机似乎非常清楚应该打击哪些目标，这让伊拉克人阵脚大乱。更加糟糕的是，伊拉克军用通信系统的计算机，在联军眼中似乎毫无秘密可言：加密的作战命令在发出的一瞬间，就已经被反制措施所遏制了。

一切都是美国间谍的杰作。这里的"间谍"指的并不是人，而是隐藏于伊拉克军用通信系统计算机中的微电路。它们是怎么藏进去的？这个故事要追溯到数年之前，从美国首屈一指的密码破译专家威廉·弗里德曼（William Friedman）与瑞士 Crypto AG 公司高管之间的亲密友谊说起。Crypto AG 是一家瑞士制造商，为公开市场提供最先进的密码机。弗里德曼去世后，美国国家安全局多位官员仍然延续着这段友谊。Crypto AG 公司的加密系统非常强大，可用于军事通信领域，而在 20 世纪 80 年代，它的客户里有伊拉克。虽然这家公司在赚钱，但继续向愈发可憎的萨达姆政权出售技术，让公司高管备感不安。美国国家安全局的朋友给出了一个解决方案：在伊拉克使用的机器里，我们装上带有"暗门"（trapdoor）的计算机芯片，跟踪伊拉克对它们的使用情况。Crypto AG 表示同意。于是，这些运往巴格达的机器里便藏有"间谍"：微电路上的程序可以在开机的一瞬间，将机器的所有信号都泄露殆尽。1991 年 2 月，美国国家安全局启用这些电子间谍，让伊拉克军方毫无秘密可言。

间谍术新革命

这次行动赢得十分精彩，标志着间谍活动史上又一次革命的到来。因为它让人们看到，如果一个情报组织能够访问敌方计算机系统，将会获得巨大优势。随着信息时代的到来，计算机已然无处不在，它是各国政府的必备工具，可用来开展一切活动，从供水系统监测到弹道导弹指挥控制等，一应俱全。换句话说，它是一座巨大的秘密宝库，等待着被新一代的情报员，也就是网络间谍挖掘出来。

这也是几十年来技术派和人力派间争论的一个分水岭。两派争论的焦点在于，机器抑或人类，到底哪个才是搜集情报的最佳手段。目前，是技术情报占据上风。眼热于美国在海湾战争中大获全胜，当时全球所有情报机构都开始设立多个监视别国计算机的项目，同时试图设计出能够保护本国计算机的系统。但是，中央情报局内部的人力情报支持者指出，技术情报（特别是计算机情报）是有局限性的。例如，面对朝鲜这样的封闭社会，卫星侦察、通信拦截、指挥部计算机渗透等技术情报，可以相当精确地提供该国核武器项目的最新状态。但所有这些技术都不能提供大家最想知道的事情：朝鲜拥有核武器的意图到底是什么？答案就藏在金正恩及其下属的脑袋里，但只有那些了解他们想法的线人才能提供。

确实如此，技术派支持者也并不否认。事实上，一切人力情报行动都不可避免地包含不确定性。一个重要的"资产"（asset），有可能已被敌方策反为双面特工吗？他所上交的秘密文件，会是精心炮制的骗局吗？

如果叛徒为钱卖国，那么他编造情报的目的，是否真的只是为了继续有钱可拿？情报机构花费大量的人力和时间，对自己的线人进行反复筛选，就是为了确定这个问题的答案。这一过程可以把人带进迷宫，也就是反间谍人员喜欢称之为"乱镜丛"的处境——人们通常会在晕头转向之际，一头栽进欺骗和反欺骗的疑团当中。这个迷宫偶尔也会出现一些莫名其妙的偏僻岔路。比如，克格勃在1963年对手中的优秀英国"资产"金·菲尔比进行仔细审查后，认定他无疑是军情六处的双面特工。再比如，军情五处某些官员坚信，首相哈罗德·威尔逊（Harold Wilson）和军情五处处长罗杰·霍利斯（Roger Hollis）是苏联特工。

人力情报行动常常被不可预见的复杂情况所困扰，以下案例可见一斑。谢尔盖·孔德拉舍夫（Sergei Kondrashev）是克格勃首屈一指的特工管理官，他在1960年面临了一场左右为难的困境。军情六处有个名叫乔治·布莱克的情报官，是克格勃在英国的重要"资产"，孔德拉舍夫正是此人的控制人。一天，布莱克通知孔德拉舍夫，称自己接到任务，将在军情六处和中央情报局联合专案组会议上负责记录。该专案组计划针对东柏林的苏联军事神经中枢开展情报搜集行动。此事已经足够耸人听闻了，但布莱克还提供了更加令人震惊的情报：英美两国正在位于该市的两德边境线下方挖掘地道，以窃听苏联军方用来传递最敏感消息的地下通信线路——苏联一直认为这些线路是绝对安全的。

现在，孔德拉舍夫面临一个极其棘手的难题。如果克格勃根据布莱克的情报采取行动，制止地道行动，就会暗示军情六处和中央情报局：在知悉该行动的少数情报官中，有人把行动出卖给了苏联。他们必然会追查"鼹鼠"，很可能就会识破布莱克。但如果克格勃任由地道行动继续，英美两国将会获得一座关于苏联军事的情报宝库。两害相权取其轻，孔德拉舍夫选择保护重

乔治·布莱克最终暴露，并在英国监狱服刑。但他设法越狱，并逃到苏联。

要"资产"，不去理会地道行动，但他并没有把这项决定告知苏联军方。经过整整一年，柏林地道搜集的宝贵军事情报浩如烟海，直到克格勃认为这场游戏已经持续了足够长的时间为止。于是，民主德国边防部队"偶然"发现了这条地道，并将其关闭。暴怒的苏联军方将领痛斥克格勃，指责他们放任军事机密流向西方，并认为付出高昂代价来保护情报"资产"的做法是得不偿失的。

人力情报还存在更加严重的问题，那就是如果没有明确无误的技术情报，决策者就会滥用人力情报来支持先入之见。在现代间谍史中，最刺眼的莫过于"弧线球"（CURVEBALL）案例。"弧线球"是一个伊拉克难民的代号。2004年，他找到西方情报机构，主动提供了一则耸人听闻的信息。他自称曾在伊拉克一个绝密设施里工作，那里大量生产生物战剂。此外，萨达姆政权还研制出移动式生物战卡车，车上可以生产生物武器，直接供战场使用。他甚至画出了这种卡车的详细草图。显然，如果萨达姆手中掌握此类武器，将会造成极其重大的影响。

美国副总统迪克·切尼对此深信不疑，于是向小布什总统施压，迫使后者下令入侵伊拉克，消除所谓"大规模杀伤性武器"的严重威胁。尽管美国的技术情报并没有发现任何迹象，无法证实萨达姆拥有这种武器，但切尼坚信这种武器是存在的。他说，情报没有找到任何证据，只能说明伊拉克把这些武器藏得太好，几乎不可能被发现。他表示，"弧线球"就是确凿的证据，可以证明这些武器确实存在。

接下来，切尼说服了小布什总统。最终结果就是发动军事入侵，消灭了萨达姆和他的政权，但却制造了一个美国至今仍在努力收拾的烂摊子。令美国人永远感到难堪的是，他们没有发现大规模杀伤性武器——原因很简单，因为它们并不存在。有鉴于此，美国人对"弧线球"重新进行评估。结果令人不安，因为他们发现这一切都是编造的。他承认，自己其实是在巴格达附近一家化肥厂工作过，他把自己的工作环境说成是生物武器综合设施。那些移动式生物战卡车呢？其实也是他编的。其动机不过是想让情报机构支付巨

时任美国副总统迪克·切尼，是"弧线球事件"中被欺骗的美国高官之一。

款，购买他的"爆料"。

在技术派眼中，如果需要的话，这便是更加确凿的证据，可以证明间谍身披斗篷暗藏匕首的经典时代已经结束。他们会把眼光投向恍若阿拉丁宝库那样令人眼花缭乱的科技奇观，这些技术能够快速有效地执行一切谍报任务，而且几乎没有人身危险。此外，从科学角度讲，通过技术手段搜集的情报是中立的：如果间谍卫星或无人机发现数十辆坦克部署在局势紧张的边境地区，这就是无可争辩的事实，不容置疑。有人主张，现在几乎没有理由再费尽周折，尝试让间谍打入敌人内部。因为在100英里（约161公里）的高空，美国间谍卫星等现代科技能够执行同样的任务，不但毫无风险，而且精度极高——高分辨率的现代彩色摄影可以实时传输，这要归功于数字革命。

这种分辨率究竟高到什么程度？至今仍是高度机密。但通过多年前美国"日冕"卫星在列宁格勒（现圣彼得堡）上空拍摄的一张照片，我们还是可以推测出些许成像质量的。在这张照片上，一个男人坐在自家房子后面看报纸，报纸标题清晰可见。

但现代间谍活动的真正超级武器是计算机，这种神奇的技术，是现代生活中不可或缺的一部分。每天，计算机都会生产数万亿个在以太网中穿行的电子信号。情报机构很快意识到，不论什么东西，只要可以传输，就可以截获。他们还发现，因为计算机的最大用途就是能将海量数据以电子形式存储，所以如果能够获得访问权限，进入计算机内部，那么这项用途是没有办法抵御间谍活动的。各国政府和军事组织纷纷将通信和数据存储转移到计算机上。同时，它们的对手也在转移，重新调整技术情报资源的主攻方向，以便介入计算机间的传输和访问数据存储库。进入现代社会之际，全世界几乎每个国家都至少掌握了某种窥探别国计算机的能力。

各国竞逐

即使是朝鲜那样的小国，无论资源如何匮乏，也依然设法打造出一支强大的网络间谍力量。1995 年，朝鲜成立 121 局（Unit 121），它隶属负责监视外国情报活动和秘密行动的侦察总局（General Bureau of Reconnaissance，GBR）。121 局专门从事网络间谍活动，直接从小学招募学生，挑选标准就是他们必须拥有数学、计算机科学和国际象棋方面的天赋。他们被授予军衔，享有特权，但每天都要花费 12 小时，不间断地在最先进的计算机上接受计算机谍报训练。

到了 2014 年，朝鲜已经掌握了成熟的网络间谍能力，有近 6000 名人员在 121 局工作。外界一直不太了解这种能力，但这种情形止步于同年 11 月。当时，索尼影像娱乐公司发行《刺杀金正恩》(The Interview)。这是一部喜剧电影，讲述了两个落魄美国人访问朝鲜的故事。电影中有嘲弄朝鲜领导人金正恩的情节，据说，是金正恩对此勃然大怒，命令 121 局采取行动。11 月 24 日，索尼纽约总部的计算机突遭攻击，攻击来自自称"和平卫士"的组织（据信就是 121 局的网军）。在很短的时间内，这些计算机遭强行窃取的数据便超过 100TB，是美国国会图书馆数据量的 10 倍。这些数据包括索尼高管、演员和制片人的电子邮件及敏感的人事档案——他们把相关内容捅给媒体，令索尼颜面扫地。美国联邦调查局的取证小组发现，其中存在明确无误的数字"指纹"，可以证明攻击来自朝鲜。

从另一个方面来看，朝鲜的这次攻击并不算是一次特别值得夸耀的胜利。和大多数私营企业一样，索尼的计算机只装有常规杀毒软件，与家用和商用计算机并无二致。对来自外部的复杂网络攻击来说，这种杀毒软件只是小到不能再小的障碍，毫无用处。但人们可以很有把握地认为，朝鲜投入 19 年时间和所有这些资源，绝不只是为了能够黑进一家电影公司的计算机这么简单。

长期以来，世界网络间谍第一梯队国家主要从事更为复杂和广泛的网络谍报活动，美国、俄罗斯这些情报巨头运用网络间谍技术，以全球各地的计算机

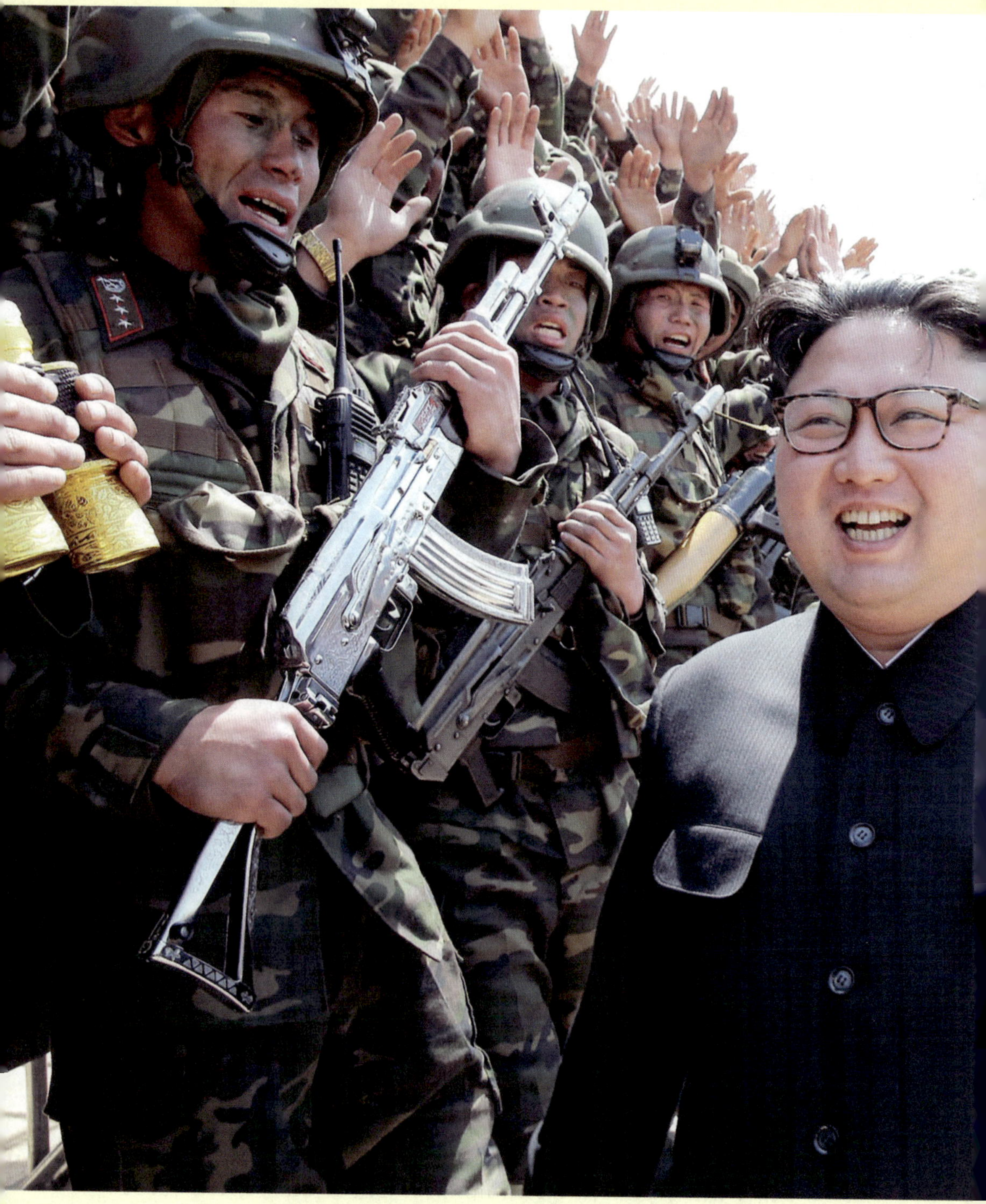

金正恩正在视察部队。

为目标，开展庞大而又分散的谍报行动。不论是政府还是私营工业，几乎所有重要的计算机系统都曾在某个时刻遭过攻击，而里面存储的大量机密即是攻击目标。作为回应，各国政府设计出愈发复杂的加密系统以阻止此类攻击。于是，攻防之间形成一场持续升级的数字军备竞赛。

一些政府在付出代价后发现，即使是最先进的加密系统，也无法抵御愈发先进的攻击。有个案例非常令人震惊，其主角便是一个加密程序，名为"酸性加密文件生成器"（Acid Cryptofiler）。该程序最初由法国军方研发，目的是保护他们秘密等级最高的通信。2017年，法国发现程序已被名为Rocra的病毒破坏。这种病毒把恶意软件植入法国的计算机里，同时删除加密程序。法国计算机专家吃惊地发现，这种恶意软件首次感染法国计算机的时间是2011年。这意味着不管是谁发动攻击，攻击者阅读法国最敏感机密的时间都已长达6年之久。

几乎可以断定，这个"不管是谁"的攻击者就是俄罗斯。据称，俄罗斯拥有庞大的网络间谍机构，其中有个部门专门攻击欧洲各军事组织的计算机系统。俄罗斯官方称，一切来自俄罗斯的网络谍报活动，都是当地独立黑客所为，与政府没有丝毫的关系。但在2017年，一群年轻的黑客发动了一场精心策划的攻击行动，入侵捷克共和国国防部、外交部和武装部队司令部的计算机，不仅窃取了机密信息，而且还窃取了该国所有政府雇员的人事档案。没人相信，这些黑客仅仅凭借笔记本电脑，就能完成如此壮举。人们同样很难相信的是，也正是这些黑客在2018年再次发动大规模网络间谍行动。他们攻击了乌克兰政府的计算机，窃取了里面存储的全部数据。另外，也正是在这次的行动中，他们入侵社交媒体，使之播报虚假新闻，称乌克兰政府让黑海感染细菌，从而引发霍乱。据传，这些黑客早在多年前就已经被招募，为俄罗斯军方和政府效力。实际上，这些俄罗斯黑客的工作方式类似独立的合同工，虽然政府提供支持和薪酬，但不会正式承认他们的存在。

俄罗斯十分清楚：所有家用和商用计算机的用户都知道，所谓的木马

（恶意软件）、病毒和垃圾邮件会对自己的计算机带来危险。这些威胁可以轻易被常规杀毒软件所阻止，但在网络间谍机构组成的大型联盟里，恶意软件和其他攻击性武器的复杂程度要高上好几千倍。想要对付它们，就需要同样复杂的防御力量。有这样一个恶名远扬的案例，它的主角是被称为"火焰"（Flame）的复杂恶意软件。21世纪前10年中期，对位于北美与西欧的政府机构、外交使团和航天机构所使用的计算机，"火焰"精挑细选，然后发动攻击。事后发现，近300台计算机感染了这种被专家认为是有史以来设计最复杂的恶意软件。"火焰"是一个庞大的程序，大小超过20MB，代码行数达65万，通常借助感染病毒的电子邮件进入计算机。然而，这只是一个开始。一旦进入计算机，"火焰"就会依照程序设定，提取特定信息，然后将信息回传给投放它的网络间谍。人们发现，"火焰"和Rocra一样，也是俄罗斯发动的网络间谍行动，因为它的取证分析结果与已知的俄罗斯手法是匹配的。这种手法需要耐心地在计算机中寻找漏洞，然后慢慢植入这个恶意软件。开始时，该恶意软件会提取少量信息进行测试，以确定此次入侵是否已被识破。如果没有识破的迹象，它就会全力运行，提取这台计算机存储的一切数据。

占据当代网络间谍最高位置者，莫过于美国国家安全局这一庞大机构。目前，该局拥有3万多名雇员，每年有100亿美元的预算。它率先意识到，计算机革命将在情报领域发挥关键作用。1987年，它成立了全新的部门，名为"特定获取行动办公室"（Office of Tailored Access Operations）。这个办公室专门负责研发特定工具，用来攻击各种类型的计算机，目标从普通的家用台式机到大型计算机，不一而足。为了给该办公室配备工作人员，国家安全局从新一代年轻的计算机发烧友和黑客中招募人手。国家安全局的做法非常明智，他们没有试图削足适履，强迫这些崇尚自由的叛逆者遵守常规的官僚模式。相反，他们为这些新雇员提供了丰厚的薪水和他们最喜欢的自由自在——这是谷歌和微软里常见的工作条件。比如，这个年轻人可以在办公室里骑着独轮车玩杂耍，那个年轻人可以脚踩滑板上下班通勤。他们鼓励这些年轻人独立思考，"摆脱思维定式"，设计出独到的解决方案，解决在入侵他人计算机时遭遇的挑战。

截至 2000 年，在国家安全局的一座 40 万平方英尺（约 3710 平方米）的新楼里，共有 215 位这样的天才正在忙碌着。在该局的组织架构图上，这座大楼被标记为"远程操作中心"（Remote Operations Center）。在平淡无奇的名称下，隐藏着一个异常繁忙的网络间谍蜂巢，其活动包括入侵全球计算机、搜集恐怖分子手机的"语音片段"，以及使用木马感染恐怖组织的电子邮件。他们办公室的座右铭是："你的数据就是我们的数据，你的设备就是我们的设备——我们可以随时、随地、随意使用任何一种合法手段获取它们。"正如座右铭所示，国家安全局的年轻网络间谍相信，现阶段没有任何一个计算机系统是他们无法入侵、无法在必要时予以破坏的。

国家安全局网络间谍的成就一直都是高度保密的，不过偶尔也会浮现出一些线索。公开的信息显示，2000 年的代号"冬日之光"（WINTER LIGHT）行动，是美国国家安全局、英国政府通信总部和瑞典网络间谍机构国防无线电局（FRA）联合开展的。通过俄罗斯大部分网络流量的必经之路，该行动意图对俄罗斯的某台计算机或某个计算机网络秘密植入恶意软件，借助流氓高速监视服务器——国家安全局称之为"狐狸酸"（FoxAcid）服务器，改变计算机与互联网之间信号的传输路径。有了这项惊人的技术，国家安全局便能够访问目标计算机的数据，甚至有办法在数据从一台计算机传输到另一台计算机的过程中，篡改这些数据。此外，有一种被称为"引爆"（tipping）的技术，可以在目标计算机上安装植入软件，改变计算机信号的传输路径，发往监视服务器，于是美国国家安全局和英国政府通信总部就能访问这些计算机上的所有数据。英国政府通信总部还有个代号"时代"（TEMPORA）的行动，它是"冬日之光"的补充，可以窃听横跨大西洋的光缆——通过这些光缆传输的，正是欧洲与北美之间的海量计算机数据和其他数据。

除了英国，美国在网络间谍中的关键盟友还有以色列，后者在这方面的能力还在不断增强。显然，以色列前副总理兼战略事务部长摩西·亚阿隆（Moshe Ya'alon）曾负责以色列网络间谍工作。他在关于网络间谍活动的主题演讲中，暗示以色列掌握这方面的能力。当时，他说："以色列有幸成为一个拥有超级技术的国家，可以打开大门，迎接一切可能性。"鉴于有报道称以色列投入网络间谍的人员和设施数量不断增加，人们将亚阿隆的话解读为对这些报道的证实。以色列人已是中东网络间谍的主要力量，不过公众几乎并不了解他们的成功战例。但有一个例外，这是一次人尽皆知的网络间谍行动。该行动是网络谍报史上的又一个分水岭，因为它不但试图入侵对手的计算机，而且还试图破坏它们——这很可能是一则预言：未来的网络谍报行动，会转变为真正的网络战争。

上述行动被称为"震网"（STUXNET），是美国国家安全局和以色列情报机构联合发动的。其目标是伊朗的核武器项目，该项目是美国和以色列都极其关切的问题。行动的初始目的是入侵这个伊朗项目所使用的计算机，以确定伊朗研发和部署核武器的努力，到底取得了多大进展。"震网"只有500KB大小，但复杂程度令人瞠目结舌，这可能是计算机程序员多年努力的结果。2010年，"震网"感染伊朗核项目所使用的计算机之后，立即在情报上获得了回报。而且在此过程中，它发现伊朗系统存在一个关键漏洞，一旦开发利用之后，就可以对核项目整体造成实质性破坏。这个漏洞就是，伊朗使用的工业软件系统是在全球市场上向西门子公司购买的，意味着其软件代码是公开的。于是，美国和以色列产生了使用"震网"发动网络战争的想法。伊朗核项目中的核离心机极其昂贵，它们日夜不停地运转，生产用于制造核武器的武器级浓缩铀，运行的正是西门子软件。"震网"收到的指令是入侵西门子软件，破坏这些离心机。于是，惊慌失措的伊朗技术人员眼睁睁看着昂贵的离心机失去控制，故障原因不明，他们也无法关停。就这样，数百台离心机沦为大批垃圾。与此同时，"震网"还生成其他病毒，感染了伊朗国家石油公司和伊朗石油部的计算机，严重破坏了伊朗至关重要的石油工业。

最终，伊朗发现计算机遭到入侵，于是投入很大力量，确保"震网"之类的事件不再发生。但破坏已经造成，伊朗核项目被推迟了至少数年时间。后来，伊朗决定与美国和欧洲达成和解，至少是推迟继续一切核武器的研发活动。"震网"的打击，对伊朗做出这一决定也起到了不小的作用。

隐藏于所有这些网络间谍活动之下的，是一个愈发重要的现实：如果窃听能力和黑客技术持续向前发展，它们就可以吞噬所有计算机和无线通信。在某些国家里，这个问题颇有几分紧迫，因为它们存在法律障碍——如无授权，政府不得窥探本国公民隐私。最能说明这个问题的，莫过于美国国家安全局代号"棱镜"（PRISM）的争议项目。

简单地说，"棱镜"就像一个巨大的真空吸尘器，可以吞没它能接触的每一个电子信号，就好像矿工在水中淘尽黄沙，寻找金块一样毫无遗漏。"9·11"事件后，新的反恐立法令国家安全局的权力极度膨胀，有权选择一切它认为有利于反恐战争的目标并采取行动，"棱镜"正是诞生于这一背景下。值得注意的是，"棱镜"的网络异常庞大，覆盖了各大互联网公司和社交媒体的电子信号。究其根本，"棱镜"背后的理念其实就是搜集海量电子脉冲，再将其输入大型计算机，接着这些大型计算机的程序就可过滤出一切有情报价值的东西。当然，问题在于，"棱镜"其实是在监视每一个人：阅读人们的电子邮件，浏览人们在脸谱网上发布的图片，以及探查人们使用谷歌搜索哪些内容。它从事这些活动的名义，是试图确定哪些人正在与恐怖分子合作，或是哪些人正在与敌对势力勾结。此外，"棱镜"还监视着互联网元数据、云存储文件和地理位置数据（IP地址）。它还可以在未被授权的情况下，以国家安全之名，随意要求获得访问权限，强行进入各移动公司的计算机。显然，这一切意味着：一个政府情报机构有能力监视本国所有公民——成为实施暴政的完美工具。

"棱镜"是国家安全局最黑暗的秘密，如果没有该局一名黑客——29岁的国家安全局雇员爱德华·斯诺登（Edward Snowden）曝光，这个秘密就将一直被保守下去。斯诺登曾在"棱镜"项目中工作过，因此非常清楚国家安全局所做的一切，尤其是针对普通美国民众广泛开展的监控活动。2013年某一天，他正在观看一场国会听证会的电视直播，主题是关于国家安全局打击恐怖分子的行动。他听到时任国家情报总监詹姆斯·克拉珀（James Clapper）向参议院情报委员会保证，称国家安全局的行动并不包括针对无辜美国民众开展国内监控活动。这是彻头彻尾的谎言。看得出，这件事立即令斯诺登变得激进。后来，他曾说道："我不想生活在一个做得出这种事的社会里。"这句话很好解释了当时他为何决定找到《卫报》记者，曝光他所知

爱德华·斯诺登曝光美国国家安全局的监控活动后，一夜之间成为全球家喻户晓的人物。

的关于"棱镜"的一切。

斯诺登的爆料掀起一场轩然大波，愤怒的美国政府发誓要起诉斯诺登，并拉出一条长长的违法清单，其中就有叛国罪。不过，斯诺登抢在政府动手之前离开了美国，先是逃到中国香港，后来又逃到俄罗斯。从那时起，他便在莫斯科的一个机场里住下，等待俄罗斯决定是否提供政治庇护。俄罗斯对美国引渡斯诺登的要求置之不理，不过对斯诺登的庇护申请同样置之不理。（目前，尚不清楚他是否向俄罗斯情报机构提供了敏感信息。）

斯诺登爆料的实际效果还有待观察。但美国国会已开始努力遏制国家安全局无孔不入的"拉网式监控"，手机运营商威瑞森（Verizon）、美国电话电报公司（AT&T）和斯普林特（Sprint）等业界巨头也正在反抗国家安全局窃取自己手中全部通话记录的行为。此外，苹果公司拒绝了国家安全局提出的上交加密软件密钥的要求，而微软、谷歌和雅虎已经呼吁美国国会出手，终结《2001年爱国者法案》规定的将用户数据上交政府的法定义务。最后，这些争议很可能都会摆到美国最高法院的案头，最高法院也将被迫处理一个自己曾在漫长历史中多次面对过的问题：在国家安全名义下，美国政府侵犯该国宪法第四修正案所保护的东西时，可以达到怎样的程度呢？

情报世界的未来

当网络间谍正如火如荼之际，那些身披斗篷暗藏匕首的传统间谍又是怎样的状况？从某种程度上讲，在拥抱技术方面，他们已经江河日下。不过，技术的迅猛发展并不是造成这种情形的唯一原因。现在很少再有那种大师级的特工管理官了。过去，他们会花费数年时间，耐心培养一个线人，保护他，并在至危时刻营救他。管理特工是一门艺术，它需要投入多年的努力，精心磨炼监视人类的高超技巧，因为在这种活动中，暴露意味着死亡。如果仔细观察过去几十年来情报机构招募的主要"资产"，你将发现他们中几乎无人受过耐心的招募和训练，他们都是"自动投靠者"，只是出于这样或那样的原因，在与情报机构接触之后，自愿充当间谍的。

俄罗斯情报机构多年来得以闻名于世，是因为拥有一批神话般优秀的特工招募官和管理官。他们曾经招募的优质"资产"，名单可以列出长长的一串。但即使是这样的情报机构，现在似乎也不再培养这种人才了。多年前，军情六处招募到的克格勃情报官奥列格·戈迪维斯基，向负责听取自己汇报的军情六处官员透露实情，令后者震惊不已。他说，他们这一代克格勃情报官普遍都是懒惰的野心家，把时间花在编造虚假情报报告上，并将原本应付给其所招募"资产"的资金中饱私囊。

那么，那些身披斗篷暗藏匕首的人员都在做些什么呢？他们中不少都会参与谋杀活动。多年来，暗杀（中央情报局官方称作"处决行动"）这种手段一直为某些政府所使用，以解决某些棘手的政治问题，比如能够从外部暗杀对政府造成威胁的政治流亡者。这种"脏活儿"会交给情报机构完成，避免出现政府的"指纹"，因为作为国家治理的主要角色，政府不应该谋杀自己不喜欢的民众。

这种杀戮行为的记录非常血腥，清单也可以列得很长：苏联情报机构谋杀沙俄流亡活动人士，纳粹德国残杀反纳粹流亡者，中国国民党暗杀共产党重要党员，等等。但到了二战结束时，暗杀这种手段就不再受欢迎了；然而到了现代，它却再度死灰复燃。这种行动的主要支持者和策划者就是以色列，其情报机构摩萨德培养出无与伦比的人才，以执行以色列的谋杀政策，扫除该国面临的无数威胁。以色列的这一政策，始于1972年。当时，摩萨德接到命令，追捕慕尼黑惨案的巴勒斯坦凶手（他们在1972年慕尼黑奥运会期间屠杀了多名以色列运动员），并将其击毙。摩萨德不断完善暗杀手段，达到前所未有的程度。摩萨德特工组成的暗杀小队由专业人士构成，他们中有擅长使用商业掩护的特工，有监控专家，也有经常使用非常规手段（例如在目标的电话中放置炸弹，目标拨打特定号码时就会爆炸）的真正杀手。

流亡人士贾马尔·哈苏吉（Jamal Kashoggi）在沙特领事馆内遭到残忍谋杀，引发各国纷纷以外交渠道向沙特表示愤慨。

摩萨德还多次实施暗杀行动，以求将威胁扼杀在萌芽状态，比如谋杀叙利亚核武器研发工作的主要负责人，杀害负责伊朗核武项目的优秀核科学家，以及暗杀哈马斯武装分子，等等。这些行动的辉煌成功让其他国家相信，自己也可以使用同样方法解决某些政治问题。但他们没有摩萨德的专业手段和经验，结果自然也是喜忧参半。中央情报局试图刺杀菲德尔·卡斯特罗的行动恍如一场闹剧，并导致美国出台多部新的法律，禁止中央情报局今后采取一切类似的处决行动。俄罗斯曾命令手下特工实施暗杀行动，可留下的线索足有一英里宽，令矛头直指莫斯科。特别值得一提的事件发生在英国索尔兹伯里，当时有人尝试夺取前格鲁乌情报官谢尔盖·斯克里帕尔（Sergei Skripal）的性命，但手段相当拙劣。他们使用神经毒剂下毒，不但失手，还导致一名英国平民意外死亡。后来，英国及其盟国驱逐了150多名俄罗斯外交官。

最拙劣的同类行动，或许当属沙特阿拉伯情报机构所为——就在该国驻土耳其伊斯坦布尔领事馆内，他们谋杀了流亡人士贾马尔·哈苏吉（Jamal Khashoggi）。这是一场可悲的闹剧。不知何故，沙特特工居然忽略了一个细节，那就是哈苏吉的未婚妻正在领事馆外等他返回。同样还有一个被他们忽略的问题：土耳其是沙特的死对头，肯定会严密监视这座领事馆。事实上，土耳其刚好在哈苏吉遇害的房间安放了"臭虫"。

鉴于这些被中央情报局称为"回爆"的情况，如今的情报机构普遍倾向于只为此类行动提供必要情报，并且此类行动要由军方执行。中央情报局和国家安全局提供了跟踪本·拉登所必需的情报，但谋杀行动是由美国海豹突击队执行。在反恐战争中，美国军方负责在现实中击毙激进的恐怖主义头目。通常，他们选择的武器是"捕食者"无人机。这项技术很先进，可使用摄像头跟踪目标，将现场画面发给数英里外的操作人员，操作人员再命令这架无人机发射"地狱火"导弹。

这便是不断发展变化的情报世界中的又一次创新。它提出了这样一个问题：间谍活动将何去何从？对此，2018年12月，英国军情六处处长亚历克斯·扬格（Alex Younger）罕有地发表了一次公开演讲，从中人们可以找到些许线索。扬格称，情报的未来将是"第四代间谍活动"，将是传统人类技能与"加速技术创新"之间的融合。他还说，技术变革以及互联互通的程度让这个世界骤然变得更加复杂，这会让谍报操作环境发生深远的变化。

　　这是泛泛而谈的声明，尽管他说的都是真话。而对谍报活动真正实质做出完美概括的，是美国国防情报局（Defense Intelligence Agency）塞缪尔·威尔逊（Samuel Wilson）将军几年前的讲话。当时，有人问他情报应该做到什么，他回答道："我们不能告诉你上帝下周要做什么，但我想我们可以告诉你上帝何时会发疯。"

毒蝎之舌

《国家晚报》(*PAESE SERA*)是罗马一家日报社,属于极左翼的通俗小报,极端反美。它在1967年3月14日报道称,有家名为"世界商业中心"的企业,其实是中央情报局的门面公司,成立目的是向意大利输送资金,用于针对意大利政府开展"间谍活动"。

《国家晚报》指控那些被它认定是中央情报局在意大利开展的阴谋,相关文章堪称长篇连载,这里的只是其中最新一篇而已。至少已经有些意大利人将世界商业中心的"暴露"视为事实。然而,意大利当局和主流报纸却表示这很可笑,并斥之为无稽之谈。他们指出,世界商业中心并非反派。它是20世纪60年代初,由美国和意大利商人共同创办,是迈向欧洲共同市场的第一步,但它未能实现让罗马成为该市场中心这个目标,并于1962年停业。然而,埋藏在这篇文章里的,却是一颗嘀嗒作响的定时炸弹,当它爆炸时,催生出现代谍报活动中一个惹人生厌的新玩意儿,其所造成的后果直到今天仍未停息。

"定时炸弹"来自文章中的一个论断,即在文章指控的世界商业中心间谍行动中,中央情报局的核心人物是克莱·肖(Clay Shaw)。此人是新奥尔良的知名商人,曾是新奥尔良商贸城(New Orleans Trade Mart)的老板。不久,《国家晚报》的文章莫名其妙地落入了新奥尔良地区检察官吉姆·加里森(Jim Garrison)手中。加里森认定,这足以证实自己的观点——他坚信肖是中央情报局的秘密特工。更糟糕的是,他还坚信在中央情报局暗杀约翰·肯尼迪(John F. Kennedy)总统的阴谋中,肖就是那个幕后的"邪恶天才"。

加里森并没有真凭实据来支持这个耸人听闻的说法,但他却在全球众目睽睽之下,起诉克莱·肖阴谋谋杀美国总统。陪审团用了不到一小时的时

克莱·肖，新奥尔良商人，被诬陷参与刺杀约翰·肯尼迪的行动。

间，便在哄堂大笑中把此案驳回。但损害已经造成。肖的诉案让许多美国人愈发质疑沃伦委员会（Warren Commission）关于刺杀事件的表述。几年后，奥利弗·斯通（Oliver Stone）执导的热门电影《刺杀肯尼迪》，把加里森塑造成一个英雄，称他查出肯尼迪遇刺事件的"真相"被中央情报局编造的故事强行压制。这部电影再次引发了一场激烈的公众争论，政府只得尝试说服数百万美国人，自己并不是谋杀总统的主使。后来，这场争论变得过于激烈，因此国会被迫重新调查这起刺杀事件。调查没有发现可以证实加里森说法的证据，却讨论起人们对官方结论的种种质疑，从而引起公众更进一步怀疑。其结果是，如今的民意调查显示，大多数美国人相信肯尼迪是因某个阴谋而被刺杀的，很可能中央情报局就是凶手。

所有这些都令《国家晚报》文章的真正始作俑者克格勃 A 小组（Service A）感到非常满意——正是它通过共产党联络员给这家报纸爆料的。苏联使用现代间谍活动中的新式武器打响了第一枪——种下疑虑、怀疑和不信任政府的种子，以此影响敌方舆论，从而削弱敌方力量。

克格勃将这种手法称为"积极措施"，其模式源于二战期间英国成功开展的

"黑色宣传"行动。苏联曾对其进行仔细研究，后来克格勃得出结论，称这种行动成功的关键，在于展现可信性和谨慎使用情报。这需要选取情报中的某个核心，将其放大并扭曲，使之成为一种有害的"病毒"，也就是编造出一个看似可信的故事，提供给准备相信它的受众。克莱·肖的事件阐释了这种手段是如何运作的：克格勃非常清楚，有数千名美国商人会定期将自己在海外出差期间所了解的一切情况，共享给中央情报局国内联络处（Domestic Contacts Division），而肖正是其中的一员。这便足以炮制出关于肖的故事，称他是中央情报局高级间谍，主管中央情报局在意大利的谍报活动。

A小组主管正是克格勃传奇特工尤里·莫丁（Yuri Modin），他曾是克格勃在英国的众多重要"资产"控制人，控制着"剑桥五人帮"：菲尔比、安东尼·布朗特、唐纳德·麦克林、盖伊·伯吉斯和约翰·凯恩克罗斯。莫丁从克格勃培训学校招募了一些最聪明的毕业生，并为他们安排工作。到了20世纪60年代初，A小组通过全球各地的媒体站点，大量制造"病毒"。美国国务院只得全力以赴，尝试驳斥外国报纸、杂志中植入的几十个故事。但有些故事依然造成重大破坏。例如，有个广为流传的故事，称1945年在柏林失踪的盖世太保头目海因里希·缪勒（Heinrich Mueller），其实已被中央情报局救走并收入麾下。另一个故事出现在许多非裔报纸上，称有证据表明马丁·路德·金曾为中央情报局工作，故事的目的是败坏非裔左派政治领袖的清誉。

苏联解体之后，A小组也随之失业，但其专家们并没有转行。弗拉基米尔·普京（Vladimir Putin）上台之后，他们终于又找到了新工作。身为前克格勃官员的普京要求A小组复工，但这时他们也遇到了新的转机：计算机革命为"积极措施"提供了前所未有的发展前景。A小组找来他们能够在俄罗斯境内找到的所有黑客，把这些人安置在圣彼得堡一座毫不起眼的办公大楼里，机构名称是互联网研究局（Internet Research Agency）。他们的目标是使用被俄罗斯称为"虚假新闻"的东西，也就是旨在通过挑拨离间的虚假网站来感染社交媒体。到了2006年，这项行动已经影响到1.26亿计算机用户，而美国似乎是首要目标。

  10年后，这种"虚假新闻"的行动似乎呈现愈演愈烈之势。某些西方国家声称，他们的总统大选结果，深受虚假团体发布的博客和帖子影响。这项行动对选民的影响能有多大？这仍然有待确定。但重点在于，如果这种事情真实存在，那它开创了一个极其恶劣的先例：即使是当代的各种选举，也无法抵御谍报活动的影响。

弗拉基米尔·普京在俄罗斯掌权的同时，该国的"积极措施"也似乎在重新兴起。

间谍术语表

为方便读者理解书中术语，我们特准备了如下内容，供参阅。

安全屋（safe house） 指由某一情报机构控制的地点，通常是一栋房子或一个房间。在敌对区域里的间谍和控制人可在此会晤而无须担心暴露。

保险丝（cutout） 指在特工和控制人之间为安全而使用的中间人。

策反（turn） 指说服敌方特工为己方工作。

臭虫（bug） 指电子监控设备。

传说（legend） 指某一特工为隐瞒真实身份而伪造的简历或个人档案。

代号（code name） 指情报机构在通信中用一个词代称一位特工或线人，以保护其真实身份（如"农夫"或"天线"）。

路过式传递（brush contact） 指特工或线人与其专案官或控制特工之间快速而看似不经意的身体接触，其实在交接材料。这种行为通常在人群拥挤的地方进行以防被监控。

通信情报（COMINT） 指 communications intelligence 的缩写。

电子情报（ELINT） 指 electronic intelligence 的缩写。

渡鸦（raven） 指受过"蜜罐"行动特别培训的男特工。

非法（illegal） 俄国情报术语。指特工在没有外交官身份情况下活动，如果暴露就会被捕；以外交官为掩护的特工就是"合法"。

焚烧（burn） 指与被怀疑是双面间谍的人停止接触。反情报机构要求与此类嫌疑线人停止接触的正式通知称为"焚烧通知"（burn notice）。

国家小组（country team） 美国中情局术语。指受命在某一国家活动的一组特工。

盒子（box） 指（记录脉搏、呼吸速率波动变化的）测谎仪。测谎被称作"颤振"。

黑包活（black bag job） 美国联邦调查局用语。指入室偷窃获取机密文件，拍照后还回，通常一次性完成。也用以指潜入室内安装电子监控设备。

回爆（blowback） 中情局用语。指情报行动失败导致未曾预料到的后果（通常是负面的），也叫"漏气"。

回放（playback） 指用缴获的敌方电台"喂"假消息。

鸡食（chicken feed） 指情报诱饵，即交给双面间谍或线人的低级情报，用以提升其可信度。

控制人（control） 英国情报术语。指管理一位或一组特工的资深情报官员。

蜜罐（honeypot） 指利用性的勒索行动。

密话（ciphony） 指使用电子干扰器保护敏感通话。

密码分析（cryptanalysis） 指破译密码的过程。

弃子（discard） 指为了引开对另一更有价值的特工的注意，有意被牺牲的己方特工或线人。

炮制品（cooked） 指情报机构用以误导敌人而捏造出来的假情报。

区隔（compartmentalization） 指尽可能限定某一情报行动的知情人范围的安保措施。

圈子（ring） 指线人或特工群，通常再细划分为"细胞"，亦称为"网络"。

渗回（exfiltration） 指从敌国秘密撤回处于危险中的特工的行动。

湿活（wet affair） 俄国情报行话。一般指暗杀等高风险行动，相对的是情报搜集分析等"干活"。

手法（fist） 指秘密电台操作员敲击电码的特有"方式"。

手艺（tradecraft） 指情报搜集的方法和安全程序。

双面特工（double agent） 指表面效忠于某一情报机构而暗中为另一敌对机构工作的特工或线人。

秘密传递点（dead drop） 指特工或线人放置情报或与其控制人交换情报的地点，多为公共场所的一些角落和缝隙处。

特工（agent） 指某国情报机构的受薪间谍，享有政府雇员身份。

伪旗（false flag） 指声称是代表某一机构录用某一特工或线人，实则为另一机构录用。

细胞（cell） 指小型间谍单位，是大的间谍网的组成部分。

鞋匠（cobbler） 俄国情报行话。指能熟练伪造护照和其他身份证明文件的人。

鞋子（shoe） 指伪造的护照。

信号情报（SIGINT） 指 signals intelligence 的缩写。

信箱（letterbox） 在特工及其控制人之间充当通信使者的特工或线人。

休眠者（sleeper） 指潜伏在另一国家的特工，平时正常生活，不开展间谍活动，直到被"激活"。这种激活通常发生在战争状态下。

雪貂（ferret） 指配备电子信号侦测仪器的海上或空中平台。

掩护（cover） 指间谍在活动时的商业或其他职业，以掩盖其情报搜集活动。能为一特工提供有力保护的掩护就叫"深掩护"。

鼹鼠（mole） 指深度潜伏于敌国政府或情报机构中的特工或线人，即内鬼。

燕子（swallow） 指受过"蜜罐"行动特别培训的女特工。

单次本（one-time pad） 指纸张上有随机数字，用于一次性加密通信后即丢弃的码本。

隐蔽行动（covert operation） 美国中情

局术语。指旨在动摇或推翻某一国政府的情报行动。

音乐盒（music box） 指间谍用的秘密电台，其操作员被称作"音乐家"。

硬目标（hard target） 指情报机构难以渗透的国家。

影响特工（agent of influence） 指为影响政府政策而非为搜集情报而录用的特工。

诱饵（dangle） 指假装投靠敌对情报机构的特工或线人。

站（station） 美国中情局术语中，指通常设在大使馆内的海外站。在俄国情报用语中，"站"为rezidentura，"站长"为rezident。

知情名单（bigot list） 英国情报术语。指对一项高度区隔的行动有权知道详情者的名单（通常为极少数人）。

执行行动（executive action） 美国中情局用语。指对暗杀的委婉说法。

专案官（case officer） 美国中情局用语。指情报机构里负责监督特工或线人的官员。

资产（asset） 指因金钱或政治信念而被录用的情报线人。

自动投靠者（walk-in） 指联络外国情报机构并主动提供消息或为其在自己的国家充当间谍的"资产"（线人）。

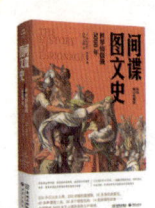

历史图文系列
用图片和文字记录人类文明轨迹

策划：朱策英
Email：gwpbooks@foxmail.com

间谍图文史：世界情报战5000年（彩印增订典藏版）
[美]欧内斯特·弗克曼/著　李智　孟林/译

本书通过丰富的图片和通俗的文字，既生动描绘了从古埃及至AI时代的人类隐秘较量历程，也深刻折射出世界文明发展轨迹，重点讲述活动史、机构史、技术史、窃密史等方面，立体再现5000多年云谲波诡的无声战场。这不仅是一部人类间谍史，也是一部秘密战争史。

海战图文史：影响世界海权的1000年
[英]海伦·多伊/著　李驰/译

通过丰富的图片和通俗的文字，本书撷取中世纪以来50多场经典海战，细节性地展示出一部波澜壮阔的世界海战史。读者不仅可以了解每场海战发生的背景起因、主要将领、战斗过程及其结果，还可以看到武器装备、战舰类型、战术思维、通信方式等细节，再现全球海洋风云变局1000年。

战役图文史：改变世界历史的50场战役
[英]吉尔斯·麦克多诺/著　巩丽娟/译

本书撷取了人类战争史中的50个著名大战场，细节性地展现了一部波澜壮阔的世界战役史。全书通过精炼生动的文字，167幅珍贵的战时地形图、双方阵列图、场景还原图、行军路线图、战场遗迹图，以及随处可见的战术思维、排兵布阵等智慧火花，为读者呈现了一场精彩绝伦的思想和视觉盛宴。

战弓图文史：改变人类战争的四大弓箭
[英]麦克·洛兹/著　胡德海/译

本书通过真实历史事件、射击效果体验与现代弹道学测试，描述了弓箭的起源、设计、应用、发展，阐释了弓箭对人类战争、文明演进的历史影响……堪称一部专业、有趣、多图、易读的冷兵器史。

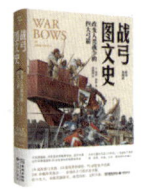

第三帝国空军图文史：纳粹德国的空中力量
[英]克里斯·麦克纳布/著　沈立波/译

通过丰富的图片和通俗的文字，本书从不同时期的战场表现切入，生动讲述了德国空军从一战后的重新武装，到二战初期的闪电战、北非鏖战、入侵苏联，再到东西线败退、本土防守，直至最后溃败的全部兴衰演变过程，既是一张希特勒空军的全景式演变图谱，也是一部纳粹德国的兴亡史。

第三帝国陆军图文史：纳粹德国的地面力量
[英]克里斯·麦克纳布/著　沈立波/译

通过丰富的图片和通俗的文字，本书从不同时期的战场表现切入，生动讲述了德国陆军从一战后的绝境重生，到二战初期的闪电战、北非鏖战、入侵苏联，再到东西线败退、本土防守，直至最后溃败的全部兴衰演变过程，既是一张希特勒地面力量的全景式演变图谱，也是一部纳粹德国陆军的兴亡史！

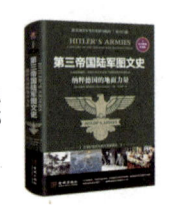

情报战图文史：1939—1945年冲突中的无声对决
[美]尼尔·卡根　[美]史蒂芬·希斯洛普/著　朱鸿飞/译

本书通过丰富的图片和通俗的文字，带领读者走近二战中的间谍、密码破译者和秘密行动，多角度了解战事背后的无声较量，全方位触摸战争的鲜活历史脉络，具体包括战争历程、重要事件、谍战形式、机构沿革、科技创新等方面，堪称一部全景式二战情报战史，也是一部改变世界格局的大国博弈史。

蓝调图文史：影响世界历史的100年
[英]迈·埃文斯　[美]斯科特·巴雷塔/著　太阳/译

本书通过丰富的图片和生动的文字，详细描绘蓝调从诞生至今的历史脉络，以及对世界历史的影响。全书着眼于音乐史、人物史、创新史、人文史等，立体呈现了蓝调音乐百年历程，堪称一部另类视觉的人文变迁史。

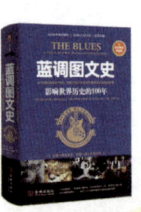

鞋靴图文史：影响人类历史的8000年
[英] 丽贝卡·肖克罗斯/著 晋艳/译

本书运用丰富的图片和生动的文字，详细讲述鞋子自古至今的发展变化及其对人类社会的影响，包括鞋靴演进史、服饰变迁史、技术创新史、行业发展史等。它不仅是一部鲜活的人类服饰文化史，也是一部多彩的时尚发展史，还是一部行走的人类生活史。

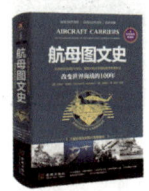

航母图文史：改变世界海战的100年
[美] 迈克尔·哈斯丘/著 陈雪松/译

本书通过丰富的图片和通俗的文字，生动详细讲述了航母的发展过程，重点呈现航母历史、各国概况、重要事件、科技变革、军事创新等，还包括航母的建造工艺、动力系统、弹射模式等细节，堪称一部全景式航母进化史。

空战图文史：1939—1945年的空中冲突
[英] 杰里米·哈伍德/著 陈烨/译

本书是二战三部曲之一。通过丰富的图片和通俗的文字，全书详细讲述二战期间空战全过程，生动呈现各国军力、战争历程、重要战役、科技变革、军事创新等诸多历史细节，还涉及大量武器装备和历史人物，堪称一部全景式二战空中冲突史，也是一部近代航空技术发展史。

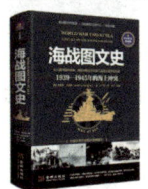

海战图文史：1939—1945年的海上冲突
[英] 杰里米·哈伍德/著 付广军/译

本书是二战三部曲之二。通过丰富的图片和通俗的文字，全书详细讲述二战期间海战全过程，生动呈现各国军力、战争历程、重要战役、科技变革、军事创新诸多历史细节，还涉及大量武器装备和历史人物，堪称一部全景式二战海上冲突史，也是一部近代航海技术发展史。

密战图文史：1939—1945年冲突背后的较量
[英] 加文·莫蒂默/著 付广军 施丽华/译

本书是二战三部曲之三。通过丰富的图片和通俗的文字，全书详细讲述二战背后隐秘斗争全过程，生动呈现各国概况、战争历程、重要事件、科技变革、军事创新等诸多历史细节，还涉及大量秘密组织和间谍人物及其对战争进程的影响，堪称一部全景式二战隐秘斗争史，也是一部二战情报战争史。

堡垒图文史：人类防御工事的起源与发展
[英] 杰里米·布莱克/著 李驰/译

本书通过丰富的图片和生动的文字，详细描述了防御工事发展的恢弘历程及其对人类社会的深远影响，包括堡垒起源史、军事应用史、技术创新史、思想演变史、知识发展史等。这是一部人类防御发展史，也是一部军事技术进步史，还是一部战争思想演变史。

武士图文史：影响日本社会的700年
[日] 吴光雄/著 陈烨/译

通过丰富的图片和详细的文字，本书生动讲述了公元12至19世纪日本武士阶层从诞生到消亡的过程，跨越了该国封建时代的最后700年。全书穿插了盔甲、兵器、防御工事、战术、习俗等各种历史知识，并呈现了数百幅彩照、古代图画、示意图、手绘图、组织架构图等等。本书堪称一部日本古代军事史，一部另类的日本冷兵器简史。

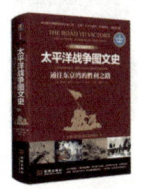

太平洋战争图文史：通往东京湾的胜利之路
[澳] 罗伯特·奥尼尔/主编 傅建一/译

本书精选了二战中太平洋战争的10场经典战役，讲述了各自的起因、双方指挥官、攻守对抗、经过、结局等等，生动刻画了盟军从珍珠港到冲绳岛的血战历程。全书由7位世界知名二战史学家共同撰稿，澳大利亚社科院院士、牛津大学战争史教授担纲主编，图片丰富，文字翔实，堪称一部立体全景式太平洋战争史。

纳粹兴亡图文史：希特勒帝国的毁灭
[英] 保罗·罗兰/著 晋艳/译

本书以批判的视角讲述了纳粹运动在德国的发展过程，以及希特勒的人生浮沉轨迹。根据大量史料，作者试图从希特勒的家庭出身、成长经历等分析其心理与性格特点，描述了他及其党羽如何壮大纳粹组织，并最终与第三帝国一起走向灭亡的可悲命运。

潜艇图文史：无声杀手和水下战争
[美] 詹姆斯·德尔加多/著 傅建一/译

本书讲述了从1578年人类首次提出潜艇的想法，到17世纪20年代初世界上第一艘潜水器诞生，再到1776年用于战争意图的潜艇出现，直至现代核潜艇时代的整个发展轨迹。它呈现了一场兼具视觉与思想的盛宴，一段不屈不挠的海洋开拓历程，一部妙趣横生的人类海战史。

狙击图文史：影响人类战争的400年
[英] 帕特·法里 马克·斯派瑟/著 傅建一/译

本书讲述了自17至21世纪的狙击发展史。全书跨越近400年的历程，囊括了战争历史、武器装备、技术水平、战术战略、军事知识、枪手传奇以及趣闻逸事等等。本书堪称一部图文并茂的另类世界战争史，也是一部独具特色的人类武器演进史，还是一部通俗易懂的军事技术进化史。

战舰图文史（第1册）：从古代到1750年
[英] 山姆·威利斯/著　朱鸿飞　泯然/译

本书以独特的视角，用图片和文字描绘了在征服海洋的过程中，人类武装船只的进化史，以及各种海洋强国的发展脉络。它不仅介绍了经典战舰、重要事件、关键战役、技术手段、建造图样和代表人物等细节，还囊括了航海知识、设计思想、武器装备和战术战略的沿革……第1册记录了从古代到公元1750年的海洋争霸历程。

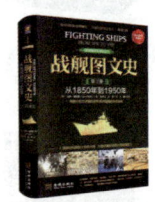

战舰图文史（第2册）：从1750年到1850年
[英] 山姆·威利斯/著　朱鸿飞　泯然/译

本书以独特的视角，用图片和文字描绘了在征服海洋的过程中，人类武装船只的进化史，以及各种海洋强国的发展脉络。它不仅介绍了经典战舰、重要事件、关键战役、技术手段、建造图样和代表人物等细节，还囊括了航海知识、设计思想、武器装备和战术战略的沿革……第2册记录了从公元1750年到1850年的海洋争霸历程。

战舰图文史（第3册）：从1850年到1950年
[英] 山姆·威利斯/著　朱鸿飞　泯然/译

本书以独特的视角，用图片和文字描绘了在征服海洋的过程中，人类武装船只的进化史，以及各种海洋强国的发展脉络。它不仅介绍了经典战舰、重要事件、关键战役、技术手段、建造图样和代表人物等细节，还囊括了航海知识、设计思想、武器装备和战术战略的沿革……第3册记录了从公元1850年到1950年的海洋争霸历程。

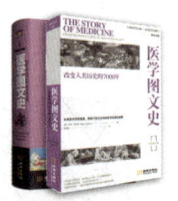

医学图文史：改变人类历史的7000年（精、简装）
[英] 玛丽·道布森/著　苏静静/译

本书运用通俗易懂的文字和丰富的配图，以医学技术的发展为线，穿插了大量医学小百科，着重讲述了重要历史事件和人物的故事，论述了医学怎样改变人类历史的进程。这不是一本科普书，而是一部别样的世界人文史。

疾病图文史：影响世界历史的7000年（精、简装）
[英] 玛丽·道布森/著　苏静静/译

本书运用通俗易懂的文字和丰富的配图，以人类疾病史为线，着重讲述了30类重大疾病背后的故事和发展脉络，论述了疾病怎样影响人类史的进程。这是一部生动刻画人类7000年的疾病抗争史，也是世界文明的发展史。

间谍图文史：世界情报战5000年
[美] 欧内斯特·弗克曼/著　李智　李世标/译

本书叙述了从古埃及到"互联网+"时代的间谍活动的历史，包括重大谍报事件的经过，间谍机构的演变，间谍技术的发展过程等，文笔生动，详略得当，语言通俗，适合大众阅读。

二战图文史：战争历程完整实录（全2册）
[英] 理查德·奥弗里/著　朱鸿飞/译

本书讲述了从战前各大国的政治角力，到1939年德国对波兰的闪电战，再到1945年日本遭原子弹轰炸后投降，直至战后国际大审判及全球政治格局。全书共分上下两册，展现了一部全景式的二战图文史。

第三帝国图文史：纳粹德国浮沉实录
[英] 理查德·奥弗里/著　朱鸿飞/译

本书用图片和文字还原了纳粹德国真实的命运轨迹。这部编年体史学巨著通过简洁有力的叙述，辅以大量绝密的历史图片，珍贵的私人日记、权威的官方档案等资料，把第三帝国的发展历程（1933—1945）完整立体呈现出来。

世界战役史：还原50个历史大战场
[英] 吉尔斯·麦克多诺/著　巩丽娟/译

人类的历史，某种意义上也是一部战争史。本书撷取了人类战争史中著名大战场，通过精练生动的文字，珍贵的图片资料，以及随处可见的战术思维、排兵布阵等智慧火花，细节性地展现了一部波澜壮阔的世界战役史。

希特勒的私人藏书：那些影响他一生的图书
[美] 提摩西·赖贝克/著　孙韬　王砚/译

本书通过潜心研究希特勒在藏书中留下的各类痕迹，批判分析其言行与读书间的内在逻辑，生动描绘了他从年轻下士到疯狂刽子手的思想轨迹。读者可以从中了解他一生收藏了什么书籍，书籍又对他产生了何种影响，甚至怎样改变命运。